权威 · 前沿 · 原创

皮书系列为

“十二五”“十三五”国家重点图书出版规划项目

劳动保障蓝皮书

BLUE BOOK OF
CHINESE LABOR AND
SOCIAL SECURITY INDUSTRY

中国劳动保障发展报告（2017）

ANNUAL REPORT ON CHINESE LABOR AND SOCIAL SECURITY INDUSTRY (2017)

主　编／刘燕斌
副主编／郑东亮　莫　荣　金维刚　谭中和

社会科学文献出版社
SOCIAL SCIENCES ACADEMIC PRESS (CHINA)

图书在版编目（CIP）数据

中国劳动保障发展报告. 2017 / 刘燕斌主编. -- 北京：社会科学文献出版社，2017.9
（劳动保障蓝皮书）
ISBN 978-7-5201-1297-0

Ⅰ.①中… Ⅱ.①刘… Ⅲ.①劳动就业-社会保障-研究报告-中国-2017 Ⅳ.①D669.2

中国版本图书馆 CIP 数据核字（2017）第207652号

劳动保障蓝皮书
中国劳动保障发展报告（2017）

主　　编 / 刘燕斌
副 主 编 / 郑东亮　莫　荣　金维刚　谭中和

出 版 人 / 谢寿光
项目统筹 / 恽　薇　陈凤玲
责任编辑 / 田　康　关少华　宋淑洁

出　　版 / 社会科学文献出版社 · 经济与管理分社（010）59367226
地址：北京市北三环中路甲29号院华龙大厦　邮编：100029
网址：www.ssap.com.cn
发　　行 / 市场营销中心（010）59367081　59367018
印　　装 / 三河市东方印刷有限公司

规　　格 / 开　本：787mm × 1092mm　1/16
印　张：29.25　字　数：442千字
版　　次 / 2017年9月第1版　2017年9月第1次印刷
书　　号 / ISBN 978-7-5201-1297-0
定　　价 / 158.00元

皮书序列号 / PSN B-2014-415-1/1

本书如有印装质量问题，请与读者服务中心（010-59367028）联系

《中国劳动保障发展报告(2017)》
编　委　会

目 录

Ⅰ 总报告

Ⅱ 就业篇

分报告

专题报告

Ⅲ 社会保障篇

Ⅳ 劳动关系篇

Ⅴ 收入分配篇

Ⅵ 国际劳动保障篇

皮书数据库阅读**使用指南**

总 报 告

General Report

B.1

2017年中国劳动保障事业发展状况

刘燕斌　邱　妍*

摘　要：本文从促进就业创业、社会保障、劳动关系和企业工资分配四个方面简要回顾了党的十八大以来我国劳动保障事业取得的长足发展和显著成就，阐述了2016年的新进展和新突破。党的十八大以来，劳动保障工作坚持以人民为中心的发展理念，主动适应经济发展新常态，深入实施就业优先战略和更加积极的就业政策，就业局势总体稳定，就业总量继续扩大，就业结构持续改善，就业质量不断提高，覆盖城乡的公共就业服务体系基本形成，人力资源市场机制进一步完善，大力

* 刘燕斌，中国劳动保障科学研究院院长、研究员，国务院政府特殊津贴专家，主要研究方向为劳动和社会保障政策；邱妍，中国劳动保障科学研究院室主任、研究员，主要研究方向为劳动和社会保障政策及公共服务标准化。

加强针对性职业培训，职业能力建设进一步推进。深入推进社会保障制度改革，覆盖城乡的社会保障制度基本建立，实施全民参保计划，社会保险覆盖面不断扩大，社会保险基金收支保持基本平衡，社会保障待遇水平不断提高，社会保险经办能力不断增强，社会保险公共服务的便捷性和可及性不断提高。劳动关系总体和谐稳定，探索建立与社会主义市场经济体制相适应的劳动关系协调机制和劳动争议调处机制，劳动合同制度全面实行，集体协商和集体合同制度深入推进。企业工资分配制度改革不断深化，企业工资决定机制和正常增长机制逐步形成，最低工资标准正常调整机制普遍建立。劳动保障政策制度体系不断健全完善。本文还阐释了当前和未来一个时期劳动保障工作的主要任务，分析了劳动保障事业面临的挑战，提出了进一步推进劳动保障事业发展的思考和建议。

关键词： 就业创业 社会保障 劳动关系 收入分配

党的十八大以来，劳动保障工作坚决按照党中央、国务院的正确决策部署要求，深入学习贯彻落实习近平总书记治国理政的新理念、新思想、新战略，牢固树立以人民为中心的发展理念，主动适应经济发展新常态，深入实施就业优先战略和更加积极的就业政策，保持就业局势总体稳定，努力促进更加充分和更高质量就业。深入推进社会保障制度改革，覆盖城乡的社会保障制度基本建立，社会保险覆盖面不断扩大，基金规模和待遇水平不断提高，社会保障事业发展成就举世瞩目。努力构建和谐劳动关系，劳动关系总体和谐稳定。完善企业工资收入分配制度，劳动收入进一步增长。

未来一段时期是全面建成小康社会的关键阶段。劳动保障工作要按照中央统筹推进“五位一体”总体布局、协调推进“四个全面”战略布局的要求，紧密围绕“十三五”时期经济社会发展的目标任务，正确处理改革、发展和稳定之间的关系，深入推进劳动保障各项制度改革，进一步实施就业优先战略，不断健全更加积极的就业政策，推进覆盖城乡社会保障制度的不断完善，推动构建和保持和谐稳定的劳动关系，进一步深化企业收入分配制度改革，以优异成绩迎接党的十九大胜利召开。

一　劳动保障发展现状

（一）就业局势总体稳定，就业更加充分，就业结构持续改善，就业质量明显提高

就业是民生之本。党的十八大以来，劳动保障工作遵循“劳动者自主就业、市场调节就业、政府促进就业和鼓励创业”的就业方针，深入实施就业优先战略和更加积极的就业政策，保持了就业局势总体稳定，促进更加充分和更高质量的就业。

1. 深入实施就业优先战略和更加积极的就业政策，就业总量继续扩大，就业结构持续优化

近年来，“双创”作为促进经济发展的“双引擎”，在带动就业方面发挥了积极作用。各级政府通过落实深化商事制度改革、降低创业门槛、打造众创空间、拓宽融资渠道、加大减降税费力度等各项政策，采取创建创业型城市、强化创业服务、针对性帮扶等措施，大力促进创业。

促进高校毕业生就业是近几年就业工作的重点任务。通过采取引导多渠道就业、鼓励创业、加强就业服务和困难毕业生就业帮扶等政策，实施就业促进计划、大学生创业引领计划、“三支一扶”计划①、建立实名制就业服务系统、对离校未就业高校毕业生提供培训见习机会等措施，做好高校毕业生就业工作。

① “三支一扶”计划是指中央组织部、原人事部、教育部、财政部、农业部、原卫生部、国务院扶贫办、共青团中央于2006年2月决定联合组织开展的高校毕业生到农村基层从事支教、支农、支医和扶贫工作的计划。

随着产业转型升级和经济结构调整的不断深入，特别是供给侧结构性改革的不断深化，妥善安置化解过剩产能中受影响职工成为近年来就业工作的又一项重点任务。通过动态掌握涉及的职工人数及其就业需求，指导企业制定和完善职工安置方案，制定并实施使用失业保险基金援企稳岗政策，开展个性化职业指导、免费职业介绍和针对性职业培训，积极帮助化解过剩产能中受影响职工实现再就业，妥善安置就业困难人员。

按照中央扶贫开发有关要求，人力资源和社会保障部门开展的就业精准扶贫工作，对于促进贫困地区就业、帮助贫困地区脱贫起到了积极作用。各地区普遍通过明确目标任务、完善工作机制和制定保障措施，不断健全贫困人口转移就业和稳定就业的政策体系。

到2016年末，全国就业人员总数达77603万人，比2015年末增加152万人。全国就业人员中，城镇就业人员达41428万人，比2015年末增加1018万人。

从近5年数据来看，全国城镇每年新增就业人数平均超过1300万人（详见图1）。2012～2016年，全国城镇新增就业人数分别为1266万人、1310万人、1322万人、1312万人和1314万人。

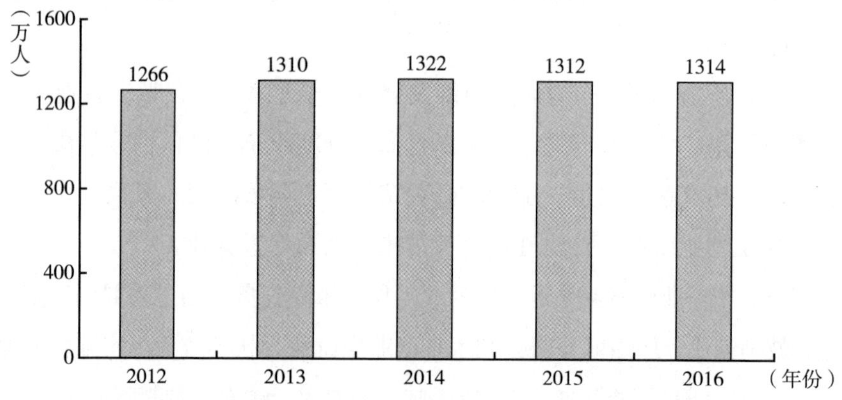

图1　2012～2016年全国城镇新增就业人数变化情况

数据来源：《2016年国民经济和社会发展统计公报》，国家统计局网站，http：//www.stats.gov.cn/tjsj/zxfb/201702/t20170228_1467424.html，2017年2月28日；《2016年度人力资源和社会保障事业发展统计公报》，人力资源和社会保障部网站，http：//www.mohrss.gov.cn/SYrlzyhshbzb/zwgk/szrs/tjgb/201705/W020170531358206938948.pdf，2017年5月31日。

2016 年，全国就业人员中，第一产业就业人员占27.7%，第二产业就业人员占28.8%，第三产业就业人员占43.5%（见图 2）。与 2015 年相比，第一产业、第二产业就业人员占比略有下降，分别下降了 0.6 个百分点和0.5 个百分点；第三产业就业人员占比继续提高，增加了 1.1 个百分点。在三次产业就业人员占比中，第三产业远高出第一产业和第二产业，分别高 15.8 个百分点和14.7 个百分点，第三产业继续作为吸纳就业最多的产业。

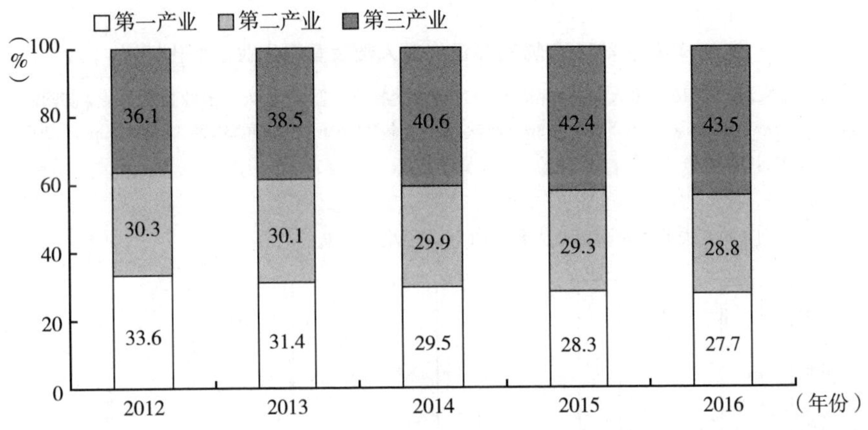

图 2　2012～2016 年全国就业人员产业构成情况

数据来源：《2016 年度人力资源和社会保障事业发展统计公报》，人力资源和社会保障部网站，http：//www.mohrss.gov.cn/SYrlzyhshbzb/zwgk/szrs/tjgb/201705/W020170531358206938948.pdf，2017 年 5 月 31 日。

城镇登记失业率连续 5 年控制在 4.1% 以内，2016 年末城镇登记失业率为 4.02%，达到近年来的最低水平。2016 年末，城镇登记失业人数为 982 万人（见图 3），比 2015 年末增加 16 万人。全年城镇失业人员再就业人数为 554 万人，比 2015 年减少 13 万人。全年就业困难人员就业人数为 169 万人，比 2015 年减少 4 万人（见图 4）。总体来看，2012～2016 年，城镇登记失业率维持在 4.02%～4.09%，2016 年为最低；城镇登记失业人数、城镇失业人员再就业人数和就业困难人员就业人数总体保持平稳。

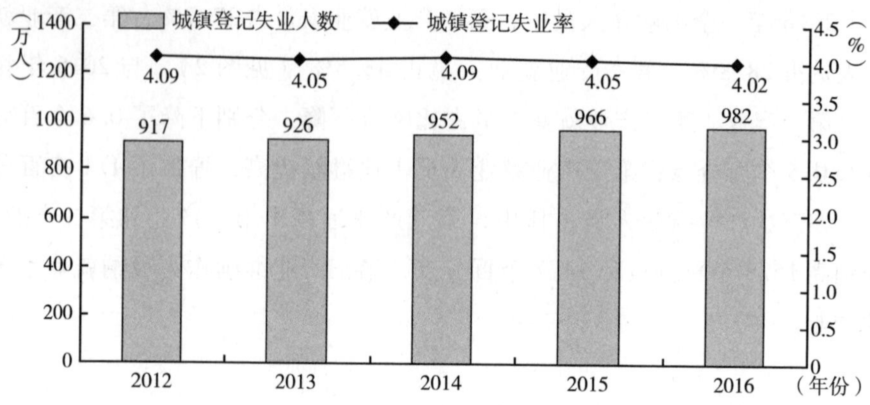

图3　2012～2016年城镇登记失业人数及登记失业率变化情况

数据来源：《2016年度人力资源和社会保障事业发展统计公报》，人力资源和社会保障部网站，http：//www.mohrss.gov.cn/SYrlzyhshbzb/zwgk/szrs/tjgb/201705/W020170531358206938948.pdf，2017年5月31日。

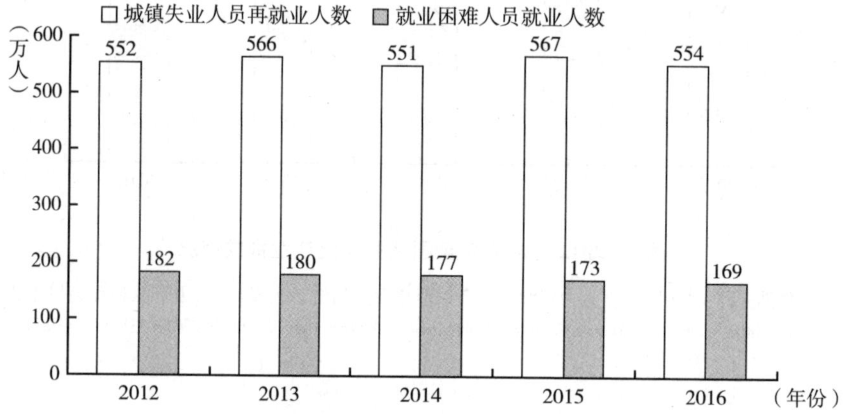

图4　2012～2016年城镇失业人员再就业人数及就业困难人员就业人数变化情况

数据来源：《2016年度人力资源和社会保障事业发展统计公报》，人力资源和社会保障部网站，http：//www.mohrss.gov.cn/SYrlzyhshbzb/zwgk/szrs/tjgb/201705/W020170531358206938948.pdf，2017年5月31日。

2016年，全国共帮助5.0万户零就业家庭实现每户至少一人就业；共组织2.79万名高校毕业生到基层从事“三支一扶”服务，帮扶数量基本与2015年持平。

全国农民工数量继续增加。2016 年末，全国农民工[①]总量为 28171 万人，比 2015 年末增加 424 万人，增长 1.5%。其中，外出农民工，16934 万人，增加 50 万人，增长 0.3%；本地农民工，11237 万人，增加 374 万人，增长 3.4%。[②]

2. 覆盖城乡的公共就业服务体系基本形成，人力资源市场机制进一步完善，市场在劳动力资源配置中的决定性作用更加显著

按照“统一领导、统一制度、统一管理、统一服务标准、统一信息系统”的目标要求，各地统筹规划和建设公共就业服务体系和人才服务体系。全国建立了统一的就业失业登记制度和就业信息监测制度，初步实现了全国范围内的就业信息互联互通，健全了失业监测预警工作机制。迄今，我国基本建立了“五级管理”“六级服务”[③] 的公共就业管理服务网络，覆盖城乡的公共就业服务体系初步建立，基本实现了向劳动者提供职业介绍、职业培训、职业指导等内容的“一条龙”服务。

随着人力资源市场管理制度的不断健全与完善，人力资源服务机构诚信体系建设的进一步推进，以及“设立人才中介服务机构”行政许可制度改革的不断深化，人力资源市场主体的活力得到进一步激发。由各地公共就业服务机构、行业相关机构、民营和外资人力资源服务机构组成，多层次、多元化的“功能完善、机制健全、运行有序、服务规范”的人力资源市场体系基本形成。以需求为导向，人力资源市场的服务功能、服务领域和服务水平不断拓展和提升。新增劳动力、高校毕业生、复转军人等群体通过人力资

---

① 年度农民工数量包括年内在本乡镇以外从业 6 个月及以上的外出农民工和在本乡镇内从事非农产业 6 个月及以上的本地农民工两部分。参见《2016 年国民经济和社会发展统计公报》，国家统计局网站，http：//www.stats.gov.cn/tjsj/zxfb/201702/t20170228_1467424.html，2017 年 2 月 28 日。

② 《2016 年国民经济和社会发展统计公报》，国家统计局门户网站，http：//www.stats.gov.cn/tjsj/zxfb/201702/t20170228_1467424.html，2017 年 2 月 28 日；《2016 年度人力资源和社会保障事业发展统计公报》，人力资源和社会保障部网站，http：//www.mohrss.gov.cn/SYrlzyhshbzb/zwgk/szrs/tjgb/201705/W020170531358206938948.pdf，2017 年 5 月 31 日。

③ 指中央、省、市、区（县）、街道（乡镇）五级管理，中央、省、市、区（县）、街道（乡镇）和社区（村）六级服务。参见邸妍《人力资源和社会保障公共服务标准化研究》，中国劳动社会保障出版社，2013。

源市场平等竞争实现就业和再就业的规模不断增大。市场在人力资源配置中的决定性作用越来越明显。

截至2016年底，全国共有人力资源服务机构2.67万家，全年共为2820万家次用人单位提供了各类人力资源服务，为1.8亿名劳动者求职择业和流动提供了帮助。

3. 构建劳动者终身职业培训体系，大力加强针对性职业培训，职业能力建设得到进一步推进

近年来，在推进构建劳动者终身职业培训体系的同时，大力发展职业培训和技工教育，基本形成了以技工学校为骨干，以就业训练中心、企业内培训机构和民办培训机构为依托的职业培训体系。① 充分运用各种职业培训补贴政策，创新培训方式，开展针对性职业培训，重点实施农民工职业技能提升计划，为农民工群体提供免费职业培训机会，为他们实现稳定就业、提高就业质量和收入水平创造条件。为做好化解过剩产能矛盾中的企业职工安置工作，2016年启动“化解过剩产能企业职工特别职业培训计划”，探索职工培训新模式，完善政策措施和培训服务体系，为有培训愿望和需求的企业失业人员和转岗职工提供政府补贴性职业培训，帮助他们提高技能水平，实现转岗或再就业。针对有创业意愿并具备条件的劳动者，通过提供创业能力培训，特别是通过开展“SYB”② 培训，帮助他们提高创办小企业的能力。针对未继续升学的初高中毕业生实施劳动预备制培训，帮助他们掌握一门职业技能，以提高他们参与劳动力市场竞争的能力。

2016年，技工院校和各类培训机构在职业培训中发挥了积极作用并取得积极成效。（1）技工院校继续发挥着职业培训骨干作用。2016年末，全

① 刘燕斌、邸妍：《2014年中国劳动保障事业发展状况》，载刘燕斌主编《中国劳动保障发展报告（2014）》，社会科学文献出版社，2014。

② SYB是“START YOUR BUSINESS”的缩写，意为“创办你的企业”，“SYB”培训是“创办和改善你的企业”（SIYB）系列培训的一个重要组成部分。该系列培训是由联合国国际劳工组织针对微小型企业经营者培养开发的培训项目。经原劳动和社会保障部引入我国后，在部分省市进行了试点，取得了良好效果。该系列创业培训不仅帮助学员转变就业观念，提高创业技能，而且帮助他们增强微小企业的抗风险能力。

国共有技工院校2526所；在校学生人数为323万人，比2015年末增加1万人；全年面向社会开展培训452万人次。（2）就业训练中心机构数量和民办培训机构数量都有所增加。2016年末，全国共有就业训练中心2741所，比2015年末增加105所；民办培训机构19463所，比2015年末增加576所。这些培训机构全年共组织各类职业培训1775万人次，其中：就业技能培训959万人次，岗位技能提升培训551万人次，创业培训230万人次，其他培训35万人次；农民工培训913万人次，城镇登记失业人员培训287万人次，城乡未继续升学应届初高中毕业生培训75万人次，其他培训650万人次。

在已建立的由初级、中级、高级、技师、高级技师五个等级构成的国家职业资格体系中，按照国务院“放管服”改革要求，职业资格制度改革不断深化，大批国务院部门和行业协会设置的技能人才职业资格许可和认定事项被清理和取消，职业技能鉴定机构数量大幅减少，参加职业技能鉴定人数显著下降，取得不同等级职业资格证书人数明显下降，特别是取得技师、高级技师职业资格证书人数明显下降。2016年末，全国共有职业技能鉴定机构8224个，比2015年末减少3932个；职业技能鉴定考评人员28万人，比2015年末增加1.58万人。全年共有1755万人参加了职业技能鉴定，比2015年减少139万人，降幅为7.3%。在参加职业技能鉴定的人员中，有1446万人取得不同等级的职业资格证书（比2015年减少93万人），其中取得技师、高级技师职业资格的有47万人，比2015年减少8.31万人。①

（二）社会保障事业取得长足发展，成效显著

党的十八大以来，社会保障工作坚持全覆盖、保基本、多层次、可持续的方针，以增强公平性、适应流动性、保障可持续性为重点，深化社会保障制度改革，覆盖城乡的社会保障体系基本建立。实施全民参保

① 数据来源：《2016年度人力资源和社会保障事业发展统计公报》，人力资源和社会保障部网站，http：//www.mohrss.gov.cn/SYrlzyhshbzb/zwgk/szrs/tjgb/201705/W020170531358206938948.pdf，2017年5月31日。

计划，社会保险覆盖面不断扩大，参保人数持续增加，基金收支保持基本平衡，基金规模继续增大，待遇水平不断提高，经办能力不断增强，公共服务的便捷性和可及性不断提高。我国社会保障事业发展所取得的突出成就得到国际社会的高度称赞，国际社会保障协会在2016年11月召开的第32届全球大会上授予中国政府“国际社会保障协会社会保障杰出成就奖”。

1. 社会保险覆盖面继续扩大，参保人数持续增加

党的十八大以来，我国深入实施全民参保计划，社会保险的覆盖范围逐步扩大，实现了从城镇职工到城乡居民的全覆盖。近五年来，基本养老保险、城镇基本医疗保险、失业保险、工伤保险、生育保险参保人数均呈逐年增长态势（见图5）。城镇基本医疗保险参保人数增长速度居首位，由2012年的53641万人增加到2016年的74392万人，五年间增长了38.7%；其次依次为生育保险、失业保险和工伤保险，五年间参保人数分别增长了19.6%、18.8%和15.1%。基本养老保险参保人数则由2012年的78796万人增加到2016年的88777万人，增长了12.7%。

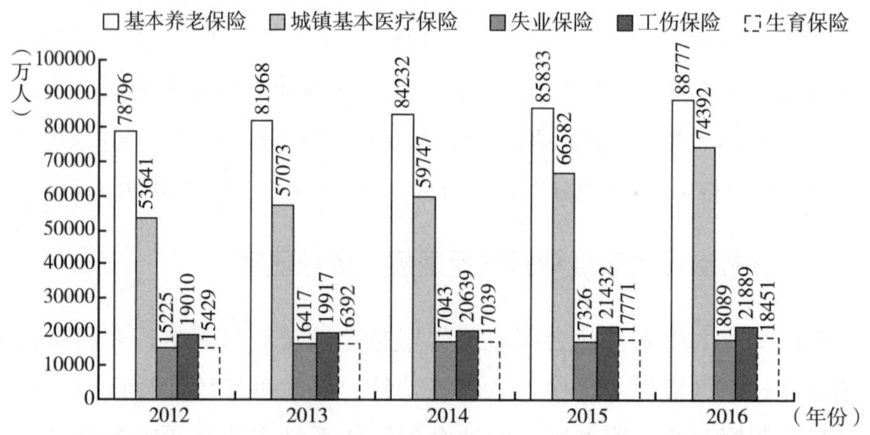

图5　2012～2016年五项社会保险参保人数变化情况

数据来源：《2016年度人力资源和社会保障事业发展统计公报》，人力资源和社会保障部网站，http：//www.mohrss.gov.cn/SYrlzyhshbzb/zwgk/szrs/tjgb/201705/W020170531358206938948.pdf，2017年5月31日。

（1）基本养老保险发展状况。2016 年末，全国参加基本养老保险的总人数为 88777 万人，比 2015 年末增加 2944 万人。基本养老保险参保总人数中，参加城镇职工基本养老保险的人数为 37930 万人，比 2015 年末增加 2569 万人；参加城镇职工基本养老保险的农民工人数为 5940 万人，比 2015 年末增加 355 万人；企业参加城镇职工基本养老保险的人数为 34264 万人，比 2015 年末增加 1140 万人。城乡居民基本养老保险参保人数为 50847 万人，比 2015 年末增加 375 万人。

2016 年，建立企业年金的企业数、参加企业年金的职工人数以及企业年金基金累计结存都有所增加。年末全国共有 7.63 万户企业建立了企业年金，比 2015 年末增长 1.1%；参加企业年金的职工人数为 2325 万人，比 2015 年末增长 1.0%，增速有所提高；企业年金基金累计结存 11075 亿元，比 2015 年末增加 1549 亿元。①

（2）城镇基本医疗保险发展状况。2016 年末，全国参加城镇基本医疗保险的人数为 74392 万人，比 2015 年末增加 7810 万人。其中，参加城镇职工基本医疗保险的人数为 29532 万人，比 2015 年末增加 638 万人；参加城镇居民基本医疗保险的人数为 44860 万人，比 2015 年末增加 7171 万人。参加城镇基本医疗保险的农民工人数为 4825 万人，比 2015 年末减少 340 万人。②

（3）失业保险发展状况。2016 年末，全国参加失业保险的人数为 18089 万人，比 2015 年末增加 763 万人。其中，农民工参保人数为 4659 万人，比 2015 年末增加 440 万人。

（4）工伤保险发展状况。2016 年末，全国参加工伤保险的人数为 21889 万人，比 2015 年末增加 457 万人。其中，农民工参保人数为 7510 万人，比 2015 年末增加 21 万人。2016 年，全年认定工伤 104 万人，比 2015

① 数据来源：《2016 年度人力资源和社会保障事业发展统计公报》，人力资源和社会保障部网站，http://www.mohrss.gov.cn/SYrlzyhshbzb/zwgk/szrs/tjgb/201705/W020170531358206938948.pdf，2017 年 5 月 31 日。

② 数据来源：《2016 年度人力资源和社会保障事业发展统计公报》，人力资源和社会保障部网站，http://www.mohrss.gov.cn/SYrlzyhshbzb/zwgk/szrs/tjgb/201705/W020170531358206938948.pdf，2017 年 5 月 31 日。

年减少 4 万人；全年被评定伤残等级的人数为 53.5 万人，比 2015 年减少 0.7 万人。

（5）生育保险发展状况。2016 年末，全国参加生育保险的人数为 18451 万人，比 2015 年末增加 680 万人。

2. 社会保险基金规模进一步增大，保障能力进一步增强

2016 年，基本养老、基本医疗、失业、工伤、生育五项社会保险（含城乡居民基本养老保险）基金收入合计为 53563 亿元（见图 6），比 2015 年增加 7551 亿元，增长 16.4%（高出 2015 年 0.9 个百分点）。五项社会保险基金支出合计为 46888 亿元，比 2015 年增加 7900 亿元，增长率为 20.3%。社会保险基金总收入大于总支出，总收入增长率继续低于总支出增长率。

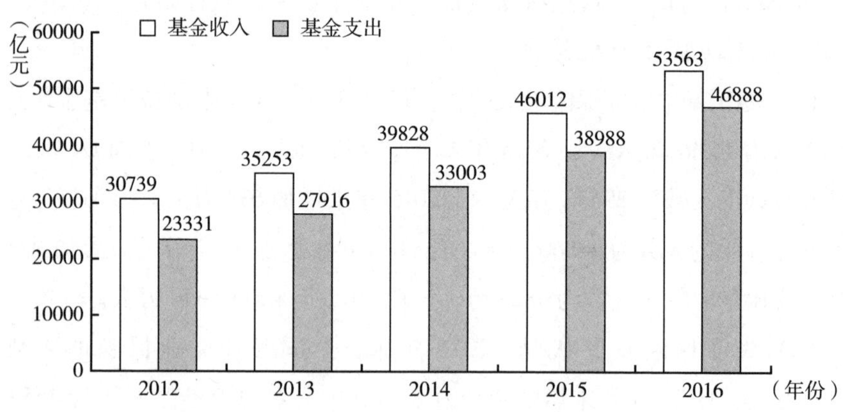

图 6　2012～2016 年五项社会保险基金收支情况

数据来源：《2016 年度人力资源和社会保障事业发展统计公报》，人力资源和社会保障部网站，http://www.mohrss.gov.cn/SYrlzyhshbzb/zwgk/szrs/tjgb/201705/W020170531358206938948.pdf，2017 年 5 月 31 日。

（1）养老保险基金规模状况。2016 年，基本养老保险基金收入为 37991 亿元，比 2015 年增长 18%。其中，城镇职工基本养老保险基金收入为 35058 亿元，比 2015 年增长 19.5%（高出 2015 年 3.6 个百分点）。城乡居民基本养老保险基金收入为 2933 亿元，比 2015 年增长 2.8%。

全年基本养老保险基金支出为 34004 亿元，比 2015 年增长 21.8%（高出2015年2.1个百分点）。其中，城镇职工基本养老保险基金支出为31854亿元，比2015年增长23.4%（高出2015年4.7个百分点）。城乡居民基本养老保险基金基金支出为2150亿元，比2015年增长1.6%（低于2015年33.1个百分点）。

2016年末，基本养老保险基金累计结存43965亿元。其中，城镇职工基本养老保险基金累计结存38580亿元，城乡居民基本养老保险基金累计结存5385亿元。

（2）医疗保险基金规模状况。2016年，城镇基本医疗保险基金收入为13084亿元，比2015年增长16.9%（高出2015年1.4个百分点）；支出为10767亿元，比2015年增长14.5%（高出2015年1.1个百分点）。2016年末，城镇基本医疗保险统筹基金累计结存9765亿元（含城镇居民基本医疗保险基金累计结存1993亿元），个人账户积累5200亿元。

（3）失业保险基金规模状况。由于降低失业保险费率政策的作用，2016年失业保险基金收入为1229亿元，比2015年下降10.2%（低于2015年9.3个百分点）。同时，由于援企稳岗等政策的作用，2016年失业保险基金支出为976亿元，比2015年增长32.6%（高出2015年12.8个百分点）。年末失业保险基金累计结存5333亿元，仍居于高位。

（4）工伤保险基金规模状况。由于降低工伤保险费率政策的作用，2016年工伤保险基金收入略有下降，为737亿元，比2015年下降2.3%（低于2015年10.9个百分点）；支出为610亿元，比2015年增长1.9%（低于2015年4.9个百分点）。年末工伤保险基金累计结存1411亿元（含储备金239亿元）。

（5）生育保险基金规模状况。2016年，生育保险基金收入为522亿元，比2015年增长4%；支出为531亿元，比2015年增长29%。年末生育保险基金累计结存为676亿元。

3. 社会保障待遇水平继续提高

（1）养老保险方面。到2016年，我国连续12年调整企业退休人员基本养老金水平，并在普遍调整的同时，注重向高龄退休人员倾斜，2012～

2016年，全国企业退休人员月人均基本养老金年均增长8.8%。2016年，基本养老金待遇水平进一步提高，机关事业单位和企业退休人员基本养老金待遇首次同步调整；企业退休人员月人均基本养老金由2015年的2200元提高到2362元；城乡居民月人均养老金达到117元，其中月人均基础养老金达到105元。2016年末，全国基本养老保险参保人员中领取待遇人员达25373万人，城乡居民基本养老保险实际领取待遇人数达15270万人。①

（2）医疗保险方面。2016年，职工医疗保险和居民医疗保险基金最高支付限额分别达到当地职工年平均工资和当地居民年人均可支配收入的6倍，政策范围内住院费用基金支付比例分别达到80%和70%左右。《关于新增部分医疗康复项目纳入基本医疗保障交付范围的通知》（人社部发〔2016〕23号）的发布，进一步扩大了医保基金支付的医疗康复项目范围。2016年启动的药品目录调整工作，为2017年印发新的国家基本医疗保险、工伤保险和生育保险药品目录奠定了基础，西药、中成药部分较上版目录新增339个，增幅约15%。②

（3）失业保险方面。2016年，领取失业保险金人数为230万人，比2015年增加4万人；共为484万名失业人员发放了不同期限的失业保险金，比2015年增加27万人；共为76万名劳动合同期满未续订或提前解除劳动合同的农民合同制工人支付了一次性生活补助；使用失业保险基金支持产业结构调整、经济转型升级，共向46万户企业发放稳岗补贴259亿元，惠及职工4833万人。③

（4）工伤保险方面。2016年，享受工伤保险待遇的人数为196万人，

---

① 《我国社会保险事业改革发展成就举世瞩目》，人力资源社会保障网站，http://www.mohrss.gov.cn/SYrlzyhshbzb/dongtaixinwen/buneiyaowen/201705/t20170525_271399.html，2017年5月25日。

② 《我国社会保险事业改革发展成就举世瞩目》，人力资源社会保障网站，http://www.mohrss.gov.cn/SYrlzyhshbzb/dongtaixinwen/buneiyaowen/201705/t20170525_271399.html，2017年5月25日。

③ 《2016年度人力资源和社会保障事业发展统计公报》，人力资源和社会保障部网站，http://www.mohrss.gov.cn/SYrlzyhshbzb/zwgk/szrs/tjgb/201705/W020170531358206938948.pdf，2017年5月31日。

比2015年减少了6万人；近五年来，因工死亡职工的一次性工亡补助金标准年均增长9.4%，从2012年的43.6万元提高到2016年的62.4万元。①

（5）生育保险方面。2016年，共有914万人次享受了生育保险待遇，比2015年增加272万人次。② 近五年来，生育保险待遇水平年均增长8.1%，由2012年的11287元提高到2016年的15385元。③

4. 社会保险公共服务体系不断健全，服务能力不断提高④

近年来，随着社会保险制度的不断健全完善，各地大力推进公共服务体系建设，将社会保险公共服务向下延伸到街道、乡镇、社区（村）。贯彻“互联网+”和大数据国家战略，实施“互联网+人社”行动计划，推动社保经办服务与“互联网+”技术深度融合，加快推进电子社保建设步伐，探索“一制四化”⑤ 综合会员制服务模式，推动社会保险服务向移动终端、自主终端延伸，提高社会保险公共服务的可及性，方便广大参保对象。推进异地就医直接结算工作。

近五年来，全国办理基本养老保险关系跨省转移接续的人次增长74.4%，由2012年的114.7万人次增加到2016年的200万人次。截至2016

---

① 《2016年度人力资源和社会保障事业发展统计公报》，人力资源和社会保障部网站，http：//www. mohrss. gov. cn/SYrlzyhshbzb/zwgk/szrs/tjgb/201705/W020170531358206938948. pdf，2017年5月31日；《我国社会保险事业改革发展成就举世瞩目》，人力资源社会保障网站，http：//www. mohrss. gov. cn/SYrlzyhshbzb/dongtaixinwen/buneiyaowen/201705/t20170525_271399. html，2017年5月25日。

② 数据来源：《2016年度人力资源和社会保障事业发展统计公报》，人力资源和社会保障部网站，http：//www. mohrss. gov. cn/SYrlzyhshbzb/zwgk/szrs/tjgb/201705/W020170531358206938948. pdf，2017年5月31日。

③ 《我国社会保险事业改革发展成就举世瞩目》，人力资源社会保障网站，http：//www. mohrss. gov. cn/SYrlzyhshbzb/dongtaixinwen/buneiyaowen/201705/t20170525_271399. html，2017年5月25日。

④ 本部分数据来源于：《2016年度人力资源和社会保障事业发展统计公报》，人力资源和社会保障部网站，http：//www. mohrss. gov. cn/SYrlzyhshbzb/zwgk/szrs/tjgb/201705/W020170531358206938948. pdf，2017年5月31日；《我国社会保险事业改革发展成就举世瞩目》，人力资源社会保障网站，http：//www. mohrss. gov. cn/SYrlzyhshbzb/dongtaixinwen/buneiyaowen/201705/t20170525_271399. html，2017年5月25日。

⑤ “一制四化”是指综合柜员制和网厅一体化、业务档案一体化、业务财务一体化、查询咨询多样化。

年底，全国累计办理城乡养老保险制度衔接55万人次，基本医疗保险关系跨统筹地区转移接续190万人次；有医保定点医疗机构约14.49万家，定点零售药店24.85万家。

2016年，继续支持中西部地区（含福建、山东中央苏区和革命老区）110个县、近300个乡镇开展基层劳动就业和社会保障服务设施建设。自2010年启动该项目以来，全国共支持1500多个县、5500多个乡镇开展基层服务设施建设。

截至2016年底，全国有30个省份和新疆生产建设兵团发行了全国统一的社会保障卡，发卡地市（含省本级、新疆生产建设兵团各师）达372个，比2015年底有所增加；持卡人数达9.72亿人，全年新增0.88亿人；社会保障卡普及率达70.3%，比2014年底增加5.7个百分点。

全国有31个省份和新疆生产建设兵团建设了城乡居民养老保险信息系统。有30个省份和新疆生产建设兵团的347个地市（含省本级）正式接入城镇职工养老保险关系转移系统。全国异地就医结算系统于2016年12月15日正式上线试运行，28个省份正式接入国家异地就医结算系统，30个省份实现了省内异地就医直接结算。

（三）劳动关系总体和谐稳定，为改革发展稳定大局做出积极贡献

党的十八大以来，立足实际，坚持劳动关系的社会主义性质，我国探索建立了与社会主义市场经济体制相适应的劳动关系协调机制和劳动争议调处机制。劳动合同制度全面实行，集体协商和集体合同制度逐步推行，劳动标准管理逐步加强，协调劳动关系的三防机制逐步健全并发挥积极作用，劳动人事争议调解仲裁效能逐步提高，劳动保障监察制度逐步完善，预警防控机制不断健全。劳动关系总体和谐稳定，为改革发展稳定大局做出积极贡献。

2016年，劳动关系保持总体和谐稳定，企业劳动合同签订率维持较高水平，有效集体合同审查数量继续增加，劳动争议处理案件总量和结案率都有所提高，劳动保障执法监察作用继续发挥。

1. 劳动合同制度进一步完善并落实，企业劳动合同签订率维持较高水平

在深入贯彻实施《中华人民共和国劳动合同法》的基础上，《劳务派遣暂行规定》对劳务派遣中劳动合同的订立、履行、解除和终止做出了规定，规范了劳务派遣机构、用工单位与被派遣劳动者之间劳动合同及劳务派遣协议的签订与履行。劳动合同制度全面实行，近年来企业劳动合同签订率维持较高水平。2016 年末，全国企业劳动合同签订率达到 90% 以上。

2. 有效集体合同审查数量继续增加

随着集体协商和集体合同制度的逐步推行，有效集体合同审查数量继续增加。截至 2016 年末，经各地人力资源和社会保障部门审查的当期有效集体合同为 191 万份，比 2015 年末增加 15 万份；覆盖职工人数为 1. 78 亿人，比 2015 年末增加 800 万人。经各级人力资源和社会保障部门审批且在有效期内实行特殊工时制度的企业近 8. 2 万户，比 2015 年末增加 1 万户；涉及职工 1432 万人，比 2015 年末减少 128 万人。

3. 劳动争议处理案件总量和结案率都有所提高

目前，我国劳动争议调处组织体系已基本形成，省（自治区、直辖市）、市（地、州）、县劳动争议仲裁委员会，企业劳动争议调解委员会，街道（乡镇）及社区区域性劳动争议调解组织普遍建立。随着仲裁机构实体化、规范化建设的逐步推进和仲裁员队伍建设的不断加强，劳动人事争议处理效能逐步提高。2016 年，各地劳动人事争议调解组织和仲裁机构共处理争议案件 177. 1 万件，比 2016 年增加 5 万件，同比上升 2. 9% 。办结案件 163. 9 万件，比 2015 年增加 2. 9 万件，同比上升 1. 8% 。案件调解成功率为 65. 8% 。仲裁结案率为 95. 5% ，比 2015 年提高 0. 3 个百分点。案件终局裁决 10. 4 万件，占裁决总数的 28. 4% 。

4. 劳动保障执法监察作用持续增强

在我国，中央、省、市、县四级劳动保障监察组织体系全面建立，劳动保障监察"两网化"管理覆盖率不断提高，为开展清理整顿人力资源市场秩序、监察用人单位遵守劳动用工和社会保险法律法规情况以及农民工工资支付情况等执法监察活动提供了保障和支撑。

2016 年，各级劳动保障监察机构共主动检查用人单位 190.8 万户次，比 2015 年减少 1.7 万户次；涉及劳动者 8209.6 万人次，比 2015 年减少 1359.5 万人次，下降 14.2%。书面审查用人单位 222.6 万户次，比 2014 年增加 3 万户次，提高 1.4%；涉及劳动者 7965.8 万人次，比 2015 年减少 507 万人次，下降 6.0%。全年共查处劳动保障违法案件 32.3 万件，比 2015 年减少 6.6 万件，大约下降 17.0%。

通过加强劳动保障监察执法，共为 372.2 万名劳动者追讨工资等待遇 350.6 亿元（包括为 290.1 万名农民工追讨工资等待遇 278.3 亿元，比 2014 年减少 53.5 亿元）。督促用人单位为劳动者补签劳动合同 202.7 万份，比 2015 年减少 104.4 份；督促 3 万户用人单位办理社保登记，比 2015 年减少 0.9 万户；督促 3.8 万户用人单位为 63.3 万名劳动者补缴社会保险费 17.3 亿元，涉及的用人单位数量、劳动者人数以及补缴的社会保险费数额分别比 2015 年下降 17.4%、36.9%、18.8%；追缴骗取的社会保险待遇或基金支出为 261.6 万元，比 2015 年减少 265.2 万元。依法取缔非法职业中介机构 2798 户，比 2015 年减少 9 户。

（四）企业工资分配制度改革不断深化，工资收入水平稳步提高

近年来，企业工资分配制度改革不断深化，企业工资决定机制和正常增长机制逐步形成，最低工资标准正常调整机制普遍建立，企业职工工资水平稳步提高。2016 年，居民人均可支配收入增长速度高于国内生产总值增长速度，劳动者工资收入水平稳步提高。

1. 居民人均可支配收入增长速度高于国内生产总值增长速度

2016 年，我国国内生产总值比 2015 年增长 6.7%，居民人均可支配收入比 2015 年增长 8.4%。其中，城镇居民人均可支配收入比 2015 年增长 7.8%，农村居民人均可支配收入比 2015 年增长 8.2%。居民人均可支配收入增长速度继续高于同期国内生产总值增长速度。2012 ~ 2016 年全国居民人均可支配收入及其实际增长速度见图 7。

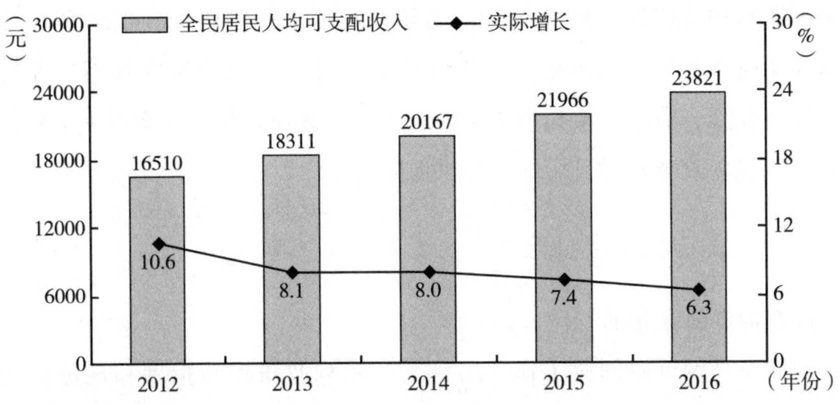

图7　2012～2016年全国居民人均可支配收入及其实际增长速度

数据来源：《2016年国民经济和社会发展统计公报》，国家统计局网站，http：//www.stats.gov.cn/tjsj/zxfb/201702/t20170228_1467424.html，2017年2月28日。

2. 劳动者工资水平稳步提高，城镇就业人员以及外出农民工收入均有所增加

2016年，全国城镇非私营单位就业人员年平均工资、城镇私营单位就业人员年平均工资以及外出农民工人均月收入都继续增加。其中，全国城镇非私营单位就业人员年平均工资为67569元，比2015年增加5540元，增长8.9%，涨幅下降1.2个百分点。全国城镇私营单位就业人员年平均工资为42833元，比2015年增加3244元，增长8.2%，涨幅下降0.6个百分点。外出农民工人均月收入为3275元，比2014年提高203元，增长6.6%，涨幅下降0.6个百分点。①

二　劳动保障制度体系建设取得新进展

党的十八大以来，按照“完善和发展中国特色社会主义制度，推进国

① 原始数据来源：《2016年度人力资源和社会保障事业发展统计公报》，人力资源和社会保障部网站，http：//www.mohrss.gov.cn/SYrlzyhshbzb/zwgk/szrs/tjgb/201705/W020170531358206938948.pdf，2017年5月31日；变动幅度数据由作者计算得出。

家治理体系和治理能力现代化”的总体目标要求，围绕劳动保障各项事业全面深化改革和发展的需要，不断健全劳动和社会保障制度体系，完善就业、社会保险、劳动关系和企业工资收入分配各项政策，为实现人力资源和社会保障事业改革发展目标任务提供保障。

（一）促进就业创业方面

1. 在促进创业方面

国务院高度重视创业工作，出台了一系列政策措施指导和规范创业工作，大力推进创业创新工作。

为充分发挥各类创新主体的积极性和创造性，加快建设一批众创空间，有效支撑我国经济结构调整和产业转型升级，2016 年 2 月，国务院办公厅印发《关于加快众创空间发展服务实体经济转型升级的指导意见》（国办发〔2016〕7 号），提出“为实施创新驱动发展战略、推进大众创业万众创新提供低成本、全方位、专业化服务”。

为在更大范围、更高层次、更深程度上推进大众创业、万众创新，2016 年 5 月，国务院办公厅印发《关于建设大众创业万众创新示范基地的实施意见》（国办发〔2016〕35 号），全面部署双创示范基地建设工作，提出“重点围绕创业创新重点改革领域开展试点示范”。

为进一步推进农民工等人员返乡创业，有效促进这部分群体在大众创业、万众创新中实现创业就业，2016 年 6 月，人力资源和社会保障部办公厅、农业部办公厅、国务院扶贫办行政人事司、共青团中央办公厅、全国妇联办公厅联合发出《关于实施农民工等人员返乡创业培训五年行动计划（2016～2020 年）的通知》（人社厅发〔2016〕90 号），提出“到 2020 年，力争使有创业要求和培训愿望、具备一定创业条件或已创业的农民工等人员都能参加一次创业培训，有效提升创业能力”的目标，同时明确做好培训对象信息统计分析、开展有针对性的创业培训、积极开展互联网创业培训、依托优质资源开展创业培训、加强创业培训基础能力建设、建立创业培训与创业孵化对接机制、做好创业培训对象后续跟踪扶持等主要任务。

2016年9月，国务院印发《关于促进创业投资持续健康发展的若干意见》（国发〔2016〕53号），对创业投资的总体要求、多元创业投资主体的培育、多渠道拓宽创业投资资金的来源、政府引导和政策扶持措施、创业投资相关法律法规的完善、创业投资退出机制的进一步完善、优化创业投资市场环境、完善创业投资行业自律和服务体系等提出了指导意见，将有利于进一步促进创业投资的持续健康发展。

为鼓励和支持农民工、中高等院校毕业生、退役士兵和科技人员等返乡下乡人员到农村创业创新，推进农业供给侧结构性改革，推动农村三产融合发展，促进农民就业增收，2016年11月，国务院办公厅印发《关于支持返乡下乡人员创业创新促进农村一二三产业融合发展的意见》（国办发〔2016〕84号），明确了支持的重点领域和发展方向以及简化市场准入、改善金融服务、加大财政支持力度、落实用地用电支持措施、开展创业培训、完善社会保障政策、强化信息技术支撑、创建创业园区（基地）等具体措施。

2017年4月，国务院印发《国务院关于做好当前和今后一段时期就业创业工作的意见》（国发〔2017〕28号），提出坚持实施就业优先战略，支持新就业形态发展，促进以创业带动就业，抓好重点群体就业创业工作，强化教育培训和就业创业服务，以适应新就业形态迅速发展对完善就业政策提出的新要求，营造鼓励大众创业、万众创新的良好环境，加快培育发展新动能，稳住就业基本盘，实现“在经济转型中实现就业转型，以就业转型支撑经济转型”。

为进一步发挥创业孵化基地在落实创业政策、开展创业培训、创业服务方面的重要载体和示范引领作用，在各地择优推荐基础上，2016年12月14日，人力资源和社会保障部发出《关于确定第三批全国创业孵化示范基地的通知》（人社部发〔2016〕126号），确定了第三批全国创业孵化示范基地（共34家）。

2. 在促进高校毕业生就业方面

面对高校毕业生就业总量压力持续加大、供需不匹配的结构性矛盾依然突出的就业形势，人力资源和社会保障部坚持把高校毕业生就业作为就业工作的重中之重，以实施就业促进和创业引领两项计划为重要抓手，出台一系列政策措施促进高校毕业生就业创业。

为切实做好高校毕业生就业创业工作，2016 年 2 月，人力资源和社会保障部印发《关于做好 2016 年全国高校毕业生就业创业工作的通知》（人社部函〔2016〕18 号），要求各地完善落实就业创业政策，积极促进高校毕业生多渠道就业；完善精准帮扶措施，精心实施离校未就业高校毕业生就业促进计划；调动各方力量，深入实施大学生创业引领计划；加强组织领导，健全高校毕业生就业创业工作推动机制，切实做好高校毕业生就业创业工作。

“三支一扶”计划自 2006 年实施以来，在促进高校毕业生就业方面发挥了重要作用。为深入实施就业优先战略，鼓励高校毕业生到基层工作，2016 年 5 月，人力资源和社会保障部、中央组织部、教育部、财政部、水利部、农业部、国家卫生计生委、国务院扶贫办、共青团中央九部门联合发出《关于实施第三轮高校毕业生“三支一扶”计划的通知》（人社部发〔2016〕41 号），决定自 2016 年至 2020 年实施第三轮高校毕业生“三支一扶”计划。提出坚持“稳定规模、优化领域、改进管理、提升质量、强化保障”的基本思路，完善选拔招募机制，进一步健全服务保障机制，切实做好日常管理和服务工作，畅通服务期满就业创业渠道，确保“三支一扶”工作取得更大成效。

为进一步做好高校毕业生就业创业工作，2016 年 10 月，人力资源和社会保障部、教育部联合发出《关于实施高校毕业生就业创业促进计划的通知》（人社部发〔2016〕100 号），决定从 2016 年起实施“高校毕业生就业创业促进计划”，提出通过“实施能力提升、创业引领、校园精准服务、就业帮扶、权益保护五大行动，加强部门协同、信息共享、工作对接”等主要措施，实现“把有就业创业意愿的高校毕业生全部纳入就业创业促进计划，运用各项政策措施和服务手段综合施策，精准发力，使高校毕业生就业创业能力全面提升，创新创业活力进一步增强，有就业创业需求的都能得到有针对性的指导服务和政策支持，市场供需匹配效率进一步提高，高校毕业生就业权益得到有效保障，努力实现高校毕业生就业保持较高水平”的目标任务。

3. 在化解过剩产能职工安置方面

党中央、国务院高度重视化解过剩产能中受影响人员的安置工作，国务院及有关部门陆续出台了一系列意见和政策措施，对有关工作予以指导和规范。

2016 年 2 月，国务院连续印发《国务院关于钢铁行业化解过剩产能实现脱困发展的意见》（国发〔2016〕6 号）、《国务院关于煤炭行业化解过剩产能实现脱困发展的意见》（国发〔2016〕7 号），明确提出要把职工安置作为化解钢铁、煤炭过剩产能工作的重中之重，通过挖掘企业内部潜力、对符合条件的职工实行内部退养、依法依规解除或终止劳动合同、做好再就业帮扶等多项措施，切实做好受影响职工的安置工作。

为贯彻落实党中央、国务院化解钢铁、煤炭行业过剩产能实现脱困发展的总体部署，切实做好受影响职工安置工作，2016 年 4 月，人力资源和社会保障部、国家发展改革委、工业和信息化部、财政部、民政部、国务院国资委、全国总工会七部门联合出台《关于在化解钢铁煤炭行业过剩产能实现脱困发展过程中做好职工安置工作的意见》（人社部发〔2016〕32 号），对多渠道分流安置职工、妥善处理劳动关系、加强社会保障衔接等措施进行了细化和明确。

为贯彻落实国务院关于做好化解过剩产能中职工安置工作的有关要求，切实发挥职业培训在促进就业中的重要作用，2016 年 6 月，人力资源和社会保障部印发《关于实施化解过剩产能企业职工特别职业培训计划的通知》（人社部发〔2016〕52 号），宣布启动实施“化解过剩产能企业职工特别职业培训计划”，提出“从 2016 年至 2020 年，利用 5 年左右时间，结合地方政府化解过剩产能工作的总体安排，组织化解过剩产能中企业失业人员和转岗职工参加培训，探索职工培训新模式，完善政策措施和培训服务体系，力争使有培训愿望和需求的企业失业人员和转岗职工都能接受一次相应的政府

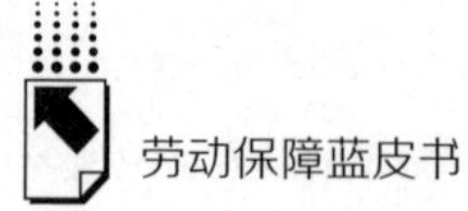

补贴性职业培训”的目标任务。

4. 在就业精准扶贫方面

人力资源和社会保障部联合有关部门出台一系列政策措施，以切实发挥就业在精准扶贫中的重要作用。

为贯彻落实党中央、国务院关于打赢脱贫攻坚战的战略部署，2016 年 7 月，人力资源和社会保障部、国务院扶贫办联合印发《关于开展技能脱贫千校行动的通知》（人社部发〔2016〕68 号），决定于 2016 ~ 2020 年，在全国组织千所左右省级重点以上的技工院校开展技能脱贫千校行动。

为贯彻落实党中央、国务院关于打赢脱贫攻坚战决定的有关要求，2016 年 8 月，人力资源和社会保障部印发《关于在打赢脱贫攻坚战中做好人力资源社会保障扶贫工作的意见》（人社部发〔2016〕71 号），提出“十三五”时期，通过帮助农村贫困劳动力实现转移就业，实现 1000 万人脱贫。

2016 年 12 月 2 日，人力资源和社会保障部、财政部、国务院扶贫开发领导小组办公室联合发出《关于切实做好就业扶贫工作的指导意见》（人社部发〔2016〕119 号），提出通过开发岗位、劳务协作、技能培训、就业服务、权益维护等措施，帮助一批未就业贫困劳动力转移就业、已就业贫困劳动力稳定就业、贫困家庭未升学初高中毕业生就读技工院校毕业后实现技能就业，带动、促进 1000 万贫困人口脱贫。

5. 运用“互联网 + ”和大数据技术加强公共就业服务信息化建设

为推动“互联网 + ”、大数据技术在就业领域的广泛应用，全面提升就业服务能力和就业管理水平，2016 年 10 月，人力资源和社会保障部办公厅印发《关于加快推进公共就业服务信息化建设和应用工作的指导意见》（人社厅发〔2016〕159 号），提出“到 2020 年，全面建成系统省级集中、信息全国共享的公共就业服务信息化格局，提升就业服务和就业管理工作能力”。该意见明确了加快公共就业服务业务应用系统建设、打造“互联网 + ”公共就业创业服务平台、加强就业形势分析研判、开展资金审核监管与服务绩效考核和加强信息化基础工作五项重点任务。

（二）社会保险方面

《中华人民共和国社会保险法》颁布实施后，我国陆续出台一系列配套法规规章和政策措施。

1. 在基本养老保险方面

在城镇职工基本养老保险制度的基础上，我国逐步建立了统一的城乡居民基本养老保险制度，机关事业单位工作人员养老保险制度改革取得实质性进展，实现了基本养老保险的全覆盖。迄今，基本形成了跨制度、跨地区转移接续基本养老保险关系的政策体系。

为进一步做好城镇企业职工养老保险关系转移接续工作，解决跨省流动就业人员的养老保险关系转移接续中出现的新问题，2016 年 11 月，人力资源和社会保障部印发《关于城镇企业职工基本养老保险关系转移接续若干问题的通知》（人社部规〔2016〕5 号），明确了视同缴费年限计算地、缴费信息历史遗留、临时基本养老保险缴费账户的管理、一次性缴纳养老保险费的转移、重复领取基本养老金、退役军人养老保险关系转移接续、城镇企业成建制跨省转移养老保险关系等问题的处理，进一步完善了企业职工养老保险关系转移接续的相关规定。

按照《国务院关于机关事业单位工作人员养老保险制度改革的决定》（国发〔2015〕2 号）有关精神，为确保中央国家机关所属京外单位退休人员属地参加 2016 年基本养老金调整，2016 年 7 月，人力资源和社会保障部办公厅、财政部办公厅联合印发《关于加快推进中央国家机关所属京外单位属地参加机关事业单位养老保险工作的通知》（人社厅函〔2016〕280 号），要求各地抓紧将中央国家机关所属京外单位纳入参保范围、中央国家机关要督促所属京外单位做好属地参保相关工作、各地要确保中央国家机关所属京外单位退休人员 2016 年调整基本养老金工作按时到位。

2. 在基本医疗保险方面

在城镇职工基本医疗保险制度的基础上，按照覆盖范围、筹资政策、保障待遇、医保目录、定点管理、基金管理“六统一”的要求，推进建立统一的城乡居民基本医疗保险制度，农村居民医疗保障水平明显提升，城乡居民大病保险全面实施。选择12个城市开展生育保险与基本医疗保险合并试点。

为建立统一的城乡居民基本医疗保险制度，实现城乡居民公平享有基本医疗保险权益，促进城乡经济社会协调发展，2016年1月，国务院印发《关于整合城乡居民基本医疗保险制度的意见》（国发〔2016〕3号），要求整合城镇居民基本医疗保险与新型农村合作医疗，建立统一的城乡居民基本医疗保险制度，实现统一覆盖范围、统一筹资政策、统一保障待遇、统一医保目录、统一定点管理、统一基金管理（“六统一”）。同时要求，通过整合经办机构和创新经办管理，理顺管理体制；通过提高统筹层次、完善信息系统、完善支付方和加强医疗服务监管，提升服务效能。

为切实增强公平性、适应流动性、保证可持续性，加快推进基本医疗保险信息全国联网，方便广大人民群众异地就医住院医疗费用结算，2016年12月，人力资源和社会保障部与财政部联合印发《关于做好基本医疗保险跨省异地就医住院医疗费用直接结算工作的通知》（人社部发〔2016〕120号），提出推进基本医疗保险信息全国联网和异地就医住院医疗费用直接结算工作的进度要求、覆盖范围，明确了经办规程。

3. 在失业保险方面

失业保险制度进一步完善，根据化解过剩产能、推进供给侧结构性改革等要求，制定失业保险稳岗补贴政策，进一步发挥失业保险预防失业、促进就业的功能。

在联合印发《关于调整失业保险费率有关问题的通知》（人社部发〔2015〕24号）后，2016年4月，人力资源和社会保障部、财政部又联合印发《关于阶段性降低社会保险费率的通知》（人社部发〔2016〕36号），决定从2016年5月1日起，将失业保险总费率在2015年的基础上再阶段性降至1%～1.5%，其中个人费率不超过0.5%，降低费率的期限暂定为两年。连续两次调低费率，减少了企业的人工成本，促进了经济的发展。

4. 在工伤保险方面

推进预防、补偿、康复“三位一体”的工伤保险制度体系建设，开展工伤预防和工伤康复试点，推进建筑业按项目参加工伤保险。

为规范工伤保险辅助器具配置管理，维护工伤职工的合法权益，2016年2月，人力资源和社会保障部、民政部、国家卫生计生委联合发布《工伤保险辅助器具配置管理办法》（人社部令第27号），对工伤职工因日常生活或者就业需要配置假肢、矫形器、假眼、假牙和轮椅等辅助器具的管理、监督和服务等予以规范。

为更好地贯彻执行新修订的《工伤保险条例》，妥善解决实际工作中遇到的问题，保障职工和用人单位合法权益，2016年3月，人力资源和社会保障部印发《关于执行〈工伤保险条例〉若干问题的意见（二）》（人社部发〔2016〕29号），对各地当前实际工作中遇到的工伤保险问题予以指导。

5. 探索建立长期护理保险制度

为应对人口老龄化，更好地维护和保障失能人员基本生活权益，按照党中央和国务院要求，2016年6月，人力资源和社会保障部办公厅印发《关于开展长期护理保险制度试点的指导意见》（人社厅发〔2016〕80号），在全国选择15个城市在保障范围、参保范围、资金筹集、待遇支付等基本政策方面开展试点，探索建立以社会互助共济方式筹集资金的长期护理保险制度，力争在“十三五”期间基本形成适应我国社会主义市场经济体制的长期护理保险制度政策框架。

（三）劳动关系方面

党的十八大以来，我国陆续出台了一系列构建和谐劳动关系的法律法规和政策措施。

（1）党中央、国务院印发构建和谐劳动关系的意见。党中央、国务院高度重视构建和谐劳动关系工作，联合印发《中共中央　国务院关于构建和谐劳动关系的意见》（中发〔2015〕10号），从夺取中国特色社会主义新胜利的全局和战略高度，深刻阐述了构建和谐劳动关系的重大意义，明确了新形势下构建和谐劳动关系的指导思想、工作原则和目标任务，提出了依法保障职工基本权益、健全劳动关系协调机制、加强企业民主管理制度建设、健全劳动关系矛盾调处机制、营造构建和谐劳动关系的良好环境等政策措施。

（2）规范劳务派遣用工制度。针对劳务派遣机构大量增加、劳务派遣用工规模不断扩大、劳务派遣中同工不同酬问题日益突出的情况，全国人大常委会于2012年12月通过《关于修改〈中华人民共和国劳动合同法〉的决定》，完善了劳务派遣有关规定。之后，人力资源和社会保障部先后发布《劳务派遣行政许可实施办法》（人社部令第19号）和《劳务派遣暂行规定》（人社部令第22号），明确了经营劳务派遣业务的条件，申请劳务派遣许可的流程；对劳务派遣使用范围，用工比例，劳动合同的订立、履行、解除和终止，跨地区派遣的社会保险等进行规范。

（3）完善集体合同和集体协商法规。截至2016年底，全国有29个省（区、市）出台了集体协商地方性法规和规章。

（4）完善休息休假制度。人力资源和社会保障部办公厅印发《关于〈企业职工带薪年休假实施办法〉有关问题的复函》（人社厅发〔2015〕130号），明确了带薪年休假的计算方法。

（5）加强劳动人事争议调解仲裁制度建设。完善劳动人事争议调解仲裁多元处理机制，建立健全预防协商、调解、仲裁、调裁审衔接和基础保障五项机制。建立专业性劳动争议调解工作机制。发布修订《劳动人事争议仲裁办案规则》（人社部令第33号）和《劳动人事争议仲裁组织规则》（人社部令第34号）。

（6）加强劳动保障监察制度建设。自《劳动保障监察条例》（国务院令第423号）颁布实施以来，各级劳动保障监察机构以《中华人民共和国劳动法》《中华人民共和国劳动合同法》《中华人民共和国就业促进法》《中华人民共和国社会保险法》及有关法律规章为依据，通过日常巡查、审查书面材料、接受举报投诉、开展专项检查等方式，对用人单位遵守劳动用工制度、依法参加社会保险等情况开展执法监察，依法查处有关违法违规行为，促进了各项劳动保障法律法规和政策措施的贯彻落实，维护了劳动者的合法权益。

为全面治理拖欠农民工工资问题，从根本上解决这一问题，针对部分行业特别是工程建设领域拖欠工资问题比较突出、严重侵害农民工合法权益的情况，2016 年 1 月，国务院办公厅印发《关于全面治理拖欠农民工工资问题的意见》（国办发〔2016〕1 号），明确提出“到 2020 年，形成制度完备、责任落实、监管有力的治理格局，使拖欠农民工工资问题得到根本遏制，努力实现基本无拖欠”的目标任务。

为加强对重大劳动保障违法行为的惩戒，强化社会舆论监督，促进用人单位遵守劳动和社会保障法律、法规和规章，2016 年 9 月，人力资源和社会保障部发布《重大劳动保障违法行为社会公布办法》（人社部令第 29 号），对各级人力资源和社会保障行政部门依法向社会公布用人单位重大劳动保障违法行为做出规范。

（四）企业工资收入分配方面

党的十八大以来，按照“提低、扩中、调高”的原则，我国积极推进企业工资收入分配制度改革，“市场机制调节、企业自主分配、职工民主参与、政府监控指导”的企业工资收入分配机制逐步完善。国有企业特别是中央企业负责人薪酬制度改革平稳推进，对国有企业过高收入的调控力度逐渐加大。最低工资标准评估机制不断健全完善，最低工资标准调整的规范性和科学性不断提高，最低工资标准正常调整机制普遍建立。企业薪酬试调查工作稳步开展，国家对企业工资收入分配的宏观指导不断加强。企业工资决定机制和正常增长机制逐步建立。

三　劳动保障工作的目标任务和思考建议

（一）当前和未来一个时期劳动保障工作的主要任务

1．“十三五”期间劳动保障工作的目标任务

《中华人民共和国国民经济和社会发展第十三个五年规划纲要》、《国务院关于印发“十三五”推进基本公共服务均等化规划的通知》（国发

〔2017〕9 号)、《国务院关于印发“十三五”促进就业规划的通知》(国发〔2017〕10 号)以及人力资源和社会保障部印发的《人力资源和社会保障事业发展“十三五”规划纲要》,提出了“十三五”时期劳动和社会保障工作的目标任务。

(1)实现比较充分和更高质量的就业。就业规模持续扩大,就业结构更加合理,就业稳定性进一步增强,就业环境更加公平,就业创业服务体系更加健全,失业率得到有效控制。“十三五”期间实现城镇新增就业 5000 万人以上,城镇登记失业率控制在 5% 以内。

(2)建立更加公平更可持续的社会保障制度。全面推进社会保障制度改革,覆盖城乡居民的社会保障体系全面建成,基本实现法定人员全覆盖。完善社会保险筹资机制,建立社会保险待遇正常调整机制,稳步提高统筹层次和保障水平,实现基金的安全可持续运行。到“十三五”期末,城镇职工基本养老保险参保人数达到 4.25 亿人,城乡居民基本养老保险参保人数达到 5.2 亿人,基本养老保险参保率达到 90%,基本医疗保险参保率稳定在 95% 以上,失业保险参保人数达到 1.8 亿人,工伤保险参保人数达到 2.2 亿人,生育保险参保人数达到 2 亿人。

(3)推动形成合理有序的工资收入分配格局。工资收入分配制度改革不断深化,企业、机关事业单位工资决定和正常增长机制进一步完善。企业工资分配宏观调控体系更加健全。工资收入稳步提高,工资收入分配秩序更加规范、差距逐步缩小。

(4)构建中国特色和谐劳动关系。劳动关系工作体制进一步完善,劳动关系协调机制和矛盾调处机制更加健全,劳动人事争议处理效能和劳动保障监察执法能力进一步提升,劳动关系总体和谐稳定。到“十三五”期末,企业劳动合同签订率达到 90% 以上,劳动人事争议调解成功率达到 60% 以上,劳动人事争议仲裁结案率达到 90% 以上,劳动保障监察举报投诉案件结案率达到 95% 以上。

(5)公共服务体系更加健全。就业和社保等公共服务体系更加完善,体制机制更加健全,到 2020 年,基本公共服务均等化总体实现。

2. 2017年劳动保障工作的重点任务

2017 年正处于“十三五”时期全面建成小康社会的决胜阶段。李克强总理在于 2017 年 3 月 5 日召开的第十二届全国人民代表大会第五次会议上所做的《政府工作报告》中，提出了 2017 年城镇新增就业 1100 万人以上、城镇登记失业率 4. 5% 以内、居民收入和经济增长基本同步等劳动保障领域的主要预期目标。同时还指出，2017 年就业压力加大，要坚持就业优先战略，实施更加积极的就业政策，2017 年城镇新增就业预期目标比 2016 年多 100 万人，突出了更加重视就业的导向。

《政府工作报告》中提出的 2017 年劳动保障领域的重点工作任务包括以下几方面。(1) 用改革的办法深入推进“三去一降一补”。再压减钢铁产能 5000 万吨左右，退出煤炭产能 1. 5 亿吨以上，淘汰、停建、缓建煤电产能 5000 万千瓦以上，有效处置“僵尸企业”。同时要求，去产能过程中必须安置好职工，确保分流职工就业有出路、生活有保障。(2) 深化重要领域和关键环节改革。深化收入分配制度配套改革。稳步推动养老保险制度改革，划转部分国有资本充实社保基金。深化医疗、医保、医药联动改革。(3) 以创新引领实体经济转型升级。持续推进大众创业、万众创新。新建一批“双创”示范基地，鼓励大企业和科研院所、高校设立专业化众创空间，加强对创新型中小微企业的支持，打造面向大众的“双创”全程服务体系。(4) 推进以保障和改善民生为重点的社会建设。大力促进就业创业，完善就业政策，加大就业培训力度，加强对灵活就业、新就业形态的支持。对高校毕业生要实施好就业促进、创业引领、基层成长等计划，促进多渠道就业创业。加大就业援助力度，扶持城镇困难人员、残疾人就业，确保零就业家庭至少有一人稳定就业。推进健康中国建设，城乡居民医疗保险财政补助标准由每人每年 420 元提高到 450 元，同步提高个人缴费标准，扩大用药保障范围。推进全国医保信息联网，实现异地就医住院费用直接结算。完善大病保险制度，提高保障水平。织密扎牢民生保障网，继续提高退休人员基本养老金，稳步提高优抚、社会救助标准。县级政府要建立基本生活保障协调机制，切实做好托底工作。

此外，2016年召开的中央经济工作会议强调，深入实施创新驱动发展战略，广泛开展大众创业、万众创新；更好统筹民生改善与经济发展，进一步织密扎牢民生保障网。

（二）劳动保障事业面临的挑战与问题

当前和今后一个时期，我国经济保持稳中向好的态势，稳的格局在巩固，进的态势更明显，经济发展存在许多新机遇。但也要看到，我国经济运行和社会发展仍面临不少挑战和亟待解决的问题，如产业转型升级任务繁重，经济增长内生动力不足，社会发展不均衡现象依然存在，人口老龄化程度不断加剧，城镇化进程日益加快，"互联网+"带来新经济业态的发展，这些都给就业、社会保障、劳动关系，乃至收入分配带来新的问题和挑战。

1. 经济新常态提出新挑战

经济发展进入新常态是我国当前及今后一个时期面临的新形势。新常态下经济增长速度、经济结构以及发展动力都在发生着显著变化，并对就业创业、社会保障、劳动关系以及收入分配提出新要求。如何进一步完善我国的就业创业政策，加强和改进就业创业管理服务工作，以适应变化的劳动力市场的要求；如何进一步完善我国的社会保障制度，应对城镇化、老龄化、就业方式多样化的挑战，更好发挥社会保障"社会稳定器""安全网"的作用；如何进一步完善劳动关系调整政策，健全劳动关系调处机制，适应新经济、新业态的发展要求，构建和谐稳定的劳动关系；如何进一步理顺收入分配关系，形成合理的收入分配秩序，不断缩小收入差距，等等，都是经济发展新常态不同阶段将持续面对，需要予以研究并切实加以解决的。

2. 劳动保障事业发展有待破解的问题

（1）就业方面。就业形势总体稳定的格局没有变，但就业供求总量矛盾依然存在、结构性矛盾更加突出。促进高校毕业生就业、做好去产能受影响职工就业安置工作以及帮助就业困难群体就业，是当前就业创业工作的重点和难点。招工难和就业难问题并存，地区、行业就业状况差异明显，劳动力市场供需错位现象严重，个别地区存在失业风险。

（2）社会保障方面。我国社会保障制度的公平性和可持续性仍面临不少突出问题。还有部分群体尚未实现应保尽保，社会保险在不同群体间待遇差距较大。社保基金收支平衡面临严峻挑战，部分地区养老保险保发放压力很大。

（3）劳动关系方面。随着经济发展进入新常态，经济领域的风险有可能进一步向劳动关系领域传导，欠薪、欠保断保、经济补偿金不到位等引发的劳动关系纠纷有可能增多，劳动关系仍将处于矛盾凸显期和多发期。建立健全适应新就业形态发展的劳动用工制度，既保持劳动力市场的灵活性，又有效维护劳动者权益等问题，都需要深入研究。

（4）工资分配方面。工资收入差距不合理、分配秩序不规范的问题依然有待得到有效解决，需要进一步探索深入改革工资收入分配制度的有效途径。

（三）进一步推进劳动保障事业发展的思考建议

劳动保障领域是重要的民生领域，事关改革发展稳定大局，与广大人民群众的根本利益息息相关。推动劳动保障事业发展要深入贯彻落实党的十八大和十八届三中、四中、五中、六中全会精神，深入贯彻落实习近平总书记系列重要讲话精神，按照“五位一体”总体布局和“四个全面”战略布局，牢固树立和贯彻落实“创新、协调、绿色、开发、共享”的发展理念，坚持稳中求进工作总基调，主动适应经济发展新常态，围绕民生为本、人才优先工作主线，促改革、补短板、兜底线、防风险，着重做好以下工作。

1.促进就业创业方面

（1）进一步深入落实新一轮就业创业政策。当前，正值贯彻落实《“十三五”促进就业规划》的关键阶段，应切实落实好规划中提出的各项政策措施，为全面实现规划提出的促进就业的主要目标奠定坚实的工作基础。国务院印发的《关于做好当前和今后一段时期就业创业工作的意见》是升级版、创新版的更加积极的就业政策。该意见既是对以往就业政策的全面继承也是对以往就业政策的创新和发展。深入贯彻落实该文件的精神，对于做好当前和今后一段时期的就业创业工作具有重要的引领和推动作用。

（2）进一步建立健全经济发展与促进就业的良性互动机制。通过产业结构转型升级，推进供给侧结构性改革，促进经济发展，进而创造更多更高质量就业岗位；营造更好的经济发展环境，大力扶持民营经济、小微企业、个体经济、灵活就业和新就业形态发展，以吸纳更多人员实现就业；对化解过剩产能重点地区实施有利于其经济转型的财税、金融、产业等优惠政策，以促进这些地区的产业结构调整，拓展其就业空间，创造更多就业岗位，妥善安置受影响职工。

（3）重点做好高校毕业生等重点群体的就业创业工作。坚持把促进高校毕业生就业摆在就业工作的首位，以实施高校毕业生就业创业促进计划为契机，完善校内校外各个阶段、就业创业全过程的服务体系，不断拓宽高校毕业生基层就业、自主创业、自谋职业等多种渠道。还应重点帮助和扶持家庭困难、身体残疾的毕业生就业，着力促进少数民族大学生、女大学生就业。

稳妥做好化解过剩产能职工就业安置工作，确保分流职工就业有出路、生活有保障。通过深入细致的工作掌握去产能受影响职工的情况，坚持企业主体、地方组织、依法依规的原则，妥善处理好劳动关系、社保接续，确保分流安置工作方案公平、过程公正、程序公开。坚持多渠道分流安置职工，完善和拓展内部挖潜、内部退养、转岗就业创业、公益性岗位兜底等多元化安置渠道。切实用好奖补资金，落实好稳岗补贴和技能提升补贴政策，确保分流职工就业有出路、创业有指导、生活有保障。

做好农民工就业创业工作。鼓励和支持农民工等人员返乡创业，进一步落实完善政策、优化创业服务、加强创业培训，拓展农村劳动力就业新空间。大力推进城镇化、市民化建设，为农民工在城镇实现稳定就业创造条件。着力做好就业扶贫工作，加快农村劳动力就业脱贫。健全就业援助长效机制，对就业困难人员实行托底帮扶，确保零就业家庭至少有一人稳定就业。

2. 社会保障方面

（1）进一步健全社会保障制度，增强其公平性。一是统筹设计和推动基本养老保险制度总体改革，完善城乡居民基本养老保险待遇确定和正常调整机制，进一步推进机关事业单位养老保险制度改革；加大长期护理保险制度试点力度，探索建立长期护理保险制度。二是推进城乡居民基本医疗保险制度的整合，尽快实现统一覆盖范围、统一筹资政策、统一保障待遇、统一医保目录、统一定点管理、统一基金管理的“六统一”要求；推进医疗保险支付方式改革。三是抓紧完善失业保险制度，降低援企稳岗补贴“门槛”，扩大失业保险覆盖面，提高统筹层次，以便能在更大区域内调节使用失业基金，充分发挥失业保险防失业、促就业的积极作用。四是完善工伤保险待遇调整机制，切实保障广大工伤人员的合法权益。五是完善生育保险制度，推进生育保险和基本医疗保险制度合并的试点工作。

（2）进一步完善社保管理服务工作机制，提高基本公共服务的均等性和可及性。一是进一步落实城镇企业职工养老保险关系转移接续工作有关要求，切实解决跨省流动就业人员的养老保险关系转移接续问题。推进退役军人、军队职工和随军家属的养老保险关系转移接续工作。二是推动“互联网＋人社”和电子社保建设步伐，进一步发挥“互联网＋”对社保业务处理、监督管理、决策支持等方面的支撑作用。三是加快社会保险经办服务标准体系建设，进一步提高社保经办服务规范化、信息化和专业化水平。

（3）千方百计做大社会保障基金规模，增强社会保障制度的可持续性。当前，社会保险基金收入增速呈下降趋势，但同时社保基金支出速度呈增快趋势，社保基金面临较大压力。受人口老龄化加剧以及阶段性降低社保费率、社保待遇调整等因素影响，社保基金当期收支缺口还有进一步加大的可能。上述形势变化影响着社会保险制度的可持续性。建议加大相关政策的统筹协调力度、多方筹集资金，千方百计做大社会保障基金规模，增强社会保障制度的可持续性。

3. 劳动关系方面

（1）进一步完善劳动关系法律制度体系。注重法律的公平性，妥善平

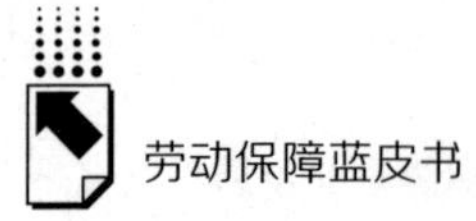

衡用人单位与劳动者的关系，在保障职工合法权益的基础上，进一步增强劳动力市场的灵活性和流动性，激发市场活力，为充分发挥市场机制在人力资源配置中的决定性作用提供保障。

（2）进一步健全和完善劳动关系矛盾调处机制。针对去产能的特殊情况，建议在劳动关系协调三方机制基础上，进一步健全完善劳动关系调处协调工作机制，由各地化解过剩产能和淘汰落后产能工作协调小组统筹协调本地区企业受影响职工安置工作，统筹协调发挥发改、经信、财政、人社、国资、工会等部门的作用，明确各部门的工作责任和有关方面的具体任务，加强协调联动，指导和帮助企业积极处理劳动关系问题、化解劳动关系纠纷和争议。

（3）加强形势研判，切实预防劳动关系风险。经济新常态下，产业结构调整、新型业态发展将成为常态，要进一步跟踪、深化新形势下劳动关系变化趋势的研究，加强劳动关系风险形势研判。当前，特别要关注对钢铁、煤炭等去产能重点行业和资源型工业集中、产业单一地区受影响职工就业安置形势的跟踪，做好针对性政策的储备研究，切实预防去产能中的劳动关系风险，为构建和谐稳定的劳动关系、促进经济社会健康发展起到应有的作用。

4. 企业工资收入分配方面

国民经济和社会事业发展“十三五”规划纲要、人力资源和社会保障事业发展“十三五”规划纲要都明确了未来一个时期企业工资收入分配的目标任务，为深化企业工资收入分配改革指明了方向。围绕上述目标任务，建议加强对企业工资收入分配的宏观指导，尽快健全企业工资收入分配相关法律法规和政策措施，完善初次分配制度；推进企业工资集体协商制度，完善工资指导线制度，进一步健全企业工资分配宏观调控体系；加强对国有企业收入分配的监管，完善国有企业工资决定机制。通过规范收入分配秩序，努力缩小收入差距，促进社会的公平正义，使广大人民群众共享改革发展的成果。

参考文献

[1]《中华人民共和国国民经济和社会发展第十三个五年规划纲要》，人民出版社，2016。

[2]《中央经济工作会议在北京举行　习近平李克强作重要讲话》，人民网，http：//finance. people. com. cn/n1/2016/1216/c1004 - 28956355. html，2016 年 12 月 16 日。

[3] 李克强：《政府工作报告》，中央人民政府网站，http：//www. gov. cn/premier/2017 - 03/16/content_ 5177940. htm，2017 年 3 月 16 日 .

[4]《2016 年国民经济和社会发展统计公报》，国家统计局网站，http：//www. stats. gov. cn/tjsj/zxfb/201702/t20170228_ 1467424. html，2017 年 2 月 28 日。

[5]《2016 年度人力资源和社会保障事业发展统计公报》，人力资源和社会保障部网站，http：//www. mohrss. gov. cn/SYrlzyhshbzb/zwgk/szrs/tjgb/201705/W020170531358206938948. pdf，2017 年 5 月 31 日。

[6]《国家人权行动计划（2016 ~ 2020 年）》，国务院新闻办公室网站，http：//www. gov. cn/xinwen/2016 - 09/29/content_ 5113376. htm，2016 年 9 月 29 日。

[7]《三产继续成为吸纳就业主力军》，《经济日报》2017 年 6 月 1 日。

[8]《中国政府获“国际社会保障协会社会保障杰出成就奖”》，中央人民政府网站，http：//www. gov. cn/xinwen/2016 - 11/18/content_ 5134315. htm，2016 年 11 月 8 日。

[9]《我国社会保险事业改革发展成就举世瞩目》，人力资源社会保障部网站，http：//www. mohrss. gov. cn/SYrlzyhshbzb/dongtaixinwen/buneiyaowen/201705/t20170525_ 271399. html，2017 年 5 月 25 日。

就 业 篇

Reports on Employment

· 分报告 ·

B.2

当前就业形势及未来展望

郑东亮　陈　云*

摘　要： 当前，我国就业形势呈现总体稳定、稳中有进的基本态势，城镇新增就业同比增加、失业保持较低水平、市场供求动态平衡、企业用工和群体就业基本稳定。从当前和未来一段时期看，需要关注劳动力市场供求减弱、局部失业风险仍存、去产能职工安置和部分群体就业难、人才供给短板凸显、新就业形态发展不足、新技术革命对就业影响扩大等突出问题。

关键词： 就业形势　创业带动就业　城镇登记失业率　就业困难

* 郑东亮，人力资源和社会保障部劳动科学研究所所长，主要研究方向为就业和劳动关系；陈云，人力资源和社会保障部劳动科学研究所就业与人力资源市场研究室副主任，主要研究方向为就业和社会政策。

当前，我国经济继续在新常态的大逻辑下运行，经济增长速度缓中趋稳、稳中向好。2016 年，GDP 增速为 6.7%；2017 年上半年，GDP 同比增长 6.9%，比上年同期高 0.2 个百分点，经济运行保持在合理区间。经济结构继续优化，服务业主导特征更加明显。2016 年，第三产业增加值占国内生产总值的比重为 51.6%，比上年提高 1.4 个百分点；2017 年上半年，第三产业增加值占比上升为 54.1%，较上年提高 2.5 个百分点，其对经济增长的贡献率达到 59.1%。创新创业对发展的支撑作用增强，大众创业、万众创新扎实推进，2016 年全国新登记企业 553 万户，平均每天新登记企业 1.5 万户。2017 年 1～7 月，全国新登记企业 345.4 万户，日均新登记企业 1.6 万户。新一批双创示范基地批复成立，各类众创空间和央企双创平台近 5000 家，创新创业带动就业效应更加显著。

在此宏观经济背景下，当前就业形势呈现总体稳定、稳中有进的基本态势；尤为可喜的是，2017 年上半年，在宏观经济回暖向好带动下，就业形势向好的发展势头和积极因素在进一步集聚释放。但同时，经济运行仍存在不少突出矛盾和问题，产能过剩和需求结构升级矛盾突出，经济增长内生动力不足，部分地区困难增多等。各种宏观因素和政策对就业的影响更加显著，就业形势更加复杂，就业结构性矛盾更加凸显，就业领域的风险和挑战仍不容忽视。

一　就业局势总体稳定，稳中有进

（1）城镇新增就业企稳回暖。2016 年，全年城镇新增就业 1314 万人，从全年走势看，城镇新增就业一波三折、震荡回升。2017 年，城镇新增就业扭转了持续两年的同比下滑局面，第一季度温暖开局，实现新增就业 334 万人，第二季度新增就业为 2004 年以来的单季最高，达 401 万人，1～6 月累计实现新增就业 735 万人，同比增加 18 万人（见图 1）。[①]

---

① 本文城镇新增就业、城镇登记失业率、求人倍率、企业岗位流失等数据来源于人力资源和社会保障部统计监测数据；PMI 和调查失业率等数据来源于国家统计局统计调查数据。

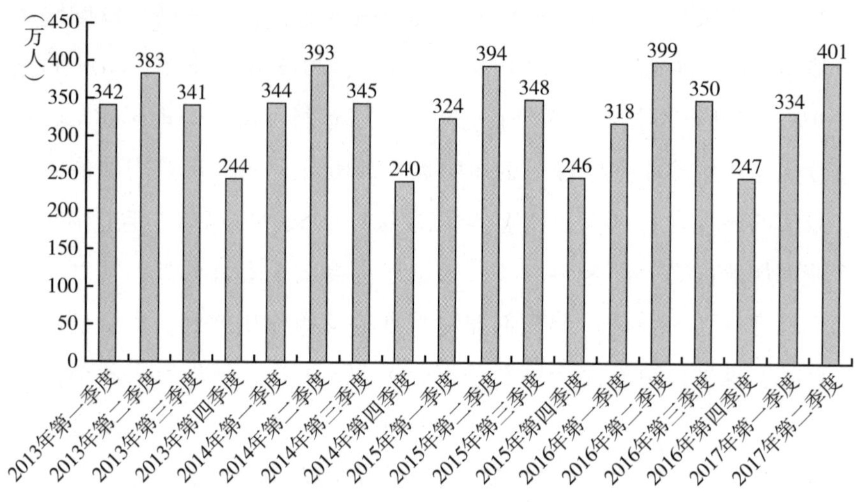

图1 2013年以来各季度城镇新增就业人数

（2）失业率维持较低水平。2016年，城镇登记失业率保持相对平稳和低位运行，2016年第四季度末全国城镇登记失业率为4.02%（见图2），环比下降0.02个百分点，同比下降0.03个百分点，处于近5年的最低位。2017年第二季度末全国城镇登记失业率为3.95%，登记失业率重返“3”时代。国家统计局数据显示，2016年以来，城镇调查失业率也先扬后抑，在波动中总体呈现下行趋势，至2017年7月，31个大城市城镇调查失业率连续5个月低于5%，保持低位运行，全国城镇调查失业率也维持在较低水平。

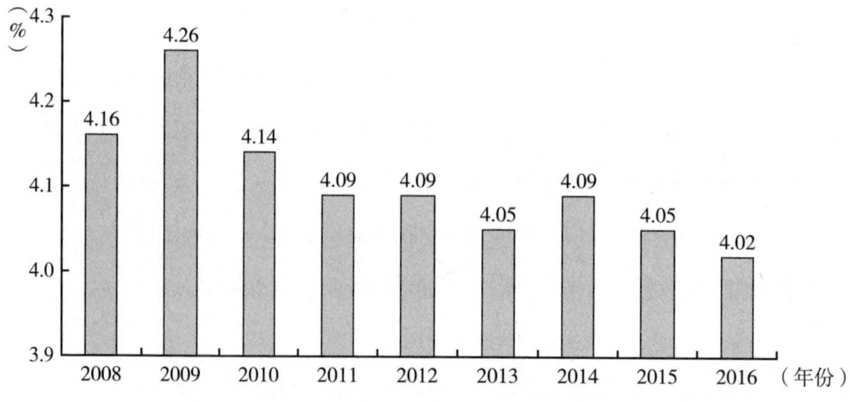

图2 2008年以来城镇登记失业率变化情况

（3）市场供求关系相对改善。人力资源和社会保障部从100个城市公共就业服务机构获取的市场供求数据显示，人力资源市场活跃度持续上升。2016年，人力资源市场呈现招聘岗位数和求职人数上半年持续“双降”，求人倍率走低，但它在第三季度出现回升，第四季度走高至1.13，为近5年的第二高位（见图3）。2017年，100个城市的市场供给和需求出现连续两个季度的同比增加，呈“双增”态势，一改近年来的“双降”走势；第二季度的求人倍率仍维持在1.11的较高水平。

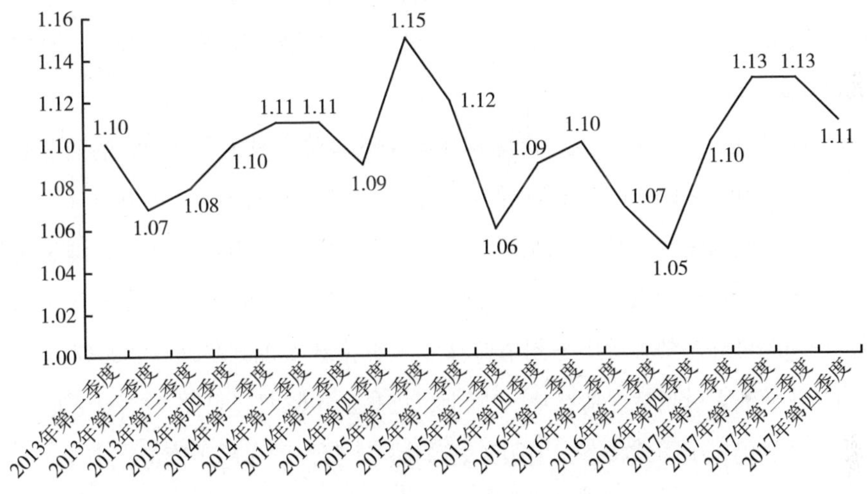

图3　2008~2016年各季度人力资源市场求人倍率变化

（4）重点群体就业稳定。一是高校毕业生就业承压企稳。2017年，应届高校毕业生达到795万的历史高位，比2016年增加30万人。据教育部统计，截至2017年7月1日，2017届高校毕业生签约率同比上升0.7个百分点，签约率出现近年来少有的同比增长。二是去产能职工安置基本顺利。以钢铁、煤炭行业去产能为重点的职工安置工作任务繁重，经多方努力，去产能职工安置工作进展基本顺利。三是农民工就业保持平稳。农村劳动力转移就业规模继续扩大，而失业稳定在较低水平。2016年农民工总量达到2.82亿人，监测数据显示，目前农村劳动力外出人数仍有所增长。据统计局调查，全国城镇外来农业户籍人口调查失业率延续走低态势，且低于全国总体水平。人力资源和社会保障部一线观察项目调查表明，农民工在招聘、薪酬、工作稳定性、就业预期等方面均基本保持平稳，没有出现显著变化和波动。这都表明农民工就业总体稳定。四是失业人员再就业和就业困难人员就业形势有所好转。2017 年 1 ~6 月，就业困难人员实现就业 89 万人，同比增加 5 万人，扭转了 2013 年以来连续同比下降的走势。

（5）困难地区就业压力有所缓解。近两年东北地区就业形势趋紧，失业率连攀新高。2017 年以来，随着东北振兴战略的实施和困难地区就业援助工作的持续开展，东北地区失业率逐渐回落，与全国失业水平的差距收窄。同时，其城镇新增就业人数由减转增，上半年同比增长 4.8%，增速居四大区域之首。

（6）企业用工趋稳。人力资源和社会保障部对全国 5 万家企业的监测数据显示，2017 年 2 ~4 月企业岗位连续增长，尽管 5 月略有波动，6 月份又重回增长区间，表明监测企业用工结束近年持续流失状态，重返增长通道。国家统计局发布的制造业经理人指数（PMI）和制造业从业人员指数表明，企业用工呈现企稳止损的良好态势，PMI 与制造业从业人员指数实现同步回升，2017 年上半年制造业从业人员指数保持在 49.0 以上，均高上年同期（见图 4）。这表明制造业用工虽然仍处于缩减状态，但用工缩减幅度下降，明显趋于稳定。

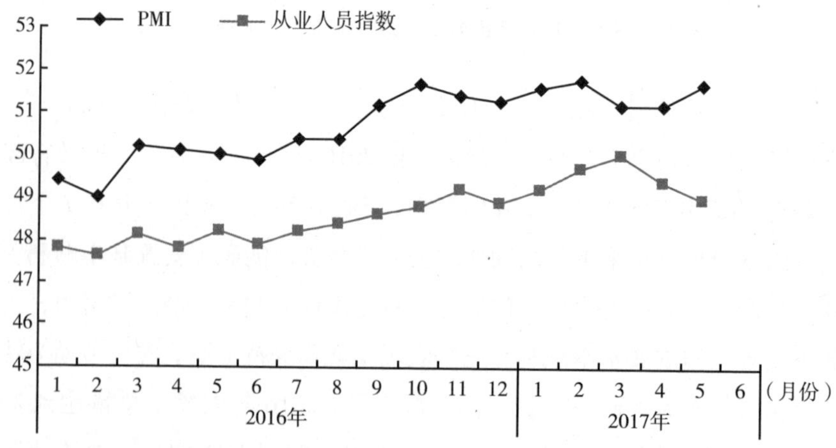

图 4　2016 年和 2017 年上半年 PMI 及制造业从业人员指数变化情况

二　需要关注的主要问题

当前国内外环境仍然十分复杂，经济发展的不确定性因素增多。国际方面，“逆全球化”升温，贸易和投资保护主义抬头，世界经济复苏疲弱；国内方面，经济企稳回升仍面临较大压力，经济增长的内生动力不足，投资增长后继乏力，扩大消费能力不足，外贸增长势头不稳，结构性改革进入攻坚阶段，新旧动能转换，去产能加力推进，实体经济发展难度较大，结构调整步伐的加快也不可避免会伴随一些阵痛，对就业的影响更加明显。目前劳动力供给仍处高位。2017 年，需在城镇就业的新成长劳动力超过 1500 万人，还有 300 万左右农业劳动力需要转移，人岗不匹配的结构性矛盾也在进一步凸显。总的来看，在就业局势基本稳定的同时，就业形势依然复杂严峻，就业领域仍存在诸多噪点、难点和痛点，一些突出问题更需密切关注。

（一）经济下行压力下，市场需求走弱

随着经济增速持续下行，人力资源市场虽供求比例保持动态平衡，但供求总量持续走弱。一方面，传统行业用工需求仍在萎缩。受预期不稳、去产能推进、“机器换人”等因素的影响，制造业、采矿业用工需求可能继续减少，批发零售、住宿餐饮、居民服务等生活服务业需求也将受到影响，随着房地产市场调控政策效应显现、房价理性回归，建筑业、房地产业用工需求或再度由正转负。另一方面，部分新兴行业和新业态发展从“井喷”期进入平缓期，用工需求或趋回落。近年，新经济、新业态的蓬勃发展和大众创业、万众创新政策的持续推动，为就业增长提供了强劲动力。在“井喷式”发展之后，一些行业进入生命周期的平缓期，从粗放式发展阶段转入规范、调整和优化阶段，尤其是电子商务、快递物流及其关联领域，移动出行等吸纳就业量大的行业，其新创岗位、增加就业的动力将逐步趋缓。劳动力市场岗位需求趋弱，劳动者择业机会相对减少。同时，企业用工更趋谨慎，用工

条件提高，开始“挑人”，“招工难”热度下降，求职的“卖方市场”降温。调查显示，农民工反映“工作不好找”的比例有所上升，工资增幅也有所放缓。

（二）转型期部分行业岗位流失，部分地区失业水平抬升，劳动者失业风险加大，凸显就业痛点

当前我国经济处于新旧动能转换、结构调整加剧、技术进步加速的转型阵痛期，经济不确定性和劳动力市场不稳定性增加，部分劳动者失业风险加大。随着经济持续下行压力的滞后效应、转型升级与结构调整的甩出效应和技术替代排挤效应逐步加强，中小企业经营困境难以纾解，传统制造业、住宿餐饮业等行业的岗位持续较大幅度流失，而新兴业态和平台经营可持续性差、用工不稳定，劳动者的失业风险有所加大。数据显示，近两年调查失业率和城镇登记失业率波动幅度更加明显，近年来城镇登记失业人数持续小幅增加，2016 年末超过 980 万人，达到历史高位。一些资源枯竭型城市和独立工矿区，由于产业单一，就业门路十分狭窄，加上地方财政困难，资金缺口大，下岗职工技能、观念与市场不匹配，职工分流安置渠道不畅，部分地区调查失业率保持在较高水平。如果出现各种困难叠加，在特定时段出现农民工、城镇失业人员、高校毕业生和去产能安置职工同时增加的局面，可能出现局部规模性失业风险，区域性失业风险防控压力加大。

（三）“两低一高”群体就业难问题突出

目前，我国仍然存在大量高龄、低学历、低技能劳动者，其就业困难问题突出。调查显示，人力资源市场上 45 岁以上劳动者长期处于供大于求状态，求人倍率一直小于 1，有时接近 0.6，即 10 个劳动者对应的岗位只有 6 个。部分人员处于长期失业状态，随着失业人员规模扩大、去产能和结构调整中下岗人员增加，促进失业人员和困难人员就业工作将面临更多困难。此外，农村脱贫攻坚中的就业帮扶、留学回国人员和军转人员就业人数持续增加也将进一步加大群体就业压力。

（四）高校毕业生就业压力持续高热，人力资本投资回报低效问题突出

高校毕业生就业总体形势虽保持稳定，但随着毕业生人数连年增加，就业压力仍持续处于高位，毕业生“就业难”仍是每年的热点问题。2017 年，高校毕业生就业压力将进一步加大。同时供求结构矛盾仍然突出，人力资源一线观察调查显示，企业招聘没有明显改善，第一季度企业计划招聘大学生岗位仍主要以生产岗位（占 39.4%）和销售岗位（占 23.1%）为主。岗位、薪资条件等与大学生的期望存在落差。除部分毕业生实现就业难以外，找到合适工作或“好工作”也难。由于符合毕业生择业预期的岗位少，部分毕业生的初次就业处于“将就”状态，或者只是为跳槽“做准备”，毕业生中灵活就业、“慢就业”现象有增加趋势。毕业生就业压力居高不下，使得性别歧视等就业歧视现象抬头，以求职就业为名的传销骗局等违规违法行为有空可钻，进而使得毕业生对稳定就业十分向往。此外，毕业生择业时间长，职业搜寻的资金、时间和其他社会成本大，在落户、人事档案、社会保险转移接续、劳动人事关系等方面还面临一些实际困难和问题，就业歧视在一定范围内依然存在，这些增加了就业难度。因此，虽然高校毕业生就业总体稳定，大学毕业生及家长仍然感到不满意。

（五）去产能企业职工分流安置存在“堵点”

当前，行业去产能进入全面实施阶段，企业职工集中安置。从调查情况看，各地去产能企业职工分流安置工作进展存在差距。一些以钢铁、煤炭为支柱产业的地区，一些资源枯竭型城市和独立工矿区产业单一，就业门路十分狭窄，加上地方财政困难，资金缺口大，下岗职工技能观念与市场不匹配，职工分流安置的渠道不畅，出现了企业内部退养养不起、市场分流流不动、公益托底托不住、自主择业创业难等问题。2016 年，钢铁、煤炭去产能企业职工安置工作总体上慢于去产能过程。2017 年，钢铁、煤炭行业去产能企业职工安置的任务仍然繁重，而且部分涉及目前企业仍在生产的在职

在岗员工，是更难啃的硬骨头。由于处置时间较为集中，且下岗人员大多年龄偏大、技能偏低、岗位转换能力不足，短期内帮扶实现再就业难度较大。加之其与国有企业深化改革、区域发展不平衡、市场流动性不畅等深层次矛盾交织叠加，解决起来成本高、难度更大。

（六）人才供给短板凸显，市场匹配存在“断点”

随着经济发展转型升级、技术革命加速推进、创新经济蓬勃发展、“走出去”战略持续推进，我国经济发展对各类人才需求的规模、水平和结构发生显著改变，人力资源市场上的需求结构也发生变化。高技能人才需求持续升高，高级技能人才和高级技师求人倍率均超过2（即2个岗位需求对1个求职人员）。调研中，地方和企业对创新创业领军人才、高技能人才、高层次专业人才和涉外经济管理服务人才的需求仍很高。

（七）新就业形态促进中的“盲点”

随着技术进步和产业变革，新的动力和增长点逐步形成，战略性新兴服务业、高技术服务业、科技服务业、文化及相关产业服务业、生产性服务业、电子商务及相关的快递业等较快增长。云计算、大数据、物联网等技术层出不穷，在线旅游、医疗、教育、网络约车、第三方支付等“借网而生”，智能制造、个性化定制、普惠金融、智慧城市等也催生出一批新模式和新业态。随着社会资源和机会配置机制的深刻变革，社会结构、组织体系和关系网络的重新构建，社会生产和人们消费方式的巨大变革，社会分工和职业分化更加细密，用工主体多样化，用人机制灵活化；劳动者就业观念多元化，就业形式多样化，职业生涯可变性、流动性增加；尤其是基于新信息技术、网络社会、分享经济之上的新业态、新模式、新技术条件为各种新的劳动就业形态提供了客观基础。与之相应，“平台就业”“家庭就业”“间歇就业”“网络就业”等新就业形态不断出现，大量存在。“大众创业、万众创新”持续推进，新企业、新经济蓬勃发展，创客群体不断扩大，营造了新的就业增长空间。新就业形态的蓬勃发展，将成为未来劳动力市场的“新常态”。一方面，为化解当前我国就业总量压力和结构矛盾提供了新的动力和渠道；另一方面，也使得就业环境、就业形态、就业方式发生了很大变化，如何适应这种变化，以保持比较充分的就业和比较好的就业质量，也对就业创业政策和公共就业服务提出了新的要求和挑战。

（八）新技术发展应用对就业的影响扩大，技术性失业可能增多，短期失业风险或有所抬头

以自动化、智能化为特点的新工业革命在技术发展的速度、广度和深度上正超越以往。从全球进程看，新工业革命主要集中在制造、信息、金融、安全、能源、生物等领域。现阶段，工业机器人、3D 打印、物联网、人工智能等技术的发展，已经在影响和改变着生产服务模式和人们的生活方式，对就业的影响也更加深广，技术进步的“双刃剑”效果更加明显。一些行业特别是传统制造业中“机器换人”现象明显增多，岗位流失有所加剧。浙江省统计，随着生产自动化加快，仅 2015 年全省就减少一线操作岗位 57.7 万个，占全省制造业岗位总量的 4.1%。明确提出“机器换人”的东莞市，自 2014 年 9 月至 2015 年底，因“机器换人”全市减少用工 7.1 万人，约占当地制造业城镇职工人数的 3.7%、全部城镇职工数的 3%。从调研情况来看，一些制造业自动化机器应用中，一个岗位可替代的劳动力在 3～5 人，一条流水线自动化更新的劳动力替代率高达 50%～80%，甚至更高。这势必导致短期内岗位流失加剧，或用工需求明显减弱。新技术革命，会使得人力资源市场岗位需求结构有所调整和优化，在一定程度上缓解普工过度需求的问题，也会为高校毕业生创造更多更匹配的就业机会，但同时也对人力资本提出了更高要求。相对于技术的快速发展、流水线的迅速更替，人的观念转变和能力提升是一个慢变量，转岗转业需要一个过程，若不能及时进行知识、技术和观念更新，原有的岗位中低技术人员也将面临失业风险。若高等教育、职业教育改革不能及时跟进，技术技能人才培养规模不能有所扩大，计算机等学科的“通识”教育和创新创业教育力度不够，部分

院校、部分专业毕业生就业难的问题仍将难以化解，而复合型、技术技能型、创新创业型劳动者将严重短缺，技术性失业和高层次人才短缺的矛盾将同时存在，技能结构矛盾会进一步加剧。

三 政策建议

总体来看，当前和今后一段时期我国仍处于经济增速换档期、新旧动能转换期、转型升级爬坡期、结构调整深化期、深化改革攻坚期和老龄化加速发展期，在经济社会发展保持总体稳定的同时，一些不稳定、不确定性因素有所增加。受其影响，人力资源和社会保障形势也呈现诸多转型期的阶段性特征。主要表现在以下方面。一是增长动力由增量主导向存量开发调整。随着经济增速放缓和劳动年龄人口总量逐步下降，影响就业的供需因素发生变化，就业增长动力将由增量依赖向存量开发转变，通过对供求双方存量资源的开发实现量上的增长。未来，就业增长将主要依靠对现有人力资源的开发，通过提高劳动参与率和劳动生产率增加劳动要素的供给及其对经济发展的贡献比例。这种转变将对人力资源和社会保障产生深刻影响，对相关政策制度和工作提出新的挑战。二是结构调整分化，有退有进。行业、地区、群体等之间的结构性矛盾更加突出和强化。一方面，部分传统制造业、商业零售业、住宿餐饮业等的企业岗位持续流失，用工需求萎缩；另一方面，战略性新兴服务业、高技术服务业、科技服务业、文化及相关产业服务业、生产性服务业、电子商务及相关的快递业等较快增长，用工需求增加。从区域结构看，产业转移较好的中西部地区省份如重庆、四川，以及升级转型起步早、力度大的珠三角、长三角地区，都保持了较好形势，总体发展不错，而东北各省和山西等省区则陷入困境，就业增长缓慢，失业增加。大城市劳动力市场活跃，供需两旺，失业率保持低水平；而部分中小城市则增长乏力，失业水平上升。人力资源市场需求分化加剧，大龄低技能劳动力求人倍率持续走低，高技能和高层次专业人才供求缺口不断扩大。三是转型和变革进程中的新矛盾、新问题不断出现。各项改革任务的推进、新经济的发展等提供了机遇和动力，同时也提出了新的挑战，尤其是存量改革中的各方利益博弈和力量角力更加明显，历史遗留问题和长期存在的问题更加凸显，而新问题、新矛盾、新冲突也不断涌现。去产能中的职工安置问题、就业扶贫攻坚状况、新经济新业态中的就业扶持和劳动关系规制、促进经济结构转型和维护劳动者权益等，都将对就业形势产生影响，对做好相关工作提出新的挑战。四是一些主要指标或出现较大幅度波动，涨落时序发生变化。受前述各方面因素影响，反映就业形势的部分指标数据或出现较以往更频繁、更明显的波动变化，变动幅度和幅宽都有明显变动。

从发展趋势看，保持我国就业形势总体稳定仍然具有诸多有利因素。国内经济增速趋稳，结构调整和产业转型的积极效应累积，各项改革措施逐步落实生效，“大众创业、万众创新”稳步推进，都为实现就业总体局势的基本稳定提供了基础。但同时也要看到，国内外宏观经济环境不确定性增加，转型升级和结构调整艰难爬坡，去产能、去库存加速推进，中小企业经营困局等因素的影响仍将持续。长期积累的结构性矛盾和改革中不断出现的新问题将交缠叠加。就业发展依然面临多重困难，需要积极应对。

一是继续坚持就业优先战略，完善经济与就业联动机制，加大宏观经济政策促进就业的力度。面对更加复杂严峻的就业形势，宏观层面应继续以改革稳增长，深入推进供给侧结构性改革，着力振兴实体经济，发挥东部引领作用，促进区域协调发展和产业转型升级；继续深化“放管服”改革，进一步激发市场活力；在财政、金融和产业政策上重点支持符合我国人力资源现状、有利于促进和扩大就业的产业发展。大力推进“中国制造 2025”战略，提速制造业转型升级，同时，加大对具有一定市场竞争力的劳动密集型制造业的扶持力度，稳定和巩固第二产业吸纳就业的能力；大力推进“互联网 +”战略，加快基于移动信息技术的各类产业融合，促进新兴产业发展；全方位持续推进创业创新，加强增加就业的新动能。加大公共财政承担转型成本的力度、加强社会保护和维系社会公平的作用。要进一步优化和调整公共财政支出结构，加大财政支出在经济社会转型成本中的比例，当前主要是加大财政对结构调整中职工安置、技能培训和公共服务的支持力度，加大对弱势群体的就业帮扶援助和社会保护力度等。

二是切实解决中小微企业在转型升级和结构调整中的困难，稳住就业“基本盘”。中小微企业是就业的主渠道，是吸纳和稳定就业的“基本盘”。在经济大变局过程中，保护和发展好中小微企业，引导促进中小微企业适应新经济、新技术、新模式变革，关系整体经济社会发展大局，也是维持就业形势稳定的重要基础。进一步加大“放管服”改革力度，加大税费社保优惠幅度，同时在土地出租、物流等方面进一步采取措施降低实体经济经营成本，促进实体经济发展，稳定现有用工主体用人需求；放宽民间资本进入的行业和领域，支持民营企业通过多种形式参与国有企业改制重组；避免资本过度“脱实向虚”，切实加大金融资本支持中小微实体经济发展力度；鼓励和支持中小微企业积极参与分享经济等新经济领域，更好地发挥中小微企业吸纳就业的主渠道作用。加强针对中小微企业的公共服务。实施面向中小微企业的技能人才培训计划，探索建立高级专业技术人员和高技能人才服务中小微企业的机制。研究适应新创设企业和各类中小微企业职工以及灵活就业和新就业形态劳动者缴费能力的社会保险政策。进一步加强人力资源市场灵活性。努力实现降低经营成本、维护社会保障权利和社会充分就业的目标。

三是做好重点地区和重点群体的就业工作。积极稳妥地做好化解过剩产能职工安置工作，指导企业进一步落实落细政策和服务，做好职工安置方案，在职工转岗就业、职业培训、社保缴纳和劳动关系处理方面加大政策和资金支持力度，加大对企业内部转岗安置职工的激励，促进多渠道平稳分流安置，妥善处理历史遗留问题。以应届高校毕业生和农民工就业为重点，继续编织好就业经纬网络。针对毕业生数量增加、就业难度加大的情况，要进一步加大公共就业服务力度，统筹实施高校毕业生就业促进和创业引领计划，加强对就业困难学生的帮扶，加大引导和鼓励毕业生到基层就业创业的政策力度。完善农民工就业情况监测体系，加大农民工公共就业服务力度，加快将进城农民工纳入统一的城乡就业创业扶持政策和公共服务体系，在就业信息、职业介绍、技能培训等方面提供更有力的支持，引导农民工向新经济和新产业转型就业。加强对农民工创业的扶持，对符合产业发展方向的农民工返乡创业，在土地、金融、产业和税费等方面加大支持力度。突出抓好就业扶贫工作，多管齐下，提高就业扶贫精准度。此外，继续统筹推进残疾人、退役士兵等各类群体就业工作，兜底帮扶困难人员就业，确保零就业家庭动态清零。对化解产能任务重、就业形势偏紧地区，要建立跟踪监测机制，以实施东北等困难地区就业援助行动为抓手，密切关注不同地区就业困难和矛盾，制定精准援助方案，坚持日常援助与集中援助、就业服务与岗位兜底、政府推动与市场参与相结合，缓解困难地区就业压力。同时，也积极协调有关部门加大产业、财税等政策支持力度，促进困难地区产业转型升级和多元发展，创造更多就业机会。

四是全面、持续推动“双创”，切实促进以创业带动就业。多方合力、多措并举，全面、持续推动“创业带动就业”。加强创业政策与经济社会发展综合性政策的关联，进一步整合有利于促进创业创新的资源要素。进一步深化资源垄断和行政垄断行业的市场化改革，推进“互联网+”行动计划，推动工业化、信息化深度融合，最大限度地开发创业资源和机会。继续加大改革力度，在涉及国家安全和重大公共利益的经济社会领域之外，推进市场化改革，在“放管服”改革中，破除或降低各种行业和职业进入门槛，开放公共资源和服务领域，为企业和劳动者获得创业资源和机会提供制度保障。根据服务创业活动全对象、全要素和全过程的要求，制定完整的、系统的公共政策，加强政策之间的协同和配合。建立起具有差异的、针对性强的多层次分类政策体系。以提升和改善现有创业培训体系为基础，形成多元参与、多种模式、分级分类的创业培训体系，主要针对已创业者开展更多的个性化、针对性的培训，完善公共就业服务体系的创业服务功能，充分发挥公共就业服务、中小企业服务、高校毕业生就业指导等机构的作用，为创业者提供项目开发、开业指导、融资、跟踪扶持等服务，创新服务内容和方式。推广新型孵化模式，鼓励发展众创、众包、众扶、众筹，建立面向人人的创业服务平台。进一步加大简政放权力度，开放非竞争性经营领域，扩大社会资本投资范围，为推动大众创业广开门路。进一步深化商事制度改革，落实注册资本登记制度改革，坚决推行工商营业执照、组织机构代码证、税务登记证、社会保险证和统计证“五证合一”制度。支持各地结合实际放宽新注册企业场所登记条件限制，推动“一址多照”、集群注册等住所登记改革，放松经营范围登记管制。加快修订与商事制度改革不衔接、不配套的法律、法规和政策性文件。进一步清理非行政许可审批事项，减少投资项目前置审批，提高审批效率。广泛开展创业竞赛、创业论坛和创业先进表彰等活动，在社会上营造尊重创新创业人才、崇尚创业精神、支持创新、宽容失败的风气，使创业创新成为社会习惯，为创业创新提供文化支撑。落实完善支持农民工返乡创业、促进高校毕业生创业等方面的政策措施。高质量开展创业培训，制定创业服务工作指南。继续组织开展创业大赛、创业博览会等活动，全方位营造良好的创业创新氛围。

五是进一步完善积极就业政策体系，加强扶持新就业形态。适应“互联网 +”条件下就业创业方式多元化趋势和促进新经济、新业态发展要求，研究改革和完善相关社会政策、公共管理和服务体系，维护劳动者基本权益。对原有与就业创业相关的市场、人事、劳动关系和社会保障等政策法规进行适当调整和完善。要建立适应“自由人生产制度”的劳动就业以及其他相关政策。完善就业统计相关制度，将新就业形态从业者纳入统计监测体系，为政策扶持和服务覆盖提供基础条件。加强对新就业形态中劳动关系、劳动基准等问题的研究，明确包括平台在内的各类主体的责任、权利。进一步完善灵活就业人员社会保障制度，提高制度的包容性和弹性，破除职业身份、就业区域等条件的限制，建立以劳动者可监控收入为基础的社会保险政策。加强对平台经济、分享经济等新经济形态的规范引导，多措并举推动其可持续发展。加强信息基础设施和交通物流等基础设施建设，为新经济发展提供物质和技术基础条件。加快网络信息安全、社会信用体系等基本制度建设，规范市场竞争和市场秩序，构建公正、公平、统一的各类要素市场，为新经济发展提供良好的软环境。引导各类平台企业建立可持续的经营和赢利模式，提高平台发展层次。发挥行业协会、职业工会等社会组织的作用，促进行业及其从业者的行为自律，规范平台的经营与管理行为，避免非经营性风险。

六是加大教育、培训和人才领域的改革力度，加快优化人力资源供给结构。适应经济社会发展新形势需求，在近期改革基础上，要进一步加大对教育和培训体制的改革力度，切实发挥市场需求在引领教育和培训发展中的作用。着眼于产学研对接和未来“新型劳动”需求，加强人力资源战略规划，实施国家紧缺人才培养项目。重点针对当前数字经济快速发展和新一轮技术革命与应用加速，开展专项职业培训行动，落实培训补贴政策，创新培训模式，提高劳动者就业和转岗能力。促使高等教育和职业教育专业设置、人才培养模式更符合技术进步和产业转型升级需要，增加计算机编程、数理、创新创业等课程所占比重。鼓励校企合作，帮助一线员工以技能提升稳定就业，确保企业技术改造升级和员工技能提升相匹配。健全有利于创新人才脱颖而出的人才选拔激励机制，深化人事人才领域管理体制改革，在人才引进、使用、评价和待遇方面进一步放宽限制，鼓励专业技术人才和技能人才通过创业创新、多点执业和兼职等方式更多参与市场活动，释放现有人力资源红利。在国际化人才竞争中促进高端人才加速向我国集聚。

·专题报告·

B.3 平台型灵活就业者收入差距及其影响机制

——以北京市为例

何勤　王琦　赖德胜*

摘　要：本文借助劳务共享平台“微工网”的调查数据，运用分位数回归和Bootstrap技术，研究了新经济背景下平台型灵活就业劳动者收入差距及其影响因素。研究发现，影响平台型灵活就业劳动者收入差距的因素是多元而复杂的，既有人力资本、物质资本、家庭经济状况和社会资本等内在约束，也有户籍制度、行业差异等外在因素。具体而言，受教育水平高、对家庭经济满意度低、家庭开支多、是企业管理人员的平台型灵活就业者的兼职收入较高；提升受教育水平最有利于低收入平台型灵活就业劳动者增加收入；互联网行业吸纳了大量女性、青年、流动人口就业，这是传统经济难以比拟和超越的优势。

关键词：灵活就业　收入差距　分位数回归　平台型经济

---

* 何勤，北京联合大学管理学院副院长、教授，主要研究方向为人力资本、劳动关系；王琦，北京联合大学管理学院讲师，主要研究方向为教育与劳动力市场、教育统计；赖德胜，北京师范大学经济与工商管理学院院长、教授、博士生导师，教育部“长江学者”特聘教授，主要研究方向为教育经济、劳动力市场、收入分配。

一 引言

新经济催生了更多就业形式，吸纳了大量灵活就业人口。《中国分享经济发展报告2016》显示，2015年中国分享经济市场规模约为19560亿元，分享经济领域参与提供服务者约为5000万人，约占劳动人口总数的5.5%。Harris与Krueger（2015）提出的“独立工人”以及摩根大通研究院提出的“劳动型平台”（Farrell and Greig，2016）已经出现或开始成长。根据国家信息中心信息化研究部预测，未来五年该新经济的年均增长速度在40%左右，如果经济规模扩张速度与行业新增就业人口增速一致，5年后，将有2亿多劳动者在此新经济行业工作。因此，合理测度该新经济从业者的工资收入差距并认识其影响因素，对制定就业政策、激励人才创新、维持和谐劳动关系有重要意义。

平台型灵活就业是基于互联网、新媒体等介质的兼职就业模式，平台型经济的发展提高了灵活用工的使用频率（王文珍和李文静，2017）。一方面，很多学者关注新经济下的就业量（Sundararajan，2016）、就业结构（Fang，Qiang and Law，2016；Leighton，2016）、劳动收入变化（张车伟，2016），却少有研究平台型灵活就业劳动者的收入问题。另一方面，在有限的相关文献中，大多数文献涉及收入变化特征、收入影响因素、收入歧视等问题。具体的，第一，由于平台型经济具有成员外部性（Rochet and Tirole，2004）特征，所以用户会从一个市场扩展到另一个市场，规模逐渐扩展。相应的，服务于用户的灵活就业者会分散在不同市场或者作为中介连接各个市场。尽管平台型经济中的媒体、支付工具、软件或硬件平台有利于降低交易费用（Armstrong，2017），但是收入体现出来的人力资本的价值或成本并没有降低，且往往通过兼职方式来体现（Failla，Melillo and Reichstein）。第二，平台型经济具有产业融合性（Lofstrom，Bates and Parker，2014），互联网平台消除了部分产业障碍，部分上下游产业链演变为平行式价值链。相应的，各个劳动者以收入表征的人力资本价值在同一时空内呈现。在“经济人”逐利特性驱使下，劳动者流动性增强，这导致影响其收入差距的因素增加（LaFave and Thomas，2017）。这些因素包括劳动者勤奋度、家庭物质需求等，因为兼职更容易，基于个人或家庭原因的工作热情会随之增加。第三，平台型经济具有兼容性特征，使得包括女性、青年人、流动人口等特殊群体的就业发生了变革。某一群体就业者受到歧视，往往表现为收入存在差异性（Kim and Gray，2016）。然而平台型经济背景下，劳动力市场信号更加充分，市场从分割走向融合，兼职脑力劳动者增加，体能、生育、户口等因素形成的歧视对这些劳动者收入的影响弱化。第四，平台型经济具有劳动关系不确定性特征，无合同劳动者增加（Van Doorn，2017），工作时间约束等问题难再受法律监督，而工时与工资密切相关。

总之，有关平台型灵活就业者收入差距及其影响机制的研究文献较少，且若干细节问题没有得到更深入的研究。第一，影响劳动者收入差异的原因多而复杂，人力资本、物质资本、社会资本都是影响收入的因素，而对于平台型灵活就业者收入差距研究而言，综合考虑这些因素有积极意义。第二，不同年龄和不同性别劳动者的收入差异背后是性别歧视和劳动力市场分割问题，平台型经济影响下，该问题会有新表征。第三，劳动关系发生变化后，劳动时间对劳动者收入的影响可能会更加突出。鉴于此，本文基于劳务共享平台“微工网”的调查数据对以上问题进行研究。

二　调查事实和基本假设

本文的研究数据来自中国劳动保障科学研究院，为更准确地研究利用互联网平台实现灵活就业的劳动者的工作特点，北京市灵活就业情况调查课题组与国内首家灵活工作平台微工网合作，对平台型灵活就业劳动者的基本就业情况进行了问卷调查。微工网是一家提供劳动力共享用工与灵活就业服务的O2O平台企业，通过手机客户端可以为劳动者提供临时性、灵活性、兼职性的工作机会。本次调查在2016年7月至8月进行，共回收4762份有效问卷。其中，有正规工作而未从事过灵活工作的有2874个样本，占比为60.35%；具有正式工作又兼职灵活工作的有1323个样本，占比为

27.78%；没有正式工作、仅从事灵活工作的有565个样本，占比为11.86%。本文只对具有正式工作又兼职灵活工作的以及没有正式工作、仅从事灵活工作的样本进行分析，研究样本量为1888个。

根据李实和罗楚亮（2011）的研究，本文对几个收入差距测度指标进行计算，结果见表1。分析发现以下几个问题。第一，就基尼系数来看，总收入的基尼系数为0.336，这比国家统计局公布的全国居民收入基尼系数略低，但差异不大。原因在于与全国整体情况相比，基于平台型经济的劳动者的就业门类更少，且多集中于部分服务业，所以收入差距会略小。第二，几个指标均显示，稳定性收入差距小，兼职收入差距大①。同样以基尼系数为例，稳定性收入的基尼系数为0.255，而兼职收入的为0.402。这种差异主要来自两个方面。一是禀赋差异效应，平台型灵活就业的劳动者本身没有稳定性工作，或者他们所从事的稳定性工作收入低，劳动者对这种情况不满意或者这种情况不能满足其支出。2016年，北京市劳动者人均工资收入为6900元，而本样本劳动者人均稳定性收入仅为5140.1元。但是，互联网平台为他们提供了更多兼职机会，他们从平台型经济中发掘个人人力资本价值，通过勤奋劳动得到更高收入。二是兼职工作的多样化效应，这种多样化效应体现在劳动者人力资本水平和工作时间两个层面。人力资本水平高或者兼职工种多、工作时间长的劳动者收入高。调查者兼职收入平均值为2433.2元，其中，高学历调查者兼职收入平均值为3327.5元，工作时长超过12小时的调查者的兼职收入平均值为3331.3元。

表1　平台型灵活就业者收入差距

收入差距测度指标	总收入	稳定性收入	兼职收入
基尼系数	0.366	0.255	0.402
相对平均离差	0.262	0.182	0.288
标准差系数	0.674	0.500	0.808
泰尔指数	0.222	0.111	0.278

① 调查过程中，认为只从事灵活性兼职工作的劳动者的稳定性收入为0。在计算稳定性收入差距指标时，剔出这部分样本。

根据文献梳理和数据分析不难发现，进一步的研究可以从以下几个基本假设开始。假设1：人力资本、物质资本和社会资本都是劳动者收入差异的原因。根据以上分析，平台型灵活就业劳动者的收入水平还远没有达到“劳动背弯曲线”的拐点。一方面，数据表明，他们希望借助网络平台实现个人人力资本价值的体现；另一方面，理论层面来看，物质资本和社会资本约束会影响劳动者的收入差异。其中，物质资本约束主要体现在家庭层面，而社会资本约束主要体现在家庭之外的社会资源上。假设2：包括性别、年龄、户籍等在内的基本特质会影响平台型灵活就业劳动者的收入。尽管平台型经济模糊了劳动者的一些基本特质，但是具体的影响效应并不容易确定。以户籍为例，Uber平台为闲置私车持有者提供了增加收入的机会，但是经过一定时期的运行，市政府发现，在利益驱使下，外地车主涌入市区，本来拥堵的市内交通雪上加霜，政府为了满足市民出行需求，借助户籍对其进行限制，这也影响了兼职者收入。假设3：工作时间影响平台型灵活就业劳动者的收入。平台型经济导致部分灵活就业行为处于劳动法监控的灰色地带，很难监控劳动者的有效劳动时间。

三　实证研究

（一）变量设置

基于以上假设，设计收入决定方程如下：

$$\ln y = \beta_0 + \beta_1 cap + \beta_2 mat + \beta_3 soc + \beta_4 ho + \beta_5 hk + \sum \beta_i X + \mu \qquad (1)$$

式中，$\ln y$ 为平台型灵活就业者平均收入的对数，cap 为人力资本，mat 为物质资本，soc 为社会资本，ho 为工作时间，hk 为户籍情况，X 为其他可能遗漏的变量。

这里需要对变量选择进行特别说明。第一，人力资本积累体现在学历和工作经验两个方面。前者用劳动者受教育年限来代表，而工作经验无法准确观察到，这里用工龄来代替。第二，物质资本从家庭收支两个层面来考虑。由于从事平台型灵活工作的劳动者做兼职的动力主要源自两个方面，一是客观因素，家庭开支大，而目前收入水平难以满足。二是劳动者对家庭经济收入情况的主观满意度。因为有些劳动者并非收入低，而是因为对目前的收入状况不满意，所以选择兼职。因此，家庭支出的统计包括上个月房租、房贷、医药费、子女教育支出、赡养老人支出等；而家庭收入约束考虑了经济状况满意度评价。第三，社会资本与劳动者的社会地位直接相关，这里以从商和从政两个视角作为出发点，选择了“是否企业管理者”和“是否公务员”作为代理变量。第四，尽管平台型经济会减弱劳动力市场分割的影响，但是基于假设2，本文还是引入了性别、户籍等变量，控制歧视影响。具体变量及其说明如表2所示。

表2　变量设置

变量	定义	替代变量或度量方法	代码
人力资本	受教育水平	劳动者受教育年限(年)	edu
	工作经验	工作年限(年)	exp
物质资本	家庭经济状况	经济状况满意度评价,非常不好5,不好4,一般3,好2,非常好1	cond
	生活负担	上个月房租、房贷、医药费、子女教育支出、赡养老人支出等的总额(元)	load
社会资本	是否企业管理者	是否企业主或者企业管理人员,是为1,否为0	manager
	是否公务员	是为1,否为0	gov
工作时间	周工作天数	平均每周工作天数(天)	day
	日工作小时数	平均每天工作小时数(小时)	hour
户籍情况	是否市内户籍	是为1,否为0	hk
个体基本特征	年龄	劳动者年龄(岁)	age
	性别	男性为1,女性为0	male
行业与职业	兼职形式	稳定工作+兼职为1,只做兼职为0	form
	工作单位性质	国有企事业单位为1,其他为0	stown
	是否第一产业	是为1,否为0	fir
	是否第二产业	是为1,否为0	sec
社会保障	参保情况	参保种数(种)	insu
	对社保了解情况	了解保险种数(种)	kinsu

另外，变量之间的内生性问题是本文关注的重点。一方面，收入可能会对人力资本水平等变量产生影响，高收入者往往拥有更优的人力资本、物质资本和社会资本。另一方面，一些没有被观测到的变量可能影响平台型灵活就业者的收入，所以遗漏变量也可能产生内生性问题。在难以找到合适工具变量的情况下，本文采取了使用代理变量的方法，对一些难以观察却可能对收入产生影响的变量，采用代理变量以减少遗漏变量问题导致的内生性问题。

（二）变量的描述性统计

本文对几个主要解释变量做描述性统计（结果见表3），发现以下几点。第一，平台型兼职劳动者的平均受教育年限为14.1年，高于全国劳动者平均受教育年限。可见享受平台型经济优势的前提是具有一定文化水平，显然，从业者至少要知道如何使用互联网和操作软件进行服务申请、受理与执行。第二，平台型兼职劳动者的月家庭生活支出较高，均值为3052.7元，

表3　主要解释变量的描述性统计结果

变　量	均值	标准差
edu	14.0816	2.6103
exp	13.7650	7.1461
cond	3.2489	0.8542
load	3052.7010	2084.2110
manager	0.2685	0.4433
gov	0.0508	0.2197
form	0.2993	0.4581
stown	0.5896	0.4921
day	4.5625	1.6855
hour	7.4857	3.3306
insu	1.9544	1.2928
kinsu	2.1753	1.5564
age	37.8517	6.3430
male	0.4582	0.4984

注：各变量单位参见表2。

且标准差较大，为2084.2元。就平均水平来看，从事兼职工作的劳动者家庭经济负担较重；不过就离中水平来看，也有不少劳动者家庭经济负担不重，但是渴望通过兼职工作增加收入。第三，做兼职的企业管理者比公务员更多，26.9%的企业管理者从事兼职工作，而只有5.1%的公务员从事兼职工作。一方面，政府对公务员兼职的管理比较严格；另一方面，企业管理者拥有更多社会资源，他们往往身兼多职。第四，尽管长工时可能获得高收入，但是平台型灵活就业劳动者的日工作时间为7.5小时，周工作天数为4.6天，并没有超过法定界限。这说明从事兼职工作的劳动者大多是在弥补工时不足。第五，从事兼职工作的劳动者中，54.2%为女性，平均年龄仅为37.8岁，可见平台型经济为女性和青年人就业提供了机会，有缓解劳动力市场分割影响的功能。

（三）计量模型及初步结果

为了更细致地描述变量的统计分布，本文采用分位数回归方法（Gillies，2017），分别估计不同因素对平台型灵活就业劳动者收入的边际贡献。在Sicular等（2007）设计的收入决定模型的基础上，本文采用半对数模型，扩展并建立分位数计量回归模型：

$$y_i = x_i^{'} \beta_\tau + \mu_{\tau i} \quad (2)$$

$$quant_\tau(y_i \mid x_i) = x_i^{'} \beta_\tau \quad (i = 1,2,\cdots,n) \quad (3)$$

式中的β_τ和x_i都是$K \times 1$向量，$quant_\tau$（$y_i \mid x_i$）代表y在给定x的条件下分位点为τ的条件分位函数。虽然越多的分位点能给出越多的信息，且分位数回归模型能给出所有给定x的条件分布，但按照常规，这里选择三个有代表性的分位点，分别为0.25、0.50、0.75。

运用分位数回归技术估计收入方程，结果如表4所示。首先，假设1得到验证。第一，人力资本水平变量中，受教育水平是影响平台型灵活就业者收入的主要因素，工龄的影响并不显著。受教育水平越高，收入水平越高。25%分位数对应的低收入组人群中，受教育水平每提高1年，他们的收入会增加1.83%；50%分位数对应的中等收入组人群中，受教育水平每提高1年，他们的收入会增加3.99%；75%分位数对应的高收入组人群中，受教育水平每提高1年，他们的收入会增加2.58%。这说明，在开放的互联网平台上从事兼职工作是一种全新的工作状态，工作经验的影响并不显著。只要有一定的文化基础，就能实现收入扩增。第二，物质资本的约束非常显著，各个变量系数均在1%的水平上显著，家庭经济收支情况是影响劳动者参与平台型灵活就业的主要因素。第三，社会资本变量中，虚拟变量“是否企业管理者”对兼职收入的影响显著，而“是否公务员”的影响并不显著。这与描述性统计结果是一致的，再次证明国家对公务员从商的限制以及商业社会资本的外溢性。

表4 计量回归结果（全样本）

变量	q25	q50	q75
edu	0.0183 **	0.0399 **	0.0258 ***
	(0.0074)	(0.0195)	(0.0071)
exp	-0.0089	-0.0055	0.0015
	(0.0067)	(0.0120)	(0.0050)
cond	0.0708 ***	0.0844 ***	0.0559 **
	(0.0217)	(0.0260)	(0.0258)
load	0.000122 ***	0.0000670 ***	0.000116 ***
	(0.0000)	(0.0000)	(0.0000)
manager	0.0557 *	0.2090 ***	0.0290
	(0.0335)	(0.0679)	(0.0355)
gov	-0.0033	0.0306	-0.0418
	(0.0599)	(0.1240)	(0.0682)
stown	-0.0114	-0.0229	-0.0342
	(0.0320)	(0.0451)	(0.0311)
fir	-1.7950 **	-1.8260 **	-0.5520
	(0.7820)	(0.7970)	(1.4500)
sec	-0.1290	-0.2760 **	-0.0486
	(0.1410)	(0.1390)	(0.0765)

续表

变量	q25	q50	q75
day	0. 0150 (0. 0111)	0. 0228 (0. 0181)	0. 0154 (0. 0099)
hour	0. 0028 (0. 0045)	0. 0061 (0. 0116)	-0. 0009 (0. 0049)
hk	0. 1780 *** (0. 0432)	0. 1710 *** (0. 0527)	0. 1190 *** (0. 0365)
insu	-0. 0047 (0. 0177)	-0. 0007 (0. 0343)	-0. 0284 * (0. 0149)
kinsu	0. 0077 (0. 0123)	0. 0255 (0. 0329)	-0. 0028 (0. 0180)
age	0. 000128 * (0. 0001)	0. 0002 (0. 0001)	0. 0000 (0. 0000)
male	0. 0649 ** (0. 0260)	0. 0876 (0. 0593)	0. 133 *** (0. 0212)
Pseudo R^2	0. 1817	0. 2094	0. 1702
样本数(个)	1888		

注：①被解释变量是月平均收入的对数；②括号中的数表示的是设计矩阵重复抽样（Bootstrap）估计出来的标准误差；③ * 表示在 10% 的显著性水平上显著，** 表示在 5% 的显著性水平上显著，*** 表示在 1% 的显著性水平上显著。

其次，假设 2 得到部分验证。第一，是否市内户籍对平台型灵活就业劳动者收入的影响是显著且正向的。不过这种影响对分位数为 25% 和 50% 的中低收入组人群影响更为显著，市内户籍者比非市内户籍者收入高 17% 左右，而对于分位数为 75% 的高收入组人群而言，市内户籍者比非市内户籍者收入高 12% 左右。第二，性别、年龄对部分群体收入的影响是显著的。这表明平台型经济只能在一定水平上消除劳动力市场分割问题，但并不能完全解决该问题。

最后，假设 3 没有得到验证。这一结果和描述性统计结果是一致的。兼职工作只是弥补了工作时间不足，目前法律界尚不用担心在没有劳动合同约束的情况下，劳动者会“拼命”加班，他们会根据个人情况调整工作时间。另外，平台型经济更多涉及脑力劳动，创新性活动居多，靠过度劳动提高收入效用不佳。

（四）稳健性检验

为了验证模型的稳健性，这里剔除具有正式工作，又兼职灵活工作的样本，对只从事兼职工作的劳动者样本数据进行稳健性检验（结果见表 5），结果和上述差异不大。首先，人力资本水平变量中，受教育水平是影响平台型灵活就业者收入的主要因素，工龄的影响并不显著。不过与表 4 不同的是，25%、50% 和 75% 分位数对应的收入组人群中，受教育水平每提高 1 年，他们的收入会分别增加 5. 13%、3. 24% 和 3. 23%。这说明，对于平台型灵活就业劳动者而言，提高受教育水平有利于增加收入。在开放的互联网平台上从事兼职工作是一种全新的工作模式，提高全民受教育水平有利于缓解“穷者愈穷”的局面，有利于缩小收入差距。其次，物质资本、社会资本对平台型灵活就业者收入的影响显著，情况与表 4 所示类似。再次，户口、性别等特征变量在一定程度上影响平台型灵活就业者收入。最后，与表 4 中结果不同的是，工作时间对低收入组人群收入的影响是显著的。这与前文的理论分析是一致的，在没有任何稳定收入来源的情况下，这些劳动者靠增加工作时间提高收入以维持生计。

表 5　计量回归结果（仅兼职样本）

变量	q25	q50	q75
edu	0. 0513 ***	0. 0324 ***	0. 0323 *
	(0. 0177)	(0. 0037)	(0. 0183)
exp	0. 0119	-0. 0044	0. 0043
	(0. 0148)	(0. 0213)	(0. 0159)
cond	0. 0421 *	0. 0578	0. 0165
	(0. 0238)	(0. 0493)	(0. 0215)

续表

变量	q25	q50	q75
load	0. 0000877 ***	0. 0000486 ***	0. 000109 ***
	(0. 0000)	(0. 0000)	(0. 0000)
manager	0. 0564 *	0. 2420 **	0. 0509 *
	(0. 0309)	(0. 0958)	(0. 0306)
gov	-0. 0321	0. 0657	0. 0173
	(0. 0386)	(0. 1880)	(0. 0779)
stown	0. 0209	0. 0432	-0. 0590 *
	(0. 0272)	(0. 0751)	(0. 0355)
fir	-1. 5490	-1. 0630	1. 2530
	(1. 1490)	(1. 1900)	(1. 3470)
sec	-0. 1490	-0. 0581	0. 0041
	(0. 1420)	(0. 1120)	(0. 1010)
day	0. 0005	0. 0047	0. 0020
	(0. 0073)	(0. 0127)	(0. 0110)
hour	0. 0069 **	0. 0090	0. 0054
	(0. 0029)	(0. 0065)	(0. 0043)
hk	0. 1130 ***	0. 1170	0. 1010 ***
	(0. 0285)	(0. 0741)	(0. 0252)
insu	0. 0052	0. 0070	-0. 0041
	(0. 0142)	(0. 0396)	(0. 0124)
kinsu	0. 0158	0. 0333	0. 0105
	(0. 0148)	(0. 0264)	(0. 0103)
age	-0. 0001	0. 0001	-0. 0001
	(0. 0002)	(0. 0003)	(0. 0002)
male	0. 0408 *	-0. 0143	0. 0996 ***
	(0. 0225)	(0. 0667)	(0. 0286)
Pseudo R^2	0. 2176	0. 1817	0. 2094
样本数(个)		565	

注：①被解释变量是月平均兼职收入的对数；②括号中的数表示的是设计矩阵重复抽样（Bootstrap）估计出来的标准误差；③* 表示在 10% 的显著性水平上显著，** 表示在 5% 的显著性水平上显著，*** 表示在 1% 的显著性水平上显著。

四　结论与讨论

平台型经济迅速崛起，灵活就业渠道得以扩展，活跃在互联网平台上的劳动者的收入发生变化。本文基于2016年微工网的调查，采用分位数回归方法，研究了平台型灵活就业者收入差距及其影响因素。

研究发现，第一，受教育水平是影响平台型灵活就业劳动者收入的主要因素之一，对于没有稳定收入的纯兼职人员而言，受教育水平对低工资收入的劳动者收入的影响最为明显。平台型经济摧垮了部分制度因素造成的劳动力市场分割，教育对收入的影响作用在平台型经济背景下尤为突出，提升受教育水平是缩小低收入人群与中高收入人群收入差距的有效方式。可以认为，1999年的大学扩招为国家储备了不少高素质人才，虽然在某一特定时期，这些劳动者曾经面临就业难问题，但是新经济的到来为有一定文化基础的劳动者提供了平台，这增加了他们通过发挥劳动价值进入中高收入阶层的机会。

第二，物质资本和社会资本都是影响平台型灵活就业劳动者收入的因素。家庭禀赋因素的作用是显而易见的，无论是家庭收入约束还是家庭支出约束，都会影响劳动者收入。一方面，劳动者对自身财富的满意度决定了他们是否参加兼职活动以及参加多少兼职活动；另一方面，住房支出、子女教育支出等日益增加的家庭支出也是其参与灵活就业的动力。另外，国家为了减少权力寻租事件出现，对公务员兼职行为进行严格管控，相比政府层面的社会资本，商业化社会资本对收入的影响作用更加明显。

第三，大多数平台型灵活就业劳动者的稳定性收入水平不高，但其稳定性工作存在工作时间不足的问题，基于互联网的平台型就业模式恰好弥补这一缺陷，相关部门尚不用担心平台型经济带来的劳动关系不稳定引致的过度劳动问题。平台型就业具有临时性、弹性大、工作时段不确定等特征，这对工作时间不足的劳动者而言是优势。他们会根据个人时间充裕度、身体承受能力、劳动强度自行选择工作方式，形成了一种劳动者与工作的自适应状态。

第四，性别、年龄、户籍等个人特征方面的影响在平台型经济背景下被弱化了，但是歧视问题并非完全消失。互联网行业吸纳了大量女性、青年、流动人口就业，这是传统经济难以比拟和超越的优势，不过城市发展的现实需求往往迫使政府不得不对部分群体进行限制。因此，协调各方面利益关系尤为重要，平台型经济下特殊人群就业问题依然有待进一步研究。

尽管本文给出了几个有价值的结论，但是仍存在许多不足，新经济刚刚兴起，对平台型灵活就业劳动的研究时间较短，本文也只获得了一年的调查数据，未来可继续动态关注这一人群的就业特征及其收入差距。

参考文献

[1] 国家信息中心信息化研究部、中国互联网协会分享经济工作委员会：《中国分享经济发展报告 2016》，国家信息中心官网，http：//www. sic. gov. cn/News/250/6010. htm，2016 年 2 月 29 日。

[2] 李实、罗楚亮：《中国收入差距究竟有多大？——对修正样本结构偏差的尝试》，《经济研究》2011 年第 4 期，第 68 ~ 79 页。

[3] 王文珍、李文静：《平台经济发展对我国劳动关系的影响》，《中国劳动》2017 年第 1 期，第 4 ~ 12 页。

[4] 张车伟：《新经济新就业激活居民增收动力》，《经济日报》2016 年 12 月22 日。

[5] Achrol, R. S. and Kotler, P. , "Marketing in the Network Economy," *Journal of Marketing* 1 (1999): 46 – 163.

[6] Armstrong, R. , "Television is the New Television: The Unexpected Triumph of Old Media in the Digital Age," *Canadian Journal of Communication* 1 (2017) .

[7] Failla, V. , Melillo, F. , Reichstein, T. , "Entrepreneurship and Employment Stability—Job Matching, Labour Market Value, and Personal Commitment," *Journal of Business Venturing* 2 (2017): 162 – 177.

[8] Fang, B. , Qiang Y. , Law, R. , "Effect of Sharing Economy on Tourism Industry Employment," *Annals of Tourism Research* (2016): 264 – 267.

[9] Farrell, D. , Greig, F. , "Paychecks, Paydays, and the Online Platform Economy: Big Data on Income Volatility," J. P. Morgan Chase Institute, 2016.

[10] Gillies, D. , "Human Capital Theory in Education," in *Encyclopedia Of Educational Philosophy and Theory* (Springer, 2017), pp. 1 – 5.

[11] Harris, S. D., Krueger, A. B., *A Proposal for Modernizing Labor Laws for Twenty-First-Century Work: The "Independent Worker"* (Hamilton Project, Brookings, 2015).

[12] Kim, J., Gray, J., "Qualitative Evaluation of an Intervention Program for Sustained Internet Use Among Low-income Older Adults," *Ageing International* 3 (2016): 240-253.

[13] LaFave, D., Thomas, D., "Height and Cognition at Work: Labor Market Productivity in a Low Income Setting," *Economics & Human Biology* (2017): 52-64.

[14] Leighton, P., "Professional Self-employment, New Power and the Sharing Economy: Some Cautionary Tales from Uber," *Journal of Management & Organization* 6 (2016): 859-874.

[15] Lofstrom, M., Bates, T., Parker, S. C., "Why are Some People More Likely to Become Small-businesses Owners than Others: Entrepreneurship Entry and Industry-specific Barriers," *Journal of Business Venturing* 2 (2014): 232-251.

[16] Rochet, J. C., Tirole. J., "Two-sided Markets: An Overview," *Toulouse* 11 (2004): 233-260.

[17] Sicular, T., Ximing, Y., Gustafsson, B., et al., "The Urban-rural Income Gap and Inequality in China," *Review of Income and Wealth* 1 (2007): 93-126.

[18] Sundararajan, A., *The Sharing Economy: The End of Employment and the Rise of Crowd-based Capitalism* (The MIT Press, 2016).

[19] Van Doorn, N., "Platform Labor: On the Gendered and Racialized Exploitation of Low-income Service Work in the 'On-Demand' Economy," *Information, Communication & Society* 6 (2017): 898-914.

B.4

新经济下的就业市场变革：灵活就业发展问题及对策

孟续铎*

摘　要：　本文聚焦我国灵活就业在当前经济社会发展中的演进形势，重点分析新经济模式下涌现的各类灵活性就业和用工形态的特征，研究现实灵活就业政策的不足与局限，并为政府部门今后进一步鼓励和支持灵活就业、新就业形态发展提出政策建议。

关键词：　新经济　灵活就业　新就业形态　平台就业

一　新经济模式带来就业形态和工作世界的巨大变革

2014 年 4 月，在德国汉诺威召开的工业博览会引爆了有关“工业 4.0”概念的关注和讨论，并由此推动了全球迎来“第四次工业革命”的论断。而全球新一轮科技革命给中国也带来了前所未有的机遇和挑战。中国自 2012 年以来进入经济发展“新常态”阶段，国家提出了“创新驱动发展”战略，由此形成了一系列关于经济转型升级、提质增效发展的新观点、新论断，并综合构成了“新经济模式”（如图 1 所示）。在“新经济模式”下，“中国智造”“互联网 +”、云计算、大数据等产业快速发展，“大众创业、

* 孟续铎，中国劳动保障科学研究院助理研究员，主要研究方向为劳动力市场与就业、劳动关系、劳动保障政策、过度劳动。

万众创新”成为经济发展新动能；“四新”① 经济和“四众”② 平台促进传统产业与新兴产业融合，有效汇聚资源推进分享经济成长，带动了大量平台型组织和新型用工形态的出现；弹性工作和平台就业等人力资源市场变革已成为新经济模式的应有之义，企业用工和劳动者就业的形态越发多元，并由此形成了推动经济发展的人力资源动能。

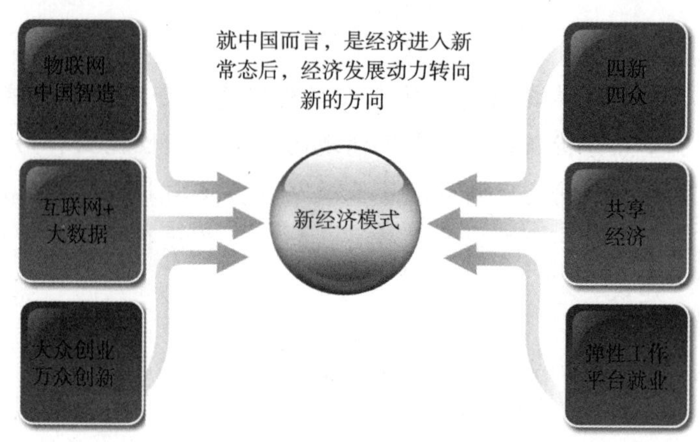

图 1　新经济模式的内涵

与此同时，全球就业形态和雇佣关系正在经历深刻转型，非标准就业、非典型就业越来越多，而传统就业模式正日渐减少。国际劳工组织的《2015 年世界就业和社会展望报告》显示，拥有全日制稳定雇佣关系的就业人口在全球仅为 1/4。非全日制就业、兼职就业、自由职业就业的比重不断增加，有报告称 2015 年美国的自由职业者已经超过总劳动力的 1/3。

对我国而言，基于“第四次工业革命”“双创”“四众”“互联网 +”、分享经济的就业市场和工作世界也受到新经济模式的影响而呈现变革趋势。就业渠道更加多元，工作形式日益灵活，非全日制、临时性、季节性、弹性工作等各种灵活就业形式迅速兴起；“平台就业”“网络就业”“创业型就业”

① 指新技术、新产业、新业态、新商业模式。

② 指众创、众包、众扶、众筹。

等更加灵活多样的新就业形态层出不穷，就业容量不断增大，灵活就业形态蓬勃发展，将成为未来劳动力市场的“新常态”。目前，我国网店直接带动就业累计超过1500万人；滴滴出行平台司机超过1500万人，注册用户数达2.5亿人；优步公司发布的一份报告显示，有超过26%的优步司机此前是下岗失业者；猪八戒网拥有500万家中外雇主，1000万家服务商。《中国分享经济发展报告2017》显示，2016年中国分享经济领域参与提供服务者约为6000万人。

二　新时期灵活就业概念、形式及未来趋势

（一）灵活就业的概念

在中国，“灵活就业”（Flexible Employment）① 是替代“非正规就业”（Informal Employment）而被政府和社会广泛认可、接受和使用的概念。在大部分情况下，灵活就业与非正规就业可以混同使用，其所指代人群基本一致。学界普遍认为灵活就业主要是指在劳动时间、劳动报酬、工作场地、保险福利、劳动关系等一个或几个方面不同于建立在工业化和现代工厂制度基础上的、传统的主流就业方式的各种就业形式的总称（劳动科学研究所课题组，2001；吕学静，2005；张丽宾，2009）。这一概念也基本得到政府具体政策操作层面的认可，如北京市政府和山东省政府。

随着经济社会的发展，“灵活性”的工作越发多元，并且随着互联网技术的突飞猛进，新业态、新模式的组织用工形态出现，网络就业、平台就业、兼职就业大量存在，从是否正规部门来划分非正规就业不再能包含新兴就业形态。2015年，国际劳工组织在《世界就业和社会展望报告》中提出了“非标准就业”（Nonstandard Employment）的形式，认为不属于标准就业

① 除了Flexible Employment，国外对于“灵活就业”还有各种相近词汇，包括Informal Employment、Irregular Employment、Irregular Work、Part-time Work等。

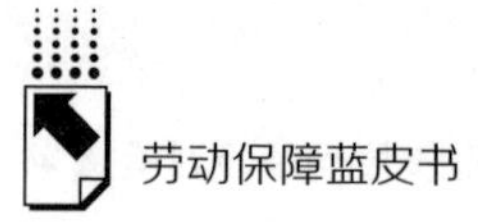

关系领域的工作安排均是非标准就业，而标准就业工作安排是全职性的、无期限的，同时属于一种从属性的双边就业关系。非标准性的就业包括：临时性就业、涉及多方的合同安排、模糊就业关系、兼职就业。可以看出，非标准就业的概念明显符合时代特征，其包容性更强，许多更灵活的工作安排方式均被纳入，体现了灵活就业的发展趋向。

本研究认为：灵活就业是指一切有别于正式稳定就业和标准劳动关系的各类组织用工和劳动者就业的形态。所谓正式稳定就业是指全职性、较长期限或是可预期有一段时间稳定的就业；标准劳动关系是指符合现行劳动法律对劳动关系的认可、劳动者对用工单位而言是一种从属的双边就业关系。

（二）我国灵活就业的演变发展

我国灵活就业的演进是一个不断从原有体制向外扩张的过程（如图 2 所示）。大体上来看，我国灵活就业的发展经历了三个主要阶段。第一个阶段自改革开放起至 20 世纪末，大量农村剩余劳动力的流动和城镇就业岗位的不足，造成大量农村转移劳动力进入城镇后无法生存于正规体制之内，只能不断挤占体制之外的“灰色空间”，灵活就业现象开始大量出现。当时的灵活就业主要以农村转移劳动力为主体，他们从事的多为低端体力劳动，基本没有长期劳动合同，没有城镇社会保障和福利，相应的各项权益也得不到有力维护。第二阶段主要是 20 世纪末至 21 世纪初期，国企改革产生了大量下岗工人，他们中的很大一部分选择了工作岗位不固定、工作时间不固定、劳动关系不固定、工资收入不固定的灵活就业形式。与此同时，在全球化背景下，以互联网技术为主要特征的科学技术迅速发展，改变了传统工业模式，新的产业不断出现，社会就业形态随之发生变化，灵活就业人员和形式也不断扩充。第三阶段是当前新经济模式下灵活就业的转型发展期，劳动力市场最突出的表现就是灵活性不断增强。灵活就业从 20 世纪八九十年代农民工进城非正规就业的 1.0 版本，发展到 21 世纪初下岗职工灵活再就业安置的 2.0 版本，到当今平台型就业、自主型就业的 3.0 版本，并延伸出众多新的就业形态。从经济发展的新模式来看，提倡灵活就业无疑是未来促进就业的发展趋势。

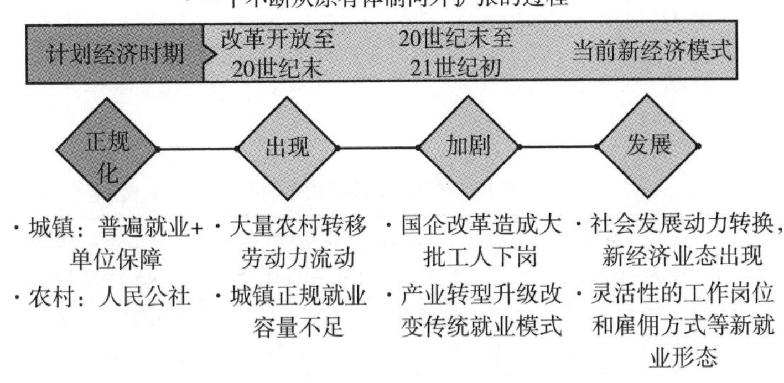

图 2　我国灵活就业的演进过程

（三）灵活就业的形式范畴

灵活就业在现实中种类繁多、形式多样，很难准确把握灵活就业的形式范畴，特别是一些普遍存在的就业形式处于正规就业和灵活就业之间的模糊地带。本研究根据灵活就业的定义，结合新经济模式对灵活就业形式的影响，提出对灵活就业的分类维度：一方面从有无正规、标准的劳动合同或劳动者对组织的隶属关系角度，另一方面从劳动者就业的组织类型角度，两者结合进行分类。

依据表 1 中的“九宫格”分类，可以将灵活就业形态全部囊括：一是正式就业，标准型组织和平台型组织的标准劳动关系用工均属于正式稳定就业范畴；二是临时型就业，在标准型组织中，存在那些不签订劳动合同、与组织无隶属关系的灵活性用工，这些用工关系在法律上往往被界定为劳务关系或是雇佣关系，不属于标准劳动关系；三是平台型就业和创业型就业，主要是依托平台型组织实现就业创业，但这些就业者与平台并未建立劳动关系，也不是平台企业的雇员，如滴滴专车司机、在行的顾问以及淘宝店主等；四是家庭或个体实现的自营型、自雇型、家庭型就业，劳动者不隶属于任何组织，通过自身经营、劳动行为，实现自我就业；五是非全日制就业，可以与一个或多个标准型单位签订非全日制劳动合同，实现灵活就业；六是多种形态的灵活性兼职兼业，包括正式就业劳动者的兼职，兼多个平台的就业（滴滴司机同时开淘宝网店），以及当前“斜杠青年”① 的就业——多重就业。从以上来看，在九宫格中正式就业只占2/9，正式就业以外的其余形式，均属于灵活就业的范畴。

表1　灵活就业的形式

	单一从属关系 标准劳动关系	无合同、非从属 非劳动关系的用工关系	多重从属、多份合同 多重劳动关系或用工关系
标准型组织	正式就业	临时型就业（灵活用工、劳务用工）	非全日制就业 兼职兼业
平台型组织	正式就业（自有员工）	平台型就业（滴滴、在行） 创业型就业（淘宝、创客）	兼平台就业
家庭或个体	—	自营型就业（个体工商户） 自雇型就业（自由设计师） 家庭型就业（家政服务员）	“斜杠”就业

（四）灵活就业的特征及发展趋势

一是就业形式多元化。灵活就业形式越发多元，工作内容、工作岗位、工作形式、雇佣形式灵活多变，工作层次涵盖高中低端，新职业不断涌现。从过去集中在低端、简单的劳动用工领域，发展到就业者通过自身知识或技能从事各类自由职业，通过各类创业创新平台实现众包就业、网店就业、创业就业等。

二是全职就业兼职化。全职就业出现了兼职化倾向，许多有正式工作的人利用空闲时间进行兼职兼业，如公司职员下班后开滴滴专车。这使得个人的工作和职业的边界越来越模糊，一个开淘宝网店的人本身可能是高校教师，经营淘宝店是他的灵活性工作，而教师才是他的职业。

① “斜杠青年”来源于英文“Slash”，出自《纽约时报》专栏作家麦瑞克·阿尔伯撰写的书籍《双重职业》，指的是一群不再满足“专一职业”的生活方式，而选择拥有多重职业和身份的多元生活的人群。例如，张三，记者/演员/摄影师，“斜杠”便成了他的代名词。

三是零工就业全时化。利用互联网平台，即便是没有全职正式工作的人也可以实现一天 8 小时的全时工作，这使得一个人的工作和雇佣相分离。如在北京，个人通过微工网 APP 可以实现类似全职工作的“全时就业”：早上在平台上为美团早餐提供零工服务，到早餐点派送早餐；中午接受百度外卖的工作任务，负责送餐；下午则负责外送下午茶；到了晚上则去超市做促销工作。一个人没有被任何一家公司雇佣，却可以实现依托一个平台为三四家企业做一整天的工作。

四是组织方式平台化。随着共享经济的发展，越来越多的平台型组织出现，劳动者灵活就业实现的方式通过平台得到了全新的改变。平台型组织具有轻资产的特点，但依靠先进的平台信息系统进行管理，使供给和需求实现了即时性。

五是平台用工规模化。平台型组织的灵活用工量往往比较大，且用工量远远超过传统企业雇佣。如阿里巴巴全集团只有 3 万多名员工，其中天猫、淘宝、聚划算等电子商务业务只雇用了 8000 人，但通过淘宝网店带来了全国 1500 万人的就业。《中国分享经济发展报告 2017》显示，我国分享经济的提供服务者人数约为 6000 万人，其中平台型企业员工数约为 585 万人，参与分享经济活动的总人数已经超过 6 亿人。换算出来就是平台型组织雇用 1 个员工创造了 9 个工作机会（岗位），撬动了 100 个人参与其中。

六是用工管理去雇主化。分享经济的本质可以说就是“不求拥有，但求所用”，随着平台型组织兴起，用工单位与劳动者之间不构成法律规定的劳动关系或雇佣关系，劳动者对平台的人身依附性弱，用工管理去雇主化、去组织化，双方之间更像是合伙人、合作者、利益共同者关系。劳动者个人获得了一种全新的谋生方式，人们不必依托雇佣即可供应自己的劳动力和知识技能。

七是劳动供给自主化。新经济模式下的灵活就业劳动者的自由度高、自主权大，什么时间工作、什么地点工作、做什么工作完全可以由自己决定。他们通过“平台 + 个人”的模式，实现“自带 U 盘、随意插拔”，真正做到分时就业、随时就业。在职业上，“斜杠青年”越来越多，他们从事多重职业，劳动和工作被认为是人生的一种体验。并且越来越多的高人力资本者成为灵活就业群体，灵活工作使他们仍然可以实现高收入。

如果大胆设想未来，人们的就业方式会从“一主”（只有一个主要职业）发展到“一主一兼”（一个主要工作同时有一个兼职），进而发展成为“多兼”（多重兼职），最后实现跨界就业（跨职业、跨工作），真正达到体验式就业，让劳动成为体验生活的一种方式。

三　当前灵活就业发展面临的问题和障碍

（一）灵活就业政策服务体制机制不健全

一是顶层设计和法制保障缺失。目前，缺少专门性的促进和保障灵活就业的法律法规，缺少路径设计和政策前瞻，造成对一些新出现的灵活性用工和就业形态未做足政策准备，政策缺失较为严重。另外，现有法律条文和政策规定中也未对灵活就业的含义进行更加明晰的规范，也没有分门别类地对其形式进行具体界定，造成一些地方在对灵活就业进行定位时有所偏差，政策锁定的群体过于狭窄。

二是灵活就业统计不全、底数不清。由于目前对灵活就业的定义比较宽泛，各种就业形式之间交叉重叠，没有形成统一规范的认定标准，统计口径和指标体系不健全，统计难度较大，尚有很多具有灵活就业特征的群体（特别是一些新型用工形态的就业者）未被纳入政府灵活就业登记范围。另外，就业统计工作较为被动，灵活就业人员主动登记意愿不强，登记随意性较大，对此缺少比较完善的管理办法和制度。

三是促进灵活就业的政策措施不完善。灵活就业政策支持渠道狭窄，专项政策较少，仅有灵活就业社保补贴，而职业指导、技能培训等方面的就业政策不足，已经灵活就业的人员没办法享受培训扶持政策。扶持创业型就业政策不完善，灵活就业人员在获得资金（贷款）、租用经营场所等方面，面临条件限制多、手续繁杂、可操作程度较低等不利的政策环境。

四是灵活就业公共服务方式较为滞后。现行就业管理服务方式与灵活就业组织化程度低、自雇式、流动性的特点不适应，“互联网+就业服务”模式还不够充分，特别是不能很好适应平台型、自雇型等新业态人员享受服务的方式要求。

（二）灵活就业者社会保险政策与经办服务不完善

一是国家社会保险体系设计未针对灵活就业。它主要是参照正规就业设计的，具有明显的“单位关联型”特征，灵活就业者只能以个人身份参加社保，承担更高的缴费比例，这实际上是“制度畸形”。灵活就业人员缺少失业保险和工伤保险，违背了社保制度化解社会风险的初衷。

二是社会保险对灵活就业人员覆盖率不足。上海户籍灵活就业登记有67万人，来沪人员灵活就业登记有6.9万人，但灵活就业参保群体的规模总量不到30万人。四川省应纳入城镇职工养老保险和城乡居民养老保险的总人数约为6188万人，而全省尚有未参保人数约为1230万人，其中大部分属于城镇个体工商户和灵活就业人员。

三是灵活就业社保政策二元化产生制度障碍。非本地户籍灵活就业人员很难在用工所在地参加城镇职工社会保险；部分地区对农村户籍人员以灵活就业身份参保进行限制，农民工被排斥在外；灵活就业人员社会保险补贴的政策同样不对外地户籍开放。

四是社保经办服务方式不适应灵活就业特点。目前，社会保险经办服务体系仍然比较传统，更适应正规就业者参保，与流动性较高、工作变换频繁、收入不稳定的灵活就业特点不匹配。社保经办服务没有充分借助互联网，对新经济、新业态灵活工作者的适配性不高。

（三）灵活就业与用工对传统劳动关系构成挑战

一是现有劳动关系调整体制机制对灵活就业应对不足。标准劳动关系泛化，部分灵活用工出现固定化倾向，违背灵活用工的核心本质。现有劳动法律对兼职工作的规定不健全，劳动者与一个以上的用人单位建立全日制劳动关系有待进一步规范。① 在“双创”的引领下，大量创业公司、小微企业难以承受完整的劳动标准制度。

二是非标准劳动关系治理面临法律制度缺失的困境。现有劳动关系制度无法完整定义灵活就业形态，灵活用工的关系界定难以统一，带来劳动者权益保护困境。表 2 展示了法院对 e 代驾平台企业②的部分判决结果，从中可见对 e 代驾企业与代驾司机之间的关系界定难以统一。

表 2　e 代驾平台与司机相关判例

案件名称	争议焦点	裁判法院	法院认为	判决结果
王某案	认定劳动关系	北京市第一中级人民法院	王某作为代驾司机可以兼职也可以全职,工作时间自己掌握,不符合劳动关系的认定标准	非劳动关系
陈某案	交通事故赔偿	北京市第二中级人民法院	陈某系受亿心宜行指派提供代驾服务,应属履行职务行为	职务行为
李某案	交通事故赔偿	北京市第三中级人民法院	通过李某自述的收入模式以及双方之间控制、支配和从属关系程度来看,并不足以认定双方之间存在雇佣关系	非雇佣关系
董某案	交通事故赔偿	上海市第一中级人民法院	董某在代驾服务过程中必须接受亿心宜行公司制定的规章制度及行为规范的制约,且仅以付出的劳动获取相应的报酬,故应认定双方为雇佣关系	雇佣关系

资料来源：笔者根据中国裁判文书网上资料整理得来。

三是劳动监察和争议调解仲裁不适应灵活就业趋势。部分灵活用工方不符合法律对劳动关系主体的认定，造成劳动监察部门无法对其进行执法。劳动争议调解仲裁无法处理灵活用工纠纷，平台型组织与劳动者之间争议的定

① 《中华人民共和国劳动合同法》第三十九条第 4 款规定：“劳动者同时与其他用人单位建立劳动关系，对完成本单位的工作任务造成严重影响，或者经用人单位提出，拒不改正的，用人单位可以解除劳动合同。”该条规定只是确认前一用人单位有权随时解除劳动合同，并未否认劳动者与其他用人单位建立劳动关系的合法性。

② e 代驾平台企业具体指北京亿心宜行汽车技术开发服务有限公司，定位为提供代驾信息服务平台。e 代驾与每一位司机之间是合作关系，司机想做代驾的时候在手机 APP 司机端上点击开始工作，想结束的时候点击结束工作。代驾时间由司机自己决定。司机需自备汽车、智能手机、手机卡等劳动工具。

性和处理仍然是实务中的难题。另外，劳动监察和调解仲裁面临举证材料和过程难题，对平台型组织提供的证据材料缺乏更细致的规范规定。

四　进一步支持灵活就业和新就业形态发展的政策建议

（一）发展灵活就业的全局性思路

灵活就业和新就业形态将成为今后就业领域的重要形态，成为整个劳动力市场的变革方向，成为日后组织用工和个人就业的必然要求。对此，国家要从顶层设计层面对灵活就业及其工作模式给予重新认识和再定位，将灵活就业发展纳入国家“就业优先”战略整体中去。我们要认识到灵活性与安全性是劳动力市场发展的“一体两面”，是对立统一而不是完全矛盾的，灵活性并不绝对地等于“非安全性”。要坚持灵活安全性（Flexicurity）的理论和政策主张，将就业市场的灵活性和安全性结合起来，通过采取“系统性政策调整”的方式对就业、社会保险、劳动关系等方面的政策统筹调整。

（二）突出国家顶层设计，加强灵活就业相关立法

从立法思想上，树立“灵活就业与标准就业并重”的理念，一切促进就业的法规政策同等适用于灵活就业。研究出台促进和规范灵活就业发展的专门法律法规（如《灵活就业发展促进法》），明确促进灵活就业发展的目标、方针、手段和措施，明确灵活就业相关方（如平台型组织）的责任和义务，规定相关方承担的具体责任内容，设立责任追究机制。

（三）健全“非标”劳动法律，创新灵活用工调整机制

重新审视劳动法律定位，创新理论认识和规范思路，突破传统劳动关系思维对灵活性用工的限制，将非标准劳动关系纳入整个劳动法律调整范畴，制定出台专门的《非标准劳动关系调整法》，探索具有中国特色、适应新经

济模式发展、符合灵活就业本质要求的多元化用工关系调整模式立法，推进规范灵活用工发展的体制机制和方法创新，保护非标准就业者的权益。制定符合灵活就业特征的劳动标准体系，建立多元化劳动标准法律制度。明确用工方和劳动者各自的权利、义务，规定用工方对劳动者相关权益的保障机制，规范有关劳动争议的协调办法。

（四）改进就业政策服务，优化灵活就业发展环境

转变过去促进就业政策以标准就业为导向的方针，将稳定就业岗位的各类扶持政策转化为促进各种形式就业的政策，实现从“稳岗”到“稳就业”的转型。鼓励平台型组织在解决困难群体就业、去产能富余员工安置等方面发挥重要作用，必要时给予各项就业资金支持。打造“互联网 + 就业服务”工作机制，强化各类平台的治理能力，构建灵活就业信息系统。

（五）完善社保体系建设，筑牢灵活就业民生底线

根据灵活就业者的工作特征和实际收入水平设计一套使劳动者能真正缴得起费、方便缴费、适度受益的合理、高效的社保制度体系。建立多层次、多级档的缴费标准与可转移、可计算、可携带的社保权益记录，灵活就业者可以分阶段、分部分参加社保并缴费，依据缴费记录合并换算出最终社保待遇享受标准。尽快建立灵活就业职业伤害和失业保险制度，允许平台型组织以一定总额缴费的方式为参与其平台服务的个体劳动者提供工伤保险，允许灵活就业者以个人身份参加失业保险。允许平台型劳动者通过平台型组织参加社会保险，社保费由平台从劳动者个人账户直接划拨进入社保基金，劳动者在多个平台就业，各个平台可以依据其劳动时间和工资收入为其代缴相应保费。

参考文献

［1］劳动科学研究所课题组：《灵活多样就业形式问题研究报告》，2001 年 7 月

（内部资料）。

［2］吕学静：《灵活就业形式对女性就业的影响及对策》，《人口与经济》2005 年第 7 期。

［3］张丽宾：《灵活就业：危机之下促进就业的重要渠道》，《中国党政干部论坛》2009 年第 4 期。

B.5
我国结构性失业现状

曹 佳*

摘 要： 近几年，在经济新常态下，我国失业风险点增加，风险传导机制逐步形成，整体失业风险水平上升，其中以结构性失业为主，并且它呈现区域性、行业性和群体性的特征。为应对这种结构性失业，需要建立企业用工和裁员监测体系，加大对特殊群体和特殊地区的政府扶持力度，拓展就业服务渠道，建立以市场需求为导向的教育与技能培训体系，完善劳动力市场体系。

关键词： 结构性失业 非均衡发展 就业

失业是伴随着市场经济制度的产生而出现的一种社会经济现象，它的存在直接影响着一国经济的发展和社会的稳定。近几年，在经济新常态下，我国经济影响就业的滞后效应逐步显现，失业指标走高，规模裁员时有出现，当前虽未形成普遍性的“裁员潮”，但随着失业风险点增加，风险传导机制逐步形成，结构性失业风险正酝酿加压。

一 我国结构性失业问题的现状

（一）对形势的整体判断：整体失业风险水平上升

1. 显性失业水平呈抬升态势

显性失业水平呈现抬升态势是整体失业风险水平上升的表现形式之一。

* 曹佳，人力资源和社会保障部劳动科学研究所就业与人力资源研究室助理研究员，主要研究方向为就业和人力资源市场。

截至2016年第四季度，全国登记失业人数达到982万人，环比减少1万人，同比增加16万人。从时间序列来看，全国登记失业人数呈现震荡上升的态势，2016年第三季度达到历史最高值，比2012年第一季度上升了76万人，涨幅为8.38%；就同比变化趋势而言，从2015年第二季度起基本呈现逐季度上升的态势，2016年第二季度为2016年涨幅最大的季度，同比上涨了2.73%（见图1），几乎接近于近五年来的最高峰值（2.83%）。从往年以及近期的变化趋势而言，这一上涨趋势可能继续保持。

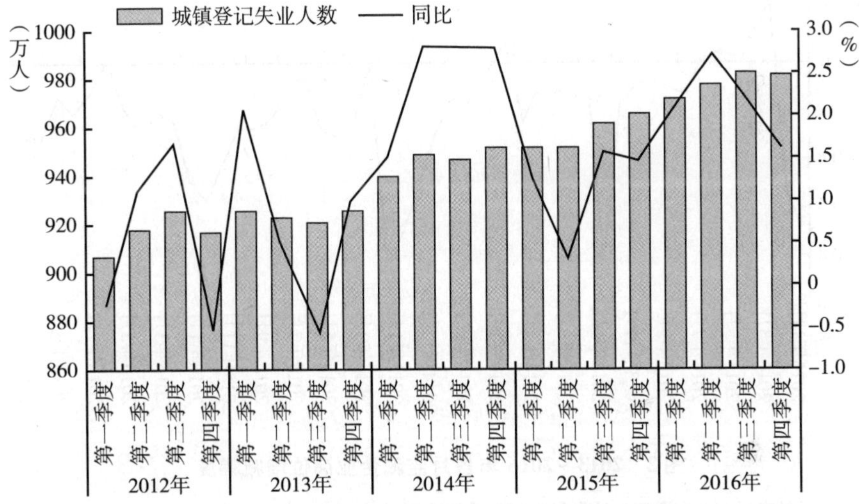

图1　2012~2016年各季度城镇登记失业人数及其同比变化情况

资料来源：人力资源和社会保障部。

2. 隐性失业问题更加突出

从近期调研和座谈情况来看，目前我国隐性失业问题突出表现在两个方面。一是部分产能过剩行业的大中型企业陷入转型困境，目前以发生活费等方式暂时“稳住”部分人员，如果这些企业的经营状况进一步恶化，则集中释放隐性失业人员的现象很有可能发生。二是受到宏观大形势的影响，部分小微企业经济效益下滑，利润下降，订单减少，开工不足，导致职工工作和加班时间减少。

3. 企业岗位持续流失，招工需求趋弱

人力资源和社会保障部失业保险司的失业动态监测数据显示，2016 年监测企业岗位仍然持续流失，12 月份流失率为 0.30%。从图 2 中可以看出，2013 ~ 2016 年，除了 2013 年有 5 个月、2014 年和 2016 年分别有 1 个月没有出现岗位流失外，其余月份均出现岗位流失的现象。这说明近年来，我国企业岗位持续流失。

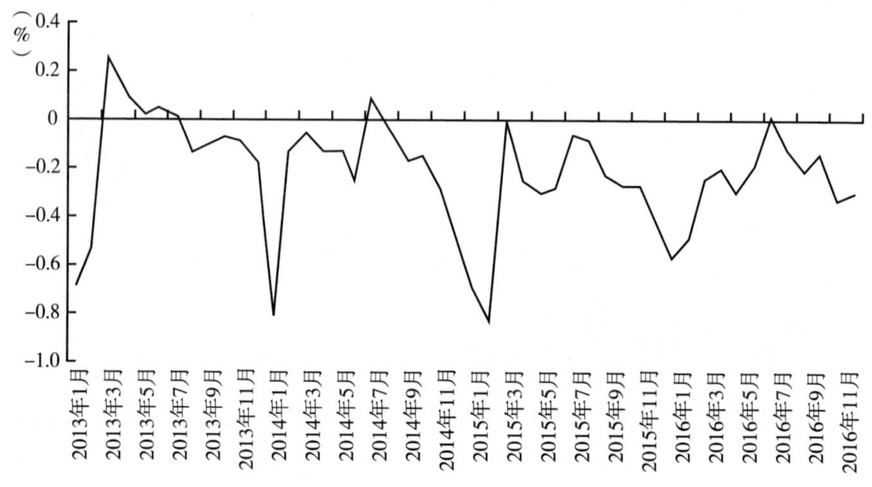

图 2　2013 ~ 2016 年各月监测企业岗位增减幅度

资料来源：人力资源和社会保障部失业保险司。

与此同时，调查显示企业未来用工需求趋弱。人力资源市场一线观察调查的数据显示，2015 年第三季度开展招聘活动的企业比例为 50.7%，环比和同比均下降了 7.3 个百分点。第四季度有招工计划的企业比例为 30.5%，同比下降了 5.3 个百分点；无招工计划的企业比例为 25.7%，同比上升了 2.3 个百分点。这表明当前企业用工需求与未来预期趋弱。

（二）当前的结构性失业状况

1. 当前失业以结构性失业为主，未来压力加大

当前，我国失业水平抬升，周期因素和结构性因素交错叠加，导致形势更加复杂。但总体来看，目前的失业仍然以结构性矛盾导致的失业为主。本文将用美国经济学家 David M. Lilien 提出的离差公式来证明这一观点。这一方法用各个部门之间就业增长速度的离差来反映劳动力市场结构失衡状况，计算公式如下：

$$\sigma_t = \left[\sum_{i=1}^{k} C_i \left(e_{it} - e_t \right)^2 \right]^{1/2} \tag{1}$$

其中，σ_t 表示各个部门之间就业增长速度的离差，C_i 表示 i 部门劳动力数量占总劳动力数量的权重，e_{it}表示 i 部门就业增长的速度，e_t 表示总就业的增长速度。

本文将按照《中国统计年鉴》中对各个行业的划分，计算 2005 ~ 2015 年各行业就业增长速度的离差，结果如图 3 所示。

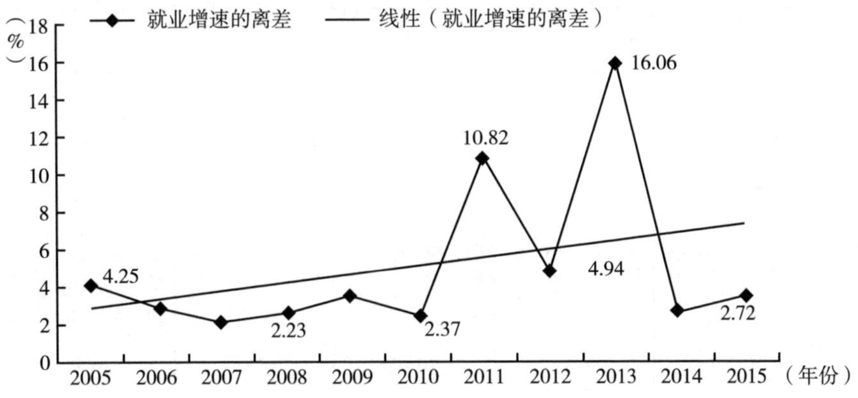

图 3　2005 ~ 2015 年各行业就业增长速度的离差

资料来源：《中国统计年鉴》（2016）。

从图 3 中可以看出，2005 ~ 2015 年，我国不同行业之间职工数量增长速度的离差明显加大，特别是在 2011 ~ 2013 年。这说明在我国经济呈现下行压力、结构调整的这几年，不同行业对于劳动力的真实需求存在很大的差距，劳动力的部门结构调整问题十分突出。尤其是在 2013 年，各个行业之间就业增速的离差达到 16.06%，比最低点时的 2007 年，高了 13.83 个百分点，结构性问题表现得尤为突出。就未来发展趋势而言，拟合的线性函数值呈现逐年上升的趋势，说明未来几年我国就业增速的离差会加大，结构性失业的风险压力会加大。

101 个城市公共就业服务机构的市场供求信息显示，就相同调查城市的职工需求人数同比变化这个指标来看，整个 2015 年和 2016 年，需求人数同比均呈现负增长的状态，其中 2015 年第一季度需求人数同比下降了 15.7%，之后需求人数同比一直下降，2016 年第四季度，需求人数同比下降 4.0%（见图 4）。这些情况表明，在经济下行、需求不足、产能过剩等多重压力下，企业用工持续收缩，并呈现区域扩散态势。

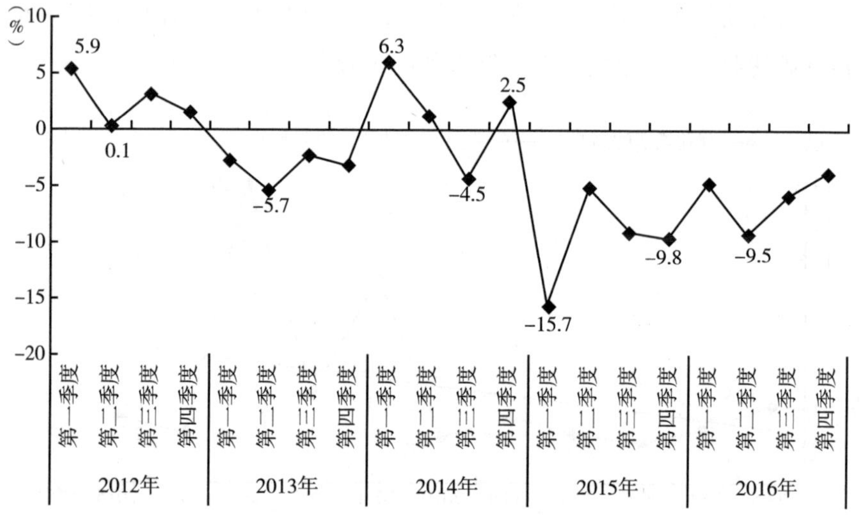

图 4　2012～2016 年各季度 101 个城市的职工需求人数同比变化情况

资料来源：人力资源和社会保障部信息中心。

2. 我国结构性失业呈现区域性特点

求人倍率是指劳动力市场在一个统计周期内的有效需求人数与有效求职人数之比。这个指标是反映劳动力市场供求状况的重要指标。当求人倍率大于 1 时，说明岗位供过于求；当求人倍率小于 1 时，说明岗位供不应求。

从图5中可以看出，2016年我国求人倍率都大于1，这说明2016年我国劳动力市场的岗位供过于求。但就总体变化趋势而言，从2013年到2016年我国求人倍率均高于1，呈现先上升后震荡下降的趋势，最高峰出现在2014年第四季度，为1.15，最低点出现在2016年第四季度，为1.05。就不同区域而言，西部地区的求人倍率是最高的，季度平均值达到1.13；其次为中部地区，季度平均值为1.10；再次为东部地区，季度平均值为1.07。分区域的求人倍率也是符合我国不同地区经济发展情况的，劳动力都愿意流动至经济比较发达的东部地区，所以其求人倍率是三个地区之中最低的。

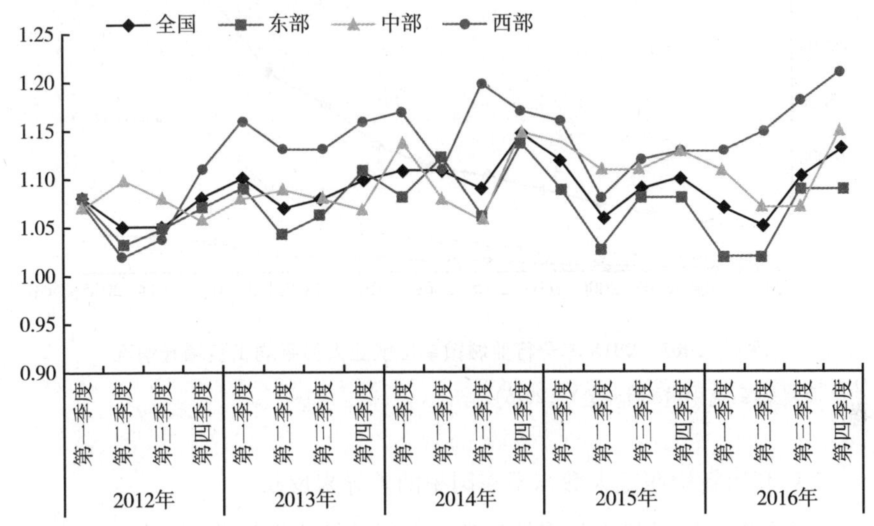

图5　2013～2016年各季度求人倍率

资料来源：人力资源和社会保障部信息中心。

3. 我国结构性失业呈现行业性特点

（1）利用不同行业工资增长率的差异来反映

工资增长率的差异为什么能够反映结构性失业状态。理论上而言，工资是由劳动力供需双方决定的。劳动力供需往往有三种状况，即供不应求、供需平衡、供过于求。在这三种情况下，劳动力市场价格的增长速度会出现高、中、低三个不同的档次。而此三种情况同时存在也就意味着出现了劳动力供求的结构性矛盾。当这种矛盾继续存在，高、中、低三个档次的工资增长差距无法有效弥合时，劳动力结构性失业也就产生了。

我国各个行业的平均工资呈现不断增长的态势，但增长的速度有所不同。建筑业是所有行业中平均工资增速最快的一个，2015 年比 2003 年增长了 13.10 倍，紧随其后的是房地产业、租赁和商务服务业，2003 ~2015 年，其平均工资分别增长了 11.29 和 10.14 倍（见图 6）。

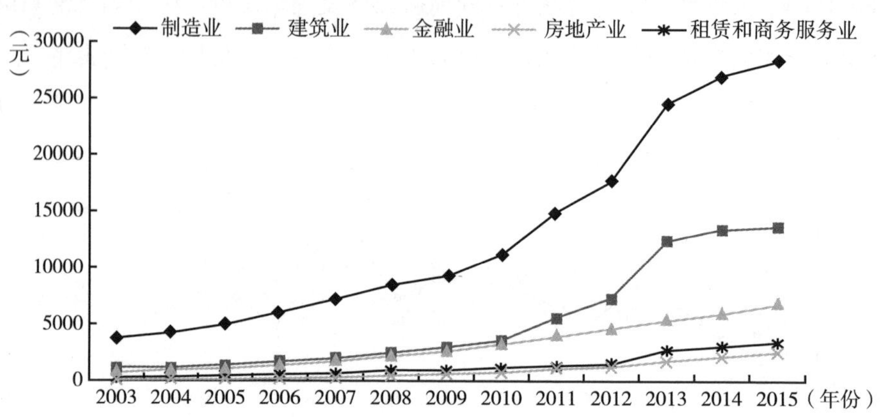

图 6　2003 ~2015 年分行业城镇单位就业人员平均工资增长情况

资料来源：《中国统计年鉴》（2016）。

（2）利用新增职工人数与不在岗率的差异来反映

新增职工人数虽然不是直接反映各个行业结构性失业的指标，但是某一两个时间段的新增职工人数的绝对和相对的变化情况，能够从某些方面反映各个行业结构性失业的一些情况。

如表 1 所示，2005 ~2009 年和 2010 ~2014 年这两个时间段里，我国各个行业的新增就业人数的变化情况不一。就业人数增长较多的是建筑业和制造业，2010 ~2014 年，其就业人数分别增长 1653.66 万人和 1605.99 万人。就增长率而言，批零业和采矿业就业人数增加量呈现显著的负增长，降幅分别为 1623.62% 和 22.57%。此外，就业人数增加量增长率较大的行业有电力、热力、燃气及水生产和供应业（1106.48%），交通运输、仓储和邮政业（1023.71%），建筑业（559.09%）。这些行业也正是近几年来发展较快的行业，说明就业结构正在发生改变，与之相对应的，结构性的失业也在悄然发生着。

表1　2005～2009年和2010～2014年各行业就业新增人数及其增长率

单位：万人，%

行业	就业人数增加量		增长率
	2005～2009年	2010～2014年	
合计	1169.00	5226.27	347.07
农林牧渔业	-72.58	-91.14	25.57
采矿业	44.49	34.45	-22.57
制造业	281.00	1605.99	471.53
电力、热力、燃气及水生产和供应业	7.72	93.14	1106.48
建筑业	250.90	1653.66	559.09
批零业	-23.20	353.48	-1623.62
交通运输、仓储和邮政业	20.50	230.32	1023.51
住宿和餐饮业	20.87	80.07	283.66
信息传输、软件和信息技术服务业	43.71	150.50	244.31
金融业	89.76	96.21	7.19
房地产业	44.41	190.61	329.21
租赁和商务服务业	71.96	139.38	93.69
科学研究和技术服务业	44.86	115.75	158.02
水利、环境和公共设施管理业	25.27	50.21	98.69
居民服务修理和其他服务业	4.89	15.17	210.22
教育	67.11	145.57	116.91
卫生和社会工作	86.86	177.89	104.80
文化体育和娱乐业	7.00	14.15	102.14
公共管理、社会保障和社会组织	153.48	170.85	11.32

资料来源：《中国劳动统计年鉴》（2015）。

另外，以就业增速离差最大的2013年为例，分析不同登记注册类型的城镇单位在岗和不在岗职工人数情况。如表2所示，不在岗职工中其他单位人数最多，为654.3万人。就不在岗人员占总就业人员的比重来看，城镇集体单位占比最大，为7.89%。就各注册类型单位不在岗人数占总不在岗人

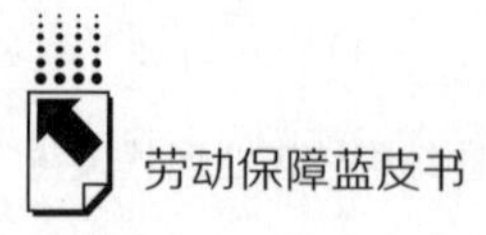

数的比重来看，其他单位的占比最大，为62.21%。这些数据说明失业的结构性特征明显。

表2　2013年不同登记注册类型城镇单位就业人数

单位：千人，%

单位类型	就业人员	在岗职工	不在岗职工	不在岗占总就业比重	各类型不在岗占总不在岗的比重
国有单位	63651	60124	3527	5.54	33.54
城镇集体单位	5662	5215	447	7.89	4.25
其他单位	111772	105229	6543	5.85	62.21
合　计	181085	170568	10517	5.81	100.00

资料来源：《中国劳动统计年鉴》（2014）。

4. 我国结构性失业呈现群体性特点

从各地的调研情况来看，目前我国结构性失业主要集中在以下几个群体：高校毕业生、化解过剩产能的部分裁员、国有企业改革和劳务派遣用工调整中的部分裁员、制造业企业转型造成的流失人员、服务业升级过程中的流失人员等。

就化解过剩产能的部分裁员而言，目前我国处于化解过剩产能的关键时期，很多地区的钢铁、水泥、玻璃等行业的企业都在进行减员增效。如2016年新疆维吾尔自治区全区化解钢铁、煤炭过剩产能涉及35家企业，当年需分流安置职工1.56万人。就国有企业改革而言，深化国有企业改革，是党的十八大报告强调指出的我国改革的攻坚任务之一。“精细化分类改革”是未来我国国企改革的基本思路，在国企改革这种精细化改革的过程中必然出现由于技能不足或者岗位调整的裁员，这部分人员成为近几年我国结构性失业的主要构成。

二　结构性失业形成的主要原因

目前，结构性失业问题突出，具有复杂的国际、国内经济社会环境，影响因素众多。比较突出的原因，有以下几个方面。

（一）经济发展的转型升级和结构调整是根本原因

我国当前经济发展处于动能转换期，结构性矛盾突出。首先是产业结构的调整，尤其是近些年我国第二、第三产业的变化，引致劳动力资源在产业之间重新配置；其次是产业本身的转型升级，以创新为驱动力的经济发展，从产业发展内涵、质量、技术、管理、资本构成等方面要求重新配置劳动力资源。当前经济新常态下，我国经济第二产业比重下降，第三产业比重上升，投资和外需拉动比例下降，消费贡献不断提升，新产业、新模式、新业态发展迅速，进一步冲击着传统产业和传统的业态形式，引致结构性调整和结构性失业。

（二）行业结构的非均衡发展是结构性失业的主要原因之一

随着科技的不断进步，我国产业结构不断调整，行业结构随之呈现非均衡发展态势。这种行业结构的非均衡发展体现在劳动力供求方面，其最直观的体现就是工资水平的相对变化。一般而言，第一产业和传统行业对于劳动力在技术水平、文化素质方面的要求都较低，只需要简单的劳动就可以了，因此大量的低技能和低素质的失业人员竞争这些有限的岗位，劳动力的供过于求不利于这些岗位的工资水平的上涨，其一直处于低水平徘徊的状态。而与之相对应的是新兴行业的岗位，面对高工资的吸引力，失业人员也想去争取这些岗位，但是低技能水平的失业人员由于自身的原因，对于这些岗位的竞争有心无力，由此造成结构性的失业。

（三）技术发展及其应用是结构性失业的主要推手

当前，智能自动化技术的发展已经深入各个产业和行业内部，“互联网+”已成为一种新兴产业发展的趋势，并由此形成了一系列新业态、新生产方式、新管理模式和新作业流程，随即改变了企业的用工需求，也提高了对劳动者素质以及技能的要求。那些容易被互联网、计算机和机器人技术替代的岗位，将被大量淘汰，这很容易造成人员失业。如网络购物对传统商业模式的冲击，机器人的广泛使用对劳动密集型制造业的冲击等，都是由技术变革引发的结构性矛盾。

（四）劳动者个人素质与企业需求不匹配

我国结构性失业问题的出现，并不是劳动力供给总量不足所致，主要是劳动力供给质量与企业的用工需求不匹配所致，主要集中在受教育程度不高和受教育程度较高的两类人群。一方面，受教育程度不高的劳动者由于受自身知识、年龄、地域、信息、技能水平等多方面因素的制约，加上对市场上岗位信息的不清楚，对岗位需要的技术培训费用的无能为力，未能使个人素质与企业需求相匹配，结构性失业问题在所难免。另一方面，高学历人员在学识、技术、年龄、地域等方面素质都较高的情况下，也会面临失业的问题。

（五）职业技能培训跟不上经济结构调整的深度

无论是学历教育还是职业教育和职业培训，与我国经济的快速增长和结构的深度调整相比，都还存在明显的滞后，都未能充分满足市场需求。教育结构的不合理，学历教育比重增长太快，教育内容和教育方式以知识灌输为主，职业教育和对劳动者终身学习能力的教育严重不足，最终导致包括接受过高等教育在内的新生劳动力实际工作技能严重缺乏。职业培训方面，由于目前的职业培训是零散性的、短期性的、一次性的，要让劳动者掌握技术和实现技能更新是很困难的。虽然通过简短培训能解决一定问题，但现在随着产业升级、技术进步，原有的培训方式跟不上形势的要求。

三　政策建议

结构性失业问题是我国现阶段经济结构调整和动能转换必须面对的阵痛，对此要保持战略定力，做好打持久战的准备。具体的政策建议如下。

（一）建立企业用工和裁员监测体系，及时做出形势和风险研判

进行系统资源整合，特别是就业、社保、劳动关系等相关板块的信息资源和人力资源公司的资源，开展用工综合监测和分析；结合企业经济性裁减人员规定的实施，强化规模裁员和经济性裁员报备制度。进一步做好统计监测和形势分析，建立部门间数据共享机制，研究建立比较完善的经济与就业相关联的统计指标体系，加强对就业失业、市场供求、企业用工等方面的各项信息的监测与分析，及时准确研判形势，综合各类信息建立起企业用工监测体系，及时做出形势和风险研判，以便进一步采取针对性措施。

（二）加大对特殊群体和特殊地区的政府扶持力度

对于化解过剩产能任务较重的地区，要加强产业布局、规划重点项目，发展接续产业，加大财政金融投入，在有条件的地区可以实施临时性、区域性的税费减免政策。对于制造业转型造成的人员流失问题，应该多从流失人员的自身素质和技能方面着手解决。对于传统产业中外贸依存度较高的生产和服务企业，政府应该帮助其加快外贸转型升级，培育新的竞争优势，加快向全球产业链、价值链中高端跃升。对于劳务派遣用工调整中部分企业出现的裁员情况，首先，要规范企业的裁员行为，根据当前的形势，加快研究出台《经济性裁员规定》，以便有所规范；其次，劳务派遣制度的实施应该更加弹性化、柔性化。在企业生产经营波动大的状况下，宜允许劳务派遣使用在10%的比例上有所浮动；企业间的劳动力余缺调剂也不应就认定为劳务派遣。

（三）拓展就业服务渠道，提高公共就业的服务能力

第一，发展大区域人力资源市场。结构性失业形成的部分原因是区域的间隔，即一个地区失业严重，另一个地区却招不到人。应该建立并完善大区域人力资源市场，促进大区域内的人员流动。

第二，建立就业服务机构与人力资源公司的合作伙伴关系，提高就业信息服务能力。鉴于就业服务机构难以掌握全面的就业信息，而人力资源公司掌握大量信息但难以在更大范围为社会提供服务的状况，为解决各自短板问题，宜建立制度，让就业服务机构与人力资源公司建立起合作伙伴关系，开展互利互惠合作，利用和调动人力资源公司的丰富信息资源，为社会提供服务。

第三，加大力度实施政府购买服务。限于政府有限的服务能力，无论是就业服务还是职业培训，都可以更多地采用政府购买服务，以实现更有效、更专业化的服务。另外，还可以探索性地采取一些项目制的委托方式，比如批量的职工分流安置任务，经费上可以采用裁员企业和政府分担的形式。

（四）建立以市场需求为导向的教育与技能培训体系

针对我国结构性失业问题中存在的教育和技能培训体系的问题，建议采取针对性、适应性、个性化的措施，具体建议如下。

第一，加大对新产业、新技术和新业态所需人才的培训力度，积极引导劳动者向这些产业实现就业转移。

第二，大力调整学校教育结构和改进教育方式，形成以帮助劳动者建立终身学习能力和职业适应能力的教育体系。

第三，针对产品和服务越来越个性化、市场更加细分化的经济发展趋势，以及由此带来的职业越来越细化和变化越来越快的特点，应大力发展校企联合培训、现代学徒制、大师工作室等培训模式；大力弘扬工匠精神。同时，鼓励地方和专业机构开发职业资格标准、专项能力标准，推动培训发展，使培训能更及时、有效地满足市场需要。

（五）完善劳动力市场体系，加强劳动力市场配套设施建设

实现劳动力市场的合理有序发展是解决我国结构性失业问题的重要途径之一，目前我国劳动力市场体系的不完善已经在很大程度上影响着我国结构性失业问题的解决。因此，建立统一、开放、竞争、有序的劳动力市场是从

根本上缓解我国就业压力的最有效手段。笔者认为首先要加强劳动力市场配套设施建设，优化资源配置，使劳动力能够实现快速合理的流动，降低劳动力市场上供求双方的搜寻成本、缩短求职者的求职时间；加强劳动力市场的信息网络化建设。另外，规范劳动力市场相关法律体系，认真地执行已经出台的《中华人民共和国劳动法》《中华人民共和国破产法》等相关法律，加强劳动执法的监察力度，确保各项劳动法律法规的贯彻执行。为劳动供需双方创造公平、合理、有序的社会环境和可靠的法律保障，促进我国劳动力市场的健康发展。

参考文献

[1] 蔡昉:《中国就业格局变化与挑战》,《全球化》2013 年第 5 期，第 24 ~ 31 页。

[2] 陈晴晔:《西方经济学就业理论及政策的演进》,《经济问题》2008 年第 2 期，第 23 ~ 25 页。

[3] 董志强:《结构性失业理论及其对中国失业现状的解释》,《重庆工学院学报》2001 年第 2 期，第 52 ~ 56 页。

[4] 厉以宁、吴世泰:《西方就业理论的演变》，华夏出版社，1988。

[5] 马川:《老龄化背景下的“新失业群体”与公共安全》,《云南师范大学学报》（哲学社会科学版）2012 年第 1 期，第 127 ~ 134 页。

[6] 郑东亮、陈云:《2015 年就业形势与 2016 年展望》,《中国劳动》2016 年第 1 期，第 4 ~ 11 页。

B.6
去产能受影响职工再就业情况分析

黄湘闽*

摘　要： 去产能是当前供给侧结构性改革的首要任务。解决好去产能受影响职工的再就业问题，对于保障去产能任务的顺利完成、探索在经济转型升级中促进就业的方式方法、进一步推动完善我国现有的积极就业政策、保持经济社会的持续健康稳定发展具有重要意义。本文首先研判了去产能对我国当前与未来就业形势的影响，其次描述了去产能过程中受影响职工再就业的现状，然后重点剖析了去产能职工再就业的重点难点问题及其原因，最后提出了促进去产能受影响职工再就业的总体思路和政策建议。

关键词： 去产能　受影响职工　再就业

一　去产能对我国就业形势的影响与研判

当前经济下行与产业结构调整交织，就业总量矛盾与结构性矛盾并存，大规模职工分流对当地的就业承载能力提出严峻挑战。尽管全国就业形势总体稳定，但稳中有忧，去产能中的职工就业安置仍是就业工作中的重点难点问题之一，需要给予高度重视。

---

* 黄湘闽，中国劳动保障科学研究院助理研究员，主要研究方向为就业、创业和社会保障政策。

（一）去产能对我国当前就业形势的影响

2016年初，国务院高度关注钢铁和煤炭两大重点行业的去产能工作，先后下发了关于钢铁、煤炭两大行业去产能实现脱困发展意见的文件①，提出了钢铁和煤炭行业的下一步去产能计划。从2016年开始，钢铁行业用5年时间再压减粗钢产能1亿～1.5亿吨，煤炭行业用3～5年的时间，再退出产能5亿吨左右、减量重组5亿吨左右。

当前，全国就业形势总体稳定，发展符合预期，全年主要就业指标有望全面完成，化解产能过剩尚未对全国就业稳定造成冲击。权威统计数据显示，近三年我国总体就业形势比较平稳。2014～2016年，全国城镇新增就业年均超过1300万人，超额完成1000万人的年度目标任务，年末全国城镇登记失业率均被控制在4.5%的年度调控目标以内。特别是去产能任务比较重的2016年，就业增长仍超出预期，全国城镇新增就业1314万人，年末全国城镇登记失业率为4.02%，为多年来最低。② 一方面，国务院及地方政府出台的一系列去产能职工安置政策，已经开始发挥积极作用。另一方面，去产能重点企业基于裁员成本、用工储备、社会责任等因素的考虑，或是未采取大规模裁员措施，或是妥善安置分流职工。因此，去产能目前没有引发大规模、集中性的失业问题。

（二）去产能对我国未来就业形势的影响

1. 未来的就业形势将更加复杂多变

随着供给侧结构性改革的深化和市场作用在去产能中的转变，未来的就业形势将更加复杂多变。在化解产能初期，实施去产能更多的是一种有计划的政府行为，因此政府对失业风险有较强的可控性。同时，产能过剩行业企

---

① 2016年2月，国务院先后下发了《国务院关于钢铁行业化解过剩产能实现脱困发展的意见》（国发〔2016〕6号）和《国务院关于煤炭行业化解过剩产能实现脱困发展的意见》（国发〔2016〕7号）

② 资料来源：人力资源和社会保障部新闻发布会，2016年1月23日。

业在市场转折初期往往有较强的保持员工队伍稳定的意愿，“内部安置”成为减少失业、保持稳定的一个重要措施。此外，市场经济自身运行规律决定了失业问题具有相对的滞后性和较大的隐蔽性，只有在实体经济持续下行一段时间后，失业问题才会逐步凸显和恶化。然而，随着经济下行压力加大和产业结构调整加速，过剩行业企业因低迷的市场、激烈的竞争和巨大减员增效压力，将无法再通过“内部安置”分流人员，大量受影响职工只能通过公共劳动力市场加以分流。而且随着去产能的动力机制开始由以政府外部推动为主向以市场内在驱动为主转变，企业依法关停退出和遣散职工将是一种受法律保护的市场行为。因此，未来出现失业风险的不确定性将增大，失业风险的管控将是摆在政府面前的一道难题。

2. 区域性规模失业风险应高度重视

去产能中就业结构性矛盾会更加突出，各地情况差异较大，必须高度重视防范区域性规模失业风险。近年来我国将钢铁、煤炭等行业确定为去产能重点行业，但实际上水泥、电解铝、平板玻璃、船舶、石化等传统行业和光伏、风电等新兴行业，也不同程度地存在产能严重过剩的问题。其中，煤炭行业从业人员规模巨大，钢铁行业的产业链比较长，上下游相关行业从业人员数量惊人。此轮调整中各地区的情况差异较大，京津冀及其周边地区受影响最大。在京津冀一体化和首都大气污染治理的政策背景下，去产能的重点区域是京津冀及其周边地区，特别是河北省去产能任务繁重。2013～2015 年，河北省压减炼铁产能 3391 万吨、炼钢 4106 万吨，分别占全国压减产能的 37. 26% 和 43. 31%；在“十三五”期间，将压减炼铁产能 4989 万吨、炼钢 4913 万吨。在诸如河北省这样去产能任务重、本地吸纳就业能力有限的地区，未来出现大规模失业风险的可能性将增加。

3. 钢煤两大行业的职工安置问题最为突出

从行业上看，钢铁、煤炭两大行业去产能问题更为突出，对就业稳定构成的潜在威胁更大。两大行业之所以成为较大的潜在威胁，主要有以下几点原因：一是钢铁、煤炭行业全行业不景气而且短期内难以出现转折性的利好，企业减员增效压力显著加大。二是主要钢铁、煤炭企业建厂时间比较早，历史遗留和冗员问题始终困扰着企业的发展，在当前企业效益不佳的情况显得尤为突出。三是煤炭行业从业人员规模巨大，截至2014年末，全国城镇单位煤炭开采和洗选业从业人员有414.6万人①；尽管钢铁行业中炼钢主业从业人员规模不大，截至2011年，我国钢铁行业从业人数为330.7万人，其中炼钢业从业人员有51.3万人②，但由于钢铁行业的产业链条比较长，压减炼钢产能会波及其上下游及周边配套产业的人员就业，影响面非常大。四是大型钢铁、煤炭企业的劳动关系运行情况一般比较好，劳动合同签订率都比较高，人员比较稳定，而且平均年龄较大，一旦出现裁员，其经济补偿成本非常惊人，企业将不堪重负，容易出现不能及时足额支付经济补偿问题，更容易引起局部的不稳定。

二　我国去产能过程中职工再就业的现状

（一）重点地区就业安置任务繁重

根据国务院2016年初制定的去产能方案，未来3~5年预计将直接影响180万名职工就业，其中钢铁行业涉及50万人，煤炭行业涉及130万人。2016年，煤炭行业将去产能2.8亿吨，占去产能总目标的一半以上，需要安置70万名职工；钢铁行业将去产能4500万吨，约占去产能任务的1/3，需要安置18万名职工，如果将钢铁行业上下游产业受影响职工考虑在内，安置职工任务更加繁重。

从全国各地区情况看，河北、山西、东北以及西南等去产能重点地区受影响职工规模较大。其中，河北省到2017年底受影响职工人数约为54.7万人，其中钢铁行业42.6万人、水泥行业6.5万人、平板玻璃行业5.6万人；

① 据《中国劳动统计年鉴》（2015年版），2014年末，全国城镇单位煤炭行业就业人员有4146105人。

② 参见国务院发展研究中心信息网发布的《2011~2012年度钢铁行业分析报告》。

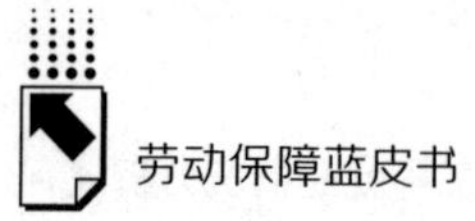

山东、山西两省到2020年受影响职工人数分别约为19.3万人和13.8万人；东北三省到2020年受影响职工人数合计约为18.5万人。[①] 在部分资源型城市和产业相对单一的地区，特别是钢城、煤城由于产业单一、就业渠道狭窄，就业安置难度更大。

（二）多渠道帮助职工再就业取得一定效果

按照国务院以及人社部、发改委等部门发布的有关去产能的政策文件[②]，各地正积极制定具体政策，采取多种措施，多渠道安置受影响职工，取得一定的效果。主要体现在以下几个方面：一是将就业扶持政策惠及去产能企业的在职职工和失业人员，有利于其尽快找到新的工作岗位；二是鼓励企业吸纳就业和企业内部安置，实施失业保险，按规定支持企业稳定岗位，积极发挥失业保险预防失业、促进就业的功能；三是有意愿创业的去产能企业职工和失业人员，均可享受创业扶持政策，以成功促进创业带动就业；四是实施内退和公益性岗位托底帮扶政策，使许多年龄大、体弱多病、就业困难的职工得到兜底帮助。

（三）受影响职工再就业难度较大

去产能企业职工一般年龄偏大、文化水平低且技能单一，以男性和本地户籍职工居多，再就业难度较大。去产能企业职工年龄大多在40岁以上，有的企业职工平均年龄接近50岁。由于行业性质、企业所有制类型等因素，煤炭企业的“40、50”人员占比通常比钢铁企业更高。去产能企业职工文化程度多为中学及以下水平，学习能力较差；长期从事某一工种，造成技能单一，难以满足新岗位的技能要求；多为本地户籍人员，家庭和社交圈均在本地，跨区域就业意愿较低。由于工作环境问题，很多一线职工深受职业病

① 在实地调研中，各省份人力资源和社会保障厅（局）有关部门向调研组提供了相关受影响职工数据。

② 《关于在化解钢铁煤炭行业过剩产能实现脱困发展过程中做好职工安置工作的意见》（人社部发〔2016〕32号）。

困扰，许多职工体弱多病、家庭负担较重，转岗转业、就业创业极为困难。不少国企职工对企业还有比较严重的依赖心理，对国有身份有较高预期，对分流安置的岗位有较强的攀比心态，积极主动意识较差。上述一系列因素，都严重阻碍了去产能企业的受影响职工通过市场化方式实现再就业，从而加大了再就业的难度。

三 我国去产能职工再就业的重点难点问题

（一）经济低位运行导致新增岗位不足

最新统计数据显示，我国经济低位运行压力依然较大，2016 年 GDP 达到 74.4 万亿元，2012 ~ 2016 年的 GDP 增速分别为 7.9%、7.8%、7.3%、6.9%和 6.7%。2015 ~ 2016 年的分省季度数据显示，辽宁、山西、黑龙江、河北等去产能重点省份的 GDP 增速均低于全国平均水平或与之基本持平，其中辽宁和山西两省的情况最为严重。河北、辽宁、山西等去产能重点省份，尽管当前经济增速有所回升，但经济处于低位运行的状况并没有得到根本改观。从就业形势上看，一方面经济下行压力造成就业岗位减少；另一方面钢铁、煤炭去产能任务繁重，职工分流安置压力增大，就业的总量矛盾、结构性矛盾，以及去产能与当地就业承载能力之间的矛盾十分突出。

（二）改革不彻底导致职工安置难度较大

历史遗留问题较多，国企改革任务繁重，职工安置难度较大。在去产能过程中，深化国企用工制度改革任务艰巨，国企职工对企业高度依赖等问题比较突出；“三供一业”等企业办社会问题普遍存在；在享受特殊工种待遇上存在身份差异，国企职工可以享受特殊工种提前五年退休政策，而民企员工难以享受，有些有国企身份的职工因不愿丧失享受特殊工种待遇，进而不愿流动到民企就业；企业内部女职工因为身份不同而造成退休年龄差异，女工人50岁退休而女干部55岁退休。这些问题造成企业冗员较多，历史包袱过重，企业内部转岗困难，职工分流安置障碍较多。

（三）职工再就业与创业效果不佳

对政府目前鼓励和支持的“一刀切”式的就业和创业培训，失业参训人员反映不佳。《中华人民共和国就业促进法》赋予政府部门鼓励失业人员参加职业培训并提供资金支持的职能，但在实际操作中，受到资金、技术、场地、管理、市场信息等方面的制约，政府认定的培训机构一般采用统一的培训课程、培训期限和培训方法，只能提供形式单一、内容固定的基础性、通用性的基本素质与技能培训，无法满足职工提升专业技能水平的需求，难以有效提高职工再就业能力以达到现有就业岗位的客观要求。另外，由于培训机构是政府导向而非市场导向的，培训专业设置与劳动力市场信息不对称，存在一定的盲目性和重复性，其后果是失业人员对培训内容不感兴趣，强制性参训后获得的劳动技能并没有增加失业人员在劳动力市场上的竞争力，从而导致培训流于形式。可见政府在职业培训问题上要管，要提供资金、场地等支持并进行有效的监督与跟踪，但在具体的培训专业设置和培训内容选择上不应管得太死，应该由劳动力市场来自发调节。

（四）去产能重点地区的就业问题突出

一些钢铁、煤炭过剩产能企业集中地区，特别是资源枯竭城市、独立工矿区，就业问题更加突出。在过剩产能行业高度依存型地区，钢铁、煤炭等过剩产能行业的产出在本地经济中占比很大，许多其他产业也往往是钢铁、煤炭产业链上的延伸产业。钢铁、煤炭等行业近年来持续低迷，严重制约了这些地区的经济发展。区域内去产能重点企业长期亏损，资产负债率畸高，流动资金十分紧张，普遍存在拖欠职工工资、欠缴社保费、无法正常支付经济补偿金等问题，造成职工无法正常享受医疗、养老等社保待遇，甚至造成职工无法正常办理退休等问题。由于区域内主要企业效益差，利税大幅减少，财政收入下降，地方财政难以安排足够资金用于支持企业转型、组织开展技能培训等工作。

四　去产能中职工再就业问题产生的原因

（一）结构性就业矛盾突出

资源型、单一产业结构造成结构性就业矛盾突出。多年来，有些地区和企业没有随着市场供求变化及时调整产业和产品结构，转型升级滞后，尚未形成经济的多点支撑，而是在经济发展扩张期，满足于钢、煤、水泥等产品需求旺盛时带来的收益。还有些地区不按照经济规律办事，用行政命令的手段，急功近利，盲目投资扩张“时间短、见效快”的产业，造成市场供过于求。当市场达到饱和甚至过剩时，企业大量亏损，职工富余严重，转岗转业困难。

（二）缺乏对经济结构调整的统一认识

对去产能及经济结构调整的认识不足，造成职工安置工作推进不利。当前，仍有些地区和企业尚未认识到去产能和供给侧结构性改革的必要性和必然性，仍然在“苦撑局面”，期待市场“周期性”好转；有些地区和企业希望别的地方和企业去产能而自己留下来；也有的地方政府担心本地 GDP 受到影响，而不愿痛下决心去产能。这些想法和做法都阻碍了去产能职工安置工作的顺利开展。

（三）国企改革不彻底及历史遗留问题

国企改革不彻底造成了一系列的人员管理和历史遗留问题。国企改革尚不到位，有的企业用人自主权尚未真正落实，企业不能根据生产经营的变化合理调节用工，而是“能进不能出”，造成人浮于事、效率低下。同时，“企业办社会、政企不分、企社不分”等问题依然突出，妨碍了企业发展和效益提高，这也是企业富余人员过多的重要原因。加之诸多历史遗留问题，深化国企用工制度改革任务依然严峻。

（四）现有劳动力市场灵活性不足

劳动力市场灵活性不足制约了劳动力的合理流动。经济新常态下，调整结构、转换动力是促进经济发展、稳定就业局势的必然选择。当前，有些现行法律法规和政策规定对劳动力在地区、行业和企业间自由流动形成了一定程度的阻碍，特别是对企业用工限制过多，不利于企业根据生产经营状况及时调节用工数量，也不利于劳动力从产能过剩地区行业企业向其他地区行业企业流动，难以实现劳动力等生产要素随市场变化而不断重新优化组合，进而无法形成新结构和新动力。

（五）受影响职工难以适应产业转型升级的需要

总体而言，受影响职工专业技能水平低，就业思想观念陈旧，无法适应产业转型升级的需要。去产能企业职工年龄偏大，待安置职工中“40、50”人员占比接近60%。他们长期从事某一工种，技能单一，对企业依赖心理很重，且普遍在意国企职工身份，不愿到非国有经济单位或从事个体工作，身份观念和攀比心态较强，市场化就业的适应力和竞争力普遍较差。如何推动职业技能培训的开展、鼓励和激发广大企业特别是去产能企业大力开展技能培训，使受影响职工的素质、技能适应产业转型升级和转岗转业的需要，既是当前安置职工的难点，也是今后相关政策制定和完善的着力点。

五　去产能中促进职工再就业的总体思路和政策建议

（一）总体思路

1. 明确政府与市场的关系

充分发挥劳动力市场在配置劳动力资源中的决定性作用，政府只能承担

"有限性"责任；但单纯的劳动力市场调节可能造成一部分弱势群体失去就业机会和生活来源，政府又必须承担"兜底性"责任。因此，政府在促进就业中应建立与运行"劳动者自主择业为主导，市场调节就业为基础，政府促进就业为动力"的就业机制，坚持市场性兼顾特殊性原则、效率优先兼顾社会稳定原则、长效机制与短期政策相结合原则。

2. 明确政府在促进职工再就业中的基本责任

在市场经济条件下，政府促进就业的责任更多地体现在加强劳动力市场监管、提供公共就业服务、实施弱势群体就业援助、建立就业托底机制、保持社会稳定等方面。随着市场经济体制的建立和完善，大多数企业已经成为市场的独立主体，应该充分尊重企业用人自主权，使企业能够充分调节劳动力资源。同时，政府也要制定政策，采取多种适当方式帮助企业和劳动者，特别是帮助困难群体参与市场竞争，保障劳动者的合法权益。

3. 产业调整与制度改革相结合

去产能安置职工中的诸多难题，在相当程度上暴露了许多国有企业在劳动用工等方面仍有许多与市场经济不相适应的弊端。因此，解决去产能职工就业安置问题应与深化国企劳动制度改革相结合。另外，现行法律法规中有关劳动关系、劳动合同期限、工伤保险参保、失业保险功能等方面内容，也存在一些与当前劳动领域实际不相适应的地方，制约了劳动力市场的灵活性，不符合"新常态"下治理失业、促进就业的需要，应该及时加以修订。

（二）政策建议

1. "多部门、共治理"，解决好职工分流安置问题

一是去产能须与深化体制机制改革相结合，行政命令下的压减产能只能是权宜之计，只有进一步深化要素市场和国有企业改革，让市场在要素配置中起决定性作用，真正建立起现代企业制度，才能更彻底地解决职工分流安置问题。二是发改、工信、财政等宏观经济部门与人社、民政、工会等民生部门须通力合作，坚持就业优先战略，在制定产业、财税、金融等宏观经济政策时，将实现职工平稳分流和劳动力有序转移等作为重要的前置因素。三是适当引导、鼓励和扶持发展当地有优势、市场有前景、就业吸纳能力较好的产业，而非一味追求发展高技术、高附加值产业，增加就业岗位，提高当地就业承载能力。

2. 实行“差异化、有重点”的政策措施，进行有效帮扶

关注不同地区、行业、企业之间的情况差异，抓住主要矛盾，突出重点问题，实施针对性的就业安置帮扶。一是充分认识到去产能过程中各地区、各行业、各重点企业，以及各重点企业与所在地区之间的关系等方面都存在着很大的差异，问题十分复杂。因此政策上不能搞“一刀切”，需要有更大的灵活性，分类施策、“一地一策”，甚至“一企一策”。二是中央财政工业企业结构调整专项奖补资金要向职工安置任务重且经济欠发达地区适度倾斜。在安排中央专项奖补资金时，更多地考虑企业经营情况、安置人数和安置难度等因素，重点支持困难地区、行业和企业做好职工安置工作。

3. 制定“多渠道、系统化”安置政策，做好职工分流

积极拓展分流渠道，短期手段与长效机制相结合，政府搭建平台，各种市场力量参与其中，共同做好职工分流。一是鉴于去产能企业在职工就业安置中普遍面临资金短缺的困境，以及去产能对钢铁、煤炭、水泥、电解铝、平板玻璃、船舶、石化等行业的广泛影响，建议中央财政适当增加工业奖补资金的投入额度，并扩大奖补资金的行业企业使用范围。鼓励企业发展“非煤”“非钢”等新产业，尽可能妥善内部安置职工，给予奖励性稳岗补贴；鼓励社会上各类企业吸纳受影响职工，给予一定的吸纳就业补贴；鼓励各类人力资源服务机构帮助介绍工作机会，给予一定的职业介绍补贴，提高受影响职工再就业成功率。二是帮助劳动者提高技能、实现就业应是积极就业政策的一项核心内容。建议通过专门政策计划，动员社会资源，强化经济新常态下特别是去产能受影响职工的技能培训，安排专项培训资金对受影响职工（无论是否解除劳动关系）进行有市场需求的、有针对性的、可选择的职业技能培训，提高下岗失业人员的技能水平、创业能力和从事新岗位、新职业的能力，使他们适应经济新常态、新经济发展的需要。三是切实开发适合受影响职工创业的项目，从创业培训、资金场地、税费减免、实地指导、持续跟踪等方面进行全过程帮扶，提高创业的成功率和带动更多就业。四是明晰去产能中公益性岗位托底安置的适用范围和标准，防止托底泛化和异化。公益性岗位安置不应泛化成一种主要安置渠道，而且其收入水平应保持相对合理，防止出现“养懒人”的异化现象。五是加大转变职工就业观念的宣传力度，特别是逐渐转变其对国有身份附加值的非理性判断，运用正面案例来鼓励员工走出去，而非窝在一个企业里成为“一潭死水”。

4. 本着“开口子、勇创新”原则，对现有政策进行突破

解决职工分流安置问题需要敢于对现有政策中不尽完善和不适应新形势之处进行突破，从而提高促进就业的实际效果。一是适当放宽企业享受稳岗补贴的条件和提高稳岗补贴标准，更好发挥失业保险促进就业的作用。现行政策中只有上一年度正常缴纳失业保险费的企业才能享受稳岗补贴，实际上许多去产能企业在企业效益好的时期都为失业保险基金做出了很大贡献，只是在近期才出现欠费情况。建议适当放宽企业缴费时间限制和提高稳岗补贴的标准，使得在经济调整特别是去产能中能有更多的企业获得资金补贴。二是进一步拓宽就业专项资金的使用范围，使更多受影响职工可享受就业帮扶。目前，就业专项资金仅能对已解除劳动关系处于失业状态的去产能职工提供免费的技能和创业培训，建议将未解除劳动关系的去产能受影响职工纳入政策性帮扶范围，提升职工转岗能力，提高职工安置效率。三是尽快解决由历史原因造成的职工退休年龄差异问题。特殊工种提前退休政策只适用于国有企业，阻碍了职工向非公企业的转移分流；女干部与女工人退休年龄不同也给企业内部转岗分流造成极大的不便。建议尽快出台有关政策，解决特殊工种退休和女职工不同身份退休等久拖未决的政策问题。

参考文献

［1］边丽娜：《河北省化解产能过剩和环境治理中职工再就业问题研究》，《合作经

济与科技》2015 年第 3 期。
[2] 陈良宇：《认真履行政府对促进再就业的责任》，《求是》2002 年第 11 期。
[3] 戴鑫：《论下岗失业人员再就业的政府促进》，硕士学位论文，首都经济贸易大学，2013。
[4] 丁榕芳：《新时期政府在就业工作中的职能定位》，福建省社会学 2006 年会议论文集，2006。
[5] 国家行政学院经济学教研部课题组：《产能过剩治理研究》，《经济研究参考》2014 年第 3 期。
[6] 国务院：《关于化解产能严重过剩矛盾的指导意见》（国发〔2013〕41 号），2013 年 10 月 6 日。
[7] 国务院：《国务院关于钢铁行业化解过剩产能实现脱困发展的意见》（国发〔2016〕6 号），2016 年 2 月 4 日。
[8] 国务院：《国务院关于进一步做好新形势下就业创业工作的意见》（国发〔2015〕23 号），2015 年 4 月 27 日。
[9] 国务院：《国务院关于煤炭行业化解过剩产能实现脱困发展的意见》（国发〔2016〕7 号），2016 年 2 月 5 日。
[10] 国务院：《国务院批转发展改革委等部门关于抑制部分行业产能过剩和重复建设引导产业健康发展若干意见的通知》（国发〔2009〕38 号），2009 年 9 月 26 日。
[11] 韩冰：《资源枯竭型城市促进就业中的政府责任与对策研究》，博士学位论文，吉林大学，2012。
[12] 胡学勤：《国有企业职工失业与再就业问题研究》，《人口与经济》1997 年第 11 期。
[13] 黄湘闽：《防范区域性潜在失业风险　助力供给侧结构性改革——基于化解产能过剩的视角》，《中国劳动保障报》2016 年 2 月 25 日。
[14] 黄湘闽：《化解产能过剩中政府如何促进职工就业与安置——基于政府与市场关系的视角》，《中国劳动保障报》2015 年 9 月 30 日。
[15] 黄湘闽：《去产能过程中职工分流安置的重点难点问题及对策》，《中国劳动保障报》2016 年 9 月 13 日。
[16] 纪志宏：《我国产能过剩风险及治理》，《新金融评论》2015 年第 1 期。
[17] 李胜检：《中国当前的就业问题与政府作为研究》，硕士学位论文，湖南大学，2007。
[18] 李怡霏：《我国城镇“4050”失业人员再就业问题研究》，硕士学位论文，吉林财经大学，2012。
[19] 林霜：《集体企业改制后职工安置中的政府责任研究》，硕士学位论文，广西民族大学，2009。

［20］刘洁蓉：《河北省化解产能过剩矛盾中失业人员再就业问题研究》，《商业文化》2014 年第 9 期。

［21］刘丽：《有效制度供给：失地农民再就业安置中的政府责任问题研究》，硕士学位论文，吉林大学，2005。

［22］刘燕斌：《妥善解决化解产能过剩中的就业问题》，《中国就业》2014 年第 10 期。

［23］刘燕斌主编《中国劳动保障发展报告（2014）》，社会科学文献出版社，2014。

［24］刘燕斌主编《中国劳动保障发展报告（2015）》，社会科学文献出版社，2015。

［25］莫荣主编《国外就业理论、实践和启示》，中国劳动保障出版社，2014。

［26］人力资源和社会保障部：《人力资源社会保障部关于实施化解过剩产能企业职工特别职业培训计划的通知》（人社部发〔2016〕52 号），2016 年 6 月 15 日。

［27］人力资源和社会保障部、财政部等四部委：《关于失业保险支持企业稳定岗位有关问题的通知》（人社部发〔2014〕76 号），2014 年 11 月 6 日。

［28］人力资源和社会保障部、国家发展改革委等七部门：《关于在化解钢铁煤炭行业过剩产能实现脱困发展过程中做好职工安置工作的意见》（人社部发〔2016〕32 号），2016 年 4 月 7 日。

［29］王杰：《政府在就业促进中的作用研究——以青浦区为例》，硕士学位论文，华东师范大学，2010。

［30］王艳霞：《河北省产能过剩行业失业人员再就业问题与对策》，《中国市场》2015 年第 3 期。

［31］王元璋：《论再就业中的政府行为》，《经济与管理》2000 年第 1 期。

［32］许建宇：《试论促进就业中的政府责任》，《中国劳动》2007 年第 12 期。

［33］喻严：《失地农民就业安置中的政府责任分析》，硕士学位论文，吉林大学，2007。

［34］张旋：《服务型政府在促进就业中的责任研究》，硕士学位论文，华中科技大学，2008。

［35］赵胜宇：《论“4050”就业难的政府责任》，硕士学位论文，福建师范大学，2012。

［36］周绍英：《论政府在就业再就业中的促进作用》，《重庆工商大学学报》2006 年第 2 期。

［37］周卫东：《我国弱势群体就业扶持中的政府责任及对策分析》，硕士学位论文，河南大学，2008。

B.7

我国农村电子商务发展对农民创业就业的影响

周 宵 李付俊*

摘 要： 农村电子商务（简称“农村电商”）作为电子商务发展过程中重要的模式之一，在推动新农村建设、增加农民收入、促进农民创业就业等方面发挥了重要的作用。本文在分析了农村电商的概念、发展现状的基础上，探究了农村电商在促进农民创业就业、精准扶贫方面的作用，就我国农村电商如何有效发展提出了指导性的政策意见。

关键词： 农村电商 就业 创业

一 农村电商的概念及发展现状

（一）农村电商的概念内涵

从农村电子商务（简称“农村电商”）的概念来看，它将互联网与农村资源进行嫁接，将农村信息服务业务进行拓展，从而使县、镇、村三层地区的信息服务统筹起来成为整体的信息服务站，使农民成为真正的受益者。此

---

* 周宵，人力资源和社会保障部国际劳动保障研究所国际组织研究室助理研究员，主要研究方向为国际劳动保障；李付俊，人力资源和社会保障部国际劳动保障研究所国际组织研究室助理研究员，主要研究方向为就业与劳动力市场。

概念较为宽泛，并没有把电子商务的内涵与农村资源的衔接点明确出来，同时没有涵盖所有农村电子商务应该包含的业务内容。从研究的角度来看，农村电子商务近几年才被学术界所关注，相关研究起步较晚。林洁（2015）指出农村电商通过网络技术系统以及相关电子信息化技术，针对农产品经营主体，对农产品生产管理、产品线上销售、物流以及其他产品客户关系等一套整体的生产链进行电子化管理。魏延安（2015）则从农村电商的整体概念出发对其进行了解释，他指出农村电商包含三个层次的内容：其一，使农产品通过电子商务的形式从农村走出去，主要以网络交易平台为主，经营主体以农民为主，企业和合作社也包含在内；其二，将市场商品通过电子商务的形式下沿至农村，即使农民与城市人享受同样的网购形式，主要以工业品线上下乡为主；其三是较大范围的概念内涵，即农村电商产业模式的发展，在县域农产品和农村电商的发展基础上，地区电子商务相关要素逐步聚集在特定区域，形成产业聚集的基本要素，包括物流、电商服务、加工仓储等，最终吸引电商企业聚集在此，形成产业聚集，产生集聚效应，创造更大价值的规模经济。

本文倾向于魏延安对农村电子商务概念的理解，即农村电子商务的内涵包括“上行”和“下行”的概念，既要使工业品以网络形式流入乡村，同时也要将农村的农产品通过网络卖出去，并且应有宏观理念的渗入，即农村电子商务的产业集聚效应是农村电子商务发展的最终模式。

（二）农村电商的发展现状

我国农村电子商务在政府政策推进以及市场需求不断增加的基础上开始逐渐发展起来，新的市场契机必然带来我国农村电子商务的蓬勃发展，但它在发展初期也存在一定的问题，这些有待解决。

1. 农村电子商务成为电商发展的“新蓝海”

阿里研究院发布的《中国淘宝村研究报告（2014）》显示，农村消费中，通过淘宝进行的消费的比例逐步上升，从2012年第二季度的7.11%上升到2014年第一季度的9.11%。阿里研究院的研究报告显示，2014年全年农村网购市场规模突破1800亿元，而这个数字据预测将在2016年有望增长至4600亿元。如此巨大的利润空间和市场份额吸引了阿里、苏宁、京东等电商巨头的关注，它们纷纷准备在农村电商这片蓝海中大展拳脚。

三线以上城市网购市场增长速度放缓，而广大农村有潜在的巨大消费市场，这无疑是广大电商争相抢夺的“蛋糕”。农村网购增加，日常用品下乡，改善了农村居民的生活，使其更为便捷；此外，农产品电子商务的发展，拓宽了农产品分销渠道，增加了就业机会，促进了农村经济发展，增加了农民收入，这势必会受到各级乡政府和农民的大力支持。

2. 电商巨头纷纷聚焦农村电子商务的发展新契机

“生活想要好，赶紧上淘宝”“发家致富靠劳动，勤俭持家靠京东”，这样的口号在城乡十分常见，是电商暗战农村市场的刷墙标语。通过分析阿里和京东下沉农村的举措发现，建立县村级服务站点，加强物流，做好基础建设工作；加强人才培训，创新农村代购，发展农村金融，是这两大电商巨头的共同举措。

3. 信息化基础设施条件得到巨大改善

当前，中央电视台卫星频道在农村的覆盖率达到了90%以上，省级卫视的覆盖率也达到了68%，广播则已基本实现全覆盖。同时，平均每100户农民家庭拥有70部固定电话、82台计算机；家电下乡等政府扶持政策也得到了有效实施。此外，在信息化建设进程不断加快的背景下，农村互联网的接入条件得到了显著改善，网络硬件设备也趋于完备，截至2010年，我国农村网民人数便已达到1.25亿人，占整体网民数量的27.2%，农民信息技术的使用意识也显著增强。

4. 农村居民对电子商务的认识还停留在初始阶段

现如今人们对农村电子商务的认识理解还没有产业整体发展的概念，忽视了与电商行业自身发展的融合。目前，在城市中已经泛滥的互联网思维、电商理念、微营销等概念，在农村还是新鲜事物，不要说留守在农村的农民群体对电商的理解还处于模糊状态，就连一些县乡的干部或者相关政府从业人员也对电商的概念理解较浅，特别是对农村电商的特有模式的认识。在初始阶段，农村电商企业可以依靠产品的特有属性占据独立市场，但随着市场分享以及替代性产品的逐渐开发，其产品优势将逐渐消失，如果不寻求管理、服务以及相关产业联动发展等手段，单单依靠原来的经营管理模式，那么最终将独木难支，企业发展将缺少长期可持续发展的保证。

5. 电商人才培养结构与产业需求不匹配

从电商人才需求方面来看，目前农村电商领域最为紧缺的人才还是以应用型人才为主，包括运营推广、美工设计以及数据分析人才。从电商人才供给来看，目前我国电商人才培养仍然以高校电商专业人才培养为主，但该学科专业的设置与目前电商行业发展的需求并不匹配。许多高校开设的电子商务专业所培养的人才知识结构并不完全满足当前电商行业快速发展的需求，特别是农村电商具有其特殊性，大众电商专业人才与其脱节现象明显。同时从根本的原因来看，目前电商行业的产学研是分割的，直接导致人才培养结构与产业需求不匹配。

二　农村电商发展对农村就业创业的影响途径

（一）对农村劳动力安置及就业创业的总量及结构影响

1. 农村电商发展拉动就业创业的直接效应

目前，移动互联网技术以及社交媒体的不断发展和完善给农村电商发展提供了硬件基础，为农村经济方式的转变提供了新的发展契机。同时，在其他生产要素方面，虽然中国农村人口受教育程度和水平受到了一定限制，但是，对于电子商务而言，中国农村提供了大量劳动力储备，而农村电子商务的发展对于吸纳农民就近就业、安置农村剩余劳动力、鼓励进城务工返乡人员自主创业起到了重要的作用。

农村电商作为产业发展起来，直接带来农村就近就地就业，农村剩余劳动力得到妥善安置。阿里研究院在对中国“淘宝村”进行研究的基础上，专门针对农村电商吸纳农民就近就业的情况进行了调查分析，其调查结果显示随着农村电商的发展，其对农村剩余劳动力的吸纳作用是非常明显的。表1比较直观地反映出以个人网店为代表的中国农村电商在2005～2013年的数量增长，以及农村电商的发展带动的农村就业人数的变化情况。

表1　2005～2013年中国农村个人电商发展及其农村劳动力吸纳水平

单位：万家，万人

年份	农村个人网店数	吸纳农村就业人数
2005	1.07	4.28
2006	2.32	9.28
2007	7.28	29.12
2008	20.52	82.08
2009	43.68	174.72
2010	79.30	317.20
2011	127.60	510.40
2012	163.26	653.04
2013	203.90	815.60

注：吸纳农村就业人数是基于1个农村个人网店带动4人就业为基础计算而得。

资料来源：吕丹《基于农村电商发展视角的农村剩余劳动力安置路径探析》，《农业经济问题》2015年第3期。

从带动农民或者返乡农民工自主创业的情况来看，原来进城务工的农村青年劳动力已经通过城里的相关教育培训或者职业技能培训获得了具有一定竞争力的劳动技能或者创业技能，成为“产业大军”。受城市生活和消费压力的影响，同时在家乡就业创业政策的吸引下，这些进城务工的农村青年劳动力开始逐步返乡，并且通过农村电商的方式创业或者就业。比如顺丰鼓励内部员工以加盟的形式回到家乡开设独立网点，既完成了顺丰向三四线城市全面布点的战略任务，同时也促进了员工在家乡进行自主创业。

2. 农村电商发展拉动就业创业的间接效应

农村电商的发展，会带动相关产业在农村的发展，并且由于网络经济的特殊性，其就业岗位的更新速度也会加快，进而新的岗位需求会间接带动当地农村劳动力进入新的产业进行就业创业。

从结构上来看，基于不同的空间和产业的布局及资源禀赋等的差异，农村电商发展模式的选择在一定程度影响了其对劳动力的吸纳水平。从空间分布来看，典型性样本大部分分布在东部沿海地带，并且经营产品多为非农产品（玩具、箱包、童车），制造业产品占主体，产生的农村剩余劳动力直接就业效果明显。此外，中部、东北部和西部地区的基础设施比较落后，物流发展慢，信息闭塞，不仅给当地的生产流通造成不利的影响，而且不利于与外界交流。这些地区的产业多以第一产业为主，但大多数农产品并不被外界知晓，农村电商的发展带动了这些特产的销售。这些地区农村电商的发展一般借助政府提供的平台，而且销售的产品多是当地的特色农产品，一方面可以满足人们对特色产品的需求，另一方面提高了农民种植的积极性，提高了他们的就业率，因此这类电商带动的主要是上游产业和相关产业的就业。

此外，电商的基本形态决定了其对劳动力的多元化需求。物流行业的出现与电商的发展密不可分，而农村电商因自身的特殊性对物流产生了新的就业形态需求，如电商乡村推广员、农村站点服务人员、物流配送人员等。乡村推广员的主要任务是帮助村民形成网购习惯，为他们提供手把手的服务，比如设立电商账户、选购商品、代为支付、送货上门、处理退换货等，以此赚取电商一定的佣金。同时，乡村推广员还能在本村发掘出有市场优势的农产品和土特产，在电商网络开店销售，帮助当地村民增收。

从全国情况来看，仅京东在陕西就有近5000名乡村推广员，而海南海口市石山镇以农村电商为平台建立了农业特色小镇，同时建立了电子商务服务站点，其功能体现在以下方面。一是电商进村：受乡村交通条件的限制，大多快递物流无法抵达每一个村落，服务站点的建立可以结合物流公司达到物流的转接，从而真正地实现村民的网购；另外，村民的网络技术水平偏低、上网设备比较落后，服务站点的建成可以给村民提供网购技术支持，或通过专业人员的代购，帮助村民完成消费。二是公益服务：服务站点可以开展农民教育活动，为教学提供场所；为政府的公益服务提供场所和支持。三是信息传递：网络上的实时信息、最新资讯都可通过服务站点第一时间传递到农户身边，科学地指导生产；另外，经数据库整理和分析的数据结果也可第一时间下放到各基层和农户，有助于提高办事效率，进行科学生产。海南农村电商服务站点的出现是农村电商发展的附加产物，其岗位需求的技能较为多元，有些岗位需要一定的电子信息专业能力，但同时也存在只需要简单劳动技能的岗位，因此电子商务发展对当地农民及农村剩余劳动力就业安置具有重要的作用。而农村电商拉动劳动力就业的途径如图 1 所示。

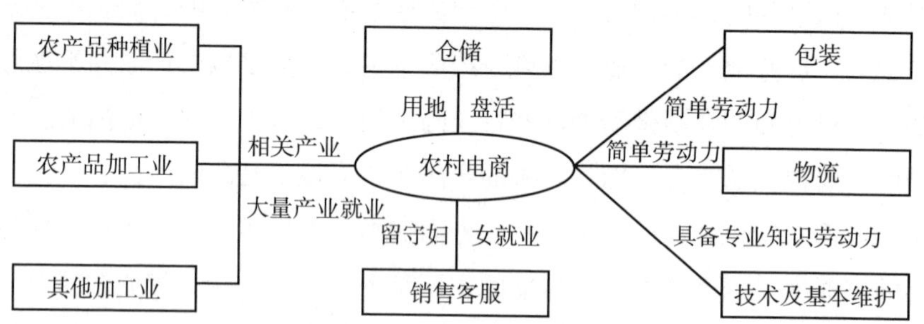

图 1　农村电商拉动劳动力就业的途径

（二）农村电商发展带来当地农村创业形式的多样化

从目前国家政策对农村电商发展的支持力度以及多家互联网巨头深入农村发展的现状案例看，农村电商、农产品电商、农特微商以及农村物流的兴起将掀起一股创业热潮。“互联网 + 农业”模式的出现，并不是仅仅指将农产品向城市输送，也不是仅仅指向农村卖商品，而是以农村为中心构建一个生态系统，并通过鼓励创业的方式积极带动农村居民创业就业。

1. 农村电商和村淘创业

随着城市市场的逐渐饱和，越来越多的电商企业将目光转向了农村市场，电商渠道下沉开始成为一种趋势。京东、阿里等电商巨头在县域、农村电商领域展开了激烈的竞争。相对于城市电商来说，农村电商有自己特殊的属性和特征：农村的用户居住较为分散、农村领域的网络购物还处于萌芽阶段、农民对品牌商品有需求但缺乏有效的购物渠道。因此要解决以上农村电商市场存在的问题，满足农民对品牌商品的需求，发展农村电商以及村淘站点是一个比较合适的创业形式，其包括“借平台创业模式”和“自主创业模式”。

借平台创业模式主要以京东农村电商模式和阿里村淘为主，创业者需要向平台递交申请，并且需要满足一定的资格条件。该模式可借助互联网巨头企业的规模效应，在农村地区不仅能够快速有效地推动当地农村电商的发展，而且能通过创业带动就业效应，大范围增加当地劳动力就业总量。比如京东现在已经招募和签约的乡村推广员达到了数万名，阿里计划3～5年内投资100亿元成立1000个县级服务中心和10万个村级服务站，涉及的农村劳动力就业人口占比达到70%。

自主创业模式则是将当地农户的需求集中起来，统一向平台下订单，这样的模式可以有效推动农村在互联网领域的创业活动。这种创业方式可行性比较大，风险较低，不存在库存的风险，只要运营者具备一定的电商运营经验，选择具有互联网基础的农村进行试点，就可以取得一定的成效。

2. 县域农村电商物流创业

从目前国内的快递网络来看，县级的城市基本实现了快递网络的覆盖，但从县级到村级的物流一直以来都是快递行业的一个痛点和软肋。因此京东、阿里菜鸟等电商平台为了实现在农村电商市场的布局，正在积极推进县到村的物流网络建设。基于此，“县—村”层面的物流网络发展可提供较大的创业空间，相关创业可行性较大，风险较低，只要能够说服快递企业在各个区的区总，同时可对电商快递包裹流量的稳定程度进行风险评估，拥有一定整合和调度社会运力资源的能力。顺丰已经开始在农村领域布局，其物流网络已经覆盖了全国大约40%的乡镇，它同时还积极鼓励员工回乡创业，以带动服务网点的下沉，建立乡村站点，将快递直接送至农村居民的手中，同时利用乡村站点为“城乡购”中土特产的物流运送提供重要的支持。

3. 农村电商刷墙创业

随着目前“互联网下乡”的趋势逐渐改变农村现状，各类电商进入农村的途径也不断进行“互联网更新”，其进行宣传的主要形式发生了一定的改变，其中“刷墙”业务随着农村电商宣传手段的发展而出现。在各类下乡推广手段中，成本低廉、效果直接又接地气的“刷墙”迅速脱颖而出，从“隔壁的孝子都给爸妈买荣耀7啦”到“老乡见老乡，购物去当当”，各色商家标语频频出现在中国各地村庄的墙上。刷墙业务牢牢抓住了农村互联网的入口，主要通过招募网络村官进行线下推广，雇用农民工作，涉及符合农民语言特色的刷墙语言，不仅推动了电商深入农村的进程，而且带动了当地农民的就业创业。目前，我国最大刷墙互联网公司叫村村乐，号称“中国最大刷墙公司”。在过去6年里，这家公司通过互联网打造了一个以村为单位的巨大门户，在全国68万个行政村招揽了近30万名农村当地代理人，有订单时，一声令下，这支庞大的生力军就“可以刷中国所有村庄的墙”。

4. 农村电商培训创业

不论是从学术研究还是从农村电商的实际发展过程中都可以发现，人才短板是农村电商发展的主要障碍因素之一。从措施方面来看，国家也从资金资助方面重点提出要加大农村电商技能培训资金支持力度。因此，农村电商技能培训也就成为农村电商创业的重要形式之一。农村电商培训所创造的巨大创业就业市场，需要具有一定电商知识的人才队伍来支撑，因此农民自己或者其他已经具有一定互联网思维的人都可以参与农村电商技能培训市场中来，深入农村地区对农民进行相关技能培训，此类培训有政府在政策和资金方面的支持，对农村电商发展带动就业创业具有积极作用。目前，全国20多家农特微商创业园中的会员们会逐渐成为电商培训导师，帮助和带动更多的人从事农村电商事业。

5. 农村旅游平台创业

互联网在农村经济的发展中不仅促进了农村电商产业的发展，而且由于电商产业与其他产业联系紧密，更多地促进了当地旅游业的兴起和发展。很多农村在电商品牌的带动效应下，搭建了具有本地产品特色、本地人文特色的农村旅游平台，在为消费者提供旅游服务的同时，也反过来促进了农村电商的发展，带动当地农特产品的销售。因此，农村旅游也是随着农村电商发展而衍生出来的市场商机，这种创业形式不需要复杂的商业模式，只需要将当地的农业特色和当地的人文资源有效结合起来，以旅游促发展，在提高产品质量的基础上，使旅游和农产品销售相互促进，推动农产品的营销和推广。2015 年 6 月，农特微商领域的知名品牌“简小妞燕窝”开展了一场走进马来西亚的燕窝寻燕之旅，获得了比较好的品牌传播和营销效果。

（三）农村电商发展促进农民返乡就业创业意识的改变

由上述近年来我国农民非农意识变迁的情况来看，其直接表现形式为农民工进城务工，根本原因是本地农村的创业机会、就业机会比较少，同时城市的收入、环境、生活等多方面因素也促使农民“出农”进城的就业创业意识形成。电商的发展，特别是农村电商的普及对于农民传统进城务工的就业意识改变起到了关键的作用。农村电商的运营要求以及其农产品上行或者商品下行的表现形式方便了本地农民就近就业，增加了本地农村劳动力的就业机会，同时农村电商带来的巨大收益也吸引了之前进城务工的农民工返乡创业就业，其从根本上改变了农民对于土地的非依赖意识，改变了农民传统的就业创业观念，使“农民致富”成为真正的可能。从理论上来看，促使农民意识发生转变的因素由原来的只有在城市才能实现利益最大化转变为农村收益最大化。虽然是返回农村就业创业，但其根本价值观并不受农村传统观念的限制，反而具有更加现代化的思维，这促使农村劳动力增强自身劳动技能，加强培训意识，从而反过来促进了农村电商的扩大化发展。

此外，农产品下沉和农产品进城都是农村电商的重要内容。因此，农民同时扮演了两个角色：一个是生产者，一个是消费者，这说明农民是农村电商的主体。但从实际情况来看，目前我国农民主动网购的意识并不强，对互联网的认可度也尚停留在初始阶段，很多人对网络这个新生事物还是存有一定的顾虑，根深蒂固的“反风险”意识是改变农民传统交易习惯的重要阻碍因素。因此，为改变农民的就业创业意识，农村电商还需做进一步的发展和调整。

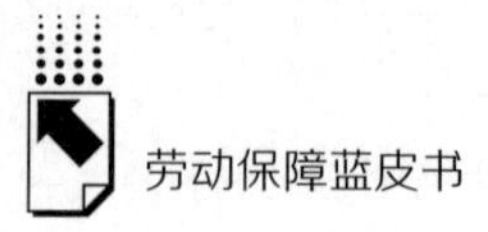

三　农村电商发展促进农民创业就业的对策建议

针对农村电商发展促进农民创业就业的对策建议既要有效解决目前农村电商发展存在的短板和问题，同时也要有助于最大限度地发挥农村电商扩大农村劳动力就业、促进农民自主创业的作用。针对农村电商发展现状以及其对农村创业就业的影响机制，本文从政府、电商企业产业链、产品以及农民自身四个层面提出对策建议。

（一）提升政府支持网络创业就业服务水平，对现有就业政策进行充实完善

首先，从政府顶层设计方面，针对农村电商发展促进创业就业，应将网络创业就业提升至政府工作内容之中。各地政府应组建有关部门参与网络创业就业工作，形成工作领导小组，制定发展网络创业就业的工作计划和政策措施，及时调查研究和协调解决网络创业就业中的重大问题。其次，政府可以通过建立网络创业公共信息服务平台，发布相关政策、创业项目、产品生产与销售以及创业培训和实训信息等，为网络创业者提供技术支持。同时还可由各职能部门提供法律、工商、税务、财务、场地、融资等方面的创业咨询服务，以及提供如何获得各种资金支持的渠道和方法等。最后，将现行的积极就业政策和创业政策向网络创业就业延伸，并根据《中华人民共和国就业促进法》的有关规定和网络创业就业的特点，制定一套科学有序、配套完善的政策体系，包括网络创业融资、场地、培训、服务、咨询、社保、职业安全与卫生等方面的扶持政策。具体来说，应放宽对经营范围的限制，凡是法律、法规未禁止的，应该向各类网络创业主体开放，并允许资金分期到位。

（二）引导网络创业就业向农村、不发达地区扩展，完善农村基础设施，促进农村电商产业链的形成和发展

首先，在战略层面上，应优先支持农村地区发展网络创业就业，利用传

统商贸企业发展网络零售业务，如建立网络农业创业园、网络种子公司等。支持传统百货、连锁超市等企业，依托原有实体网点、货源、培训等商业资源开展农村网络零售业务。结合农村流通实体网点建设，鼓励返乡大学生、返乡农业人员探索“网上看样、实体网点提货”的经营模式，推进农村、不发达地区市场网络零售业发展。有条件的地方，可以以产业链为基础，以供应链管理为重点，实现产品采购、生产、销售全流程电子商务。其次，国务院办公厅印发的《关于促进农村电子商务加快发展的指导意见》提出要改善农村电子商务的发展环境。在硬环境方面，加强农村流通基础设施建设，提高农村宽带普及率，加强农村公路建设，提高农村物流配送能力，其中既有政府公共基础设施建设的职能，同时也有企业自身对基础设施的创新措施，特别是在物流方面，比如在物流运输方面，京东与其他电商平台不同，重点打造“县级服务中心”，从而与自营物流相互配合，为消费者提供服务，有效避免了“最后一公里”的难题。

（三）深耕上游，加强生产环节控制，提高产品质量，注重农产品品牌建设和标准的制定

农民通过农村电商的模式进行创业就业，也会面临市场份额的竞争，特别是我国部分互联网巨头企业（阿里巴巴、京东等）早已涉足农村电商领域，并且在物流、产品推广等方面积累了发展资源。但在农民自主创业方面，引导农民了解市场形势，深耕上游，把握产品生产环节是确保农民通过电子商务成功创业的关键点之一。目前，我国农业发展存在农产品缺乏统一标准、粗放型生产、不明确农产品的原产地等问题，着手行业上游既是一种挑战也是一种机遇，农民创业者应找到最具开发潜力的农产品，明确产品定位，借力互联网平台，注重冷链物流的应用，建设企业品牌，以获得消费者的认同。同时应该加强对生产环节的控制，制定作物种植的标准，并以产品质量作为级别划分依据。我国幅员辽阔、地大物博，有各种各样的农产品，“一个品类成为一个产业”的现象是可以存在的。现阶段农产品电商还没有被农户普遍接受，冷链物流也有待发展，农民创业者在进行农村电商创业时

要考虑其风险性，做好初创环节的品类选择。

此外，不管企业的具体发展规划是怎样的，品牌和标准都是不可或缺的，品牌能够突出企业的独特性，标准则是品牌的基本框架构成。农村电商如果要想有快速有效的发展，同时最大限度地扩大就业和促进创业，农产品品牌和标准建设是首要的，它们是帮助企业成为该领域掌舵者的重要推进因素。

（四）培养农民网购习惯，强化网络创业教育培训，推进当地农村电商专业人才队伍的建设

目前，我国农村电商发展过程中普遍存在的问题是人才短板和农民对电商概念的认识不够，综合即为农村电商专业人才队伍建设较为落后。培养农民网购习惯是促进农村电商发展的基本因素，其内容不仅包括对农民进行网购操作的培训，而且包括增强其网络维权意识，帮助他们正确了解整个网购流程以及如何维护自己应有的权益。只有把农民的网购习惯培养起来，才能有效推进农村电商创业教育培训，才能成功帮助农民自主创业，进而带动当地农村劳动力就业，习惯的培养是一个漫长的过程，却是农村电商发展的基本要素。例如，京东依靠推广下乡的方法培养农民网购习惯，将县级服务中心、“京东帮”服务店和乡村推广员联系起来，实现电商下沉农村。同时京东在线下还进行优惠促销活动，以吸引农民购买，培养他们的网购习惯。此外，乡村推广员在向农民推销产品的过程中，还负责教农民如何使用电脑在网上下单订购。

针对农村电商人才短板的问题，首先，应全面提升网络创业者以及从业人员的管理能力、专业技能和职业操守。要把高等教育与实践培训有效结合，培养一批具有独立性、创新性、适应性和合作性的网络创业人才，包括在实践中成长起来的人才和一些网络创业领军人物。其次，建立网络创业培训基金，对网络创业培训给予补贴。结合本地区电子商务专项发展规划，主管部门可在创业专项资金中建立网络创业培训专项基金，用于网络创业培训教材开发、师资培训、创业技能大赛、评选表彰等基础工作，同时对于高校

毕业生返乡创业，同时带动就业的进行相关补贴。最后，充分发挥当地农村电商创业带头人的榜样作用，并进行宣传推广。创业带头人的榜样作用是当地农村电商能够迅速发展的关键，特别是创业带头人通过电商带动一批农村劳动力就业，一些农村电商的相关技术、技能潜移默化地被人们所熟知，带动了农村劳动力技能的提升，促进了农村电商专业人才队伍的形成。

参考文献

[1] 包秦雯：《聚焦农村——电商新“蓝海”》，《北京农业》2015 年第 7 期。

[2] 林洁：《农村电商的发展现状研究》，《南方农机》2015 年第 1 期。

[3] 隋博文：《多重视角下的农产品流通模式研究：基于文献综述的考量》，《广西经济管理干部学院学报》2015 年第 3 期。

[4] 魏延安：《农村电商：互联网 + 三农案例与模式》，电子工业出版社，2015。

[5] 杨伶俐：《发达国家农产品流通模式对我国的启示》，《农业经济》2014 年第 3 期。

[6] 张晓燕：《美日两国农业电子商务发展的经济与启示》，《经济纵横》2011 年第 9 期。

[7] 张哲：《美国农产品电子商务发展对我国的启示》，《中国商贸》2014 年第 9 期。

[8] 资武成、廖小刚：《供应链管理背景下我国农产品流通模式研究》，《农村经济与科技》2011 年第 5 期。

[9] Kalakota, R. , Whinston, A. B. , *Electronic Commerce: A Manager's Guide* (Addison-Wesley, 1997).

[10] Hagel, J. , Singer, M. , *Net Worth: Shaping Markets when Customers Make the Rules* (Harvard Business School Press, 1999).

[11] Tapscott, D. , Ticoll, D. , Lowy, A. , *Digital Capital: Harnessing the Power of Business Webs* (Harvard Business School Press, 2000).

社会保障篇

Reports on Social Security Development

·分报告·

B.8 中国社会保障发展现状与前景展望

金维刚 武玉宁*

摘 要: 2016年，我国经济下行压力增大，为减轻企业负担，政府实施了社会保险阶段性降费政策。总体来看，社会保险制度运行良好，参保人数不断增多，基金收支规模持续扩大，各项改革措施稳步推进且取得了很大成效；与此同时，我国社会保障发展仍存在一些制度层面和运行层面的问题。未来，随着社会经济人口及信息技术的发展，社会保障发展既面临挑战，又面临机遇，需要按照“十三五”规划的要求，继续全面深化改革，促进社会保障制度更加公平更加可持续发展。

关键词: 社会保障 社会保险 基金管理

* 金维刚，人力资源和社会保障部社会保障研究所所长、研究员，主要研究方向为社会保障政策；武玉宁，人力资源和社会保障部社会保障研究所副研究员，主要研究方向为社会保障政策。

十八大提出了建立更加公平可持续的社会保障制度的发展目标。围绕这一目标，我国加快了社会保障制度改革发展的步伐，全面建立了统筹城乡的社会保障体系框架，社会保障体制机制进一步完善，覆盖范围迅速扩大，待遇水平稳步提高，经办管理服务体系逐步健全，基金监管水平和安全性水平不断提高，经办服务效能得到提升。社会保障制度在社会经济发展中越来越发挥着社会稳定器、经济调节器和民生安全网的作用，使广大人民群众切实分享到了社会经济发展的成果，获得感和满足感不断增强，也为2020年我国全面建成小康社会打下了坚实的物质基础。与此同时，我国社会保障制度建设的成就也得到了国际社会的高度评价，2016年11月国际社会保障协会第32届全球大会授予中国政府“社会保障杰出成就奖”。

一　2016年社会保障发展概况

2016年是“十三五”的开局之年。在经济下行压力增大、供给侧结构性改革任务繁重的情况下，社会保障制度总体运行良好，参保人数不断增多，基金收支规模持续扩大。为减轻企业负担，促进企业发展，社会保险多个险种实施了阶段性降费政策。由于社会保险领域各项改革措施稳步推进，基础建设加快，一些深层次问题得到缓解，增进了制度的公平性与可持续性以及经办管理服务的效能。

（一）社会保障制度运行良好

1. 参保人数持续增加，更多人员享有社会保障

十八大后，我国社会保险参保人数一直保持较快增长势头。2016年末，基本养老保险、城镇基本医疗保险、失业保险、工伤保险和生育保险参保人数分别达到88777万人、74392万人、18089万人、21889万人和18451万人。与2012年末相比，基本养老保险参保人数增加了近1亿人，城镇基本医疗保险参保人数增加了2亿多人，就业关联型的失业、工伤和生育保险参保人数分别增加了3000万人左右（见图1）。

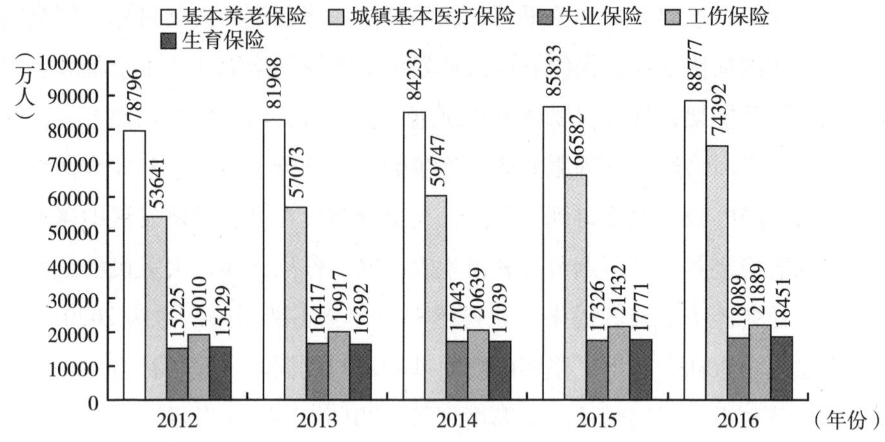

图1　2012～2016 年五项保险参保人数

资料来源：《2016 年度人力资源和社会保障事业发展统计公报》。

2016 年，经济下行给社会保险扩面工作带来很大困难，但总体来看，各项社会保险参保人数仍实现了较快的增长。主要有以下几个方面的原因：其一，扩面工作力度加大，特别是很多开展全民参保登记计划试点的地区摸清了参保底数，加大了对未参保人群的宣传力度和扩面力度；其二，单位和个人参保意识不断增强；其三，制度整合加快，2016 年机关事业单位养老保险改革以及新农合与城镇职工医疗保险并轨工作全面推进，在一定程度上也带动了基本养老保险和城镇基本医疗保险参保人数的增加。各险种参保具体情况如下。

（1）养老保险

2016 年末，全国参加城镇职工基本养老保险和城乡居民基本养老保险的人数总计 88777 万人，比上年末增加 2944 万人。其中，领取养老金人数合计 25373 万人，比上年末增加 1431 万人。总体来看，全国 60 岁及以上老年人基本人人享有养老保障。

2016 年末，参加城镇职工基本养老保险的人数为 37930 万人，比上年末增加 2569 万人。其中，在职职工有 27826 万人，离退休人员有 10103 万人，分别比上年末增加 1607 万人和 962 万人。城镇职工基本养老保险制度内的赡养比，即在职职工人数和离退休人员人数之比为2.754∶1，比上年的2.869∶1又有所降低。年末参加城镇职工基本养老保险的农民工人数为5940万人，比上年末增加355万人。

2016年末，城乡居民基本养老保险参保人数为50847万人，比上年末增加375万人。其中，领取待遇人数为15270万人。城乡居民基本养老保险制度缴费人数和领取待遇人数之比为2.330∶1，低于城镇职工基本养老保险制度赡养比。

（2）医疗保险

2016年末，全国参加城镇基本医疗保险的人数为74392万人，比上年末增加7810万人。其中，参加职工基本医疗保险的人数为29532万人，比上年末增加638万人；参加城镇居民基本医疗保险的人数为44860万人，比上年末增加7171万人。在参加职工基本医疗保险的人中，参保职工有21720万人，参保退休人员有7812万人，分别比上年末增加358万人和280万人；参保农民工人数为4825万人，比上年末减少340万人。

（3）失业保险

2016年末，全国参加失业保险的人数为18089万人，比上年末增加763万人。其中，参加失业保险的农民工人数为4659万人，比上年末增加440万人。

由于经济下行，领取失业保险金的人数增加。年末全国领取失业保险金的人数为230万人，比上年末增加4万人。全年共为484万名失业人员发放了不同期限的失业保险金，比上年增加27万人。全年共为76万名劳动合同期满未续订或提前解除劳动合同的农民合同制工人支付了一次性生活补助。

（4）工伤保险

2016年末，全国参加工伤保险的人数为21889万人，比上年末增加457万人。其中，参加工伤保险的农民工人数为7510万人，比上年末增加21万人。

2016年，全国工伤保险待遇享受人数首次出现了下滑。全年认定（视同）工伤104万人，比上年减少4万人。全年评定伤残等级人数为53.5万人，比上年减少0.7万人。全年享受工伤保险待遇人数为196万人，比上年减少6万人。工伤保险待遇享受人数下降的原因有两个方面：一是由于调结构、去产能，煤炭、钢铁等高危行业停产较多；二是工伤预防宣传力度加大，降低了工伤发生率。

（5）生育保险

2016年末，全国参加生育保险的人数为18451万人，比上年末增加680万人。

由于“二孩政策”全面放开，享受生育保险待遇的人数增长较多。2016年全年共有914万人次享受了生育保险待遇，比上年增加272万人次，增加了42.4%。

2. 社保基金规模持续增大，与此同时，社保支出增速大于收入增速

图2显示，2016年全国五项社会保险基金收入、支出和累计结余分别为53563亿元、46888亿元和61150亿元，分别比2012年增加了74%、101%和60%。总的形势是社会保险基金收、支、结余规模都增长很快，其中，基金支出增速大于基金收入增速，因此基金结余增长相对较慢。2016年，各险种基金收支结余情况如下。

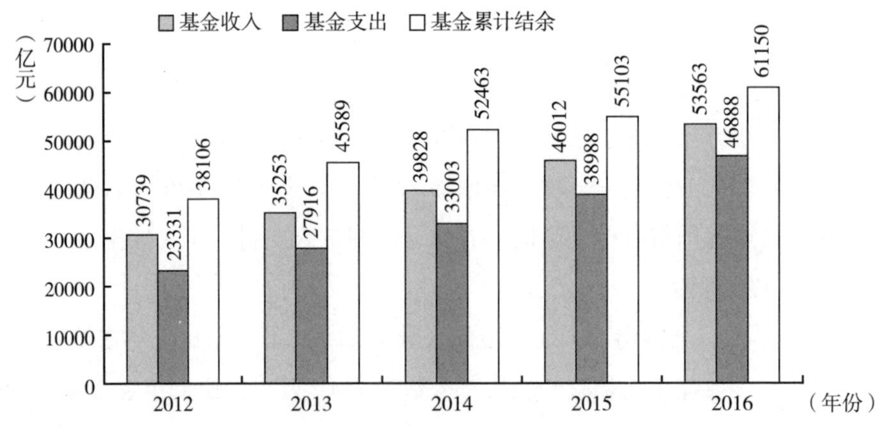

图2　2012～2016年社会保险基金收支情况

资料来源：《2016年度人力资源和社会保障事业发展统计公报》。

（1）养老保险

总体来看，养老保险基金支出增长快于收入增长。全年基本养老保险基金收入为 37991 亿元，比上年增长 18%；全年基本养老保险基金支出为 34004 亿元，比上年增长 21.8%。年末基本养老保险基金累计结存 43965 亿元，比上年末增长 10.1%。

分类型看，城镇职工基本养老保险基金支出增长迅速，征缴收入不抵支出，财政补贴在基金总收入中的占比提高。全年城镇职工基本养老保险基金总收入为 35058 亿元，比上年增长 19.5%，其中征缴收入为 26768 亿元，比上年增长 16.3%，占总收入的 76.4%。各级财政补贴基本养老保险基金 6511 亿元，占总收入的 18.6%。全年基金总支出为 31854 亿元，比上年增长 23.4%。年末城镇职工基本养老保险基金累计结存 38580 亿元。

城乡居民基本养老保险基金收支增速都不大，其中，收入增速略大于支出增速。全年城乡居民基本养老保险基金收入为 2933 亿元，比上年增长 2.8%，其中个人缴费为 732 亿元。基金支出为 2150 亿元，比上年增长 1.6%。基金累计结存 5385 亿元。

（2）医疗保险

城镇基本医疗保险基金收入大于支出。全年城镇基本医疗保险基金收入为 13084 亿元，支出为 10767 亿元，分别比上年增长 16.9% 和 15.6%。年末城镇基本医疗保险统筹基金累计结存 9765 亿元（含城镇居民基本医疗保险基金累计结存 1993 亿元），个人账户积累 5200 亿元。

（3）失业保险

由于同时实施阶段性降低费率政策和稳岗补贴政策，失业保险基金收入下降，支出大幅增加，收支差距缩小。全年失业保险基金收入为 1229 亿元，比上年下降 10.2%；支出为 976 亿元，比上年增长 32.6%。年末失业保险基金累计结存 5333 亿元。

（4）工伤保险

工伤保险由于费率调整而征缴收入减少，同时由于工伤保险待遇享受人数下降，支出增长放缓，全年基金收支差距缩小。全年工伤保险基金收入为

737 亿元，比上年下降 2.3%；支出为 610 亿元，比上年增长 1.9%。年末工伤保险基金累计结存 1411 亿元（含储备金 239 亿元）。

（5）生育保险

生育保险因为实施阶段性降费政策和全面放开“二孩政策”，基金收入增长缓慢，支出增长迅速，当年基金收不抵支。全年生育保险基金收入为 522 亿元，支出为 531 亿元，分别比上年增长 4% 和 29%。年末生育保险基金累计结存 676 亿元。

（6）全国社会保障基金和企业年金

除社会保险基金累计结余持续增长外，国家社会保障储备基金——全国社会保障基金的规模也进一步扩大，继续为老龄化高峰来临做好储备。2016 年末，全国社会保障基金权益合计 16043 亿元，比 2015 年末增加了 957 亿元。因国内“三期叠加”，资本市场低迷、股市大幅下跌、债市波动加剧，2016 年全国社会保险基金权益投资收益率为 1.73%，比 2015 年 15.14% 的投资收益率大幅下跌。尽管如此，全国社会保障基金自成立以来还是取得了很高的投资收益，年均投资收益率为 8.37%，实现了基金的保值增值。

此外，企业年金规模首次突破万亿元大关。2016 年末，全国有 7.63 万户企业建立了企业年金，比上年末增长 1.1%。参加职工人数为 2325 万人，比上年末增长 0.4%。年末企业年金基金累计结存 11075 亿元，比上年末增加了 1547 亿元。

3. 实施阶段性降费政策，企业减负效果明显

为应对经济下行，降低企业成本，促进实体经济发展，推动供给侧结构性改革，近两年国家连续降低社会保险费率。一是，2015 年人社部、财政部颁布《关于调整失业保险费率有关问题的通知》（人社部发〔2015〕24 号），将失业保险费率暂由原来的 3% 降为 2%。二是，2016 年 6 月国务院常务会议决定降低工伤和生育保险费率，要求将工伤保险平均费率由 1% 降至 0.75%，生育保险费率从不超过 1% 降到不超过 0.5%。人社部和财政部随后发布了落实工伤和生育保险费率调整的通知。三是，2016 年人社部和财政部发布《关于阶段性降低社会保险费率的通知》（人社部发〔2016〕36

号），要求从2016年5月1日起，阶段性降低城镇企业职工基本养老保险单位缴费比例，单位缴费比例超过20%的省份，降至20%，原本为20%的省份，且2015年底累计结余可支付月数多于9个月的，可降低至19%；失业保险总费率在2015年已降低1个百分点的基础上可以阶段性降至1%～1.5%。四是，2017年1月第三次降低失业保险费率，人社部和财政部发布《关于阶段性降低失业保险费率有关问题的通知》（人社部发〔2017〕14号），要求自2017年1月1日起，失业保险总费率为1.5%的省份，可以将总费率降至1%，降低费率的期限执行至2018年4月30日。据统计，截至2016年，全国降低社会保险费率共为企业减少用工成本1350亿元。

4. 社保待遇水平持续提高，待遇调整幅度较以往有所降低

自2005年起企业退休人员养老金经历了连续11年年均10%的调整（见图3），待遇水平大幅提升，企业退休人员的基本生活得到了很好的保障，但这也在一定程度上增加了养老保险基金的支出压力。随着经济进入新常态，增速放慢，人口老龄化程度加剧及养老保险基金收支增速发生变化，需要建立更加合理的待遇调整机制，以保证制度可持续发展。2016年，由于机关事业单位养老保险制度与企业职工养老保险制度实现并轨，国务院对包括机关、事业单位和企业在内的所有退休人员的养老金进行了统一调整，

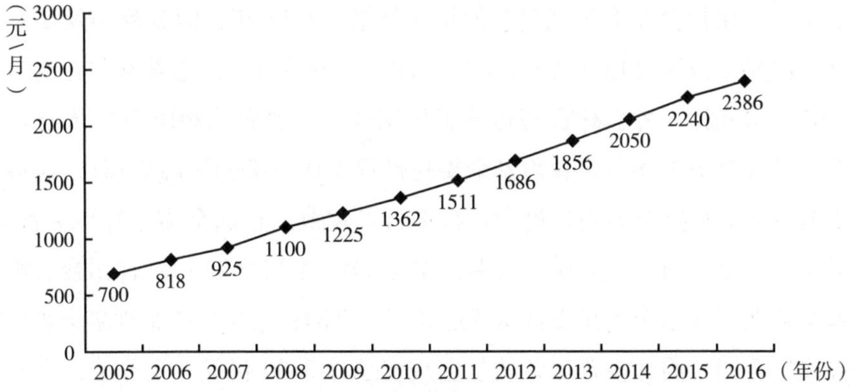

图3 2005～2016年企业退休人员平均养老金

资料来源：2005～2009年数据为笔者所收集的；2010～2015年数据来自人力资源和社会保障部社会保障事业管理中心《2015年社会保险运行报告》；2016年数据为推算数据。

在综合考虑基金收支平衡、工资增长和物价上涨因素后，将养老金调整幅度设定在6.5%。2017年，养老金调整幅度进一步设定在5.5%。总体来看，养老金调整逐步回归理性，为下一步制定合理的调整机制打下了基础。

（二）深化社会保险制度改革进展顺利

2016年，各项社会保险制度改革措施稳步实施，制度建设实现新的突破，主要包括以下内容。

1. 养老保险

全面推进机关事业单位养老保险制度改革。2016年，全国所有省份继续贯彻落实机关事业单位养老保险制度改革方案，全面推动参保缴费和待遇发放工作。作为机关事业单位养老保险改革的配套制度，职业年金制度也同步建立起来，职业年金基金的管理随之被提上日程。同年9月，人社部和财政部共同印发了《职业年金基金管理暂行办法》，明确了职业年金由中央和省级社保经办机构集中委托经办管理的原则，同时也明确了管理机构的职责和管理模式等。

基本养老保险基金进入投资运营阶段。开展基本养老保险基金投资运营，实现基金保值升值，是社会保险法的明确要求，因此也是全面依法治国、全面深化社会保险领域改革的重大举措。2015年，国务院印发《基本养老保险基金投资管理办法》（国发〔2015〕48号），标志着基本养老基金市场化、多元化、专业化投资运营工作正式拉开帷幕。2016年，人社部印发了《关于做好基本养老保险基金委托投资工作有关问题的通知》，对各地开展基本养老保险基金委托投资运行进行了规范。目前全国已有5个省份，即北京、上海、河南、广西、云南，作为2015年国发48号文件出台后第一批基本养老保险基金委托投资运营地区，与全国社会保障基金理事会签订了委托投资合同，委托投资运营的基金规模总计3500亿元。实际上，在此之前，广东省和山东省已分别于2012年和2015年先行委托全国社会保障基金理事会投资运营基本养老保险基金，两省委托投资运营的基本养老基金规模均为1000亿元。

2. 医疗保险

城乡居民医保基本实现整合。为统筹城乡社会保障制度，促进公平，提高医疗保险经办管理效率，各地按国家要求整合城镇居民基本医疗保险和新农合，建立统一的城乡居民医疗保险制度。目前31个省份中，绝大部分地区新农合整合至人社部门，个别地区将城镇居民医疗保险整合至卫生部门。

异地就医结算是重大的民生工程，不仅可以解决老百姓异地就医需要个人垫付和跑腿报销的问题，而且在很大程度上有助于提升医疗保险经办管理能力，如有利于构建全国统一的医保经办管理模式，提高经办管理效率，杜绝极少数参保人员利用虚假发票骗取医保基金等问题。2016年，全国有30个省份建立了境内联网结算系统，实现了境内异地就医的直接结算。另外，部分省市还先行先试，通过区域间点对点协作方式，探索解决跨省份异地就医直接结算问题，为全国跨省份异地就医结算提供了经验。根据国家统一部署，2017年将通过全国联网实现跨省份异地就医住院医疗费用的直接结算。目前这项工作已取得了实质性的突破，部分省市已开始通过全国异地就医结算平台处理相关业务，使异地安置退休人员享受到了方便，下一步将惠及全国所有地区及所有按规定异地转诊就医人员。

3. 失业保险

为减轻企业负担，促进企业发展，稳定就业岗位，2014年人社部等四部委联合下发《关于失业保险支持企业稳定岗位有关问题的通知》（人社部发〔2014〕76号），对正常缴费，不裁员和少裁员的企业，在兼并重组、化解产能过剩以及淘汰落后产能期间，可按不超过该企业及其职工上年度实际缴纳失业保险费总额的50%给予稳岗补贴，所需资金从失业保险基金中列支。稳岗补贴主要用于满足职工生活支出、缴纳社会保险费、接受转岗培训和技能提升培训等。2016年，全国共向46万户企业发放稳岗补贴259亿元，惠及职工4833万人，受到企业和职工的欢迎。

4. 工伤保险

为扩大工伤保险覆盖范围，保障广大建筑业农民工的工伤保障权益，2014年12月29日，人社部等四部门联合颁布《关于进一步做好建筑业工伤保险工作的意见》（人社部〔2014〕103号），要求建筑企业必须按照先参保再施工的原则参加工伤保险，且规定其参保方式可以不同于一般企业：一是可优先参加工伤保险，使职工得到最需要的保障；二是简化流程，按项目参保，即按工程造价的一定比例一次性趸交工伤保险费，将所有人员纳入工伤保障范围。人社系统为此开展了建筑业工伤保险专项扩面行动——"同舟计划"，目前该计划进展顺利。截至2016年底，全国86.36%的已开工建筑项目，96.09%的新开工项目职工已被纳入工伤保险范围，从而切实保障了建筑业职工，特别是农民工的权益。

5. 其他

（1）启动生育保险与医疗保险合并实施

为扩大生育保险覆盖范围，提升社保经办管理服务效能，十八届五中全会做出生育保险和医疗保险合并实施的决定，并将之列入国家"十三五"规划。2017年1月，《国务院办公厅关于印发〈生育保险和职工基本医疗保险合并实施试点方案〉的通知》明确了这项试点的指导思想、主要目标、内容和保障措施。目前试点工作在河北邯郸等12个城市展开。

（2）启动长期护理保险试点

随着人口老龄化和老龄人口高龄化，我国长期失能人员的数量也越来越多，为了给长期失能人员提供基本生活照料和医疗护理，合理利用社会资源，十八届五中全会做出开展长期护理保险试点的决定，同时这项工作也被列入国家"十三五"规划。据此，2016年人社部办公厅发布《关于开展长期护理保险制度试点的指导意见》。根据该意见，上海、青岛等15个先行试点城市将探索建立长期护理保险制度。

（三）社会保险基金监管

基金安全是社会保险制度正常运行的保障。伴随着社会保险制度建设，基金监管手段和机制也在逐步健全，2016年社会保险基金监管工作取得如下成就。一是社会保险欺诈查处和移送机制有了新进展。人社部与公安部联合印发了《关于加强社会保险欺诈案件查处和移送工作的通知》，建立了部际工作联席会议制度，出台了社会保险欺诈案件管理办法。二是开展社会保险基金专项检查工作，敦促各地进一步强化基金监管。三是基金监督方式逐步完善，开展社会监督、安全评估试点，推广了信息系统联网应用，提高了基金监管的效能。

（四）社保经办能力不断提高

1. 全民参保登记计划进展顺利

为推进社会保险法定人群全覆盖，2014 年 5 月人社部印发《关于实施“全民参保登记计划”的通知》。该通知决定于 2014 ~ 2017 年在全国范围内逐步实施“全民参保登记计划”。2016 年这项工作进一步上升为全民参保计划，并被纳入国家“十三五”规划。根据工作安排，2014 年全国 50 个地区开展全民参保登记试点，2015 ~ 2016 年试点范围扩大到 50% 的地区，2017 年该计划在 31 个省份全部推开。从目前进度来看，绝大部分地区建立了全民参保登记跨部门协作机制，实现了与公安部门的信息共享。在完成社保内部信息比对、跨部门信息比对的基础上，一半以上的省份开展了入户核查，在入户核查的同时进行了社保宣传，取得了扩大覆盖面的效果。部分地区还开展了跨部门数据动态更新，并探索数据的动态管理和分析运用，如对重复参保、重复缴费、重复领取待遇等社保业务实行精准管理，对参保人员中断缴费状况以及未参保人员年龄、未参保原因等进行分析，取得了初步的应用成效。

2. 社会保险信息化建设加快

社保信息化水平不断提高：一是金保工程进入二期应用阶段。二是社保卡持卡人数持续增加，2016 年，全国社保卡持卡人数达到 9.58 亿人，31 个省份（含新疆兵团）持卡人员基础信息库正式上线，入库人数达到 8.97 亿人。三是为方便异地就医直接结算，搭建了全国异地就医结算平台，实现了与地方的对接和联调测试。四是与相关部门的信息共享机制逐步建立，特别是“五证合一”登记制度的实施，使社保经办机构能够及时获取工商部门企业设立、变更、注销等信息，有利于实现对参保单位的精确管理。

（五）存在的问题

随着上述各项改革措施的推进，我国社会保障领域的一些深层次问题得到缓解，制度的公平性和可持续性有所增强。但是总体来看，与构建更加公平更可持续的社会保障体系和织就覆盖全民的社会保障安全网的目标，仍有一定差距。其中，有的是制度层面的问题，需要着眼未来，根据社会经济发展状况逐步加以调整，如建立多层次社会保障体系，合理划分政府、用人单位和个人责任等；有的则属于政策实施层面的问题，急需解决。目前比较突出的问题体现在以下几个方面。

1. 部分政策出台滞后，影响相关工作深入推进

在基本制度确立之后，需要制定具体的可操作的政策，同时需要根据情况的变化，修改、完善现行政策。但是由于各种原因，部分政策出台还比较滞后。例如，对于社会保险法规定要为相关人群提供的遗属津贴和病残津贴，迄今尚未出台全国统一的实施办法。城镇职工基本医疗保险关系转移接续政策执行力较弱，医疗保险个人账户定性不明确。另外，失业保险条例还没有依法修订，基金监管条例亟待出台，等等。

2. 部分人群尚未参保，距离全覆盖还有一定差距

虽然我国已基本实现了社会保险制度全覆盖：在养老方面，所有老人都能按时足额领取养老金；在医疗方面，95%以上的城乡人口参加了医疗保险，但是还有部分人员没有被覆盖。据推算，目前大约有1亿多劳动年龄人口仍没有参加职工基本养老保险或城乡居民养老保险；从主体类型来看，私营企业职工、小微企业职工、有雇工的个体工商户户主及职工的参保率比较低。总体来看，未实现人群全覆盖主要有以下几个原因。一是用人单位和职工对社会保险制度不了解，参保意识不强。二是制度设计使然。对于灵活就业人员和某些城乡居民来说，参加养老保险是个人自愿行为，个人可以选择不参保或者暂时不参保而等到一定年龄后再参保。三是社会保险费征缴力度不大。目前一部分私营企业、小微企业、有雇工的个体工商户没有依法为其职工缴纳社会保险费，主要是因为处罚力度不大，没有起到震慑作用。另外也是因为这些单位及其职工的缴费能力相对较弱。

3. 养老保险基金当期收不抵支省份增多，局部地区存在基金风险

我国养老保险基金总体结余还在不断增加，但实际上基金风险在不断加大。一是随着人口老龄化，养老保险缴费人数和退休人数之比进一步下降，除了人均寿命延长外，最主要的原因是职工退休年龄偏早。我国职工退休年龄不仅低于发达国家，甚至还低于很多发展中国家，特别是女职工退休年龄为世界最低。同时，我国还实行特殊工种提前退休政策，该项政策多年来没有因地制宜和因势利导地进行调整，为用人单位和个人寻求提前退休留下了可以操作的空间。2016 年，全国男女职工实际平均退休年龄仅为 54 岁。二是企业退休人员养老金连续 13 年调整，累计增幅达到 240%，加大了基金支出的压力。三是近两年由于经济下行，国家实施阶段性降费政策，导致基金收入增速进一步下降。四是由于社会经济人口发展不均衡，上述因素累加导致的基金风险在地区层面放大。2016 年，全国大约 2/3 的省份养老保险基金当期收不抵支，个别地区历年累计结余所剩不多，需要各级政府转移支付才能确保发放。

4. 社保经办管理效能仍有很大提升空间

一是经办管理体制不顺。部分地区社保经办机构设置分散，管理效率不高。从全国看，大约一半地区由社保经办机构征收社会保险费，另一半地区由税务部门全责征收或代征社会保险费，后一类型地区存在数据传输时间长、质量差，税务部门与社保部门合作不畅的问题。另外，目前少数地区居民医保的整合推进难度也比较大。二是“三化”建设仍需加快。从全国看，部分发达地区社保经办流程不断优化，信息化、标准化和专业化水平较高，但是还有部分地区“三化”建设相对滞后，地区间发展不均衡。三是基金收支管理在一定程度上存在“跑冒滴漏”现象，另外，基金统筹层次低，制约了社会保障制度的总体保障能力，不利于基金管理和风险防控。

二　社会保障发展面临的新形势和新要求

社会保障制度受社会经济人口发展的影响，其中，人口老龄化是影响社会保障制度可持续发展的长期因素，而经济进入新常态，增速降缓，就业压力增大，就业方式多样化，以及人民群众对社会保障期盼增强，都对社会保障发展提出更高要求。与此同时，信息技术的迅猛发展，为社会保障发展带来了新的机遇。

（一）随着供给侧结构性改革的推进和阶段性社保降费政策的延续实施，部分地区社保基金收支风险将继续加大

具体体现为社会保险基金收入增长因供给侧改革和阶段性降费政策的实施而继续放缓，社会保险基金支出则因为待遇享受人数不断增加和待遇调整而保持较快增长，特别是养老保险基金当期收不抵支的省份将继续增多，其中部分地区累计结余消耗很快，东北老工业基地的基金缺口问题将更加突出，确保基金发放的压力进一步增大。实际上，基金支付风险不仅仅限于养老保险，由于阶段性降费政策的实施，失业保险、工伤保险和生育保险基金的收入增速也普遍下降，失业保险因为稳岗补贴、职业技能提升补贴政策的出台，生育保险因为“二孩政策”的全面放开，基金支出增长都比较快，部分地区将出现当期基金收不抵支，为此，需要加强基金收支预测，加大地区间的统筹调剂力度。

（二）社会保险需求与社会经济承受能力之间存在矛盾

社会保险制度发展有其自身规律，最重要的一点是与经济社会发展水平相适应，否则不仅制度本身难以承受，而且也会影响社会经济的协调发展。我国人口老龄化形势越来越严峻，制度赡养比持续下降，不到 3 个年轻人养 1 个老年人，加之经济增速放缓，导致基金收入增长低于支出增长。与此同时，用人单位希望继续降低社会保险费率以减少用工成本，而广大群众则因近些年来待遇持续增长而形成了较高的预期，希望继续提高待遇水平，并能跨统筹地区选择在医疗服务水平更高的地区就医，等等。为此，需要进一步完善社会保险制度，建立起合理的筹资机制和待遇确定及增长机制，通过制度化的安排引导社会预期，促使社会保险制度更加健康、有序、可持续发展。

（三）新形势（“互联网 + 政务”、大数据利用）对提升社保管理服务能力和决策支撑能力提出了更高要求

社会保险经办管理要求为所有人“记录一生，保障一生，服务一生”，这是社会保险经办服务的承诺。而要实现对每一个人的精确管理，就必须借力现代信息技术和理念。目前，国家对“互联网 + 政务”、跨部门信息共享提出了要求，这对提升社会保险经办能力提供了非常好的机遇，同时也对社保部门加快信息化建设，提高信息管理水平提出了更高要求。为此，要全面加快推进金保工程二期应用，推进“互联网 + 人社”发展，实现社会保险信息全国联网，充分开发利用社保大数据，促进社保管理精确化、服务便捷化，并提高决策的科学性和监管的可预见性。

三　2017年社会保障制度改革及其发展前景

要按照建立更加公平、更可持续的社会保障制度和“十三五”规划的要求，遵循五个发展理念，根据“坚守底线、突出重点、完善制度、引导预期的”民生工作总体要求，继续全面深化社会保险领域改革，不断完善社会保障体系建设，提高社保经办管理服务效能，特别是借力现代信息化技术和手段，大力发展“互联网 + 人社”，实现社会保险精确管理，促进全民参保，为所有人提供更加高效便捷的服务，推动全面小康社会的建成。

（一）社保制度改革重点

1. 巩固机关事业单位养老保险制度改革，实现制度平稳过渡

做好机关事业单位养老保险新老办法的衔接工作，积极解决改革推进中出现的新问题，特别是要落实机关事业单位养老保险关系转移接续办法，保障职工在跨统筹地区、跨不同性质单位转移中的权益。建立和完善职业年金基金管理制度，推动职业年金基金的投资运营，以实现保值增值。

2. 建立正常的待遇调整机制，合理引导社会预期

一是建立兼顾企业、机关事业单位各类群体的基本养老金合理调整机

制，综合考虑人口老龄化、工资增长以及物价水平变化等情况；二是建立城乡居民养老金调整制度，保障城乡居民基本生活，为此，需要同步调整城乡居民养老保险筹资机制，建立多缴多得、长缴多得的缴费激励机制。三是参照养老金调整机制，建立和完善其他各项待遇调整机制，以保证不同项目之间的待遇结构合理。

3. 研究拟定企业职工基本养老保险全国统筹方案，通过提升统筹层次，促进养老保险制度更加公平可持续

随着职工养老保险基金当期收不抵支省份越来越多，需要加紧研究制定企业职工基本养老保险全国统筹方案并制定具体的实施办法。提高统筹层次，必须要同步明晰各方职责并建立相应的激励机制，以此确保整个制度公平可持续发展。

4. 推进付费方式改革，促进医保制度可持续发展

支付制度是医疗保险制度运行的核心。要继续推进支付方式改革，逐步建立适用不同人群、不同疾病、不同服务特点的多元复合式医保支付体系，重点推进按病种付费、开展按疾病诊断分组付费改革，以规范医院和医生的医疗行为，促进分级诊疗，使广大人民群众切实享受到质优价廉的医疗服务，确保医疗保险制度可持续发展。

5. 开展职工医保门诊统筹，改进医保个人账户制度

通过调整和完善个人账户推动门诊统筹。逐步减少个人账户划入比例，从而将更多的资源划入统筹资金，用于门诊统筹和扩大门诊统筹范围，充分发挥医疗保险统筹互济功效。与此同时，盘活划入个人账户的资金，允许个人为自己及家人购买补充医疗保险，以提高医疗保障水平。

6. 扩大工伤保险覆盖面，为更多人群提供工伤保障

一是扩大工伤保险制度覆盖范围，通过与相关部门沟通，将公务员、参公管理事业单位、社会团体工作人员全部纳入工伤保险统筹范围，实现工伤保险制度统一。二是继续大力推进建筑业参加工伤保险工作，巩固并进一步提升建设项目参保率，以及工伤保险经办机构相应的管理能力和服务能力。三是在总结“同舟计划”实施经验的基础上，将类似行业，如交通、铁路、水利等流动性比较大的行业的职工按项目参保方式纳入工伤保险范围，使这些行业职工更方便参保和享有工伤保障权益。

7. 实施失业保险职业技能提升补贴政策，发挥失业保险促就业功能

贯彻落实《国务院关于做好当前和今后一段时期就业创业工作的意见》（国发〔2017〕28 号），对依法参加失业保险 3 年以上，自 2017 年 1 月起取得职业资格证书或职业技能等级证书的企业职工，发放相应的职业技能提升补贴，所需资金按规定从失业保险基金中列支。通过建立职业技能提升补贴制度，鼓励参保职工积极提升职业技能，以促进就业，促进劳动生产率的提高。

8. 推进生育保险与医疗保险合并管理试点

各试点地区要按照“保留险种、保障待遇、统一管理、降低成本”的总体思路，推进生育保险和医疗保险合并管理试点工作，做到两个险种的“四统一，一确保”，即统一参保登记、统一基金征缴和管理、统一医疗服务管理、统一经办和信息服务以及确保职工生育期间生育保险待遇不变，为在全国范围内推进两项保险的合并管理探索一体化运行管理新机制。

9. 探索建立长期护理保险制度

各试点城市要按照国家总体要求，探索建立长期护理保险制度，明确长期护理保险的保障范围、参保缴费、待遇支付等政策体系；护理需求认定和等级评定等标准体系和管理办法；各类长期护理服务机构和护理人员服务质量评价、协议管理和费用结算等办法；长期护理保险管理服务规范和运行机制，为国家最终建立长期护理保险制度积累实践经验。

（二）提高社保管理服务能力

1. 完善经办管理体系，实现统一征缴

完善社保组织管理体系，不断推进五险统一管理，实现经办管理流程的优化简化。结合社会保险制度特点和社会保险发展规律，以人民为中心，以提高公共管理服务效率为原则，统一社会保险费征缴体制，保证各项社会保险工作正常有序运行，稳定经办管理队伍。

2. 通过“互联网+人社”，提升社保管理服务水平

加快金保工程二期的应用，大力发展“互联网+人社”。以“互联网+”引领社保管理的精确化，通过大数据分析监测，使事后监管向事前预警和事中监控转变，加强基金风险监控、医疗保险智能监控、领取资格认证，杜绝社保欺诈。以“互联网+”引领社保服务的便捷化，增加网上经办业务项目，打通部门之间、地域之间的信息壁垒，健全业务之间的协同协作机制，推动经办服务流程优化，打通线上与线下服务，实现网上服务与社会化服务协同，构建全方位、一体化的社会保险公共服务体系，实现“一地登录，全国通办”以及社保卡的全国“一卡”通用，为广大人民群众提供更加方便快捷的服务。

3. 全面落实全民参保计划，推动精准扩面和精确化管理

建立全民参保登记计划全国数据库，实现数据库动态管理。统计分析数据库中未参保群体、断保群体基本特点，据此制定相应的参保政策，实施精准扩面，促进全民参保。利用数据库信息，开展重复参保和重复享受待遇核查工作，实现精确化管理。分析数据库中各地参保人员和待遇享受人员的流向与分布，为划分中央和地方责任，实施财政转移支付提供决策依据。

（三）加强基金监管运营，确保基金的安全性

要从基金收、支、管理、运营各个环节风险点入手，加强监管。一是进一步完善基金监管制度，研究起草社会保险基金监管条例、社会保险基金监督规定、社会保险欺诈查处规定，建立并运用基金巡查、约谈和挂牌督办制度。二是进一步提升监管手段。依托信息网络，提高基金监督效能。完善基金监管软件，加强联网应用。推动部门之间相关信息数据交互和共享，建立疑点信息核查和反馈制度。建立健全经办管理制度和内控制度，扩展业务经办系统实时监控功能，探索建立常态化检查评估机制。三是强化基金监督执法手段。推动行刑衔接，强化监督执法，严肃查处社保欺诈行为，确保基金安全。

·专题报告·

B.9

中国养老金体系发展现状、困境与改革路径思考

董克用　张　栋*

摘　要：中国已经初步建立起了一个覆盖范围广泛、多方主体参与的规模庞大、制度复杂的多层次养老金体系。但总体来看，我国养老金体系仍面临着一系列挑战，尤其是在人口老龄化风险加剧的背景下，我国养老金体系面临长期的供需矛盾，最突出的挑战是养老金体系的结构性失衡，公共养老金制度压力过大，基本养老金制度一支独大，补充养老金制度进展缓慢，待遇水平充足性有限；同时还面临着一系列的制度管理困境。应对这些挑战，必须充分借鉴国际经验，建设和完善符合我国国情的多支柱养老金体系；同时，还应充分关注适时提高全额领取养老金年龄、适当提高养老金缴费年限、确保缴费基数真实足额以及完善养老金投资体制等配套措施的落实。

关键词：养老金　多支柱　结构性改革　参量改革

改革开放以来，随着经济社会的不断发展，我国养老金体系有了快

* 董克用，中国人民大学教授、博士生导师，中国养老金融50人论坛秘书长，主要研究方向为养老政策与养老金融；张栋，中国人民大学管理学博士生，中国养老金融50人论坛青年研究员主要研究方向为养老金政策。

速发展，在覆盖面和保障水平等方面均取得了显著成就，但从长期来看，依然面临着一系列挑战。在城乡一体化和全面建成小康社会的背景下，正确认识我国养老金体系的发展进程，探讨其制度变迁过程中受历史及其他因素影响形成的困境与矛盾，建立一个覆盖面广泛、多主体责任共担、保障层次多样的多支柱养老金体系，是完善我国养老金体系的重要方向。

一　中国养老金制度变迁与发展现状

（一）中国现行养老保险制度体系框架

我国现行养老保险制度体系包括三个层次：第一层次是国家主导的基本养老保险制度，包括城镇企业职工基本养老保险制度、机关事业单位基本养老保险制度和城乡居民基本养老保险制度三大主要类别；第二层次是单位主导的职业养老金制度，包括企业年金制度和职业年金制度；第三层次为个人主导的个人自愿储蓄型养老保险制度（见图1）。这三个层次分别对应国际通用的三支柱养老金体系中的第一、第二、第三支柱。

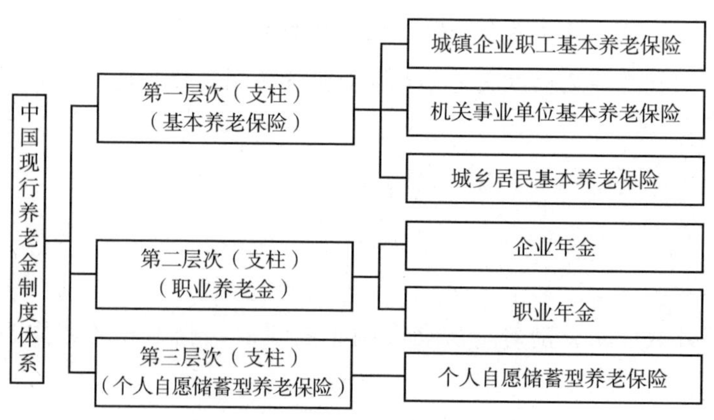

图1　中国现行养老金制度体系

就第一层次基本养老保险制度而言，目前三大类型的基本养老保险制度均采取的是社会统筹与个人账户相结合的制度模式，城镇企业职工基本养老保险和机关事业单位基本养老保险筹资由单位和个人缴费构成，城乡居民基本养老保险筹资则由财政补贴和个人缴费构成。此制度的基本构想是社会统筹的基础养老金部分实施现收现付制，即劳动者缴费支付退休者养老金待遇，实现代际转移支付和收入再分配；个人账户部分则实施基金积累制，意在激励个人承担责任并减轻人口老龄化高峰带来的养老金危机。另外，城镇企业职工基本养老保险和机关事业单位基本养老保险制度都是通过相关的政策和法律法规强制实施的，具有法律约束力；城乡居民基本养老保险则由政府鼓励和引导，并通过财政补贴激励居民积极参加。

第二层次的职业养老金则是与职业相关的养老金制度安排，通常是以雇主为主导，由单位发起，采用强制或自愿的方式建立。目前，我国第二层次的职业养老金包括面向城镇企业职工的企业年金和面向机关事业单位职工的职业年金。其中，企业年金制度于1991年由《国务院关于企业职工养老保险制度改革的决定》首次提出，并于2004年在《企业年金试行办法》正式发布后开始实施，是在国家政策指导下，企业根据自身建设情况自愿选择为本企业职工建立的一种补充性养老金制度，由雇主和个人双方共同缴费，采取完全积累的方式，通过个人账户的方式进行管理。职业年金则是面向机关事业单位职工的补充养老金计划，是在机关事业单位退休制度并轨后，弥补其基本养老金待遇下降的手段，具有强制性，由单位和个人共同缴费，同样采取完全积累的方式，通过个人账户的方式进行管理。

第三层次的个人自愿储蓄型养老金也是我国现行养老金体系的一种补充形式，是一种遵循个人自愿的原则，由个人自行选择经办机构购买的个人储蓄型养老保险产品，往往采取积累制通过个人账户进行投资管理。此外，个人自愿储蓄型养老保险制度通常都会通过税收优惠等政策措施加以扶持和引导。

三个层次的养老保险制度体系的基本特征见表1。

（二）中国养老金体系的发展现状

1. 第一层次养老金发展情况

2009年以前，中国的社会养老保险制度只覆盖城镇职工群体，截至2008年底有2.19亿中国人有基本养老保险；2009年新型农村养老保险制度开始试点并全面推开，2011年城镇居民基本养老保险制度开始建立，养老保险基本上实现了制度上的全覆盖。随后，中国养老保险的覆盖面迅速扩大。

表1　中国养老保险体系构成及其各自特征

层次	类别	参保对象	参与方式	账户形式
第一层次	城镇企业职工基本养老保险	城镇企业职工	强制	社会统筹＋个人账户
	机关事业单位基本养老保险	机关事业单位职工	强制	社会统筹＋个人账户
	城乡居民基本养老保险	城乡居民	政府鼓励	社会统筹＋个人账户
第二层次	企业年金	城镇企业职工	自愿	个人账户
	职业年金	机关事业单位职工	强制	个人账户
第三层次	个人自愿储蓄型养老保险	全体国民	自愿	个人账户

根据《2015年度人力资源和社会保障事业发展统计公报》的数据，截至2015年底，中国的基本养老保险参保人数已近8.6亿人（见图2）。2015年，全国参加城镇职工基本养老保险的人数为35361万人，其中在职职工有26219万人，离退休人员有9142万人，全年城镇职工基本养老保险基金总收入为29341亿元，全年基金总支出为25813亿元，年末城镇职工基本养老保险基金累积结存35345亿元；城乡居民基本养老保险参保人数为50472万人，实际领取待遇人数为14800万人；全年城乡居民基本养老保险基金收入为2855亿元，支出为2117亿元，年末基金累计结存4592亿元。

2. 第二层次养老金发展情况

自2004年《企业年金试行办法》和《企业年金基金管理试行办法》明确了企业年金的具体操作规范以来，我国企业年金制度有了一定程度的发展。建立企业年金的企业户数从2006年的2.40万户增加到2015年的7.55万户，参加企业年金的职工人数也从2006年的964万人增加到2015年的

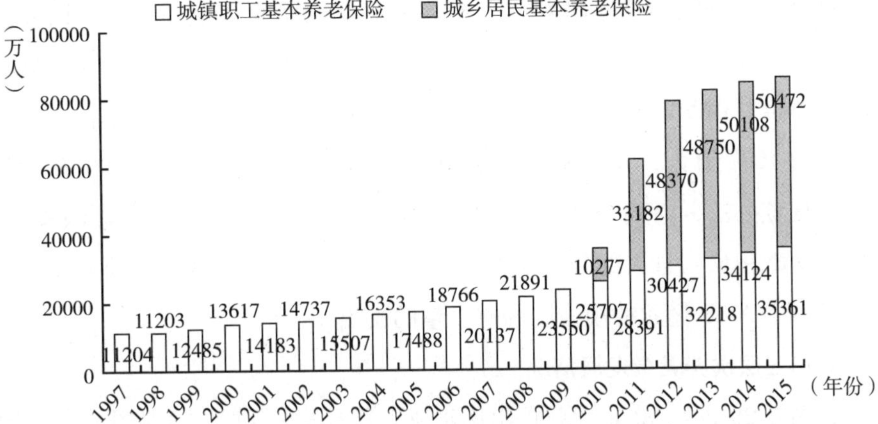

图2　1997～2015年中国养老保险制度覆盖人数变化情况

注：城镇职工基本养老保险是城镇企业职工基本养老保险与机关事业单位基本养老保险的统称。

资料来源：根据1997～2015年人力资源和社会保障事业发展统计公报数据整理。

2316万人，企业年金基金累计结存从2006年的708亿元增加到2015年的9526亿元（见表2）。与此同时，近4年已有245万人领取企业年金，人均月领取额从980元增加到1850元。①

表2　2006～2015年中国企业年金参保情况

年份	企业年金户数(万户)	企业年金职工人数(万人)	累计结存(亿元)
2006	2.40	964	708
2007	3.20	929	1519
2008	3.30	1038	1911
2009	3.35	1179	2533
2010	3.71	1335	2809
2011	4.49	1577	3570
2012	5.47	1847	4821
2013	6.61	2056	6035
2014	7.33	2293	7689
2015	7.55	2316	9526

资料来源：根据2006～2015年人力资源和社会保障事业发展统计公报数据整理。

① 赵广道：《职业年金收入已达37.8亿元　保险机构成重要受托管理机构》，中国保险报·中保网，http://xw.sinoins.com/2016-12/24/content_217689.htm，2016年12月24日。

此外，国务院办公厅印发的《机关事业单位职业年金办法》（国办发〔2015〕18号）规定，自2014年10月1日起实施机关事业单位工作人员职业年金制度。由于职业年金制度具有强制性，目前我国机关事业单位工作人员有将近4000万人，据此来看，目前职业年金参保人数也在4000万人左右。根据该办法，财政全额拨款的机关事业单位职业年金采取记账的方式，并没有实账积累，且大部分地区并未开始征缴职业年金，截至目前职业年金大概积累了37.8亿元的规模，并有少量的支出。①

3. 第三层次养老金发展情况

我国在20世纪90年代就提出逐步建立基本养老保险与企业补充养老保险及职工个人储蓄性养老保险相结合的制度。此后，党中央、国务院的多个文件和国民经济发展规划都提出了发展多层次养老保险制度体系的要求。目前，人社、财政等部门正在牵头研究推动个人税延型商业养老保险试点工作，支持商业养老保险作为支柱养老保险产品内容之一加快发展，为第三支柱养老保险制度建设做出积极尝试和探索。

二 中国养老金体系面临的困境与挑战

经过数十年的发展和改革，中国已经建立起了一个覆盖范围广泛、多方主体参与的规模庞大、制度复杂的养老金体系，包括城乡居民基本养老保险制度、城镇职工基本养老保险制度（涵盖了企业和机关事业单位），同时针对企业建立了自愿性的企业年金制度，针对机关事业单位建立了强制性的职业年金制度。但也应当看到，我国养老保险制度仍然面临诸多挑战。

（一）人口老龄化风险加剧，养老金体系面临长期的供需矛盾

人口老龄化是中国养老金体系面临的最大的系统性风险。从2000年进入人

① 赵广道：《职业年金收入已达37.8亿元　保险机构成重要受托管理机构》，中国保险报·中保网，http：//xw.sinoins.com/2016－12/24/content_217689.htm，2016年12月24日。

口老龄化社会以来，中国人口老龄化速度逐步加快，人口年龄结构老化迅速。从未来的发展趋势来看，中国人口老龄化将持续很长一段时间，在2060年前后老年人口数量将达到一个峰值并在随后开始下降，但伴随着总人口的减少，人口老龄化的程度并不会降低，65岁及以上老年人口占比依然会在相当长一个时期内保持相对的高位（33%左右），持续到21世纪末（见图3），并且很难逆转。

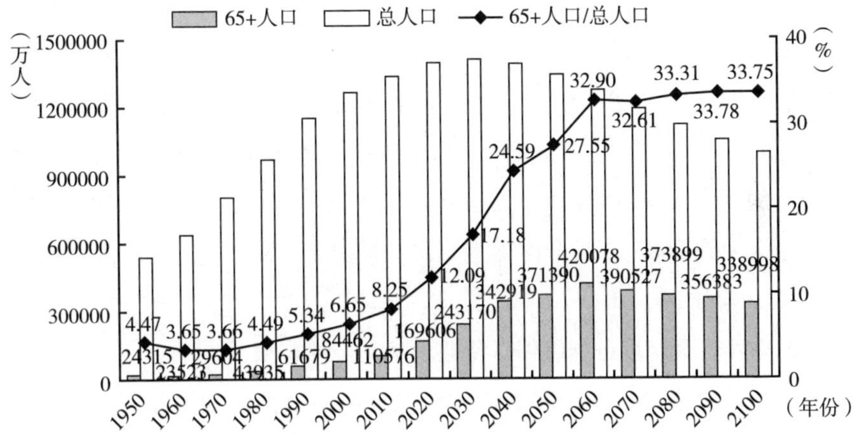

图3　中国65岁及以上人口数量及其占总人口比重的变化趋势：1950～2100年

资料来源：United Nations, "World Population Prospects: 2015 Revision," https://esa.un.org/unpd/wpp/Publications/Files/Key_Findings_WPP_2015.pdf, 2012-07-29。

伴随着人口老龄化程度的不断加深以及人均预期寿命的延长，我国现行养老金体系的制度赡养率①将不断增加。这意味着，领取养老金的人数将不断增加，而制度内缴纳养老保险费的人却在不断减少，同样数量的劳动年龄人口将要供养更多的老年人口，如果保持现有的养老金制度不变，我国养老金体系将面临巨大的负担，带来可持续性差的风险。

（二）结构性挑战突出，公共养老金制度压力过大

1.基本养老金制度一支独大，可持续性存在风险

随着人口老龄化程度的不断加深，我国养老金体系面临着越来越严峻的

① 制度赡养率是指制度内领取养老金的人数与制度内缴纳养老保险费的人数之比。

挑战，它们极大地影响着我国养老金体系的可持续性。从目前来看，我国基本养老金制度一支独大，担负着养老金体系的主要责任。随着经济社会发展水平的不断提高，公民对养老金水平的要求也不断提高，截至2017年，我国城镇企业职工基本养老金已经连续十三年上调，给一支独大的基本养老金制度带来巨大的可持续性风险。据人力资源和社会保障部的统计，若剔除4716亿元的财政补贴，2015年城镇企业职工基本养老保险基金当期收支缺口高达1188亿元，从长期缺口来看，不同的机构和学者给予了不同的测算。德意志银行的马骏（2012）认为我国现实养老金缺口到2020年将达到GDP的0.2%，到2050年将达到GDP的5.5%；到2050年累积的养老金总缺口的现值（用名义GDP增长率作为折现率来计算）相当于目前GDP的75%。曹远征等认为到2033年时全国养老金缺口将达到68.2万亿元，占当年GDP的38.7%（李国璐，2013）。

2. 补充养老金制度进展缓慢，待遇水平充足性有限

从制度建设来说，我国养老金体系包括第一支柱的基本养老金制度和第二、第三支柱的补充养老金制度，然而由于第一支柱缴费率过高以及第二、第三支柱税优政策不到位等一系列因素的影响，我国第二支柱的企业年金进展缓慢，刚刚建立的职业年金制度，也只能覆盖极少数的人；第三支柱的个人养老金制度尚未建立，绝大部分群体仅能依靠基本养老金制度保障退休生活。然而，基本养老保险的功能是保基本，以城镇企业职工基本养老金制度为例，基本养老金替代率已经从1997年制度建立之初的70.79%下降到2015年的43%左右，已经处于国际劳工组织公认的40%～50%的警戒线上，养老金待遇水平的充足性受到巨大挑战。

（三）制度性困境没有得到克服，养老金体系可持续性受限

1. 制度管理模式存在漏洞，增加了制度的运作风险

为保持制度统一，我国三大基本养老保险制度都采取了“统账结合”的筹资模式，这种试图将公平和效率融合在一起的制度安排在实践中遭遇了一系列困境。就城乡居民基本养老保险而言，其社会统筹部分是非缴费型

的，是国家提供的普惠式的城乡居民养老金。为激励个人缴费，国家通过财政配比的方式给个人账户以补贴，但从实际成效来看，大多数城乡居民都按照最低档次的缴费标准进行缴费；与此同时，计划积累式的个人账户并没有真正意义上的投资运作，造成城乡居民基本养老保险制度个人账户管理成本高昂、效率偏低。就城镇企业职工基本养老保险而言，由于统账结合的制度在建立过程中没有解决好转轨成本问题，在社会统筹和个人账户混账管理的背景下，许多地区的个人账户资金被统筹账户透支，形成空账，无法进行实际投资以保值增值。与此同时，刚刚与城镇企业职工基本养老保险制度并轨的机关事业单位基本养老保险制度也面临着同样的风险。

2. 领取养老金的条件过宽，加大了制度的支付压力

目前，中国全额领取养老金的基本条件为：最低缴费 15 年并达到法定退休年龄（男性60 周岁，女干部55 周岁，女工人50 周岁）。从国际经验来看，发达国家全额领取养老金的条件要远远高于我国，一方面其最低缴费年限更长，法国、德国分别都超过40 年，其他一些国家如英国、西班牙、日本等的养老金最低缴费年限也大多在20 年以上，而我国目前规定的全额领取养老金的最低缴费年限偏低。与此同时，目前我国法定退休年龄也大大低于大部分发达国家（见表3）。目前我国养老金领取条件过宽，在很大程度上加大了养老金制度的支付压力。

表 3　不同国家全额领取养老金的条件

国　别	最低缴费年限	法定退休金年龄	备注
法　国	41 年	60 岁	允许弹性退休，未达法定退休年龄按比例领取养老金
德　国	45 年	男 65 岁	缴费满 45 年可提前至 63 岁到 65 岁退休并领取全额养老金
英　国	35 年	男 65 岁，女 60 岁	到 2028 年将男女退休年龄逐步提高至 67 岁
西班牙	30 年	65 岁	可弹性退休，将继续延长法定退休年龄至 67 岁
日　本	25 年	65 岁	允许弹性退休
瑞　典	30 年	65 岁	允许弹性退休
波　兰	25 年	男 65 岁，女 60 岁	到 2020 年男性延长至 67 岁，到 2040 年女性延长至 67 岁
墨西哥	1250 周(约 24 年)	65 岁	60 岁可提前退休，缴费满 24 年可全额领取养老金

注：本表系笔者根据雍海宾和宋涛（2016）、郭林林（2011）、华颖（2016）、王雯和李珍（2013）、张士斌（2014）、李浩燃等（2012）公开发表的资料整理而得。

3. 保值增值能力有限，降低了基金的运行效率

据《中国养老金发展报告》公布的利息收入等信息综合分析，中国基本养老保险基金的投资收益基本维持在2%左右①，而2000～2015年的年均通货膨胀率约为2.35%，中国基本养老金实际上处于贬值状态。与此同时，自全国社保基金理事会于2000年成立到2015年底，其管理的全国社会保障储备基金年平均收益率为8.82%，形成强烈反差，表明我国基本养老金保值增值能力还有较大的发展空间。此外，同OECD国家相比，我国基本养老金的投资收益也相对偏低，而大部分OECD国家都取得了较好的年均收益率（见表4），实现了养老金的保值增值。

表4 2005～2015年OECD国家养老保险基金年均收益率情况

单位：%

国别	名义年均收益率	年均净收益率	国别	名义年均收益率	年均净收益率
冰岛	6.9	1.2	挪威	5.5	3.4
澳大利亚	6.2	3.4	以色列	5.6	3.7
英国	7.3	4.7	美国	2.2	0.4
加拿大	5.9	4.2	卢森堡	3	1.1
荷兰	5.5	3.8	奥地利	2.6	0.6
丹麦	5.8	4	意大利	3.2	1.6
比利时	5.1	3.2	韩国	3.8	1.3
墨西哥	6.5	2.4	葡萄牙	3.2	1.8
智利	6.8	3.0	拉脱维亚	3	-0.7
土耳其	10.7	2.3	捷克	2.1	0.1

资料来源：OECD，“Pension Markets in Focus 2016，” http：//www.oecd.org/daf/fin/private－pensions/Pension－Markets－in－Focus－2016.pdf，2016。

三 国外养老金制度改革的总体状况与经验借鉴

（一）建立多支柱体系保障养老金政策目标实现

从发达国家养老金制度改革的实践看，成功实现公平性、充足性和可持

① 《2017年2月25日养老金入市全面启动 社保基金最新收益率是多少?》，南方财富网，http：//www.southmoney.com/gupiao/jjzcg/201702/1098252.html，2017年2月25日。

续性的国家多实行多支柱的养老金体系。多支柱的养老金体系以世界银行的建议最为典型，在世界上许多国家得到了推广和应用。其多支柱主要体现在以下几个方面。零支柱：非缴费型普惠养老金计划。由政府财政出资，为贫困者以及没有资格领取正式养老金的群体提供最低水平的收入保障，旨在消除老年贫困。第一支柱：政府立法强制实施的公共养老金计划。旨在给退休人员提供基本养老金，政府对第一支柱养老金负有最终责任，一般采取现收现付模式，由当期工作一代人通过税收融资，给付退休一代人养老金待遇，体现代际的收入再分配。第二支柱：职业养老金计划。一般由单位主导，单位和个人共同缴费，通常采取完全积累的方式，国家给予税收优惠等政策扶持。第三支柱：自愿性个人储蓄养老金计划。由个人主导，自愿缴费，体现个人养老责任，通常采取完全积累制，国家给予税收优惠。第四支柱：家庭成员供养、社会互助等灵活方式，是一种非正式的养老金支持计划。可以整合不同的社会资源参与到养老支持过程中。其中，零支柱和第一支柱体现的是政府责任，又被称为公共养老金；第二支柱和第三支柱则体现的是雇主和个人责任，也被称为私人养老金；第四支柱实际上不是严格意义的养老金，是灵活性的养老收入安排。

世界银行“五支柱”养老金体系是一个基于风险分散的、缴费与非缴费相结合、多方主体责任共担、保障水平多样化的长远规划安排。世界上许多国家都纷纷建立起了多支柱的养老金体系，为国民提供多样化的养老收入供给，从其发展经验来看，体现雇主和个人责任的第二、第三支柱养老金制度发挥着越来越重要的作用。根据 *Pension Markets in Focus 2016* 的统计数据，截至 2015 年底，全球私人养老金总资产达到 38 万亿美元，OECD 成员国私人养老金资产占其 GDP 的加权平均值高达 123.6%。

多支柱养老金体系的有效性可以通过目前国际上两个著名养老金评价指数得以体现。一是国际知名咨询公司美世推出的全球养老金指数，对全球前 27 大经济体的养老金体系进行了排名。该指数包含养老金充足性、可持续性和制度环境三个维度，2016 年的排名中，中国排第 23 位。二是德国安联公司的“养老金可持续指数”，对全球前 54 大经济体进行排名。该指数包含人口结构、养老金制度、公共财政占比三个维度，在2016年排名中，中国排名第53位，倒数第二。这两个指数中，排名靠前的经济体的共同特点是有非常发达的第二支柱职业养老金和第三支柱个人养老金。相反，那些私人养老金制度薄弱的国家排名都相对靠后。

全球养老金制度改革的经验教训表明：任何单一的养老金体系都难以应对人口、经济和社会带来的多方面挑战。这方面也有一系列反例：养老金体系仅仅依赖第一支柱的国家如希腊，近年来的财政危机与公共养老金入不敷出有很大的关系；在20世纪80年代改革中只推行个人自愿储蓄型养老金的智利，也遇到了问题，近年来不得不重建政府主导的第一支柱养老金。从这些教训中可以看出，只有通过多支柱的养老金制度组合，才能更好地进行风险分散，才能构建一个覆盖广泛、充足、可持续的养老金体系。总之，发达国家养老金制度改革的重要经验就是要处理好公平与效率之间的关系，通过政府、雇主、个人及其他社会力量的共同努力，实现养老责任多方共担，构建多支柱的养老金体系。

（二）通过养老金制度参量改革应对人口老龄化的挑战

1. 提高退休年龄，降低养老金支出压力

提高退休年龄是许多国家应对人口老龄化的重要举措。一方面，提高退休年龄可以缩短个人领取养老金的时间和退休后的闲暇时间，一定程度上可以缓解人口老龄化对经济社会发展的压力，提高经济发展活力；另一方面，可以有效发挥老年人力资源的作用，丰富劳动力供给。发达国家大多对退休制度进行了改革，在人均预期寿命提高的背景下，提出“Living Longer, Working Longer”的战略理念。在具体操作和实践过程中，许多国家都采取循序渐进的方式延迟退休。如美国计划在2002～2027年的25年间，对不同时间出生的人采用不同的调整方式，将退休年龄逐步从65岁提高到67岁；英国计划在2010～2020年先将女性退休年龄提高到同男性一致的65岁，然后到2050年实现男女同步68岁退休。提高退休年龄是人口老龄化背景下的一种世界潮流，尽管各国在实现路径上有所差异，但最终的目标是一致的。

2. 改革养老金缴费和给付条件，平衡养老金收支

除提高退休年龄外，发达国家还采取了其他一些参量调整的方式改革养老金制度，如适度降低公共养老金替代率、提高缴费基数、提高缴费年限等。在适度降低公共养老金替代率方面，OECD 国家主要是根据养老金收支平衡对养老金给付进行调整，如德国于 2004 年引入可持续因子，根据老年抚养比和失业率等因子对养老金给付进行调整；同时一些国家改革前养老金计发基数为退休前十年的平均工资，改革后为全部工作期间的平均工资，实际上降低了养老金的计发基数。在提高缴费基数方面，德国、日本将奖金等收入也纳入缴费基数，英国向上提高了养老金缴费基数标准。在提高缴费年限方面，英国于 2016 年将最低缴费年限提高至 10 年，同时规定缴费满 35 年才能全额领取养老金，否则要按比例折扣。这一系列的参量改革的目标也均是为了平衡养老金收支。

四　中国养老金体系改革的路径思考

（一）我国养老金体系的结构性改革思路

中国养老金体系的一系列困境与风险的根本症结在于其结构不合理，第一支柱基本养老保险制度一枝独大，与此同时，在人口老龄化的影响下，制度抚养比不断提高，有限的缴费能力与日益增加的养老金需求之间的矛盾不断加剧。因此，必须依靠多支柱养老金体系的建设，提供多元化的养老金供给，降低单一支柱养老金制度的风险，满足老年人多元化的养老金需求。中国养老金体系完善的核心应该是明晰多方责任边界。鉴于中国养老金体系的复杂性，养老金体系的改革和完善不宜推倒重来，应当充分借鉴世界银行“五支柱”明晰的主体责任理念，按照不同主体责任划分对现有制度进行有效整合与优化，建立城乡一体化背景下的覆盖全体国民的多支柱养老金体系。

1. 定位零支柱养老金制度，保障底线养老

零支柱养老金制度是一种非缴费型的养老金制度，体现的是完全的政府责任，目的是消除老年贫困，为不能领取正式养老金的群体提供最低水平的收入保障。从性质上来讲，当前我国城乡居民基本养老保险制度中的社会统筹部分是零支柱养老金体系的典型体现。我国城乡居民基本养老保险的主要对象是农业劳动者，其中的基础养老金是政府财政为农业劳动者年老时提供的生活补贴。这是取消农业税之后政府为广大农民做的又一件好事，也与发达国家纷纷实行的“以工补农”政策不谋而合。为提高制度效率，优化城乡居民基本养老保险制度，应将城乡居民基本养老保险制度中的社会统筹和个人账户进行分离，将社会统筹部分待遇给付直接定位于零支柱，通过中央财政和地方财政给付为城乡居民提供普惠式的、保障底线的养老金。零支柱的养老金水平应与经济社会发展水平相适应，中央财政（目前每月 70 元）和地方财政（目前各地待遇差异较大）都应当把握好这一尺度。同时，这部分养老金还可以与城乡居民最低生活保障制度相衔接，当享受城乡低保的居民达到领取城乡居民基本养老金的年龄时，可以领取养老金，同时，停止领取低保。

2. 整合第一支柱养老金制度，实现保基本

第一支柱养老金制度是公共养老金制度，是正式的养老金制度安排，具有收入再分配功能，通常采取的是现收现付的筹资方式。根据中国目前的养老金体系构成以及责任划分，应将城镇企业职工基本养老保险制度和机关事业单位基本养老保险制度中社会统筹和个人账户相分离，将二者社会统筹部分整合为第一支柱养老金制度，由政府主导，单位缴费，国家财政兜底，逐步实现全国统筹，通过大数法则实现风险分散，为城镇就业者提供保基本的养老金。

3. 优化第二支柱职业养老金制度，强化单位责任

第二支柱养老金是与职业相关联的养老金制度安排，在我国当前的制度设计中表现为强制性的职业年金制度和自愿性的企业年金制度。补充养老金制度设计差异给城镇正规就业者带来了新的制度不公，应在完善第一支柱养老金制度的基础上，逐步加强税收优惠等政策支持并考虑以准强制的方式完善企业年金制度，同时对于职业年金中非全额拨款的事业单位采取的虚账或虚实结合的养老金需尽快进行实账管理，实账管理的企业年金和职业年金都以个人账户的形式存在，并加强其投资和监管，以从制度设计上保障职业养老金保值增值，从而更好地提高养老金水平。

4. 探索第三支柱个人养老金制度，发挥个人责任

零支柱和第一支柱分别提供的是城乡居民和城镇就业者的基本保障，属于公共养老金范畴。第二支柱是针对城镇正规就业者的补充养老金，而没有雇主和单位的灵活就业人员以及城乡居民则无法被纳入第二支柱的职业养老金范畴，因此可以考虑将城乡居民基本养老保险、城镇企业职工基本养老保险和机关事业单位基本养老保险统账结合分离后的个人账户，通过某种形式纳入第三支柱个人账户中，并通过税收优惠等激励措施激励全体国民通过养老储蓄计划等方式补充第三支柱个人养老金，从而为不同群体提供补充的养老金制度选择，并通过优化投资组合提高资金运行效率。完善中国第三支柱个人自愿储蓄型养老金制度在当前具有重要意义。一方面，第三支柱个人养老金制度由个人主导，运作灵活，当前我国正处于经济结构转型期，灵活就业群体规模不断扩大，而这部分群体难以被企业主导的第二支柱覆盖，发展第三支柱个人自愿储蓄型养老金制度可以有效对这部分群体形成补充保障。另一方面，我国居民储蓄率较高，公众风险意识正逐步增强，对第三支柱个人养老金制度有着较大的需求，因此完善第三支柱个人自愿储蓄型养老金制度有利于满足公众多样化的养老需求。

（二）我国养老金体系改革的配套措施

1. 适时提高全额领取养老金年龄，缓解养老金支付压力

在人口老龄化程度不断加深的背景下，我国人口抚养比不断上升，领取养老金的人数不断增加，而为养老金缴费的人数日益减少，从而导致我国养老金面临着日益严峻的支付压力。适时提高退休年龄是许多发达国家应对人口老龄化、缓解养老金支付压力的重要措施。无论是从国际发展经验，还是从我国经济社会发展的现状来看，目前我国退休年龄或全额领取退休金的年龄都偏低，我国有着提高退休年龄的必要性和紧迫性。尽管目前提高退休年龄或者提高全额领取退休金的年龄还面临着诸多争议，但延迟退休适应我国经济社会发展的大势，是我国为应对人口老龄化做好准备的必要路径。值得注意的是，这一改革必须精心设计，处理好各方关系，循序渐进，逐步推进。

2. 适当提高养老金缴费年限，增强制度的可持续性

目前我国基本养老保险是强制性的，但由于法定的最低缴费年限为15年，很难避免参保人在达到法定的最低缴费年限后停止缴费。特别是在人均预期寿命不断增加以及实际工作年限提高的背景下，现行15年的法定最低缴费年限的要求过低，会严重削弱参保者的缴费积极性，不仅不利于其养老资产的积累，而且不利于制度的持续发展。发达国家全额领取养老金的最低缴费年限要远远高于我国，如法国为41年、英国为35年、德国为45年。为适应人均预期寿命延长的趋势以及保障劳动者退休后的生活，建议适时提高基本养老保险的最低缴费年限至20年或25年，并随着人均预期寿命的增加动态调整。

3. 确保缴费基数真实足额，提高养老金收入水平

按照目前的政策规定，我国基本养老保险缴费基数可按当地社会平均工资的60% ~300%确定，许多企业为降低缴费压力，选择以最低水平确定缴费基数。国家统计局统计的近几年的全国基本养老保险征缴收入在工资总额中的占比一直低于28%，2008 ~2015年平均仅为22.3%，亦即不足法定数据28%的80%。我国基本养老保险缴费基数长期不实，在很大程度上影响了我国基本养老保险的收支平衡，同时也不利于真实评估养老金的运行情况。因此，必须优化基本养老保险费征缴管理体制，人社部门征缴系统应与税务部门对接，参照纳税基数，确定单位和个人基本养老保险的应缴费基数，从而保证基本养老保险缴费基数的真实化、足额化。

4. 完善养老金投资体制，保障养老金保值增值

重构第三支柱的养老金体系的重要前提是完善我国的养老金投资体制，

第二、第三支柱采取的是完全积累的方式，必须保证养老金能够在安全的前提下实现保值增值。我国资本市场经过多年发展，具备实现养老金投资增值的客观条件；在正确利用资本市场的同时，必须加强对投资的风险控制，完善投资体制，明确投资范围、投资比例以及投资决策、管理与执行机制，并加强对资金的审计和监督，为养老金投资营造一个良好的环境。

参考文献

[1] 郭林林：《法国养老金制度的改革及启示》，《上海保险》2011 年第 12 期。

[2] 华颖：《德国 2014 年法定养老保险改革及其效应与启示》，《国家行政学院学报》2016 年第 2 期。

[3] 李国璐：《中国银行首席经济学家曹远征：我国养老金缺口 18.3 万亿》，财经网，http://stock.caijing.com.cn/2013-10-11/113401159.html，2013 年 10 月 11 日。

[4] 李浩燃、罗彦、何勇等：《人民日报调查延迟退休，多数国家采用渐进式》，人民网，http://politics.people.com.cn/n/2012/0913/c1001-18994353.html，2012 年 9 月 13 日。

[5] 马骏：《转型的成本少一点转轨最大的动力就是社保缺口》，《财经》2012 年第 15 期。

[6] 王雯、李珍：《英国简化公共养老金改革政策分析》，《中国劳动》2013 年第 10 期。

[7] 雍海宾、宋涛：《应对人口老龄化的社会保障制度改革——西班牙社会保障制度改革的经验和启示》，《财会研究》2016 年第 9 期。

[8] 张士斌：《退休年龄政策调整：日本经验与中国借鉴》，《现代日本经济》2014 年第 1 期。

B.10

关于收入分配视角下我国社会保险缴费水平几个问题的讨论

谭中和*

摘　要：　目前，我国的社会保险正在逐步实现法定人群全覆盖，但与此同时，一些企业特别是劳动密集型企业和大多数的中小微企业，普遍反映社会保险缴费水平高，加大了其人力成本。基于此问题，本文首先论述了社保费依据工资征缴，而工资性收入已经不能准确反映个人收入状况的事实。其次简要分析了我国部分行业的社会保险缴费水平，并从收入分配的整体视角研究了我国的社会保险缴费水平问题，进而得出如下基本结论：一是在国民收入分配格局中，我国就业人员的收入水平总体偏低；二是社会保险缴费水平不能只看费率，更要看费基；三是根据研究，企业的成本增加主要来自融资成本高、税费成本高、土地能源和物流等成本高；四是我国企业的社会保险缴费负担水平具有鲜明的行业、地域、企业规模和所有制形式的差异。最后建议：一、做实社会保险缴费基数，不盲目降低社会保险费率；二、精准施策，区别不同情况降低企业成本；三、加强社会保障，不轻易降低或削减社会保险费。

关键词：　收入分配　社会保险　缴费水平

* 谭中和，人力资源和社会保障部劳动工资研究所副所长、研究员，主要研究方向为收入分配和社会保障。

社会保险是二次分配的重要工具和手段。社会保险在保障参保人员基本生活的同时，也具有促进经济增长、调节收入分配和维护社会公平公正的作用。目前，我国五项社会保险已经基本实现了制度全覆盖，正在逐步实现法定人群的全覆盖。职工基本养老保险和基本医疗保险，作为社会保险中最重要的险种，已经覆盖了城镇各类企业及其职工、个体工商户和灵活就业人员，以及在华就业的外籍人员。随着我国经济进入新常态，一些企业特别是劳动密集型企业和大多数的中小微企业，普遍反映企业人工成本越来越高，尤其是社会保险缴费水平高，使它们面临困境。对于企业的社会保险负担情况究竟如何，企业降成本又该从何处入手，有必要从收入分配的整体视角，将企业的经营和成本情况弄清楚，如此才能精准施策，切实解决企业发展负担过重的问题。否则有可能出现“号错脉、开错药”的结果，导致对企业经营困难问题实质的误判或错判。社会保险费是企业人工成本的重要组成部分，从整体收入分配的视角，分析探讨社会保险费的来源，以及不同类型企业和人员的缴费能力和水平，不仅对于建立更加公平可持续的社会保障制度具有重要意义，而且对于完善收入分配制度，提高全社会劳动生产率，也具有极其重要的现实和理论意义。

一　社保费依据工资征缴，但工资性收入已经不能准确反映个人的收入状况

（一）城镇居民工资性收入占比逐年下降，职工社保缴费以工资为基数缺乏公平性

职工社会保险以工资为基数缴纳费用，是在20世纪80年代中期开始试点探索职工养老保险单位和个人缴费时确立的，那时的劳动工资还带有比较浓厚的计划经济时期收入分配的特征，突出表现是城镇居民的收入主要是工资性的收入。随着社会主义市场经济制度的建立，城镇居民人均可支配收入的结构发生了较大变化，我国城镇居民人均可支配收入中的工资性收入占比

由2000年的71.2%逐年下降至2013年的64.1%，下降了7.1个百分点。这表明，工资性收入已经不能准确衡量单位和个人的缴费能力和水平。多项研究也表明，在城镇劳动者中，大多数劳动密集型产业的企业职工主要收入来源是工资，中低收入者更多依靠工资性收入。因此，较低收入者承担了较多的社保缴费责任，这进一步加剧了收入分配的不平等，也是一些企业欠费和职工中断社会保险缴费现象逐年增多的重要原因。

（二）缴费基数以城镇在岗职工社会平均工资为基准，掩盖了不同行业和不同类型企业职工间的收入差距

一方面，目前我国统计部门公布的在岗职工社会平均工资，仅覆盖了城镇机关事业单位和国有企业等的职工，而未将中小微企业职工、个体工商户雇员和灵活就业人员等低收入人群纳入统计范围。在我国目前的参保人群中，中小微企业职工、个体工商户雇员和灵活就业人员等的参保占比越来越大。根据对广东、浙江、山东和陕西等省的调查，这些较低收入参保人的数量占到职工总参保人数的67%。他们中大多数人的收入达不到当地在岗职工社会平均工资水平，甚至部分人群的收入在当地社会平均工资的60%以下。如陕西省2014年企业职工按照在岗职工平均工资60%缴费的人数为25.95万人，占企业参保职工总数的6.2%，个体灵活就业人员按照在岗职工平均工资40%缴费的人数为20.03万人，占个体灵活就业人员总数的17.6%；2015年企业职工按照在岗职工平均工资60%缴费的人数增加到27.17万人，占企业参保职工总数的比例上升为6.4%，个体灵活就业人员按照在岗职工平均工资40%缴费的人数增加到24.43万人，占个体灵活就业人员总数的比例上升为24.1%。2013年个体灵活就业人员缴费率为70%，2014年下降为60%，2015年进一步下降为57%。由于缴费基数过高，很多低收入者中断或放弃参保缴费。而对于部分高收入者，由于多数地区实行双基数缴费，单位并没有为其多缴纳保费，个人缴费由于受到300%的封顶限制，他们也没有更多地缴纳社会保险费。根据中国证监会的信息，2010年上市公司负责人年薪平均值为66.8万元，2013年为

81.81 万元。[1] 2012 年中央企业主要负责人平均年薪相当于中央企业在岗职工年平均工资的 10.5 倍。[2] 而这些人员的养老保险个人缴费仅仅是当地社会平均个人缴费的 3 倍。

另一方面，我国行业间的工资差距较大。2013 年，在全国 19 个行业门类中，城镇单位在岗职工工资最高行业与最低行业工资相差 4.23 倍。从按大类划分的我国各行业城镇单位就业人员工资水平看，各行业间的收入差距变化趋势与门类行业相同。2010 年，在全国 97 个行业大类中，工资最高的是证券业，年人均工资为 168116 元；最低的为畜牧业，年人均工资仅为 14175 元，最高行业年人均工资为最低行业年人均工资的 11.9 倍。2013 年，在全国 98 个行业大类中，工资最高的是其他金融业，年人均工资为 188860 元；最低的为农业，年人均工资为 24467 元，最高行业年人均工资与最低行业年人均工资的倍数为 7.7 倍。根据十大银行（工农中建交 5 家国有银行，以及招行、民生、中信、光大、平安 5 家股份制商业银行）的员工薪酬调查，2015 年，其员工平均年薪最低的为 22 万元。[3]

高收入单位和个人，并没有对我国社保缴费做出应有的贡献，显然这不符合社会保险参保缴费的“量能原则”。

（三）社保费在企业总成本中占比并不高

以建筑业为例，2010～2015 年，各年度企业人工成本占企业总成本的比例大致在 15%，而每年的五项社会保险费占总成本的比例不到 1%。可以说，社会保险费用的变动对企业总成本的变动难以产生实质性的影响。

---

① 数据来自中国证监会网站：http://www.csrc.gov.cn/pub/newsite/sjtj/。

② 数据来自人社部劳动工资研究所《“十三五”我国收入分配发展规划研究报告》。

③ 《十大银行员工薪酬调查：平均年薪最低 22 万也算寒冬?》，证券时报网，http://www.stcn.com/2016/0405/12653676.shtml，2016 年 4 月 5 日。

（四）允许部分人群适度兼职兼薪获得的合法收入是否纳入社保缴费基数

2016年，中办、国办印发了《关于实行以增加知识价值为导向分配政策的若干意见》，允许科研人员和教师依法依规适度兼职兼薪，获得合法收入。明确指出，“科研人员在履行好岗位职责、完成本职工作的前提下，经所在单位同意，可以到企业和其他科研机构、高校、社会组织等兼职并取得合法报酬……兼职取得的报酬原则上归个人……兼职或离岗创业收入不受本单位绩效工资总量限制，个人须如实将兼职收入报单位备案，按有关规定缴纳个人所得税”“高校教师经所在单位批准，可开展多点教学并获得报酬”。2014年，国家卫计委等印发了《关于印发推进和规范医师多点执业的若干意见的通知》（国卫医发〔2014〕86号），该通知指出：“允许临床、口腔和中医类别医师多点执业”。并明确要求多点执业医生要“按照国家有关规定参加社会保险”；执业医生“与拟多点执业的其他医疗机构分别签订劳务协议，鼓励通过补充保险或商业保险等方式提高医师的医疗、养老保障水平”。

按照国家的规定，科研人员、教师（中小学校教师除外）和医生可以兼职获得多份工资性收入。这有利于提高这些群体的收入水平，促进资源的公平分配。但这些政策没有明确，兼职或多点执业的收入是否应被纳入社会保险缴纳基数。相关文件只是明确了这些收入属于合法收入，并要求兼职收入应向单位备案并依法缴纳个人所得税。但是，是否需要将这些收入纳入单位和个人的社会保险缴费基数，没有给予明确的说明。《中华人民共和国社会保险法》第十二条规定：“用人单位应当按照国家规定的本单位职工工资总额的比例缴纳基本养老保险费，记入基本养老保险统筹基金。职工应当按照国家规定的本人工资的比例缴纳基本养老保险费，记入个人账户。”从《中华人民共和国社会保险法》的规定看，社会保险费是按照工资性收入缴纳的，医生多点执业的收入、教师和科研人员的兼职收入，应该被纳入其社会保险费缴费基数范围，但是社保经办机构很难在单位申报缴费环节将此部分收入考虑进去。

（五）科技进步和新业态的崛起，对社保缴费公平性的影响

一是不同类型企业成本和负担问题。以腾讯公司为例①，2004～2011年，腾讯公司的净利润由4.4亿元增加到120亿元，增加了26倍。在这高利润的背后，是其生产方式与传统企业不同。如QQ空间中的独特应用软件，其设计可能只需要1个或者几个程序员花费几天时间，一旦设计完成并通过测试，该软件便可以被反复复制，复制成本几乎为零。如果卖给1个用户获益10元，卖给100万个用户就可获益1000万元。在这两种情况下，腾讯公司的成本几乎一样，但收入有天壤之别。腾讯的虚拟衣服、虚拟装饰、虚拟家具等，都是如此。这就使其收入和成本之间的关系非常弱，盈利赚钱能力非常高。而这背后是腾讯只为几个程序员缴纳社会保险费，缴纳极少的社保费。金融服务业的产出与投入关系跟腾讯很类似，一些在"互联网+"模式下运行的企业，也具有类似的状况。与此形成鲜明对比的是劳动密集型产业，其产出的产品数量与其成本的投入密切关联。因此，出现了不同产业、不同行业畸轻畸重的社会保险缴费负担问题。

二是"机器换人"的影响。一些企业为了提高劳动生产率，降低劳动力成本，采取用机器人代替人工的做法。广东省深圳市的一家企业的手机主板测试业务，占企业业务环节的很大一部分，原先需要几十个人，现在只需要1个技术人员操作5台机器就足够了。其结果是，企业的劳动力工资成本降低了，利润增加了。但这些企业承担的社会保险费责任大大降低了，因为社会保险缴费是以人头计征的，并不涉及机器人。企业采取"机器换人"无可厚非，而且是需要鼓励和支持的，毕竟劳动生产率的提高是根本。但问题是，企业获得了较高的劳动生产率和利润，也应承担更多的社会保险缴费义务。

① 中证网：http：//www.cs.com.cn/ssgs/gszt/120724_57040/。

二 我国部分行业社保缴费水平的简要分析

（一）从建筑业①看，劳动报酬即工资是主要人工成本，社保费占人工成本的比重大致保持在6%的水平

根据人社部相关文件规定②，我国企业人工成本包括以下七项：从业人员劳动报酬、社会保险费用、福利费用、教育经费、劳动保护费用、住房费用和其他人工成本。表1列出了各项人工成本占总人工成本的比重。从中可以看出，2000年以来，人工成本中最大的部分是劳动者的劳动报酬，占人工总成本的80%以上，并且呈提高趋势，由2000年的81.3%提高到2013年的84.1%。而社会保险费成本占人工总成的比重基本维持在6%以下。

表1 2000~2013年我国建筑业企业人工成本各项占比

单位：%

年份	从业人员劳动报酬	社会保险费用	福利费用	教育费用	劳动保护费用	住房费用	其他人工成本（工会经费）
2000	81.3	5.7	8.5	1.2	1.6	1.3	0.4
2001	81.6	5.4	8.5	1.2	1.6	1.3	0.4
2002	81.6	5.1	8.9	1.2	1.6	1.3	0.4
2003	81.7	4.4	9.4	1.2	1.6	1.3	0.4
2004	81.1	5.4	8.8	1.2	1.5	1.4	0.5
2005	81.6	5.5	8.6	1.2	1.6	1.2	0.4
2006	81.6	5.5	8.4	1.2	1.6	1.2	0.5
2007	82.3	5.5	7.7	1.2	1.6	1.2	0.5
2008	82.0	5.5	7.1	2.0	1.6	1.4	0.4

① 本文所指的建筑业是指狭义的建筑业，即按照国家《国民经济行业分类与代码》（GB/T4754-2002）分类，专门从事土木工程、房屋建设和设备安装以及工程勘察设计工作的生产行业。属于国民经济核算体系中的第二产业。

② 2004年劳动和社会保障部颁布的《关于建立行业人工成本行业信息指导制度的通知》（劳社部发〔2004〕30号）和2009年人社部下发的《关于开展完善企业在岗职工工资和人工成本调查探索企业薪酬调查方法试点的通知》（人社厅明电〔2009〕72号）等文件，对企业人工成本的构成有明确规定。

续表

年份	从业人员劳动报酬	社会保险费用	福利费用	教育费用	劳动保护费用	住房费用	其他人工成本（工会经费）
2009	82.5	5.5	6.4	2.1	1.6	1.5	0.4
2010	83.1	5.6	5.9	2.1	1.6	1.5	0.3
2011	83.3	5.9	5.3	2.2	1.7	1.3	0.3
2012	83.6	5.9	5.0	2.1	1.6	1.5	0.3
2013	84.1	5.9	4.4	2.1	1.6	1.5	0.4

数据来源：由笔者基于国家统计局历年《中国统计年鉴》和《中国劳动统计年鉴》，参考中国建设工程造价信息网和国家统计局历年《农民工监测调查报告统计分析》整理而得。

工业和信息化部中小企业发展促进中心发布的《2016 年全国企业负担调查评价报告》也证实了这一点。该报告认为，我国中小微企业人工成本高主要是劳动工资报酬居高不下，并且连年增长。[①]“基于收入分配视角的社会保险缴费水平问题研究”课题组对山东、广东、浙江和陕西省部分企业的调查也说明，目前企业面临“不涨工资，招不来人；工资涨上去，企业吃不消”“降成本，劳动报酬成本降低难”的问题。浙江省杭州市和宁波市、陕西省西安市和山东省的济南市的企业普遍反映，劳动报酬上涨迅速，对企业构成较大压力，即使在近几年企业效益不理想的情况下，工人的劳动报酬依然年年上涨，尽管企业面临亏损，但还得每年都涨工资。在浙江的杭州、山东的济南，企业招用的普通工人月薪都在 4000 元左右，熟练技术工月薪至少 6000 元，大多数还要包吃包住。位于中部地区的西安市也是如此。西安比亚迪汽车有限公司员工平均工资每月要 4000 元左右。技术工人的工资上涨更快。西安中车集团公司负责人介绍，公司技术工人月收入普遍在 6000 元以上，优秀的电焊工月收入要上万元。部分企业人力资源负责人认为，员工工资增长是正常的，但近几年涨得太快了，即使企业不太景气、经营困难，你不给工人涨工资，面临的是走人。

面对劳动报酬的增加，中小微企业更是不堪重负。为了满足用工需求，

① 吕红桥：《企业负担报告：人力、土地等成本压力大》，央广网，http：//finance. cnr. cn/txcj/20161025/t20161025_ 523219008. shtml，2016 年 10 月 25 日。

民营企业往往要开出更高的工资。陕西一家民营企业人力资源部负责人说："在西安招人，国企可能每月给3000多元工资，就可以招到人，但民营企业，这个月薪就招不到，一般要高出20%左右。"

分析原因，主要在于在城镇生活成本的快速上升。其中，最主要的是房价的上涨。不论是买房还是租房，价格连年上涨，有些城市房价甚至是成倍增长。因此，我国企业人工成本的提高，与土地成本的上升导致的楼市价格上涨直接有关。这几年我国许多城市的房价快速上升，由此快速提高了劳动者在城市的生活成本，很多就业者做出的选择是，要么在城市工作，需要较高的工资收入才能维持生存，要么离开大中城市，但中小城市面临着就业的困难。

（二）从建筑业社会保险费占总成本的比重看，社会保险缴费占企业总成本的比例较低

2000年以来，建筑业企业缴纳的社会保险费用占企业总成本的比例不超过1%（见表2）。

表2　2000～2013年我国建筑业企业社会保险费占总成本费用的比重

单位：亿元，%

年份	总成本(费用)	人工成本总额	人工成本总额占总成本的比重	社会保险费用	社保费占总成本的比重
2000	10927.6	1883.1	17.2	108.2	0.99
2001	13780.9	2203.6	16.0	119.6	0.87
2002	16775.0	2515.7	15.0	128.0	0.76
2003	20758.7	3205.8	15.4	140.6	0.68
2004	26437.6	3896.0	14.7	211.9	0.80
2005	31132.0	4624.2	14.9	253.1	0.81
2006	37560.4	5351.8	14.2	293.2	0.78
2007	46139.4	6529.2	14.2	360.7	0.78
2008	56269.6	9151.5	16.3	503.3	0.89
2009	70105.7	9881.2	14.1	547.0	0.78
2010	86876.2	12096.9	13.9	674.4	0.78
2011	103970.2	14125.4	13.6	789.3	0.76
2012	121017.9	17601.4	14.5	1030.1	0.85
2013	141165.0	22797.7	16.1	1342.2	0.95

注：本表系笔者根据人力资源和社会保障的薪酬调查及行业人工成本信息数据等资料整理而得。

尽管工资在增长，但社会保险费占企业总成本的比重在2000年后趋于下降，特别是在2009~2011年，此期间正是我国社会保险法出台实施前后，在各级政府对社会保险依法扩面征缴力度不断加大的形势下，建筑业企业社会保险费占企业总成本的比例一直在0.8%以下。社会保险费高的观点，难以有数据上的支撑。

（三）一些媒体把住房公积金等职工福利费用也计入社会保险费，进一步加剧了社会保险费用高的“假象”

以陕西省某国有企业为例，该公司2015年为职工缴纳的社会保险和社会福利费用如下：五项社会保险费用总计为7366万元，总费率为28.2%；企业年金、住房公积金和单位补充医疗保险费率为12.0%，累计缴费2770万元。补充保险和福利相当法定社会保险缴费的37.6%。目前，社会上有一些误解，把住房公积金、单位自愿建立的补充保险费用和其他社会福利，也一并计入法定的社会保险费，人为抬高了社会保险缴费水平。

（四）建筑业人事费用率逐年降低，说明企业收入在增加

人事费用率[①]是企业人工成本占企业销售收入[②]的比重，它表示取得每百元销售收入所投入的人工成本的多少。从理论上讲，人事费用率应该是越低越好。由表3可知，2000~2013年，我国建筑业企业人事费用率呈现下降的趋势，表明人工成本占比在下降，企业收入在增加。

（五）建筑业人工成本利润率逐年提高

人工成本利润率[③]是指人工成本总额与利润总额的比率，它反映了企业

---

① 人事费用率的计算公式为：人事费用率＝一定时期内人工成本总额/同期销售（经营）收入总额×100%。

② 本文中的建筑业企业以总收入指标代替销售收入。

③ 孙玉梅、王学力、钱诚等：《重点行业人工成本实证分析及国际比较》，中国劳动保障出版社，2014。

表 3　2000～2013 年我国建筑业企业人事费用率

单位：%，亿元

年份	人事费用率	人工成本总额	总收入
2000	16.4	1883.1	11506.8
2001	15.1	2203.6	14574.3
2002	14.2	2515.7	17744.8
2003	14.5	3205.8	22037.3
2004	13.9	3896.0	28093.0
2005	13.9	4624.2	33198.5
2006	13.3	5351.8	40155.0
2007	13.2	6529.2	49414.8
2008	15.1	9151.5	60736.4
2009	13.1	9881.2	75478.1
2010	12.9	12096.9	93636.6
2011	12.6	14125.4	112002.8
2012	13.5	17601.4	130182.9
2013	15.0	22797.7	152466.1

数据来源：由笔者基于国家统计局历年《中国统计年鉴》和《中国劳动统计年鉴》，参考中国建设工程造价信息网和国家统计局历年《农民工监测调查报告统计分析》整理而得。

人工成本投入的获利水平。在企业新创造价值当中，它反映了从业人员直接和间接得到的全部报酬与企业利润之间的关系。在同行业企业中，人工成本利润率越高，表明单位人工成本取得的经济效益越好，人工成本的相对水平越低。对企业主管部门来讲，人工成本利润率的变动趋势，基本可以说明企业经营状况的变化趋势。自 2000 年以来，我国建筑业的人工成本利润率由 2000 年的 10.2% 提高到 2013 年的 26.67%。这一指标说明，我国建筑业企业单位人工成本取得的经济效益越来越好。

（六）劳动报酬在初次分配中总体占比较低，拉低了社会保险缴费水平，并且低收入人群承担了较高的社会保险缴费

一是尽管我国职工工资水平增长较快，但职工工资收入总体偏低，社会保险费以职工工资收入作为缴纳基数，实际上拉低了社会保险的缴费水平。

劳动报酬的多少与社会保险的缴费基数直接相关，国民收入初次分配中的劳资分配比例也就直接影响到社会保险缴费多少。近年来，我国劳动报酬在国民收入中所占比重不断下降，根据资金流量表数据计算的劳动者报酬占增加值的比重可以看出，我国劳动者报酬占比较低，导致职工缴纳社会保险费的绝对额较高。2010 年，劳动者报酬占增加值的比重为 47.5%，2011 年下降到 47.0%，2012 年尽管有所提高，达到 49.4%（见表 4），但仍处于较低水平。

表 4　2005～2012 年我国劳动者报酬占增加值的比重

单位：%

年份	劳动者报酬占增加值的比重	年份	劳动者报酬占增加值的比重
2005	50.4	2009	49.0
2006	49.2	2010	47.5
2007	48.1	2011	47.0
2008	47.9	2012	49.4

资料来源：人社部劳动工资研究所《“十三五”企业工资收入分配制度改革总体思路研究报告》（2015 年 6 月发布）。

长期以来，我国经济的一个重要特征为资本偏向型和低劳动技能偏向型，依靠的是我国丰富的低档劳动力资源和人口红利所带来的低劳动成本比较优势，因此出现了改革开放 30 多年来劳动报酬增长与经济增长背离的情况。以改革开放最前沿的广东省为例①，1978～2014 年经济总量年均增长 17.81%；而同期居民初次分配所得的劳动报酬年均增长 17.03%。劳动报酬增速低于经济增速 0.78 个百分点。劳动报酬在国民收入初次分配中的比重下降得较为严重，广东省 1978 年劳动报酬占比为 60.58%，2014 年下降为 47.72%，下降了近 13 个百分点。就业人员劳动报酬的下降，就业人员总体收入水平降低，导致就业人员缴纳社会保险费的绝对值偏高。

我国劳动报酬占比不仅与一些发达国家相比差距较大，而且低于大多数的发展中国家。2013 年，我国人均 GDP 大约为 6800 美元，但我国制造业从

① 资料来源于本课题组在广东省调研。

业人员工资月均大多在2000~3000元人民币，即每小时工资为2~3美元。金砖国家中的巴西，2011年小时工资率已经达到5.41美元/时，即使非洲的刚果，其制造业小时工资率也达到了4.71美元/时。2013年，美国人均GDP大约为中国的7.8倍，但美国制造业小时工资率为其私营单位制造业就业人员工资率的13.2倍。因此，我国普通劳动者的工资水平比较低。较低的收入主要用于了当期的生活支出，尽管缴纳的社会保险费水平并不高，但由于就业人员的收入总量较低，低收入人群对社保缴费仍感到较高。

二是从整个收入分配格局看，低收入人群社会保险费负担较高。据统计，2013年外出农民工、私营企业就业人员人均月工资分别为2609元和2726元，相当于城镇单位就业人员人均月工资的60.8%和63.5%。[①] 2013年，行业工资水平最低的农林牧渔业人均月工资为2152元，相当于社会平均月工资的50%（2013年全国在岗职工社会平均工资为51483元）。也就是说，社会保险费按照社会平均工资的60%缴纳，对于农民工等低收入人群就相当于按其收入的100%左右缴纳，对于农林牧渔业来说就相当于按其工资的近120%缴纳。

2011年、2012年、2013年，我国社会保险实际缴费基数分别为27204元、30492元和33463.95元。表面上看，社会保险缴费费率高达30%~40%，但数据显示，社会保险缴费存在虚高现象，也就是说，费率数字看起来的确不低，但实际的缴费并不高。加上有很多地区（如北京市等），已经将个人缴纳社会保险费的下限放低至40%。如果按照实际的缴费水平，以2013年职工基本养老保险为例，单位缴费费率也只有12.6%，而不是20%。

根据上述分析和研究，从收入分配的整体视角研究我国的社会保险缴费水平问题，得出如下几点基本结论。

（1）在国民收入分配格局中，我国就业人员的收入水平总体偏低（劳动者报酬占增加值的比重不到50%），增加值部分更多的是被国家和企业拿

① 根据国家统计局2013年《全国农民工检测调查报告》和2014年《中国统计年鉴》数据计算而得。

走。职工工资的总体偏低，一方面拉低了社会保险缴费的整体水平，另一方面也导致大多数的中低收入者承担了较高的社会保险费用。

（2）社会保险缴费水平由两部分决定：费率和费基。按照《中华人民共和国社会保险法》的规定，职工社会保险的费基为单位工资总额和个人缴费工资。显然，在费率一定的情况下，费基的多少决定了社会保险的缴费水平。社会保险的缴费水平不能只看费率，不看费基。从实践看，一直以来，我国社会保险的费基是盯着上年的社会平均工资。从金保工程的全国职工养老保险缴费信息数据分析，实际上自2000年以来，每年的单位缴费基数和个人缴费基数占上年社会平均工资的比例逐年下降，已有2000年的76%逐年下降至2014年的69%。

（3）目前，我国企业面临两难的尴尬局面。一方面，企业人工成本中职工劳动报酬增长较快，企业对高成本怨声载道。另一方面，职工劳动报酬整体偏低，也就是大多数的普通劳动者收入水平低，社会保险缴费水平也必然低。那么，企业的成本究竟高在哪里？从国家统计局公布的数据看，2011～2014年，我国规模以上制造业主营业务成本年均增速为12.7%，明显高于其主营业务收入增速（12.2%）和利润总额增速（6.5%）。成本增加主要来自以下几个方面。

一是企业融资成本高，特别是中小微企业的融资成本更高。根据国家统计局数据，2010年以来，我国规模以上工业企业利息支出占主营业务利润的比重逐年大幅提高，从2010年8月的6.47%提高到2015年9月的9.2%，上升了2.73个百分点。《全国小型微型企业发展情况报告》显示，在全国1527.84万户企业中，小微企业有1169.87万户，占比达76.57%，而把个体工商户纳入统计后，小微企业占比达94.15%。我国的中小微型企业已经撑起了我国经济的半壁江山。但调研发现，我国的商业银行在对小微企业贷款时利率一般上浮30%～45%，还有各种手续费、承兑贴息、联保保证金、评估费、登记费、担保费、公证费、咨询服务费等费用，累计在15%以上。尽管融资成本高，中小微企业从大中商业银行获得的贷款仍然少，导致大量中小微企业转向民间借贷。《中国中小微企业发展指数报告》显示，2013 年民间借贷占小微企业负债总额的 45.7%，民间借贷已成为小微企业不可或缺的资金来源。但民间借贷进一步推升了企业融资成本。部分融资成本甚至超过 50%，高昂的融资成本，成为我国中小微企业的沉重负担。

二是税费（不包括社保费）成本总体上升。根据国家统计局数据，2014 年，包括企业应交增值税、企业所得税和主营业务税金及附加在内的制造业税费成本占制造业主营业务收入的比重为 5.74%。国有企业大多数仍然承担着部分“办社会”的职能，如计划经济时期延续下来的退休人员的书报费等。山东等地的调研发现，某企业支付退休人员的这些费用 2015 年达到 3200 万元。尽管退休人员已实现社会化管理，但有些福利企业还要常年负担，进一步加重了企业的负担。

三是土地、能源和物流等成本偏高。如土地成本，从全国主要城市土地出让监测价格数据看，2008 年以来我国主要城市土地出让价格不断创出新高，年均增长 18% 以上；2015 年综合地价每平方米超过 4000 元。① 能源成本也不断攀升。尽管自 2009 年以来，受金融危机影响，我国汽柴油价格走低，但从中国工业者燃料动力类购进价格指数看，我国制造业企业用电成本等能耗费用占主营业务收入的比重依然较高。另外，我国企业物流费用率也分别比日本和美国等国家高出 3.6 个和 0.4 个百分点②。总体来看，我国制造业相对于发达国家，如美国、日本等国家的成本优势已经不复存在，在税费、融资成本和物流成本等方面，已经超过了美国、日本等发达国家。而在劳动力成本、资源要素价格等方面，也超过了越南等国家。

显而易见，我国企业综合成本比较优势的大幅下滑，绝不是社会保险的费率造成的。

（4）我国企业的社会保险缴费负担水平具有鲜明的行业、地域、企业规模和所有制形式的差异。从行业看，劳动密集型企业的社会保险负担明显高于资本密集型企业和技术密集型企业。从地区看，中西部地区的企业社会

---

① 2012～2015 年《全国主要城市地价状况分析报告》。

② 国家发展和改革委员会产业经济与技术经济研究所课题组：《降低我国制造业成本的关键点和难点研究》，《经济纵横》2016 年第 4 期。

保险负担高于东部经济发达地区，工业企业社会保险负担从大到小的地区依次是：中部、西部、东部、东北。从企业规模和所有制形式看，私营企业社会保险缴费能力最弱，实际缴费负担最重，外资企业缴费能力最强，缴费负担最小，国有企业居中。①

社会保险的负担水平总体呈现利润率较高地区，企业负担较小；利润率较低地区，企业社会保险负担较大的格局。②

不同所有制企业社会保险缴费能力存在差异，原因在于私营企业以劳动密集型居多，工资负担重而利润水平低；外资企业以资本密集型居多，工资负担小而利润水平高。因此，应综合考虑企业的工资水平和利润状况确定社会保险缴费基数。

三　政策建议

为深化收入分配改革和完善社会保险制度，贯彻落实党中央提出的降低企业税费成本战略部署，提出如下建议。

（一）做实社会保险缴费基数，不盲目降低社会保险费率

根据我国社会保险的制度设计，缴费水平由缴费基数和费率决定。研究发现，尽管我国社会保险费率，尤其是职工基本养老保险费率和基本医疗保险费率从数字上看较高，但从实施运行情况看，除了部分企业（主要是国有企业和效益较好的外企）比较严格地按照统筹地区公布的缴费基数缴纳外，对于大多数的中小微企业、私营企业、个体工商户和灵活就业人员，其缴费所依据的基数低于当地缴费平均水平的60%。另外，目前的缴费基数是由上年的统筹地区的社会平均工资决定，在我国处于经济增长时期的情况

① 孙博：《我国工业企业社会保险负担的区域差异分析——基于超越对数生产函数的实证研究》，《社会保障研究》2010年第6期。

② 孙博：《我国工业企业社会保险负担的区域差异分析——基于超越对数生产函数的实证研究》，《社会保障研究》2010年第6期。

下，对于大多数的单位和个人而言，这实际上拉低了缴费水平。

因此，建议调整社会保险的缴费基数确定规则，由目前按照统筹地区统计部门公布的上年度社会平均工资确定，修改为由统筹地区人力资源社会保障部门按照社会保险的量能原则确定缴费基数。具体如下。

（1）单位费基的确定方面，针对目前社会保险费基按照工资总额多少缴纳进行改革。劳动密集型产业招用人员多，利润低，缴纳社保费高，而资本密集型和技术密集型企业劳动力成本相对较低，缴纳社会保险费水平低。因此，可以考虑将单位缴费由单一按照工资总额确定，修改为根据工资总额、利润水平和劳动力成本水平等指标确定。

（2）个人缴费方面，可以考虑扩大社会保险缴费基数规模。我国居民家庭收入来源呈多样化趋势。工薪阶层是收入比较低的一部分人群，承担了较高的社会保险缴费。一些收入高的人群很少以工资性收入为主，股票、股权、债券、房产等都是其收入的来源。因此，应当考虑不能仅仅依据工资来确定社会保险费，必须深入资产领域，将资产和资本所得，也纳入社会保险的缴费基数。

（二）精准施策，区别不同情况降低企业成本

党中央实施供给侧结构性改革，把降成本作为重要的企业减负举措，并推出了一系列政策措施“组合拳”为企业降低成本减负，收到了一些成效。但不可否认的是，企业的负担依然沉重。一些部门和媒体把企业成本高不切实际地认为就是社会保险费高。实际上，我国的社会保险费率听起来不低，但根据对制造业、建筑业等行业的仔细研究发现，就企业的整体成本看，企业所缴纳的社会保险费占企业总成本的比重并不高。问题的关键是在大中城市的生活成本居高不下。如在北上广深等城市，房地产价格居高，大大提高了劳动者的生活成本。还有诸如我国的税收、融资、能源、企业用地、交通物流等，各个行业由于对资源的利用不同，成本各有差异。应当综合考虑企业的各种成本，尤其是要尽快采取措施，把过高的房地产价格降下来，如此才能实实在在地降低企业的成本。

（三）加强社会保障，不轻易降低或者削减社会保险费

从世界社会保障制度的发展历程看，现代意义上的社会保障制度，起始于19世纪80年代，二战以后进入快速发展时期。有两个重大的历史事件，用铁一般的事实说明了越是在经济困难和经济危机时期，越是应加强社会保障制度建设，而不是削减社会保险费。一是1873年西方国家爆发了大规模的经济危机。深受其害的德国出现了企业破产、工厂倒闭、工人大量失业。在此种情况下，俾斯麦政府于19世纪80年代连续颁布了关于疾病、工伤和养老的社会保险法，建立了最初的社会保险制度，实施雇主要为雇员缴纳社会保险费的制度。这些措施稳定了社会，振兴了经济，加强了俾斯麦的统治地位，也成为现代社会保障制度的奠基石。二是1929年10月，美国发生了有史以来最严重的经济危机，那时的美国国内股票狂泻，企业破产，银行倒闭，工人大量失业，社会动荡。在重大的经济危机面前，新任的美国总统罗斯福实施了一系列“新政”措施，其中重要举措之一就是在1935年美国国会通过《社会保障法》及相关法案，要求雇主为劳动者支付养老金和失业保险金，提供医疗保险。罗斯福新政帮助美国走出了危机。从1935年开始，美国几乎所有的经济指标都稳步回升。

从我国的社会保险改革发展看，在20世纪80年代末和90年代初，我国开始了改革开放和建立市场经济体制改革，着手进行经济结构和产业结构的改革调整。众多国有企业实施了关停并转。1998～2008年的十年间，国有企业下岗职工累计达到3000多万人。[①] 由于90年代中期社会保障改革滞后，一些地区曾一度发生过众多退休人员不能按时足额领取退休费或养老金的现象，其后果是社会不安全感上升、居民消费信心不足、企业库存积压快速增多，严重影响了经济体制改革和国有企业改革。党中央国务院在着力抓好职工基本养老保险制度改革的同时，于1998年及时做出了实行“两个确保”、建立“三条保障线”的决策，推动与建设社会主义市场经济体制相适

① 胡晓义：《走向和谐：中国社会保障发展60年》，中国劳动保障出版社，2009。

应，符合中国国情的企业职工基本养老保险制度改革，保障了下岗职工和失业人员的基本生活，使企业退休人员按时足额领取到退休费或养老金，促进了下岗职工和失业人员再就业，有力地保障了人民生活、提振了社会信心，而且为国有企业改革发展和社会主义市场经济体制的建立创造了有利条件。也正是在我国经济发展的这一艰难时期，率先开始的职工基本养老保险改革改革，确立了企业和个人要缴纳养老保险费，随后五项社会保险制度相继建立，我国探索建立了符合国情的社会保险制度，有力地促进和推动了国有企业改革的顺利进行和整个国民经济的复苏，维护了社会的和谐稳定。可以说，我国是在企业困难的时期，建立了单位和个人缴费型的社会保险制度，如果没有当时这一重大决策，就不会有随后出现的我国经济的 30 多年来的高速发展。实践证明，经济发展与改善民生并非互相矛盾、鱼与熊掌不可兼得的关系，而是相互促进、相得益彰的关系。社会保险的本质是互助共济，防范风险。越是在经济困难的时候，越是应当加强社会保险体系建设，越是在企业经营困难的时期，企业越应当承担起应有的社会保险责任。而不能把社会保险看作负担。

参考文献

［1］巴曙松、游春：《我国小微型企业贷款保证保险相关问题研究》，《经济问题》2015 年第 1 期，第 1 ~6 页。

［2］付碧莲：《中国企业债命门》，《国际金融报》2014 年 6 月 30 日。

［3］辜胜阻：《巩固实体经济急需缓解小微企业困境》，《第一财经日报》2012 年 12 月 28 日。

［4］辜胜祖、庄琴琴：《缓解实体经济与小微企业融资成本高的对策思考》，《江西财经大学学报》2015 年第 5 期。

［5］国家发展和改革委员会产业经济与技术经济研究所课题组：《降低我国制造业成本的关键点和难点研究》，《经济纵横》2016 年第 4 期。

［6］国家工商总局全国小型微型企业发展报告课题组：《全国小型微型企业发展情况报告》，《工商总局网站》2014 年 3 月 31 日。

[7] 国土资源部：《2015 年国土资源主要统计数据》，中商情报网，http://www.askci.com/news/chanye/2016/02/27/165153dewm.shtml，2016 年 2 月 27 日。
[8] 黄汉权等：《降低实体经济企业成本的综合性意见》，2015。
[9] 吕红桥：《企业负担报告：人力、土地等成本压力大》，央广网：http://finance.cnr.cn/txcj/20161025/t20161025_523219008.shtml，2016 年 10 月 25 日。
[10] 人民银行货币政策司课题组：《贷款利率、不良贷款率和净息差的国际比较》，财新网，http://economy.caixin.com/2014.09.17/100729707_all.html，2014 年 9 月 17 日。
[11] 沙勇：《我国小微企业的融资困境及应对策略》，《江海学刊》2013 年第 3 期，第 99 ~ 104 页。
[12] 严言：《降低制度性交易成本是供给侧结构性改革的核心》，《国际金融报》2015 年 11 月 30 日。
[13] 杨青龙、刘启超：《综合成本上涨对产业升级的影响研究文献综述》，《江淮论坛》2015 年第 5 期，第 58 ~ 66 页。
[14] 张璐琴：《工资水平与社保缴费——有关调整社会保险缴费标准的思考》，《中国经贸导刊》2010 年第 9 期。
[15] 郑功成：《用共享发展理念指导社会保障》，《人民日报》2016 年 2 月 23 日。
[16] 郑功成：《正确处理经济发展与改善民生的关系》，《人民日报》2016 年 11 月 1 日。
[17] 中国物流与采购联合会中国物流信息中心：《全国重点企业物流统计调查报告》，2015.
[18] 左娅、白天亮等：《企业用工调查》，《人民日报》2016 年 5 月 30 日。

B.11

基本医疗保险省级调剂金机制设计

赵 斌*

摘 要： 随着我国全民医保发展和医改深化，提高统筹层次日益紧迫。追溯文件，省级调剂金是省级统筹的重要变通形式。实践中，我国调剂金机制还存在诸多不足，亟须进一步研究和完善。因此，本文以医疗保险省级调剂金为研究对象，总结国内省、市调剂金探索的相关经验，借鉴调剂金发展和变革的国际经验，尝试提出完善我国医疗保险省级调剂金机制的具体建议。

关键词： 基本医疗保险 省级统筹 调剂金

一 医保调剂金的概念

调剂即调整有无、余缺。省级医保调剂金是统收统支难以实现情况下一种变通的省级统筹模式，根本目标是统筹调剂各地市医保基金余缺，实现省内医保基金风险共担和有效的分级管理。在国际语境下，调剂金对应风险调整（Risk Adjustment）或风险平准（Risk Equalization），作用也是调剂不同医保基金余缺，但更多的强调经济学上基于需求的人头费方式，主要用于竞争型保险市场的保费再分配领域和财政医保资金的分配领域（Ellis，2008；Van de Ven，Beck，Buchner，et al.，2003）。调剂金按运行时间可分为事前

* 赵斌，人力资源和社会保障部社会保障研究所助理研究员，主要研究方向为医疗保障和长期护理保障政策。

保费再分配和事后再调剂两种模式，按个体费用预测方法可分费率（用）分组和线性预测方程两种（Van de Ven，Ellis，2000；Ellis，2008）。

二　我国医保调剂金的发展情况

我国医保调剂金可追溯到1953年劳保医疗制度早期的工会管理的调剂金机制。其资金来源为支付抚恤费、补助费与救济费及本企业集体劳保事业补助费后的劳保资金余额。调剂金由各省级、市级工会组织和产业工会全国委员会负责管理，作用是调剂余缺和支付特定情况下的费用。但这一调剂金机制随工会不再管理基金而逐步解体。

20世纪90年代中期，我国新的基本医疗保险建立之初并未关注调剂金机制，仅少部分地区自发探索事后调剂金，但效果普遍不佳。我国基本医疗保险调剂金与提高统筹层次的政策目标相伴生，调剂金机制是难以实现统收统支市级（或省级）统筹目标时的变通政策。

我国基本医疗保险调剂金制度大规模建立源自2009年新医改政策文件的规定。当前已建立的调剂金主要为市级调剂金，仅极少数地区建立了省级调剂金。

三　省级医保调剂金基本情况和启示

当前，我国实现省级医保统筹的省份较少，真正应用省级医保调剂金的更少，仅有海南职工医保、宁夏城乡居民医保、安徽大学生医保三个调剂金付诸实施。湖南虽最早出台相关政策，但并未实施。吉林则准备建立省级调剂金。

从海南、宁夏和湖南的实践看，调剂金是省级统筹政策的重要变形，主要在全省区统一的医保政策下，用来激发各地市的管理积极性，防止统收统支模式可能带来的地市管理积极性下降而导致的基金风险上移问题，其缩小各地市间基金运行差异的效果非常有限。

安徽省级大学生医保调剂金则包含了各项附加保险、二次补偿、医疗救助等一系列功能，是一个在更大范围内互助共济的方式。湖南和安徽的经验还表明，基于当期基金结余的调剂金提取机制，可能导致各县区行为的异化。

在制度设计上，省级医保调剂金与地市级的医保调剂金非常类似。调剂金可激发辖区内各统筹地区的管理积极性，部分地区（如吉林）曾考虑将省级异地就医周转金整合到省级调剂金之中。当然，也可将罕见病保障金整合到调剂金中，实现风险分散规模的扩大。

研究几省份案例发现以下几点。

第一，各地市医保政策和经办流程的统一是调剂金建立的先决条件，未实现这一点是部分省份未能实施调剂金机制的重要原因。

第二，省级统筹更宜应用调剂金而非统收统支模式。以统收统支模式提高统筹层次，往往导致财务风险上移，也抹杀了地市级政府本应承担的责任，不利于形成高效管理的激励机制。加之我国省域内覆盖人数巨大，并非最优管理绩效下的保障规模，医保管理和经办层级增加，制度管理成本和难度有所提高。省级调剂金则可通过设计激励地市级医保机构，从而有效缓解统收统支情况下的基金财务风险上移问题。

第三，调剂金设计必须能够激发下级医保经办机构的管理积极性。各地对此的做法包括对可能出险的地市增加调剂金上解额度；不补贴因自身管理和私自调整政策形成的基金赤字等。

第四，居民医保调剂金建立难度相对较小，且更为紧迫。

第五，不宜简单复制地市级医保调剂金的设计和做法。

四　地市级医保调剂金基本情况和管理运行基本设计

（一）地市级医保调剂金基本情况

地市级医保调剂金多在新医改启动之后的 2010 ~ 2011 年建立，主要应用在难以实现统收统支模式市级统筹的地区。地市级调剂金的最大特点是政策和经办流程全市统一，但基金风险仍由各县区承担，以激励县区经办机构改善管理绩效。同时，医保经办机构也多未实现垂直管理，仍为市、县两级分级管理。

运行情况上，绝大多数地市级调剂金在基金达到上限后停止上缴。东部绝大多数地区并未使用调剂金，仅西部少部分地区使用了调剂金。

地市级调剂金的核心目的是配合基本医疗保险市级统筹。此外，还包括平衡全市范围内基金支付风险，但调剂金额受限；针对各种重大传染病等不可预测情况进行调剂时，不受调剂额度限制。

（二）地市级医保调剂金运行和管理流程

地市级调剂金的运行和管理流程，大致分为如下四方面内容。

1. 调剂金筹集

通常按年或按季，上缴额计算基数多种多样，调剂金提取比例有所不同，一般所有县区适用同样筹集比例。各地提取比例不同，较多的是3%。普遍设置地市级调剂金征缴额上限，征缴上限或为全市支付能力一定月数或是征缴收入的一定比例，达到这些标准后暂停上缴。其中，居民医保较为特殊，在中央、省、市补贴资金中直接划拨各县区应上缴的调剂金。

2. 调剂金使用条件

一般规定包括基金出险、需满足的条件及不予调剂的情况。主要为两部分内容。一是确有调剂必要，条件为基金当期赤字且累计结余支撑能力不足。二是确保不对因管理原因和县区私自调整政策导致的赤字进行调剂，通常包括准入性和禁止性条款。准入性条款包括严格执行基金收支预算、完成扩面任务、严格按规定征缴且征缴率达标、严格执行支付规定、按时足额上缴调剂金五项。城乡居民医保则多增加一项参保缴费人数。部分城市也增加一些反映管理绩效的指标，如医疗监管质量、经办服务等。禁止性条款包括年度征缴率低于一定水平、违规违纪造成基金支付风险、财政补助资金未按规定到位、未按时足额上解调剂金及法律法规规定的其他情形。部分城市也规定不得连续使用调剂金。

3. 调剂金具体使用

在调剂金使用额度方面，调剂金制度的目标并非完全填补基金赤字，而是在有限调剂资金缺口的同时，通过财政配套压力激励县区改善管理，确保基金安全。调剂金基本采取有限调剂方式，往往限定调剂比例和最高调剂额。

财政配套上，有的城市规定下拨调剂金必须由调剂金和县区财政按比例配套；有的城市则规定了调剂金最高补助金额。

使用逻辑往往是若赤字低于基金累计结余，先由累计结余弥补；若赤字高于基金累计结余，则先由县区累计结余和当期上缴的调剂金补偿；若仍不足调剂，则动用本县区上缴调剂金累计结余调整；仍不足的，部分地区可以使用其他地区缴存的调剂金。

当然，各地也普遍规定对大规模爆发性传染病、自然灾害影响造成的基金缺口，不限制额度。另外，也限制各地能够调剂的次数。

赤字县区领取调剂金后，市级经办机构进行监督管理，要求调剂县区汇报调剂金使用情况，保证专款专用；市级人社和财政部门监督检查使用情况；部分地区还要求接受调剂地方提出改善计划。一般为按年调剂，特殊情况下可紧急调剂。

4. 调剂金管理

一是实行申请审核制，赤字地区申请，市级部门审核申请地区管理绩效，通过后方能调剂。二是执行财政专户、收支两条线管理。三是专款专用，任何单位和个人不得挪用调剂金和将其用于平衡财政预算。四是调剂金结余结转下年使用。五是实现调剂金保值增值。六是市级经办机构定期公布调剂金使用情况，接受审计。此外，部分城市还有一些特殊管理机制，如调剂金预警机制、奖励机制。

（三）总结

地市级调剂金的目的是实现市级统筹，并防止统收统支模式带来的财务风险上移问题。相较于统收统支模式，调剂金能更有效激发各县区的管理积极性，形成有效的市县两级分级管理，兼顾调剂余缺，实现辖区内医保政策、经办的市级统一。

地市级调剂金更多的是一种管理工具，核心在于激发县区的管理积极性，改善管理绩效，调剂金所有设计都出于这一目标，且贯穿始终。如调剂金上缴环节要求基金出险较频繁地区提高上缴比例、申请环节需审核多项管理绩效、调剂环节要求财政和调剂金按比例分担，并限定调剂的总金额和次数；调剂后跟踪调剂金的使用，并要求调剂的县区改善管理等。

（四）地市级调剂金存在的问题

一是难以合理考核各县区管理绩效；二是难以协调不同县区的利益；三是相较于居民医保直接从市级财政拨款中扣除调剂金份额的方式，职工医保要求各县区上解部分资金的方式容易使各县区不愿意上解基金。四是调剂金使用效率问题，许多地市级调剂金处于建立后未使用状态。

（五）启示

一是省级医保统筹更适合应用调剂金模式；二是省级调剂金需学习地市级调剂金机制设计，但不能简单克隆。三是省级调剂金须能够有效激发地市层面的管理积极性，防止不当激励可能导致的基金损失。四是当前的事后调剂金机制存在各种难以克服的弊端。

五　社会医疗保险调剂金制度的国际经验

（一）社会医疗保险调剂金制度

国际上，社会医疗保险调剂金主要是以保费再分配为主的事前调剂形态，目的是调整不同基金的运行情况，平衡参保人风险程度，又称风险平准机制。在竞争性经办市场中，调剂金的目的是保证有管理竞争理论的有效应用，防止疾病基金选择参保者，使竞争聚焦到服务上。最早源自 20 世纪 70～80 年代，荷兰等国计划由在职人群对退休人群进行财务补贴。自 80 年代起，许多国家尝试平衡不同基金收支盈亏，早期多采用事后调剂金。但事后调剂金基于实际支出，弱化了基金管理的积极性，与鼓励提高管理效率目标不符。为此，自90年代起，部分国家开始探索事前保费再分配机制。最初，事前保费调剂金算法准确度有限，应用范围有限。21世纪后，随着技术进步，部分国家已实现了完全事前保费再分配的调剂金。

社会医疗保险调剂金可分为两种模式。一是保费再分配模式，又被称为内部保费补贴。经办机构筹集保费后，将其全部或部分上解到调剂金管理机构，由其分配到各基金。调剂金管理机构可分为专门的管理机构和特殊市场地位的保险基金兼任两种情况。二是保费分配模式，又称外部调剂金。专门税务部门征缴保费后，直接解送到调剂基金，由管理机构向各基金分配资金。

德国调剂金机制已从20世纪90年代中期的事后调剂金机制转型为完全的事前调剂金机制（Busse，Riesberg，2004；Busse，2001；Göpffarth，2005）。调剂金是德国实现全国统一费率及待遇政策、应用竞争性经办市场的核心配套政策。德国当前的调剂金采取疾病相关人头费方式，使用152个分组，含106个发病率分组、40个年龄和性别分组和6个待遇分组（Gaskins，Busse，2009）。

荷兰采用事后调剂和事前保费再分配相结合的调剂金机制，目标是防止医疗保险公司选择参保人，并鼓励保险机制之间的竞争，是有管理竞争理论应用和竞争性经办市场的重要配套措施。事前调剂部分主要考虑年龄、性别、城市化、收入、门诊药品费用分组和住院疾病治疗费用分组；事后费用调剂部分则包含事后再平准、高风险情况平准、事后回顾性补偿三个机制（赵斌，2012a）。

捷克也采用事前保费再分配和事后调剂组合的调剂金机制。调剂金包括依托年龄和性别的事前保费再分配部分和针对部分特殊费用人群的事后补偿部分。事后补偿部分对单人费用超过25倍平均费用的案例事后补偿其费用的80%。

瑞士的调剂金机制为典型的事后调剂金机制，建立于1996年，是当年法定医疗保险改革的重要内容，调剂依据是各个医疗保险基金当年的实际支出。调剂金以郡为单位建立，由郡基本医疗保险管理部门管理，调剂金的计算因素是年龄和性别，共 30 个分组（赵斌，2012b）。

斯洛伐克由医保监督局管理的调剂金重新分配 95% 的保费，每年计算一次。调剂金采用人头费模式，被保险人按年龄、性别和经济活动分为 68 组，每组对应一个风险指数，每个被保险人按风险指数得出保费金额划拨给相应基金。

总结起来，社会医疗保险调剂金是竞争性经办服务市场的必需配套措施，其原理是尽力实现每个参保人所获得资金与所支出费用之间的匹配。事前调剂金更强调依个体风险进行事前保费再分配。调剂金建立的基本条件为医保筹资和待遇政策的统一，发展趋势为逐步从事后调剂转向事前调剂，并不断强化事前调剂部分。调剂金计算方法基本为人头费加权的方式，人头费调整因素逐步向循证医学等方面转变。

（二）国家卫生服务制度内部财政资金调剂机制

国家卫生服务制度内部财政资金调剂机制分为预算从国家到地方的分配机制及国家财政对地方政府补贴资金预算的分配机制。财政资金的分配和调剂方式，逐步从传统的基于医疗资源投入的方式转为基于覆盖人群医疗需求的方式，计算更加精确化，大量考虑疾病费用因素，更多使用循证医学和统计技术，主要目的是保证各地获取为其辖区内人员提供同质医疗服务的资源，减少不同地域医保待遇的不平等。对依托中央税收筹资的制度，分配的财政资金主要为全部或绝大多数的中央财政基金；对依赖地方税筹资的制度，分配的财政资金主要是中央财政对地方的补贴资金。

英国采用典型的中央税收分配到各个地区的模式。卫生署主要通过人头费方式向临床专家服务组分配预算。这一人头费是依照疾病相关因素调整后的加权人头费。当前，人头费计算因素可分为三类：一是预测医疗服务需求的因素，这与个人医疗服务需求相关；二是健康公平性相关的因素；三是市场因素，主要缩小因市场原因导致的医疗服务成本和资源消耗方面的差异。

各个临床专家服务组所获得的预算，与其辖区内的人员以及相应人员的人头费相关。

在意大利，国家对地方提供财政补贴。使用人头费方式分配财政补贴，主要考虑四个维度，分别是某个地区增值税收入比重、相应地区财政筹资能力、本地区履行保障义务的资金需要、本地区保障非健康保障因素的筹资需要。这一补贴基金是一个先由国家团结基金分配到各地区健康基金，再由各地区健康基金分配到各个地区健康企业的两级的财政补贴分配机制。

丹麦实施的是典型北欧模式的国家卫生服务制度，其医疗保障承诺的兑现责任分属不同层级政府。国家对自治市和地区政府进行财政补贴以保证其履行保障承诺，相应资金数额由国家政府与自治市议会协会、国家政府与地区政府议会协会之间分别进行协商确定。当然，主要以通过法定计算模型确定的数额为参考。

总结起来，不同区域间筹资能力和资金需求的差异表明调剂金建立的必要性，其核心目的是保障国民公平获得医疗服务；调剂技术上关注本地区筹资能力和医疗保障需求。

六　调剂金问题的理论分析

理论上，不同疾病基金之间参保人风险结构不同导致疾病基金财务压力的差异，以及因此衍生的疾病基金行为的异化，表现为地域性设置基金情况下不同地区间经济竞争力上的差异、竞争性疾病基金市场中难以禁绝的选择参保人的行为。调剂金的主要目的是调整不同保险基金之间的财务关系，尽力使其财务收支相平衡，实现个体层面筹资和支付的匹配，即实现保险学上的最优保险状态。

针对这些问题，理论上存在两种不同解决思路。一是扩大基本医疗保险统筹范围，将多个统筹地区整合为一个，通过扩大财务分散范围，将财务风险分散到更多的参保人身上，将上述问题内部化；但放大统筹范围意味着财务管理责任的上移，同时也往往伴随着地方管理绩效的下降，最终演变为财务责任上移、对患者需求反应速度弱化等问题。二是建立调剂金机制作为内部化存在难以克服缺陷情况下的制度选择。

调剂金的目标是在一个财务周期内，使各医保基金从每个参保人处获取的资金（包含保费、调剂金等）与其为这个参保人支付的资金数额相一致，使财务状态符合最优保险原则。同时，维护按收入能力、量能缴费的公平原则。因此，只能通过在事前或事后嵌入一个调剂金的方式来兼顾两个目标。

我国调剂金以实际支出为调剂依据，遵循的是支付能力与当期实际支付需求相适应的逻辑，问题是难以审视这一实际支付需求是否适当、合理，这为基层医疗保险机构道德风险的产生提供了可能，往往导致调剂地区出现不利于筹资和费用控制的问题。而我国医保经办机构属地化管理，及各级政府间的自利动机，使得各级经办部门之间的目标函数差异很大甚至可能相左，这是提高医疗保险基金统筹层次出现“筹资增速放缓，支付上升”现象的重要原因。

因而，我国基本医疗保险调剂金应学习欧洲国家按人头费计算和基于患病率模型的事前保费调剂金机制，以缓解当前调剂金的困境。

七　省级医保调剂金的关键问题讨论和制度设计

（一）省级医保调剂金的制度目标

省级统筹是地市级统筹的升级，目的是扩大覆盖范围，在更大地理辖区内实现制度公平，解决辖区内原本存在的待遇差异、异地就医和转移接续等难题，更好地适应流动性、改善公平性和财务可持续性。但地方政府的反对和财务责任的上移是统收统支模式难以适用于省级统筹的重要原因。调剂金是变通的模式，调剂金能在有限调剂余缺的同时，实现省、市、县三级有效的医保分级管理。

针对基于地域设置的医保基金，省级调剂金的重要目标是调剂不同地市间医保基金余缺，减小不同地市保费水平间的差异，防止医保费用差异对各地市经济发展的不利影响。同时，省级统筹的制度目标也包括资金互助共济和改善制度对流动性的适应。因此，省级调剂金首要目标是实现不同地市间医保基金一定程度的互助共济，从而在一定程度上解决医保筹资负担的地域性差异问题。同时，因应统收统支模式容易导致地市管理绩效下降。省级调剂金须能够激励各地市提高医疗保险管理积极性和管理绩效，形成有效的分级管理制度。

因此，调剂金的目标是实现各地市间一定范围内的医保资金统筹调剂、责任共担，以及有效的分级管理。整个调剂金的设计都需要考虑这些目标，特别是要激励地市层面的管理绩效改进。

（二）省级医保调剂金基本模式

省级调剂金制度模式涉及两个问题。

第一，调剂金计算方法的选择，是基于个体的人头费形式，还是基于市级地区总体历史数据的形式。

理论上，无论何种方法，本质都是个体人头费，最终演化为个体资金获取量的调整。依托于总体历史数据计算的最大弊端是难以明确医保费用支出变化的影响因素，难以剔除由管理绩效下降导致的支出扩大。而基于个体人头费的方法，可更好地考虑个体特定疾病和社会人口学特征，更有利于建立多因素预测模型，更有利于调剂金从当前基于事后结果计算转为基于事前个体风险计算。但需注意，按个体人头费计算调剂金对省内医保数据系统整合和个体数据完备程度要求较高。在当前医保数据向上集中度不足的情况下，可能使部分地方难以有效支持这种方式。

综上，我国省级调剂金应发展为按个体人头费计算的调剂金。但限于当前省级层面的数据基础，可能需两种方式配合，部分调剂金计算应用人头费，部分调剂金计算使用总体历史数据。

第二，我国省级调剂金应采取事前保费再分配机制还是事后再调整机制。事前保费再分配形式的调剂金是国际发展趋势。事后再调整机制有认同既往事实、无法厘清支出增加原因及难以抑制地方管理绩效下滑等诸多问题。但若追溯各国医保调剂金发展历程，可发现其基本经过了从应用事后再调整机制，逐步过渡到事前保费再分配机制的历程。加之，事前保费再分配机制计算模型解释力仍有限，难以达到理论上的最优状态，调剂金运行较好国家基本采用“事前+事后”的组合方式，如荷兰。

从历史情况看，我国省级层面数据积累少，可供调剂金应用的数据较少；当前仅能使用年龄和性别等简单社会人口学因素，其与发病率关联较小，事前保费调剂金计算准确性大打折扣；加之，长期采用宏观数据考核管理绩效，因此，我国需在管理层树立个体数据管理概念，采用“事前+事后”组合的调剂金。考虑到我国现状，需逐步推进，先将当前事后依托总体宏观数据计算的调剂金转为事后依托个体数据计算的调剂金，最后转为事前依托个体数据计算的调剂金。同时，需不断夯实数据基础和完善调剂金模型，逐步增强和加大事前保费再分配机制的解释程度和调剂比重。

特别说明，尽管当前事前保费再分配可用数据少、预测精确性差；但推动这一尝试，可以借此推动地市级医保数据向省级的集中，实现省内医保数据互联互通并推动基于患病率的调剂金计算模型的发展。

（三）省级调剂金各个流程的具体设计

调剂金流程分为筹集、分配、申请和使用几个环节。

1. 调剂金筹集环节

调剂金每期上缴规模不宜过大，但应足够平抑不同地市间的基金缺口。考虑当前不同制度基金运行情况不同，在职工医保绝大多数地区仍存在大量累计结余、当期赤字不多的情况下，调剂金使用频率较低，加之上解资金容易导致地方反对，故不宜上解过高份额。居民医保多数地区面临着当期赤字压力，部分地区累计结余接近消耗殆尽，调剂金使用应逐步常态化；加之居民医保部分基金来自上级财政补贴，具备直接划拨条件，调剂金建立难度较低，每期纳入调剂金规模可适度扩大。本文建议职工医保以3%左右的年筹资金额上解，居民医保按5%年筹资金额扣减。考虑到激励受调剂地市改善管理绩效因素，可要求赤字地区提高上缴比例。筹集形式为职工医保从地市

医保基金专户上解到省级调剂金专户；城乡居民医保则由省级机构直接从中央和省财政对地市补贴资金中扣减。筹集频率建议按年筹集。按季或按月筹集，省级和地市机构之间沟通业务量过大，且年初可结合各地医保预算确定上解金额，年末根据实际金额调整即可。调剂金累计结余应设置上限，核心目标是防止过量基金结余导致的浪费，建议调剂金累计结余规模为全省上年度 3 个月支付能力。

2. 调剂金分配环节

分配环节指调剂金已征缴资金在事前保费再分配部分和事后再调剂部分之间的分配。强化事前保费再分配部分是调剂金发展目标，事前保费再分配和事后再调剂部分比重更多取决于调剂金计算模型准确程度，特别是事前保费再分配机制准确程度。短期受限于当前仅能应用年龄和性别等社会人口学因素计算调剂金，事前保费再分配机制计算模型的解释力较差，建议对职工医保和居民医保都取 1% 筹集基数份额进行事前保费再分配；职工医保 2% 和居民医保 4% 筹集基数份额供事后调剂。随着长期可供应用数据增多加之计算模型准确性提高，事前和事后调剂金比例逐步调整，职工医保逐步转为“2% 事前 +1%”事后、居民医保逐步转为“3% 事前 +2%”事后。

3. 事前调剂金的计算和使用

这涉及计算模型的选择及调剂金使用时间。事前保费再分配机制的计算模型，限于数据，当前仅能应用年龄、性别和地区等简单社会人口学因素。其中，年龄可按 5 岁一档分组，结合地区和性别分组，形成当前可立即应用的事前保费再分配调剂金计算方式。随着医保信息数据逐步向省级集中和预测模型中国化的完成，可使用更多患病率相关因素。

事前保费再分配机制运行时间指上一个基金财务年度结束前，下一个财务年度未开始之时，此时可确定各个地市保费再分配金额，同时结合各地应上解调剂金数额，确定最终各地市应上解和下拨的金额。

4. 事后调剂金的申请

具体涉及两个问题。

一是何种情况下动用调剂金。最简单的指标是基金运营当期赤字。但调剂金使用逻辑是在累计结余不足以支付当期基金赤字的情况下才予以调剂，因此还需考虑累计结余情况。本文建议规定基金当期赤字，且历年累计结余支付能力不足1个月为申请调剂条件。

二是设置怎样的指标防止对管理原因导致的损失进行调剂，并激励改善管理绩效。不妨首先借鉴我国地市级调剂金设计，沿用其相应准入性条款，包括要求各地市医保管理必须严格执行基金收支预算、严格完成扩面任务、严格按规定征缴保费且征缴率达标、严格执行医保支付规定、按时足额上解调剂金五项。此外，可尝试考察横向（不同地区）和纵向（不同年份）人头费各分组之间年度异常变化情况来确定各地区管理绩效，可尝试建立人头费变化指数，设置范围，超出指定范围可不予调剂。

5. 事后调剂金的使用

其核心目的并非完全调补各地基金赤字，而是通过财政配套，以财政部门压力激励各地市及相应部门改善管理绩效和基金状况。

在事后调剂金使用逻辑上，填补地市基金赤字的资金调用顺序应为本地市累计结余、本地市上解的用于事后调剂的当期调剂金额度（含本地财政配套资金）、本地市上解的用于事后调剂的累计调剂金额度（含本地财政配套资金）、其他地市上解的调剂金额度（有限度的）。

对调剂金中财政配套比例问题，建议采用梯次设计，随调剂金额增大而提高财政配套比例。对使用本地市当年上解调剂金份额的，分担比例可为地市财政30%、调剂金70%；对使用本地市历年累计调剂金额度的，分担比例应为财政50%、调剂金50%；对使用其他地市上解的调剂金，额度在本地当年上解金额100%以内的，财政和调剂金应按7∶3比例分担；100%以上不足200%额度的，财政和调剂金按8∶2比例分担；200%～400%额度的，财政和调剂金按9∶1分担；最高限额为400%的本地当期调剂金上解额度。

当然，对各种因省政府政策变动导致的基金赤字，可由省人社和财政部门商定具体补偿办法。此外，对大规模突发性传染病和自然灾害影响造成的基金缺口，不限定调剂额度。

6. 事前保费再分配部分的事后调剂机制

限于事前保费再分配部分计算因子仅为年龄和性别等简单社会人口学因素，模型准确性有限，需建立相应补充调整机制。不妨借鉴荷兰经验，将每年事前保费再分配机制计算的人头费与实际个人发生金额差异的70%提出来建立一个专有基金池，所有地市每个参保人平均分享这一基金。随着事前保费再分配部分计算准确性的提高，逐步减少这一分享基金池比例。

省级调剂金的管理措施目的是保证调剂金按需使用，防止滥用。除一般的财政专户管理、收支两条线使用、专款专用和保值增值外。还包括：一是事后调剂金执行申请制；二是事后调剂金使用的跟踪管理机制；三是事后调剂金使用的管理改善要求；四是事后调剂金未使用情况下的奖励机制；五是数据逐步向省级集中的推动机制；六是调剂金计算模型的改进机制。

（四）配套措施

第一，未来需通过各种方式推动医保数据的省级集中。一是省级建立相应的信息平台，为节省管理成本可依托现有省级异地就医信息平台，整合各地市上传的个人就医明细数据。二是推动省内医保数据编码统一工作，实现省内医保明细数据互认。三是开发省内医保数据记录标准和编码，逐步统一省内医保明细数据。

第二，不断推动调剂金计算模型研究和升级工作。我国可组织专家组研究国际上现有调剂金计算模型，选择最适合我国的模型将其本土化；或学习各个模型的建立机理，依据我国数据情况自行建立模型，并不断对其加以完善和改进。

第三，逐步实现缴费和待遇政策的统一。

参考文献

[1] 何毅：《医疗保险风险调剂机制在全民医保制度构建中的应用》，《保险研究》

2011 年第 9 期，第 31 ~ 37 页。

[2] 王虎峰：《中国社会医疗保险统筹层次提升的模式选择——基于国际经验借鉴的视角》，《经济社会体制比较》2009 年第 6 期，第 60 ~ 67 页。

[3] 杨卫星、李建红：《海南探索医保省级统筹实施路径》，《中国医疗保险》2009 年第 10 期，第 23 ~ 25 页。

[4] 赵斌：《基于风险平准的荷兰医保调剂金制度》，《中国医疗保险》2012a 年第 8 期，第 67 ~ 70 页

[5] 赵斌：《基于郡管理的瑞士医保调剂金制度》，《中国医疗保险》2012b 年第 9 期，第 68 ~ 70 页。

[6] Buchner, F., Wasem, J., "Needs for Further Improvement: Risk Adjustment in the German Health Insurance System," *Health Policy* 65 (2003): 21 – 35.

[7] Busse, R., Riesberg, A., *Health Care Systems in Transition: Germany* (Geneva: World Health Organization, 2004).

[8] Busse, R., "Interesting Times in German Health Policy," *Eurohealth* 7 (2001): 7 – 8.

[9] Ellis, R. P., "Risk Adjustment in Health Care Markets: Concepts and Applications," Financing Health Care: New Ideas for A Changing Society, 2008: 177 – 219.

[10] Enthoven, A. C., Van De Ven, W. P. M. M., "Going Dutch—Managed-competition Health Insurance in the Netherlands," *New England Journal of Medicine* 357 (2007): 2421 – 2423.

[11] Gaskins, M., Busse, R., "Morbidity-based Risk Adjustment in Germany," *Eurohealth* 15 (2009): 29.

[12] Göpffarth, D., "Reforming Germany's Risk Structure Equalization Scheme—Taking Stock at the Halfway Point," *Journal of Public Health* 13 (2005): 248 – 256.

[13] Rice, N., Smith, P. C., "Capitation and Risk Adjustment in Health Care Financing: An International Progress Report," Milbank Quarterly 79 (2001): 81 – 113.

[14] Stam, P. J. A., "Testing the Effectiveness of Risk Equalization Models in Health Insurance: A New Method and Its Application," Instituut Beleid En Management Gezondheidszorg, 2007.

[15] Van de Ven, W. P. M. M., Beck, K., Buchner. F., et al., "Risk Adjustment and Risk Selection on the Sickness Fund Insurance Market in Five European Countries," *Health Policy* 65 (2003): 75 – 98.

[16] Van de Ven, W. P. M. M., Ellis, R. P., "Risk Adjustment in Competitive Health Plan Markets," *Handbook of Health Economics* 1 (2000): 755 – 845.

B.12 基本养老保险费率调整问题

赵巍巍*

摘　要：　调整基本养老保险费率，是党的十八届三中全会提出的重要改革决定之一。本文主要研究在我国经济进入新常态，人口老龄化不断加速，社会保险的扩面征缴空间日益缩小，基本养老保险当期收支平衡压力日益增大的情况下，探索降低养老保险费率的可行性，提出调整基本养老保险费率的总体思路及配套措施。

通过研究，笔者认为，养老保险承担着应对老年风险的责任，发挥着保障基本生活的功能，要保障一定的缴费水平，缴费率不能太低，同时，要考虑经济发展、企业发展水平和各方负担能力，缴费率也不能太高。缴费率的调整应实现筹资负担适度、保障水平适度、基金收支平衡三项目标。鉴于此，建议政府在明确保障水平的基础上，适当降低基本养老保险缴费率，逐步探索建立缴费率与待遇水平相关联的动态调整机制。同时，建议完善相关配套措施，打出“组合拳”，为降低费率创造制度条件和财政保障。包括规范和统一现行缴费比例和缴费基数；强化征缴，夯实缴费基数，提高缴费质量；明确财政责任，逐步消化转制成本，拓宽资金的筹集渠道；推进全国统筹；大力发展补充养老保险和个人养老金等措施。

关键词：　基本养老保险　缴费率　缴费基数

* 赵巍巍，人力资源和社会保障部社会保障研究所助理研究员，主要研究方向为养老保障政策研究。

一　企业职工基本养老保险缴费率基本情况

（一）养老保险费率概况

我国基本养老保险制度的建立、改革和完善与我国经济社会不同阶段的发展水平相适应，费率的调整也随着制度的改革完善进行相应的调整，从最初的企业缴费、个人不缴费（社会统筹）到企业和个人共同缴费（统账结合），不断扩大个人缴费率由不超过3%逐步提高到8%，使单位和个人缴费率逐步规范和统一。

目前，统账结合的制度模式及筹资水平初步定型，并且运行基本稳定。基本养老保险基金由用人单位和个人缴费及政府补贴等组成。用人单位缴费率一般不超过本单位职工工资总额的20%，个人缴费率为本人工资的8%，由用人单位代扣代缴，个人缴费全部进入个人账户中。城镇无雇主的个体工商户和灵活就业人员，参加基本养老保险的缴费率一般为20%，其中8%记入个人账户，其余缴费记入基本养老保险统筹基金。

在实际执行中，个人缴费率已经全国统一为8%，单位缴费率尚未实现全国统一。绝大部分省份单位缴费率为20%，个别省份例外，上海市的缴费率为21%，山东省和福建省的缴费率为18%，浙江省的缴费率为14%，广东省省内各市已统一为13%～15%。2016年，根据国家规定，19个省份养老保险单位缴费率从20%降至19%，上海市从21%降至20%。除上海市外，其他省份下调单位缴费率的政策执行期均暂定至2018年4月30日。从各地执行情况看，阶段性降低社会保险费率期间，参保人员的社会保险待遇未受影响，实现了按时足额支付。

（二）取得的成效

筹资水平的高低直接影响参保人数、基金收支平衡以及待遇水平。

一是基本养老保险参保人数逐年增多。截至2016年末，全国参加基本

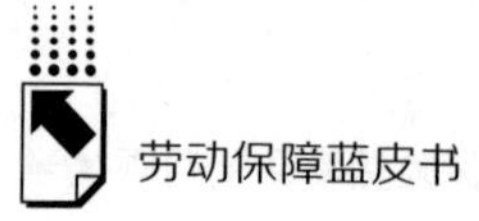

养老保险人数为 88777 万人。其中，参加城镇职工基本养老保险人数为 37930 万人，包括参保职工 27826 万人，参保离退休人员 10103 万人。城镇职工基本养老保险执行企业制度参保人数为 34264 万人。自 2005 年以来，随着不断推进参保扩面工作，城镇职工基本养老保险参保人数逐年增多，职工参保人数年均增长率在 7% 以上。

二是结余基金逐年增加，抗风险能力增强。截至 2016 年末，全年城镇职工基本养老保险基金总收入为 35058 亿元，其中征缴收入为 26768 亿元，全年基金总支出为 31854 亿元。2016 年末城镇职工基本养老保险基金累计结余为 38580 亿元。自 2005 年以来，基金收入显著增加，且每年都略有结余。征缴收入年均增长率为 18.5%，略高于在岗职工平均工资增幅。

三是企业离退休人员养老金待遇水平不断提高，且全部按时足额发放，按照国家统一部署，企业离退休人员基本养老金水平多次得到调整，养老保险待遇水平稳步提高，且全部按时足额发放，特别是 2005 ~ 2015 年，国家连续 11 年以每年 10% 的增幅，统一调整企业退休人员基本养老金，企业退休人员月人均基本养老金从 2004 年的 647 元提高到 2015 年的 2270 元，增长了约 2.5 倍。2016 年，国家规定按月人均 6.5% 左右的增幅提高企业和机关事业单位退休人员养老金标准。2017 年，国家规定按月人均养老金 5.5% 左右的增幅继续调整企业和机关事业单位退休人员的基本养老金待遇。“十三年连涨”基本养老金，在一定程度上提高了离退休人员的生活水平，保障和改善了他们的基本生活水平，使离退休人员真切地感受到自己能够分享经济和社会发展的成果，体现了公平正义，促进了社会和谐，同时对促进消费、扩大内需起到了积极作用。

（三）存在的主要问题

目前，除了缴费率和缴费基数自身一些不足的问题，还存在因缴费水平偏高直接带来的一系列问题，如参保征缴、基金收支等。

1. 全国单位缴费率尚未统一，费率仍然偏高

在实际执行中，由于区域经济发展不平衡、各地人口老龄化状况及负担情况不同等因素，全国单位缴费率尚未统一。前文已述，目前大多数省份的单位缴费率已实现全省统一为20%（部分省份阶段性下调至19%）；浙江省、山东省、福建省的单位缴费率低于20%；广东省的单位缴费率尚未实现省内统一。养老保险缴费是要计入企业用工成本的，缴费率不统一导致各地用工成本存在明显差异，不利于形成公平的市场竞争环境。2016年大部分省份调低了基本养老保险单位缴费率，一部分省份保持单位缴费率不变，导致不同省份的企业不能同等地享受养老保险费率降低所带来的“政策红利”。

另外，企业和职工普遍反映缴费水平偏高。缴费率偏高会增加企业用工成本，同时，高缴费率会抑制企业年金的发展和多层次养老保险体系的建立。尽管2016年大部分省份已经阶段性将单位缴费率调低1个百分点，企业对此普遍表示欢迎，一定程度上减轻了企业负担，但是在当前经济环境和就业环境下，仍然是“杯水车薪”，离企业的期望值差距较大。

2. 缴费基数下限增长过快，存在不足额缴费的情况

缴费基数和缴费率共同构成了参保企业及其职工的筹资。抛开缴费基数谈缴费率不具有实际意义。根据企业调研反映，除了缴费率仍然偏高外，更主要的问题是在缴费基数上。

（1）缴费基数下限增长过快，企业及个人反映负担重

按照政策规定，缴费基数下限与城镇在岗职工平均工资挂钩，目前为各省在岗职工平均工资的60%。同样，个体工商户和灵活就业人员的缴费基数主要参照当地在岗职工平均工资。然而，统计局公布的城镇在岗职工平均工资的统计范围主要是规模以上企业和机关事业单位，大量私营企业和个体工商户未纳入统计范围，致使统计数据偏高，不能真实反映私营企业职工和个体工商户的实际收入。并且各地普遍反映工资“被增长”，在岗职工平均工资水平保持每年10%左右的增速不断增长，也就意味着缴费基数下限每年以10%左右的增速增长，企业职工的实际工资增长水平却落后于此，很多参保人员工资水平都达不到缴费基数下限，导致其社保缴费占工资收入的比重逐年增大，既增加了职工的缴费负担，降低了职工当期生活水平，给个

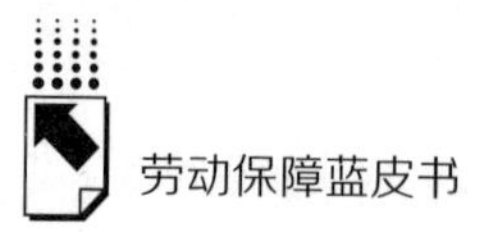

体工商户和灵活就业人员自行参保缴费及以此为缴费基数的人员带来支付压力，也出现了不少企业员工对参保缴费产生抵触甚至拒绝参保的现象。即便现在将个体工商户和灵活就业人员纳入平均工资统计范围，如果统计部门提取的样本数量所占比例偏低，同样会造成统计结果高于实际情况的结果。

为解决此问题，在国家统计口径尚未调整的情况下，部分省份采用了一些灵活变通的方法降低缴费基数，但是规则不统一，缺少国家层面的规范。广东省以前是以上年度城镇非私营单位在岗职工平均工资确定养老保险缴费基数上限、下限（上限为300%、下限为60%），自2014年1月起下限变更为广东省上年度城镇非私营单位在岗职工平均工资和城镇私营单位从业人员平均工资加权平均值的60%，上限维持不变；待遇计发时，计算基础养老金仍然取用广东省上年度城镇非私营单位在岗职工平均工资。北京市自2010年起，逐步将个体工商户和灵活就业人员纳入职工平均工资统计范围，其工资数据通过人力资源和社会保障局在人力资源市场的薪酬统计调查数据、参加社会保险的个体工商户和灵活就业人员的收入等数据取得。

在岗职工平均工资与缴费和待遇发放相关联，在岗职工平均工资同时也是待遇计发的重要参数，牵一发而动全身，需要国家层面予以调整和规范。

（2）缴费基数存在不实的问题，尚未应收尽收

第一，职工的工资收入普遍存在不透明、不真实现象，单位不如实申报缴费基数。企业工资管理不规范，工资和劳动收入不透明，导致社保经办机构稽核难度大；因社保缴费负担较重和制度本身吸引力不强等因素，一些参保单位往往通过低报缴费基数（低于实际工资）、瞒报或少报缴费人数等方式来降低实际缴费负担，造成养老保险“名义”和“实际”两个费率的存在，实际也是变相拉低了缴费率。这就导致养老保险费不能做到应收尽收，影响了基金收缴。

第二，“双基数”和“单基数”并行存在。《社会保险法》规定“双基数”缴费；但为了简化经办、降低企业负担，大多数地区采用“单基数”缴费，即职工以本人工资为缴费基数（在岗职工平均工资的60%～300%），企业以本单位职工缴费工资之和为缴费基数，也就是说，企业职工本人工资

超过上年度在岗职工社会平均工资300%的部分没有被计入企业缴费基数中。各地缴费基数的确定不统一，有失公平。

第三，社会保险费征收稽核不到位。近年来参保扩面工作的推动，参保人数逐年增多，社保经办机构稽核的力量面临不足，对企业缴费基数的核查、欠费追缴力度不够，未能充分发挥稽核的法律效应，加上社保历史欠费问题复杂多样，国家对社保经办机构稽核的职责范围定义不清，采取银行强制划缴、申请法院强制执行的法律依据不足、执法手段有限、征缴程序缺乏标准性等原因，致使企业钻政策漏洞，不足额缴费。

第四，税务征收与社保经办机构协调不顺畅，影响基金足额收缴。目前，我国社会保险费由社会保险经办机构和税务部门分别征收。据统计，全国一半的省份实行税务部门征收社会保险费，而扩面征缴工作指标由人力资源和社会保障部下发，地方反映，因两个部门的职责不同，加上信息系统不能完全对接，常常存在扩面和征缴工作脱节的现象，影响了参保扩面工作的推进及基金的足额收缴。

3. 各省灵活就业人员的费基和费率尚未统一

随着我国发展方式的转变及新型城镇化的推进，就业方式更加多样化，劳动关系、就业岗位等都有不稳定性和不确定性，网络创业就业人员、家政服务人员、农村新兴产业从业人员和灵活就业人员数量不断增加，这些人员收入不稳定，流动性强，要求社会保险有相应的适应政策，以保证这些从业人员享有相应的社会保障权益。据调研了解，就全国平均水平来看，以个人身份参保的人数占企业职工养老保险总参保人数的20%左右，有些地方甚至已经达到了30%左右或者40%左右，参保潜力很大。调研浙江省灵活就业人员参保人数，已经占总参保人数的37%。

在实际操作中，灵活就业人员的缴费基数和缴费比例没有统一和规范。由于大多数灵活就业人员就业不稳定、收入低，为鼓励其参保缴费，大多数省份对城镇个体工商户和灵活就业人员的缴费基数分为当地职工平均工资的60%~300%、60%~100%、40%~300%、80%~300%几个档次，缴费基数的设置档次不统一，个别地区将缴费基数下限降至当地职工平均工资的40%。

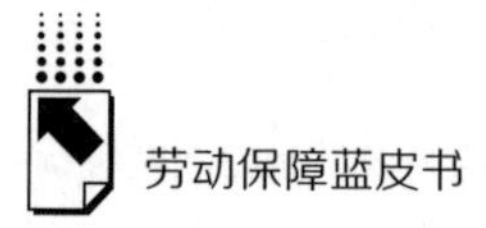

缴费比例普遍为20%，但是个别省份低于20%，尚未全国统一。

4. 政府应承担的财政责任未明确，现行费率担负着转制成本

现行制度主要是针对城市原国有企业职工设计并发展起来的，承担养老保险制度转轨成本和国有企业改革成本，使企业缴纳的基本养老保险费用标准设定过高。在此后的制度运行及改革过程中，尽管中央财政每年对部分省份养老保险基金实行转移支付补贴，但是转制成本规模庞大，“转轨成本”（或“隐性债务”）问题仍没有从根本上得到解决和消化，企业缴纳费率仍然偏高，负担较重，社会统筹基金挤占了个人账户基金，导致个人账户空账运行。养老保险中的转制成本是一个制度转型过程中的历史遗留问题，通过维持较高缴费率的方式予以消化，既增加了现行参保人员的缴费负担，也为未来政府留下了制度隐患。即便现在国家规定阶段性调低养老保险费率，操作的空间也非常有限，企业减负程度也非常有限。

据有关测算，历史债务达到数以万亿计。不同部门对此问题的认识存在差异，既有将历史债务向后看的，以“老人”和“中人”欠缴基本养老保险费的规模来计算历史债务总额，也有将历史债务向前看的，以“老人”和“中人”未来养老金支出规模来计算历史债务总额。加上历史债务是动态变化的，不仅与“中人”人数、“老人”人数、待遇水平、待遇调整、缴费基数等密切相关，而且极易受参数假设的影响。正因如此，不同部门、不同认识、不同假设、不同基数测算出的历史债务规模差异很大，历史债务问题至今未曾明确，长期搁置。

此外，为解决体制转轨过程中的历史遗留问题，曾将大量特殊人群以一次性低缴费的方式纳入制度中来，这些人因待遇调整导致相对缴费水平而言偏高的养老金待遇以及长寿风险都会加大基金未来的支付压力，所产生的基金缺口也应由财政来负担，但目前对此尚未明确。同样，2016 年部分省份的单位缴费率阶段性下调 1 个百分点，国家并没有明确下调费率带来的基金收入减少由财政出资。

5. 中断缴费情况突出

近 3 年来，受经济形势等外部因素影响，尽管参保人数逐年增加，但是增长率有所回落，职工缴费人数占参保职工比例逐年下降，中断缴费情况比较突出，制度抚养比例逐年下降。中断缴费人员的情况比较复杂，根据地方调研，主要包括几类人员：一是企业关闭破产人员、与企业解除劳动关系的下岗失业人员；二是流动就业人员，多以农民工为主，中断缴费后尚未及时接续关系；三是收入较低、就业不稳定的个体工商户、灵活就业人员；四是长期欠费的中小企业职工；五是一部分缴费满 15 年的人员；六是在多地就业过程中未能及时接续养老保险关系的人员，因为即使在新就业地已经参保也可能被原参保地统计为中断缴费人员。

6. 各省基金结余不均，难以调剂

对于社会养老保险制度，基本养老保险筹资与缴费基数、缴费率密切相关，同时缴费基数和缴费率的设定与待遇水平又密切相关。也就是说，收入与支出是密不可分的关系。

我国的基本养老保险制度改革从县级统筹开始起步，长期以来统筹层次过低，各地政策不统一，基金难以调剂。近年来，加大了省级统筹的步伐，到 2011 年底，31 个省份（含新疆生产建设兵团）都建立了省级统筹制度。但从实际情况看，部分省份还存在实施不到位的问题。省与省之间养老保险费率和费基差别较大，负担不均衡。近 5 年，受经济形势等因素影响，尽管征缴收入和累计结余资金在增加，但是征缴收入增长率及累计结余基金增长率都在下降。即便是在经济发达、结余较大的广东省，省内也面临着区域经济发展不平衡的问题，养老保险基金累计结余情况分布不均衡，全省基金累计结余的97%集中在珠三角地区，粤东西北地区仅占3%。基金难以在全国范围内调剂，部分地区只能通过维持高费率来筹资实现基金收支平衡。

二　调整现行职工基本养老保险费率的必要性和可行性

（一）现行缴费率水平的基本判断

对缴费率水平进行综合判断，需要结合我国养老保险制度改革。我国自

1997年建立统一的企业职工基本养老保险制度以来，由于制度转轨，产生了大量的“老人”和“中人”。在改革前已经退休的“老人”仍执行过去计划经济体制下的待遇水平，整体替代率偏高，“老人”养老金高出新制度下基础养老金部分产生的缺口，由改革后的社会统筹基金支付；改革前已经参加工作、改革后退休的“中人”的过渡性养老金，同样由改革后的社会统筹基金支付。也就是，原本应该由国家财政承担的“老人”和“中人”的转制成本，由改革后的统筹基金支付了。根据制度抚养比和实际替代率计算出来的实际缴费率高于名义缴费率（政策规定的缴费率），在当时国家财政没有明确转制成本的背景下，为保障退休人员养老金的发放，在一段时期内维持较高的基本养老保险费率是不得已而为之。随着“老人”逐步减少，“中人”过渡性养老金的逐步消化，“新人”逐渐增多，转制成本会逐渐减少，最终只剩下基础性养老金，全国层面的平均养老金替代率快速下降，同样实际缴费率也会下降，开始低于名义缴费率。可见，现行政策规定的替代率确实偏高，有下调的空间。就养老保险缴费率与我国经济发展的长期适应性而言，在保持养老保险制度适度保障水平的前提下，分阶段适时、适度降低养老保险缴费率具有可行性和必要性。

（二）调整费率的必要性分析

1. 贯彻落实中央精神，适应我国经济社会新发展和人民群众新需求

在国际上，世界经济复苏的步伐趋缓，全球经济步入低速增长期；在国内，经济进入新常态发展阶段，受产业结构调整、产业和消费结构升级、市场整体需求平淡的影响，GDP增速明显放缓，对投资和就业的拉动作用减弱，中小企业盈利能力下降，低端劳动力失业人数增加，就业人数增速放缓，工资水平增速放缓，势必会降低养老保险扩面基数的增长幅度和基金的征缴水平。企业特别是中小企业受经济下行、原材料价格上涨、劳动力成本增加等因素的影响而出现经营困难的情况，缴纳社保费用更加困难，会直接导致断保或无力参保的现象发生。这些新变化，倒逼着国家降低基本养老保险水平，特别是降低基本养老保险缴费率。

党中央和国务院多次提出“适当降低社会保险费率”，并将其纳入“十三五”规划建议中，降低基本养老保险费率，减轻企业负担，是促进“稳增长、促改革、调结构、惠民生、防风险”系列政策落实的重要举措，也是适应经济发展新常态、支持企业发展的重要措施。

2. 有利于建立更加公平更可持续的养老保险制度

如果可以在一定条件下适当降低养老保险费率，将有利于增强制度吸引力，提高企业和个人的参保积极性，扩大社会保险覆盖面，实现全覆盖和人人享有社会保障的目标，促进社会公平正义，促进养老保险制度的可持续发展。同时，降低基本养老保险费率，有助于为企业年金的发展创造空间，完善多层次养老保障体系，有利于增强保障待遇的公平性。

（三）调整费率的可行性分析

1. 基本养老保险现行费率确实有下降的空间

前面问题中提到，一些参保单位往往通过低报缴费基数等方式来降低实际缴费负担，造成社会保险“名义”和“实际”两个费率的存在。人力资源和社会保障部社会保险事业管理中心发布的《中国社会保险发展年度报告2015》数据显示，2015年全国企业养老保险月人均缴费基数为3319元，全年人均缴费基数则为39828元。2015年全国企业在岗职工平均工资为61904元。也就是说，实际社保缴费基数大致为企业在岗职工平均工资的64.3%，相当于现行缴费率打了6.4折，约18%。如果按照城镇非私营单位就业人员和私营单位就业人员平均工资（分别为62029元和39589元）的加权平均数（50809元）来算，实际社保缴费基数大概占78.4%，相当于实际缴费率约为22%。另有机构测算，全国职工基本养老保险实际缴费费率平均约为25%，略低于政策规定的28%的缴费率。从调研来看，重庆市人均缴费基数占社会平均工资的70%~80%，更多人都是按下限缴费；贵州省实际缴费人员占参保职工的比例为73%。如果降低现行的名义缴费率，要维持统筹基金现收现付，那么会倒逼着政府强化稽核，夯实缴费基数，做到缴费资金的应收尽收。

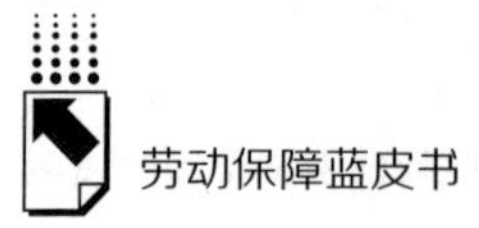

2. 基金累计结余较多、财政大力支持，为降低费率提供了基金保障

全国基金规模持续增长，城镇职工基本养老保险基金总收入从1994年的707亿元增长到2016年的35058亿元，基金总结余从1994年的305亿元增加到2016年的38580亿元，基金支撑能力显著增强。累计结余资金投资运营后，可以实现保值增值。

中央政府每年对中西部地区城镇职工基本养老保险给予财政补助，对集中解决历史遗留问题也给予补贴。2016年，各级财政补贴基本养老保险基金6511亿元，比2005年增加了5860亿元。

3. 国家推进划拨部分国有资本充实社保基金，为解决转制成本提供了契机

前文已述，城镇职工基本养老保险制度在改革过程中，产生了转轨成本问题，主要指基本养老保险改革前“老人”和“中人”养老权益积累产生的历史债务。职工养老保险转制成本问题，是导致现行基本养老保险费率偏高的主要原因之一。妥善解决转制成本问题，是政府不可回避的现实问题。

党的十八届三中全会报告里提出了要划拨部分国有资本充实社会保障基金，《人力资源和社会保障事业发展“十三五”规划纲要》将此项工作写入了进去。这为推进解决转制成本提供了契机。国有资产是在过去长期实行低工资、低消费、高积累政策条件下形成的，其中，主要是老职工过去劳动贡献的积累。尽管养老保险制度改革前，职工在职期间没有缴纳社会保险，但这不意味着他们没有承担相应的社会责任和义务，实际上他们的贡献很大一部分凝结在国有资产之中。现在变现一部分国有资产用于职工基本养老保险支出，解决历史遗留的隐性负债问题完全合情合理。通过国有资本收益划转，加大财政补贴力度，把历史欠账还上，现行较高的费率就可能会有下降空间。

4. 全国统筹的推进，为降低费率提供了制度保障

各地养老保险基金的积累与支付各不相同，基金结余和赤字并存，一些东南沿海经济发达、人口年龄结构年轻的省份，积累的养老保险基金较多，有较强的抵御风险的能力；一些人口年龄结构老化的省份，积累的养老保险基金较少，即便维持较高的缴费率仍会出现基金当期收不抵支需要财政补助或者动用累计结余基金的情况。我国养老保险目前实行省级统筹，养老保险基金在全国范围内无法相互调剂，结余基金在地区之间不能转移，缺口部分要靠财政弥补，降低了基金的使用效率，加重了财政负担。实行全国统筹已经纳入了政府议事日程。实现全国统筹，养老保险基金可以在地区间调剂补缺，有利于解决各地方因经济发展不平衡和养老负担不均衡所造成的养老保障差距，可以降低较高的费率，增强公平的市场经济环境和养老保险制度抵御风险的能力。

三　基本思路及对策建议

（一）基本思路

调整基本养老保险费率的基本思路应为：养老保险承担着应对老年风险的责任，发挥着保障基本生活的功能，根据社会保险法权利与义务对等原则，若保障一定的待遇水平，必须要保障一定的缴费水平，因此，缴费率不能太低，要与制度功能定位、保障项目数量、待遇水平相适应，也要实现基金收支平衡。同时，要考虑经济发展水平、企业发展和各方负担能力，缴费率不能太高。缴费率调整应实现筹资负担适度、保障水平适度、基金收支平衡三项目标。鉴于此，建议政府在明确保障水平的基础上，适当降低基本养老保险缴费率，逐步探索建立缴费率与待遇水平相关联的动态调整机制。同时，建议完善相关配套措施，打出“组合拳”，为降低费率创造制度条件，提供财政保障。包括规范和统一现行缴费比例和缴费基数；强化征缴，夯实缴费基数，提高缴费质量；明确财政责任，划拨国有资本充实职工养老保险基金，逐步消化转制成本，拓宽资金的筹集渠道；推进全国统筹；大力发展补充养老保险等。

（二）对策建议

1. 政府确保退休人员合理的保障水平，承担“保基本”的责任

公共养老保险是重要的社会政策，由政府负责管理运营，政府在基本养老保险中负有不可推卸的责任。因此，要目标定位清晰，确保基本保障和适度保障，避免高福利，是制度长期可持续发展的关键。替代率是衡量保障水平的主要指标，合理的保障水平即合理的替代率。替代率是目标，缴费率是确保替代率实现的手段之一。2015 年，企业退休人员养老金替代率（人均基本养老金与人均缴费基数之比）为 67.5%；如果参照企业在岗职工平均工资，则平均替代率仅为 43.4%。也就是说，如果缴费基数做实，则养老金的平均替代率能达到 50% 左右。我国多层次养老保障体系发展缓慢，大多数人只有基本养老保险，在相当长的一段时期内，人们只会依靠基本养老金生活。结合我国经济发展形势，以及未来全国统筹的实现、缴费基数的夯实、在岗职工平均工资统计口径的合理调整等因素综合考虑，未来基本养老保障的目标替代率水平（人均基本养老金与在岗职工平均工资之比）应不低于 50%，并且在计发办法上适当向低收入群体倾斜。"保基本"的水平应实现 50% 的目标替代率，政府承担"保基本"的责任，包括确保养老金足额发放、收支不平衡时予以补贴，最后"兜底"，这样才能发挥社会保障"稳定器"的作用，避免老年贫困风险，有利于社会的长治久安。

2. 适当降低基本养老保险费率，合理设定费率水平

缴费率的调整需要与缴费基数、缴费年限的调整和完善配套改革，既要考虑基金收入，也要考虑基金支出；既要考虑在岗职工养老保险的负担能力，也要考虑退休人员养老金待遇水平。我国基本养老保险主要采取现收现付财务模式，决定企业缴费率的最基本的制度因素是替代率和代际负担系数。在现收现付条件下，缴费率 =（人均基本养老金/在岗职工平均工资）×（退休职工人数/参保职工人数）= 替代率 × 代际负担系数。

2015 年制度代际负担系数为 1/2.86。按照《国务院关于完善企业职工基本养老保险制度的决定》（国发〔2005〕38 号，以下简称国发 38 号文）设定的 60% 的替代率，那么总缴费率达到约 21%；按照上面提到的未来目标替代率不低于 50% 的标准，那么总缴费率至少不低于 17.5%（见表 1）；随着人口老龄化的加剧，制度代际负担系数提高使缴费率也随之提高。前文已经做了分析，如果缴费基数夯实，那么现行 28% 的总缴费率至少可以下调 6 个百分点。综合考虑未来经济下行压力，人口老龄化的加速，参保人数增长率的下降，全国统筹的推进，可以逐步、适度降低缴费率，由现行的

28%降低到24%左右，也就是单位缴费率可以降低到16%左右。当然，上述前提条件是夯实缴费基数，参保职工都是按实际工资缴费；实现全国统筹，基金可以在不同统筹地区调剂；明确转制成本。

因此，建议考虑代际负担系数、替代率水平等因素，通过科学测算，研究降低单位费率的可行性，减轻中小企业缴费负担。降低费率的同时，按照社会保险法的有关规定，规范各地的缴费基数。

表1　不同替代率和代际负担系数下的总缴费率水平

单位：%

替代率	1/3	1/2.9	1/2.8	1/2.7	1/2.6	1/2.5	1/2.4	1/2.3	1/2.2	1/2
60	20.0	20.7	21.4	22.2	23.1	24.0	25.0	26.1	27.3	30.0
55	18.3	19.0	19.6	20.4	21.2	22.0	22.9	23.9	25.0	27.5
50	16.7	17.2	17.8	18.5	19.2	20.0	20.8	21.7	22.7	25.0

资料来源：笔者根据上述分析做出的推算。

国家也可以根据经济运行状态调整费率，比如，在遭遇类似2008年金融危机这样的异常境况时，启动临时性社会保险费减免政策，帮助企业，特别是中小微企业渡过难关。对于阶段性下调养老保险费率，国家要明确财政给予相应补助，确保养老金待遇不降低，确保基金当期可以维持收支平衡。

3. 探索建立缴费率与待遇水平相关联的动态调整机制

缴费率直接影响参保人员的待遇水平，影响基金的收缴，从长期来看，需要建立缴费率与待遇水平相关联的动态调整机制。与基金状况、财政状况、人口老龄化、待遇水平、参保人数、工资增长率等指标挂钩，通过完善现行计发办法，综合调整缴费率。当然，动态调整基本养老保险费率的前提条件是厘清过去制度转轨所带来的高费率问题。为了保证费率在一段时间内的相对稳定，还应考虑未来经济社会发展环境变化和社会保险政策发展完善对费率的影响，包括人口结构变化、经济和就业形势。

建立科学的调整机制可以消除行政性调整方式所带来的政治决策压力，调整结果更容易为社会公众理解和接受。

（三）配套措施

1. 规范和统一现行缴费比例和缴费基数

（1）调整规范现行在岗职工平均工资统计口径。缴费基数的设定要合理，也就是在岗职工平均工资的统计一定要反映全体就业人员收入的实际情况。目前企业职工养老保险制度已经覆盖各类企业和职工、个体工商户、灵活就业人员。国务院2016年10月发布的《关于激发重点群体活力带动城乡居民增收的实施意见》（国发〔2016〕56号）提出："将城镇私营单位在岗职工平均工资纳入缴费基数统计口径范围，形成合理的社会保险和住房公积金缴费基数，避免对低收入群体的制度性挤出。"因此，建议人社部门抓紧落实中央精神，协调统计局等有关部门，调整在岗职工平均工资的统计范围，明确统计规则，覆盖所有从业人员，包括非私营单位职工、私营单位职工，以及个体工商户、灵活就业人员，使缴费基数的设定更为合理。

（2）建议国家层面逐步统一各省份费率，规范缴费基数下限。我国经过1997年以来的企业职工基本养老保险制度改革，目前的养老保险制度模式、计发办法、个人缴费率已经实现了全国统一，只有单位缴费率和缴费基数尚未全国统一。建议对费率尚未统一的省份，采取逐步过渡方式提高统一，进而实现全国的单位费率统一，体现公平性；规范各省缴费基数下限，对于已经将缴费基数下限降低到在岗职工平均工资40%的省份，建议提高到在岗职工平均工资的60%。

（3）修订完善《社会保险法》，规范各地社会保险缴费基数。根据《社会保险法》，单位与个人缴费基数相分离的优势在于，效益好的单位可以为社保基金的积累贡献更多的力量，同时又不会加重中小企业和个人的负担，体现社会保险的互助共济性。但是在实际执行中，部分省份采用单基数缴费，即职工缴费工资。本文建议修订《社会保险法》，实行单基数缴费，职工都按本人缴费工资缴费，单位缴费基数以职工个人缴费基数之和，理由如下：第一，经办上易操作，现行企业财务报表复杂，工资总额不规范，采用单基数缴费便于确定缴费工资，减轻稽核难度；第二，在经济下行情况下，可以适当减轻企业负担，吸引企业参保缴费；第三，数据尚未实现部门之间的联网，包括工商、民政、公安等部门，双基数缴费难度大；第四，国外大多数国家基本养老保险普遍实行单基数，其成功经验值得参考和借鉴。

（4）统一灵活就业人员缴费比例，完善现行灵活就业人员缴费基数。国发 38 号文规定："城镇个体工商户和灵活就业人员参加基本养老保险的缴费基数为当地上年度在岗职工平均工资。"这项规定符合当时的社会经济环境及参保状况，但是目前看已经不合时宜。建议完善国发 38 号文的相关规定，探索在全国范围内将灵活就业人员缴费基数拓展至在岗职工平均工资的 60% ~300% ，实行可选择的弹性缴费基数，参保人可以根据个人的实际收入水平自主选择，这样既可以与企业职工缴费区间保持一致，又可以满足长期失业人员、个体工商户、农民工、自由职业者的低层次的参保需求，让更多的低收入群体受益。同时，建议加强规范，统一各地灵活就业人员缴费比例为 20% 。

2. 依法加强稽核，夯实缴费基数

（1）依法加强社会保险缴费基数的核定和稽核，夯实缴费基数，推动全员足额缴费。创新征缴手段，按照实际工资来让用人单位和参保人依法承担缴费义务，只需对超高收入者与超低收入者有适当控制，做到应保尽保，应收尽收。对未足额缴纳养老保险费的单位和个人，查明原因，及时采取有效措施；有针对性地加大对欠缴大户和重点户的催缴力度，确保基金足额征缴到位。对于长期全员参保缴费的单位，给予一定的优惠政策，鼓励企业多招工、高缴费，稳定参保人群。

（2）政府购买服务，采取第三方审计方式。鉴于稽核机构人员少、任务重的问题，建议政府通过购买服务的方式，委托专门的会计师事务所等第三方机构进行社保专项审计，重点是工资、社保缴费基数，社保经办机构负责核查。建议相关费用由财政预算列支。

（3）加强相关部门之间的协调。短期内需要加强人社、税务等部门的协调配合；从长远来看应整合经办管理服务资源，实现统一经办、统一征缴，提高服务效率。

3. 明确政府应该承担的责任，逐步消化转制成本，多渠道筹集基金

（1）明确各级政府在基本养老保险制度中的责任。在职工养老保险制度中，政府应承担“保基本”的责任，包括确保养老金足额发放、收支不平衡时予以补贴，以及最后“兜底”的责任，维护社会稳定。结合现实情况，具体包括：一是“保基本”，最后财政承担“兜底”的责任，即当基金缺口较大、入不敷出时，为了确保退休人员合理的基本养老保险待遇，各级财政要出资予以保障；二是待遇调整补贴，对于每年养老金待遇的提高，国家要对中西部地区给予财政补贴；三是转制成本，城镇企业职工养老保险基金支付压力大、费率高的主要原因之一，是在养老保险制度改革过程中国家没有完全承担转轨成本；四是应对人口老龄化和临时、突发事情（如临时降低费率等），财政予以补贴，必要时启动全国社会保障基金。

（2）逐步消化转制成本。前文已述，不同部门对转制成本的认识和理解存在差异，相应的，测算出来的数据也差别很大。尽管有关部门从不否认承担转轨成本，每年财政部门也安排资金用于基本养老保险补贴（其中部分用于偿还历史债务），但是偿还了多少，还剩余多少仍是一笔糊涂账。鉴于认识难以统一，账务难以算清的现实情况，不如将财政部门的责任界定为弥补“事后”的基金缺口，逐步消化。由于缺口在将来某个时点之后才会出现，如果之前各年的财政不预留资金，则会出现向未来的财政转嫁责任，这对于不同时期的政府是不公平的。因此，合理的做法是各期财政共同分担基础养老金缺口，做到各期财政责任的跨期平衡。各期财政责任的划分，可根据基础养老金的中长期平衡，用精算的办法来确定未来每年财政需要出资的金额。

（3）多渠道筹资养老保险基金。一是尽快落实划拨国有资产收益充实养老保险基金。按十八届三中全会、十八届五中全会和“十三五”规划纲要“划转部分国有资本充实社会保障基金”要求，统筹安排国有企业改革与基本养老保险体系的完善，逐步将经营性国有资产转入养老保险体系，将划拨部分国有资本与解决历史债务结合起来。建议抓紧落实相关政策，明确具体划拨办法和规模。二是进一步加大各级财政对城镇职工基本养老保险基金的投入，建立与经济发展水平、财政承受能力相适应的养老保险投入机制，调整财政支出结构，加大财政补助力度。三是探索其他筹资渠道，如发行政府特殊债券、划拨某项税种的一部分、开设专项税等新的基金筹资渠道。

4. 大力发展多层次养老保障体系

政府提供的基本养老保险计划的基本职能是确保绝大多数老年人的基本生活需要，而要想获得更高的保障水平，必须依靠雇主和个人的进一步努力。我国现有基本养老保险缴费比例过高，挤压了第二、第三层次的发展空间，应以顶层设计为契机，适当降低基本养老保险缴费比重，释放缴费空间，相应地调整基本养老金在三层次中所占比重，减轻政府负担，大力发展企业年金，加快建立起税收优惠的个人储蓄性养老保险，鼓励人们多元化保障，降低老年风险。

5. 加快基础养老金全国统筹步伐

建议按照党的十八大报告，十八届三中、五中全会精神，以及《社会保险法》和中央“十三五”规划的要求，继续推进巩固省级统筹，在总结省级统筹经验和做法的基础上，尽快出台基础养老金统筹方案，建立中央调剂金制度，合理划分中央和地方对基本养老保险基金的筹资责任和支出责任，实现基金在各统筹地区的调剂，为降低养老保险费率创造条件。

除上述对策外，建议继续扩大覆盖面，实现人群全覆盖，鼓励个体工商户、灵活就业人员积极参保缴费；完善现行待遇调整办法，建立科学合理的待遇调整机制，确保养老金的适度增长；高度重视和切实加强养老保险政策宣传，创新方式，利用网络、微信等新媒体宣传养老保险政策，使广大人民群众能够更多地了解养老保险制度改革发展情况以及相关的政策措施，不断增强用人单位和个人的参保意识和缴费责任感。

B.13
生育与医疗保险合并实施的问题与对策

王艳艳　袁 涛*

摘　要：　生育保险和医疗保险原本在建制理念、政策设计、经办管理等方面存在诸多相似之处。党的十八大以来，在全面深化改革、全面建成小康社会等“四个全面”“五大发展理念”的指导下，我国社会保险制度走向纵深改革和不断完善，生育保险事业自身发展面临一些新的形势和新的改革要求。2016年，“十三五”规划提出生育保险和医疗保险合并实施。本文论证了两项险种合并的可行性，分析了合并实施存在的主要问题，并通过数理测算，提出了解决部分特殊群体参保处理问题的对策。

关键词：　生育保险　医疗保险　合并实施　灵活就业群体

一　研究背景

我国生育保险可追溯至1951年。中华人民共和国成立伊始颁布的《劳动保险条例》就包括疾病和生育等五项劳动保障待遇。“文革”期间，社会共济型的劳动保险制度退化为单位保障。改革开放以来，我国经济政策以及人口政策几经变迁，生育保险政策也不断调整和改革。1994年劳动部颁布了

---

* 王艳艳，人力资源和社会保障部社会保障研究所助理研究员，主要研究方向为医疗保险；袁涛，贵州财经大学公共管理学院讲师，主要研究方向为社会保险理论与实务。

《企业职工生育保险试行办法》，开始面向城镇职工建立独立于其他险种之外的现代生育保险制度。2005 年我国《生育保险条例》正式颁布，开始全面推行。截至 2015 年底，生育保险参保总人数为 1.78 亿人。

我国生育保险自建制以来，无论是在政策建设，还是在扩面征缴、保障待遇等管理服务层面，相对于其他社会保险一直处于发展相对缓慢的状况。近年来，在经济社会发展新常态、发展路径转型、发展结构转型以及社会人口环境变革的大背景下，尤其是党的十八大以来，在全面深化改革、全面建成小康社会等“四个全面”“五大发展理念”的指导下，我国社会保险制度走向纵深改革和不断完善，生育保险事业自身发展也面临一些新的形势和改革要求。

一是随着我国经济社会发展结构以及发展模式的不断变迁，尤其是全面二孩政策的实施，全社会对生育保险政策予以期待，生育保险待遇备受重视。人们期望生育保险制度能够更好发展，实现更多保险功能，扩大保险范围，提高保险水平。但是，目前我国各地正在实施的生育保险制度，主要定位于职工群体，其建制理念仍然只局限于为城镇职工提供保障，其主要待遇为生育期间的医疗服务、产假期间的生育津贴，目的是保障女职工在生育期间不因暂时失去劳动岗位而带来经济收入的损失。同时也为促进女性职工就业和保护女性职工就业权益发挥积极作用。

二是长期以来，我国生育保险制度的实施过程以及实施效果仍有提升空间，人们期待能够获得更好的生育保险待遇。虽然我国生育保险基金支出数量逐年增加，但只有少数城镇职工才能真正享受这一待遇。原有的建制理念，仅为城镇职工，将广大城乡居民中的育龄妇女以及城镇广大灵活就业人员等非正规工作人群排除在外。在人口老龄化和人口红利逐渐消失的背景下，人们更加期待能够顺应我国人口政策、人口结构以及人口流动性转变的生育保险政策，将更多的育龄妇女纳入保障范围，并逐步提高保障水平。

二　当前我国生育保险现状及存在的主要问题

生育保险制度自建立以来，因其与职工基本医疗保险制度在覆盖范围、基金管理、保障待遇、管理服务等方面，均存在一定的交叉重叠或部分相似之处，因而在实践中也存在不少问题，有些政策亟待深化和突破。

一是现有生育保险制度覆盖范围窄。现有制度覆盖范围主要包括城镇职工，部分地区逐步扩展到机关事业单位，但灵活就业人员和城乡居民尚未纳入生育保险的范围之内。

二是现有生育保险制度扩面难。尽管我国生育保险制度在政策覆盖口径上和基本医疗保险近似，但是从实际参保率来看，生育保险与基本医疗保险的覆盖人数一直保持着相当稳定的差距。2011～2015年，我国生育保险参保人数与医疗保险参保人数相比，每月约有1.1亿人的差额（见表1）。

表1　我国生育保险与医疗保险参保人数概况

单位：亿人，%

参保人数及比重	2011年	2012年	2013年	2014年	2015年
医疗保险参保人数	2.52	2.65	2.74	2.83	2.89
生育保险参保人数	1.39	1.54	1.64	1.70	1.78
二者参保人数差额	1.13	1.11	1.10	1.13	1.11
生育保险参保人数占医疗保险人数的比重	55.16	58.11	59.85	60.07	61.59

三是现有生育保险待遇享受率不高。受政策覆盖面、实际参保率以及政策保障项目等方面的制约，在实际运行中享受生育保险待遇的人次不高，导致我国生育保险基金收入的增幅一直高于支出增幅，全国各地的生育保险基金率普遍较高、累计结余金额较大，生育保险基金的实际使用效率不高。未能更好地发挥生育保险制度应有的保障功能与作用。

四是生育保险基金潜在风险增加。为降低企业负担，人社部、财政部联合下文要求生育保险基金累计结余超过9个月的地区将费率调整到用人单位职工工资总额的0.5%以内，生育保险基金收入增速减缓。与此同时，二孩政策的全面实施和全国各地产假期限的大幅延长，使得基金支出的增幅迅速提高，增加了基金远期风险。

五是生育保险管理和服务手段落后。受生育保险自身条件的限制，目前分开运行、独立核算的生育保险制度，常因重视不够、力量弱小等原因，导致自身经办管理服务能力不足、条件差以及水平落后等，也限制了生育保险事业的发展。我国各地的生育保险自其启动实施以来，一直严重依赖医疗保险的行政管理和经办服务体系。全国绝大多数地方的生育保险管理服务机构，均为“一套人马、两块牌子”。

三　研究现状

为解决上述问题，不少研究积极呼吁将生育保险与医疗保险两项制度合并实施。由于两项制度在建制理念、政策设计、经办管理等方面存有诸多相似之处，生育保险与医疗保险合并实施问题在学术研究领域由来已久。早在21世纪初我国将生育保险作为一个独立的险种在全国启动实施后，原国家劳动和社会保障部就提出了“协同推进生育保险与医疗保险”的工作理念，即将生育保险与医疗保险分别确定费率，基金分别立账，待遇分开支付，但是在管理上，将生育保险与医疗保险实行统一参保、统一征缴、统一管理的思路。当时的主要目的，是想充分利用医疗保险的推进机制和管理系统，实现生育保险的快速启动和完善管理，协同推进两项保险制度，并逐步促进两项制度政策整合。因此，2004年，当时的国家劳动和社会保障部在上海、广东、河北等地积极探索推进生育保险与医疗保险合并实施的基础上，就确定了河北廊坊等8个城市作为生育保险与医疗保险协同推进的重点联系城市（孙丽平、谢梦，2005）。

梳理学界研究观点，赞同者认为，二者的合并实施，有利于扩大生育保险制度覆盖范围，节约经办管理服务成本，加强管理服务的效能。如王丽彬（2016）认为，将生育保险并入医疗保险可以妥善处理生育保险与医疗保险交叉性的问题，节省管理费用和成本，防止浪费生育保险费用，减轻企业的负担。杨燕绥等（2016）指出，生育保险中的生育医疗费用发生在医院，这一部分跟医疗保险运营是相似的，因此可以合并经办，有利于节省管理经费和成本，使得医疗保险的管理更加充分。亓栋（2015）指出生育保险与医疗保险分设，造成报销项目的重叠，建议可以减少生育保险报销步骤，简化成医疗保险的报销模式。侯田瑛（2015）认为生育保险与医疗保险的政策目标一致，生育保险分摊生育产生的相关费用，医疗保险也是防止因病致贫返贫现象的发生。将二者的信息管理系统进行合并，合并后的信息使报销更加方便快捷。黄志明（2012）提出医院要设立多个窗口来办理不同险种（生育保险、医疗保险、工伤保险）的业务，造成程序繁琐、成本高，此外复杂的险种打击公民加入社保的积极性。建议整合《社会保险法》，简化复杂步骤，提高办事效率。

也有一些学者关注两项制度合并实施带来的综合效应，从理论上探索积极推进两项制度合并实施的理论和现实意义。王东进（2016）指出，整合城乡居民医保政策和经办管理属于“旧措新举”。党的十八大和十八届三中全会明确提出整合城乡居民基本医疗保险制度，统一管理体制，国务院也曾排出了“时间表”，但在“十二五”期间并未得到很好的实施，只有不到1/3 的省份排除阻力实现了整合。十八届五中全会再次重申，应在总结经验教训的基础上加快推进步伐。如果这个问题久拖不决，将直接影响制度的公平性，增加运行成本，降低效率，制度的可持续性也会大打折扣，给国家和人民造成更大的浪费和损失。

正是基于生育保险和基本医疗保险在医疗服务项目和待遇支付上有很大共性，管理服务基本一致，将两项保险合并实施符合社会保险一体化运行的要求，有利于提高社会保险基金互济能力，更好地增强生育保险保障功能，提高行政和经办服务管理效能，2016 年 3 月，国家“十三五”规划正式提出要求将生育保险和基本医疗保险合并实施。同年，全国人大常委授权国务院在河北省邯郸市、辽宁省沈阳市、河南省郑州市等 12 个城市，于 2017 ~ 2018 年作为先期试点开展。试点工作要求坚持“四个统一”和“一个不变”，即统一参保登记，统一基金征缴与管理，统一医疗服务管理，统一经办和信息服务，原有生育保险的生育待遇不变。

四　两项制度合并实施面临的主要问题

尽管中央有要求、社会有期望、群众有期待，但是作为一项独立险种，生育保险制度运行发展多年来，全国各地政策不统一、实施步骤不一致、地区差异大等矛盾一直没有得到有效的解决；有些地区还存在政策覆盖范围窄、保障项目单一、保障水平不高、管理服务水平落后等问题。理论界一些专家学者期待两项制度的合并，通过改革举措推进两项制度融合发展，特别是加快完善生育保险制度的发展。但是，在实际操作层面，究竟如何推进落实两项制度合并实施？到底是制度层面的合并实施还是管理层面的合并实施？在制度政策层面的合并实施又会面临哪些障碍？如何解决和处理这些障碍？现有研究多集中在对两项制度合并实施的积极呼应，多为一些政策观点性文章。多数观点认为，将生育与医疗保险两样制度合并实施已具备一些较好的条件，两项制度在医疗费用支出、待遇支付，以及医疗服务利用上有很多共同之处，可以利用医保的服务平台，按照医保的“三个目录”统一管理，且实践中有些地方具有一定的工作基础，具备现实的可行性。但是，关于两项制度合并实施的具体路径以及具体的合并方式，缺乏深入研究。

李云娅（2013）认为，生育与医疗合并实施的关键在于确定合并后的筹资模式，管理模式和定点医疗机构。王东进（2016）指出，医疗保险和生育保险之间存在一定的关联性，但将二者合并的前提是搞清楚是制度层面还是管理层面的合并。而何文炯等（2014）主张分步实施改革现行生育制度，逐步建立起覆盖全民的生育津贴制度与生育医疗保障相结合的生育保障体系。也有部分学者从统筹层次、信息管理系统、管理体制等层面思考两项制度合并实施的管理服务问题。但仍然仅限于观点呼吁性文章，缺乏深入、全面、理性而细致的研究成果。归纳总结起来，将生育保险与医疗保险合并实施，在内涵上首先需要明确是政策合并还是管理合并。如果仅是管理合并，则研究重点是行政管理体制、经办服务资源的整合。如果是政策的合并，则要具体研究两项政策、制度合并的可行性以及面临的主要障碍及其对应的解决方案。前者问题相对简单，主要涉及经办管理服务资源的整合问题。后者相对复杂，具体又包括五个方面的内容，需要进一步深入研究探讨。

（一）覆盖范围的政策统一问题

目前生育和医疗两项保险制度的覆盖范围不统一，现有生育保险制度实际为雇主责任险，只有用人单位缴费，个人不缴费。而现有的城镇职工基本医疗保险的参保对象中，除了雇员，还包括广大的城镇灵活就业人员、农民工、自谋职业者等非正规就业人员（以下简称个体身份参保者），他们的参保特点是无雇主分担缴费（以 2015 年口径计算涉及约 3600 万人）。首先必须明确的是这一部分群体的缴费义务和责任。该群体是否需要缴费，缴费标准是什么，有何理论依据及相关影响等。

（二）基金征缴的合并实施问题

两项制度合并后是否需要单设生育保险基金以便独立核算？生育与医疗保险制度合并实施后，原有生育保险基金来源中的单位缴费是否需要保留？如果保留，只是将现有医疗和生育保险二者费率简单叠加，那么参加职工基本医疗保险的个体身份参保者如何处理？他们是否需要缴费？如果需要缴费势必增加这部分群体的负担，那么其参保的积极性会在多大程度上受到影响？如果撤销生育保险的费率，医保基金的收支平衡能否承受？未来如何弥补和平衡医保基金筹资？

（三）待遇保障的政策衔接问题

生育保险并入城镇职工的医疗保险制度合并实施以后，必将实行统一费率。凡参加城镇职工基本医疗保险制度的，将统一享有生育医疗待遇、生育津贴待遇。职工群体的生育津贴标准与其工资收入相衔接，然而参加城镇职工基本医疗保险制度的非正规就业人员是否享有生育津贴将是一个难题，作为灵活就业人员，是否能够享有生育津贴？如果能够享有，其生育津贴的待遇应该如何计算和确定？如果不能享有，其参保费率应低于其他职工医保参保群体。

（四）经办管理事务的操作衔接

政策制度是管理服务的风向标和指挥棒。管理服务依托并伴随政策的改革和制度的变化而变化。在管理服务方面，两项制度的合并主要面临经办管理服务方面的政策衔接，如生育保险制度的生育医疗待遇中的保障范围、支付方式、支付标准等，与医疗保险待遇管理办法相衔接，同时还有信息管理系统的整合等问题。

（五）合并实施带来的外部性

将生育保险并入医疗保险之后，未来城镇的基本医疗保险参保人员除享有生育的医疗保障待遇外，还享有生育津贴。因此，未来城乡居民基本医疗保险制度的参保居民，势必将随之产生趋同城镇职工医保待遇的攀比之势，届时将会产生居民医保的参保人员能否享有生育津贴待遇的问题，也会对将来职工医保与居民医保的政策大一统带来影响。从目前的政策设计看，只有参保的城镇职工享受生育津贴，城乡居民没有。下一步，生育津贴如何给定？是否会演变成家庭的生育津贴政策？这些问题有待深入地研究探讨。

五　两项制度合并实施的可行性及主要障碍

生育保险和医疗保险是最难以区分的险种，二者都属于社会保险的范畴，都是法律规定的强制保险，具有一定的联系。一是多数国家未单独设立生育保险。根据《全球社会保障》提供的资料，全世界有 136 个国家或地区建立了医疗和生育保险制度，其中大部分国家或地区实行疾病和生育保险统一的保障制度，不单独设立生育保险。二是生育保险和医疗保险的享受者都存在暂时丧失劳动能力的现象，待遇保障都主要体现在享受医疗服务。三是二者存在待遇耦合。在特殊情况下可能存在同时享受两种保障，比如在分娩期间突发疾病，或是在治疗疾病过程中生育小孩，都会同时享受生育和医疗保险待遇。

生育保险和医疗保险同时也具有显著的区别。一是享受对象不同，医疗保险待遇的享受对象为全体参保职工，而生育保险待遇的享受对象为发生生育行为的参保女职工以及男职工未就业配偶。二是限制条件不同，我国实行计划生育国策，目前生育保险政策同计划生育挂钩，能否享受生育保险待遇取决于职工是否符合计划生育要求，与职工生育的年龄、生育的胎次都有关系。因此，大多数女职工一生只能享受一次或两次生育保险待遇。而医疗保险没有享受次数或者生病年龄的限制，只要生病就能享受相应待遇。三是医疗服务不同，因为正常分娩无需进行特殊治疗，生育保险享受者的医疗服务基本上以保健和监测为主；而医疗保险享受者的医疗服务则以治疗为主，并辅以各种检查，以使患者痊愈。四是享受期限不同，国家明确规定生育假期的享受期限，如正常生产产假为98天，其中产前可以休假15天。而医疗保险对享受者的假期没有时间限制，一般以病愈为期限。五是保障标准不同，生育保险的待遇保障标准一般高于医疗保险待遇。医疗保险的医疗费用报销有起付线、自付比例的限制，而生育保险较为自由，生育期间的医疗费用在“三目录”规定范围内，基本可以全部报销，没有规定医疗费用自付的起付线和封顶线，在门诊进行的产前检查、住院分娩或出现高危情况下的医疗费用都可以由生育保险基金支付。六是缴费群体不同，生育保险采取雇主缴费、个人不缴费的模式，一般雇主缴纳职工工资水平的0.5%～1%，而医疗保险则由雇主和个人共同缴费，一般雇主缴纳职工工资水平的6%，个人缴纳2%。

从当期我国生育保险和医疗保险政策实践运行情况看，二者合并实施具有一定的可行性，实施的可行性和必要性主要在于以下几个方面。

一是基本医疗保险有完善的服务平台和成熟的运行机制，可以支撑合并实施顺利开展。基本医疗保险经过多年的发展，已逐步建立了功能完善且延伸到医疗机构的保险信息管理系统，再配合社会保障卡的发行和普遍应用足以承担合并实施后一体化管理的需要；同时，还有范围广泛的医疗服务网点、完善的基本医疗保险“三目录”，并实现了省内异地就医即时结算，且部分地区已经开通全国跨省异地就医即时结算，可以成为合并实施后实现规范管理、提供优质高效便捷服务的重要依靠。

二是生育保险与基本医疗保险有很多共同之处，在制度层面降低了合并实施的难度。首先，二者都属于社会保险的范畴，都是法律规定的强制保险，合并更有利于制度的实施。其次，生育保险和医疗保险的享受者都存在暂时丧失劳动能力现象，待遇保障都主要体现在享受医疗服务上，无论是生育过程还是疾病诊疗过程，都离不开门诊、住院，也都需要检查、手术、护理、药物、治疗等服务，生育医疗费用应属于医疗范畴，与医疗保险待遇有很强的相似性，二者医疗待遇合并实施没有障碍。再次，在行政管理体制方面，生育保险和基本医疗保险都由同一部门管理，在合并实施过程中协调成本较低，还可以保证合并实施后政策的延续性和稳定性，同时生育保险和基本医疗保险在就医方面，执行相同的基本医疗保险药品目录、诊疗项目和一次性医用服务设施，支付政策相同，操作难度较低。

三是我国部分地区具有一定的工作基础和先行改革探索的经验，为全国开展合并实施提供借鉴。从全国范围来看，地方已基本成立了纵贯省、市、县的经办服务队伍和经办机构，并有一套完整的经办服务流程，从全民参保登记、保费征缴、权益记录、待遇支付到财务会计管理等业务流程的完善，为合并实施提供了良好的工作基础。同时，已有部分地区开展了生育保险与基本医疗保险合并实施的改革探索，如东莞、上海、泉州和崇左等地，注重整合社会保险资源，将两个险种合并实施或协同推进，实行统一参保、统一征缴、统一管理，充分利用基本医疗保险信息系统和管理机制，实现生育保险的快速启动和推进管理，在协同推进中逐步实现两项险种在政策和经办方面的合并实施。

但是两项制度的合并实施，仍存在一些显著的障碍和难点问题。当前我国生育保险与医疗保险合并实施的关键问题是两项制度的覆盖范围不统一以及不同群体的生育津贴待遇衔接存在政策性障碍。其中，最核心的问题是参加了医疗保险但没有参加生育保险的参保对象的筹资义务以及对应的保障待遇。该对象以灵活就业人员为主体，以个体身份参加医疗保险为主要特征。因其群体无正规工作、无雇主分担缴费、无正规就业职工的产假待遇，而现有生育保险制度主要保障正规就业群体，致使该部分群体绝大多数只参加医疗保险而未参加生育保险，其生育津贴的需求也相对较弱且难以保障。研究两项制度合并实施的核心问题是测算该部分群体的参保处理问题。

六　研究结论及对策建议

基于目前两项制度的参保政策和实际参保情况，如何解决两项制度覆盖人数中的差额群体的统一参保及统一待遇是两项制度实施工作的关键问题。为此，我们假设了以下三种解决方案，并进行数量分析和测算。有关具体思路和主要结论如下。

方案一：利用当前经济下行的形式，减轻企业负担，阶段性下调社会保险费率的政策红利窗口期，在保留现行生育保险各项待遇不变的基础上，取消生育保险的单独缴费，将其并入职工基本医疗保险，所有参加职工基本医疗保险的人员自动享受生育保险待遇。

具体方案：此方案将产生约584亿元的费用缺口。其中，因直接取消生育保险筹资产生的收入减少资金为501亿元，因基本医疗保险参保人员自动享有生育保险带来的增量人群所导致的费用为83亿元。所能采取的应对策略是：从医疗保险累计结余资金、财政补助以及从计划生育所征收的社会抚养费中按一定的比例划拨。

该方案的优点是，政策红利大，适合人口负担结构轻、医保基金结余充足、医保费率较高、医保待遇保障水平也较高的地区。缺点是极大地增加医保基金缺口地区的负担。

方案二：保留现行两项制度单位费率不变，对两项制度的单位费率进行叠加，医保个体身份参保者费率不变，同时也不享受生育津贴待遇。合并实施后的医疗保险，单位和个体参保者分开核算，生育保障待遇差别对待。

该方案的优点是，有关群体的筹资义务及对应的保障待遇基本保持不变，体现保险义务的权责对应、权责一致原则；现行政策冲击小，易于被社会接受，政策也相对公平，有利于改革的顺利推进，将来择机再行。但缺点是，需要对个体身份参保者做好政策宣传和解释工作，不利于保障个体身份参保者的生育待遇。

方案三：维持现行两项制度单位费率不变，对两项制度的单位费率进行叠加，个体身份参保者享受优惠费率，统一享受医疗和生育保障待遇。

在该方案中，合并实施后个体身份参保者承担相对较低的缴费义务，但必须履行缴费义务（根据本方案测算数据，所需最低费率约为0.6%）；待遇方面与职工群体享受同等医疗和生育保障待遇，包括职工群体的生育医疗待遇以及生育津贴等。该方案的优点是政策公平性高。实施的条件是要增加以个体身份参保者的缴费负担。

上述方案均各有利弊，比较而言，第三种方案相对公平可行。

参考文献

[1] 孙丽平、谢梦：《协同推进生育保险与医疗保险》，《中国劳动保障》2005年第3期，第31～32页。

[2] 王丽彬：《浅析职工生育保险和基本医疗保险合并实施的合理性》，《人才资源开发》2016年第14期。

[3] 亓栋：《生育保险并入医疗保险的可行性研究》，硕士学位论文，安徽财经大学，2015。

[4] 李云娅：《泉州市生育医疗保险制度整合研究》，硕士学位论文，华侨大学，2013。

[5] 李倩：《关于生育与医疗保险制度整合的思考》，《天津社会保险》2016年第2期。

[6] 侯田瑛：《生育保险与医疗保险管理协同研究——以河北省邢台市为例》，硕士学位论文，新疆财经大学，2015。

[7] 王东进：《共享发展理念是全民医保之魂——学习十八届五中全会精神的体会与思考》，《中国医疗保险》2016年第1期。

[8] 梁艳华、李菲菲、王传华：《将生育保险纳入医疗保险之中的可行性分析》，《劳动保障世界》（理论版）2012 年第 9 期。

[9] 黄志明：《如何更好地保障公民福利——建议将工伤和生育保险纳入基本医疗保险》，《人民论坛》2012 年第 10 期。

[10] 何文炯、杨一心、王璐莎、徐琳：《中国生育保障制度改革研究》，《浙江大学学报》（人文社会科学版）2014 年第 4 期。

[11] 康春华：《生育保险纳入医疗保险的探讨》，《人才资源开发》2016 年第 11 期。

[12] 杨燕绥、刘跃华，《生育保险并入基本医疗保险的问题研究》，《中国人力资源社会保障》2016 年第 12 期。

B.14 四川省建立长期护理保险的探索与思考

饶 风 唐 青 王汉鹏 沈 禧*

摘 要： 长期护理保险是为丧失日常生活自理能力的被保险人提供持续护理服务和经济补偿的制度安排，目前建立长期护理保险制度已经进入国家层面的试点实施阶段，四川省成都市是全国的试点地区之一。本文通过理论梳理和实证研究，探讨四川省建立长期护理保险的必要性和可行性，对在全省范围内推行该项制度建设具有重要参考价值。

关键词： 长期护理保险 制度设计 财务测算

长期护理保险是为丧失日常生活自理能力的被保险人提供持续护理服务和经济补偿的制度安排。国外一些发达国家早已建立起长期护理保险制度，2016年6月国家人力资源和社会保障部办公厅印发《关于开展长期护理保险制度试点的指导意见》，在全国选择了15个城市开展长期护理保险制度试点，建立长期护理保险制度已经从学术探讨和规划论证进入国家层面的试点实施阶段。以成都市开展长期护理保险制度试点为契机，研究四川省建立

* 饶风，四川省人力资源和社会保障科学研究所所长，研究员，研究方向为劳动和社会保障；唐青，四川省人力资源和社会保障科学研究所副研究员，研究方向为宏观就业和社会保险可持续发展；王汉鹏，四川省人力资源和社会保障科学研究所研究实习员；沈禧，西南财经大学硕士研究生。

长期护理保险制度的必要性和可行性，不仅可以从理论层面加深对长期护理保险制度的理解和认识，而且可以为相关政策的出台提供重要参考，有利于推进四川省积极建立长期护理保险制度，保障失能老人的合法权益，应对人口老龄化风险。

一　关于长期护理保险的理论探讨

（一）长期护理保险的概念界定

长期护理保险制度是以长期处于失能状态的参保人群（包括失能中青年人和失能老人）为保障对象，但是该制度设计的初衷更主要是应对人口老龄化，因此在本文论述中失能人员主要是指失能老人。

所谓“失能”是指因患慢性疾病、躯体损伤、心理失调等原因导致身体功能受损，进而导致日常活动受限的状态（倪荣等，2010）。对于日常生活自理能力的测评，国际通用的测评工具是 Katz 指数量表，该量表共有 6 项指标，分别是穿衣、吃饭、洗澡、上厕所、室内运动、大小便控制。失能老人是指不能独立完成 Katz 指数量表 6 项指标中任何一项活动的老人，即失去日常生活自理能力的老人。中国老龄科学研究中心课题组关于失能老人的判定标准是，“吃饭、上下床、洗澡、上厕所、穿衣和室内走动”6 项指标，其中有 1～2 项不能独立完成的为“轻度失能”，3～4 项不能独立完成的为“中度失能”，5 项及以上均不能自理的为重度失能（中国老龄科学研究中心课题组，2011）。

长期护理保险定义为被保险人因年老、疾病、意外伤残等原因而出现生活不能完全或部分自理时，需要长期在护理机构或家庭接受正式或非正式护理服务，所发生的护理费用由保险机构进行补偿的保险项目。

（二）建立长期护理保险制度的几点认识

积极探索建立长期护理保险制度是应对人口老龄化的重大举措。从人口老龄化的趋势看，未来失能老人的护理问题将越发突出，单纯依靠家庭照护来解决失能老人的护理问题已经难以为继，老年人特别是失能老人日常生活的照料和护理必须由正式的制度来安排。商业长期护理保险承保范围有限，保费较高，大大抑制了市场对该类保险的需求；养老机构护理费用较高，普通家庭护理经济负担大。在这种形势下，政府有责任积极构建长期护理保险制度来化解家庭护理的经济风险。因此，早介入研究，早进行政策储备，早出台相关政策，就会在应对这一巨大社会风险中占据主动地位。

现阶段因地制宜地探索建立长期护理保险制度具有可行性。目前，四川省民政、财政、老龄委等部门已经联合制定了与失能老人护理和养老有关的补贴制度，该类制度的整合及推行为四川省开展长期护理保险试点、研究及推广奠定了现实基础。同时，德、日、美等发达国家和我国的南通、长春、青岛等城市的长期护理保险模式和实践经验可为四川省开展长期护理保险试点及推广提供借鉴。

作为社会保险项目的长期护理保险具有强制性。社会保险具有再分配功能，在实施过程中容易出现逆向选择问题，因此强制性是保证社会保险制度顺利开展的必要条件（林宝，2015）。在制度设计方面，强制性主要体现为制度覆盖人群和参保人员的法定性与强制性。长期护理保险制度应要求符合条件的参保人员必须参加，前期可以先考虑覆盖城镇职工医疗保险的参保人员，然后扩大参保覆盖范围，将某一年龄以上的城乡居民都纳入制度覆盖。在具体制度建设中可借鉴老龄化严重的国家的经验，建立专项制度，使该项保险成为社会保险体系中的第六大险种。

长期护理保险应坚持“保基本”原则。保基本就是坚持低水平起步，先针对最急迫和最普遍的需求，如失能人员的日常护理和生活护理。覆盖的需求范围从小到大，首先考虑重点需求人群，主要是重度失能及生活不能自理的人员，随后可根据实际情况逐步发展为具有护理需求的所有参保者；基金支付比例也要量力而行，既要考虑保险对象的“获得感”，又要考虑福利的刚性特征，随着经济发展及各方承担能力的提高，逐步提高长期护理保险的支付标准。

长期护理保险制度应建立标准化的管理服务体系。建立与长期护理保险制度相匹配的标准化管理服务体系，有利于服务的提供者、使用者等各方了解自己的权利和义务，也有利于长期护理保险制度的顺利实施。在构建长期护理保险制度的同时，要明确失能鉴定标准、护理服务内容、价格机制，重点是标准化的需求评估和分级机制、养老机构服务标准体系、失能人员等级鉴定标准、护理等级分类、与护理等级相对应的服务内容和服务时间标准、护理服务的支付标准、护理服务所涉及的相关产品范围和价格等内容。

二　四川省失能老人长期护理存在的突出问题

（一）人口老龄化高龄化趋势进一步加强

老年人口比重大，老龄化速度进一步加快。2015 年，四川省 65 岁及以上老年人口达 1075.8 万人，年均增速为 4.1%。老年人口比重达 13.1%，高于全国平均水平 2.6 个百分点。高龄老年人口规模持续增长，80 岁及以上的老年人口达 183.2 万人，占 65 岁及以上人口的比重达 17.0%，高龄化趋势明显。人口老龄化高龄化的速度加快，使得老年人长期护理问题变得更加突出，开展长期护理保险相关业务变得非常必要而且十分紧迫。

（二）失能老人家庭护理负担较重

居家养老仍是主流模式。据 2015 年四川省 1% 人口抽样调查数据显示，全省老年人主要收入来源由家庭成员供养的占老年人口总数的 34.9%，虽然较 2010 年下降 5 个百分点，但仍居主导地位。全省平均 65.1% 的失能老人主要生活来源为家庭供养①，而经济发展水平较低区域所占比例更高。另据四川省社情民意调查中心的调查，完全能够生活自理的老年人占全省老年

① 四川省统计局：《2015 年四川省 1% 人口抽样调查资料》。

人口总数的70.7%；基本能够生活自理的老年人占全省老年人口总数的22.6%；失能和半失能及需要住院治疗维持的老年人占全省老年人口总数的6.7%。在生活居住方面，独立居住的老年人占全省老年人口总数的50.7%；同子女一起居住生活的老年人占全省老年人口总数的47.3%；聘请护理人员照顾、居住在养老院、在医院治疗护理的老年人各占0.3%。[①] 家庭养老模式是传统养老方式，但随着家庭结构小型化和老年人口平均期望寿命的延长，家庭养老基础有所削弱，家庭在经济供养和生活照料两个方面均面临较大压力。

（三）长期护理制度建设滞后

四川省全省范围内目前还没建立起长期护理保险制度。2014年《四川省人民政府关于加快发展养老服务业的实施意见》仅仅提出鼓励和引导商业保险公司为老年人提供健康、意外伤害和长期护理等保险保障。成都市依据国家人力资源和社会保障部的长期护理保险制度试点意见，初步构建了长期护理保险的制度框架，开展具体试点工作，为全国探索建立长期护理保险制度提供经验和参考。据调查，大多数居民都希望在自己家里养老，然而由于长期护理保险制度尚未建立起来，失能老人只能依靠现有退休金制度和医疗费用报销制度保障晚年生活。

（四）长期护理服务严重缺失

首先，服务功能结构不健全，目前养老机构所提供的养老服务集中在基本养老和一般生活照顾方面，对于老年人最需要的医疗护理服务供给明显不足。其次，专业护理人员严重缺乏，护理人员文化技能层次低，均未持有护理人员资格证，而且流动性较大。最后，信息化建设、健康档案建设和养老服务设施等方面严重滞后。

---

① 郭正模：《四川养老健康服务业发展的潜力评估》，四川省统计局网站，http://www.sc.stats.gov.cn/tjcbw/scsq/2015/201301_258/bktg/201503/t20150318_180300.html，2015年3月18日。

三　四川省建立长期护理保险制度的财务测算

（一）长期护理保险基金收支测算模型

ILO 筹资模型是由国际劳工组织（ILO）与国际社会保障协会（ISSA）面向全球健康保险精算领域提供的数量模型。它遵循的核心原则是基金收支平衡，主要包括四个模块：人口统计与经济模块、收入估计模块、成本估计模块以及结果模块。本文以 ILO 模型为基础，根据以支定收、收支平衡、略有结余的原则，对长期护理保险基金的财务状况进行测算，具体分为以下三个模型。

①基金收入估计模型。长期护理保险基金总收入（FI_t）由以下几个因素决定：缴费率（CR），指所有参保人、政府以及其他途径向社会保险机构缴纳的长期护理保险费的比率；参加长期护理保险的缴费人数（YN_t）和城镇居民人均可支配收入（AB_t）。暂时不考虑基金投资收益问题。

$$FI_t = CR \times YN_t \times AB_t \tag{1}$$

②基金支出模型。长期护理保险基金总支出（FP_t）由失能人员人均护理成本（UC_t）和参保失能老人数（ON_t）决定。m_j（$j=1$、2、3）分别代表机构护理、社会护理和家庭护理的比例。

$$FP_t = ON_t \sum_{j=1}^{n} UC_{jt} \times m_j \tag{2}$$

③基金结余模型。根据现收现付筹资模式的运行机制，基金结余（PS_t）等于基金总收入减基金总支出，建立当年的长期护理保险基金平衡模型。

$$PS_t = FI_t - FP_t \tag{3}$$

（二）失能老人数量预测

在四川省“第六次人口普查”育龄妇女总和生育率为 1.38 的基础上，

参照《四川省“十二五”人口发展规划》提出的育龄妇女总和生育率指标进行修正后，预测2015～2030年四川省人口结构的发展趋势。

根据中国老龄科学研究中心的调查，2006年全国城镇老人中完全失能的占城镇老年人口的5.0%，农村老人中完全失能的占农村老年人口的6.9%；2010年完全失能的老人约占老年人口总数的6.3%；2015年这一比例下降为6.1%。而根据第六次人口普查数据，四川省老年人口中，身体健康和基本健康的占81.0%，不健康但生活能自理的占15.7%，生活不能自理的占3.3%。再根据2015年1%人口抽样调查的数据，60岁及以上老年人中，生活完全不能自理的占2.7%，2015年老年人口的失能率下降了0.6个百分点，排除两次调查的误差，反映了老年人失能率基本呈下降趋势。假如采用中国老龄科学研究中心的最新调查结果和四川省2015年1%人口抽样数据的中位数来确定失能老人的比例，可将2015年四川省老年人失能率设定为4.39%，并按照每年0.05个百分点下降（见表1）。

表1　四川省失能老人数量及失能率预测结果

单位：万人，%

年份	60岁以上人口数量	失能老人数量	失能率
2015	1639	72.0	4.39
2016	1688	73.3	4.34
2017	1733	74.4	4.29
2018	1766	74.9	4.24
2019	1762	73.8	4.19
2020	1753	72.6	4.14
2021	1733	70.9	4.09
2022	1755	70.9	4.04
2023	1844	73.6	3.99
2024	1916	75.5	3.94
2025	1985	77.2	3.89
2026	2055	78.9	3.84
2027	2104	79.7	3.79
2028	2188	81.8	3.74
2029	2254	83.2	3.69
2030	2336	85.0	3.64

资料来源：“四川省建立长期护理保险的探索与思考”课题组预测数据。

2015～2030年，预测四川省失能老人的数量将从72.0万人增长到85.0万人，失能率从4.39%下降为3.64%。另据中国老龄科学研究中心的调查结果，失能老年人中，“轻度”、“中度”及“重度”所占的比例分别为84.3%、5.1%和10.6%，预测中以这三个比例分别作为四川省失能老人中“轻度”、“中度”及“重度”所占比例。

（三）人均护理费用假定

长期护理服务全国尚没有形成统一收费标准，也不可能形成。部分地区收费按一般护理、半护理及全护理三种程度实施。各地长期护理成本比较见表2。

表2　各地长期护理成本比较

城市	一般护理成本	半护理成本	全护理成本
深圳	350	700	1100
天津	240	480	900
重庆	300	400	800
北京	敬老院的护理费用为300～1800元		
	福利院的护理费用为180～1050元		
武汉	武汉市自理老人护理费用为200元		
	介助、介护护理费用为300～1500元		
石家庄	介助、介护护理费用为400～880元		
	专护达1800元以上		

资料来源：“四川省建立长期护理保险的探索与思考”课题组根据相关资料整理。

整体而言，各地依据护理等级收取相应的护理费用基本为200～1800元不等，每一等级间相差100～400元，民营养老机构收费相较于公办福利性养老机构往往更高。以四川彭州市天彭镇阳关颐养院为例，该院是一所设施较好的民营长期照护机构，收费标准为每人每月1500～3900元。值得注意的是，阳关颐养院收费标准中包含生活费和护理费，不能完全算作护理费用。参考各地分级护理收费标准，2016年四川省长期护理收费标准设定如表3所示，以此作为基点并假定该费用将以城镇居民可支配收入增长速度进行增长。

表3　2016年四川省长期护理收费标准

单位：元

	轻度失能	中度失能	重度失能
护理收费标准	500	900	1400

（四）长期护理保险总支出测算

按照“轻度”、“中度”及“重度”失能分别设定的护理成本，长期护理保险基金承担70%的费用，失能人员个体承担30%的费用，计算得到2017～2030年四川省长期护理保险基金总支出预测结果（见图1）。

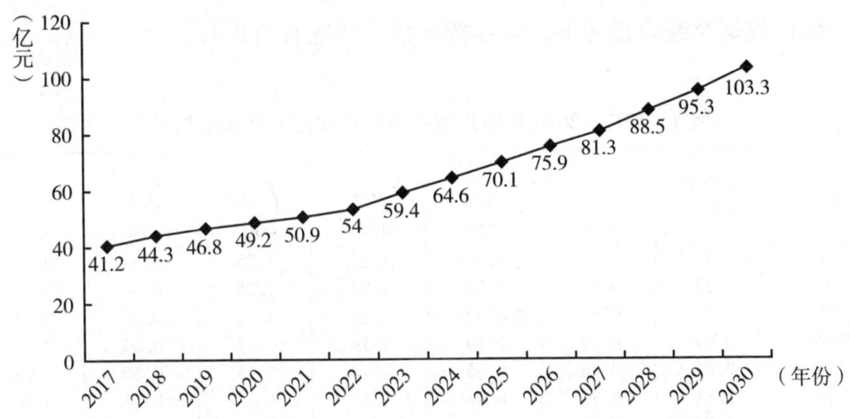

图1　2017～2030年四川省长期护理保险基金总支出预测结果

资料来源：“四川省建立长期护理保险的探索与思考”课题组预测数据。

如图1所示，根据预测结果，2017～2030年四川省长期护理保险基金总支出从41.2亿元增加到103.3亿元，年均增长7.3%。假如按照个人、医保和财政各负担30%、30%、40%的比例进行基金筹资，在全省建立长期护理保险制度后，2017～2030年参保人个人年缴费将从28元增加到78元，财政总投入将从16亿元增加到41亿元，对参保缴费人的人均补贴将从每年38元增加到104元，医保基金支出将从12亿元增加到31亿元。2015年，全省城镇职工基本医疗保险统筹基金（含单建统筹）结余为365亿元，静态可支撑

21.2 个月①，城镇（乡）居民基本医疗保险基金累计结余为 88.2 亿元，静态可支撑 8.3 个月，让医保基金拿出一部分资金用于长期护理保险是可行的。

（五）费率测算结果

如表 4 所示，方案一中长期护理保险费按照个人、医保和财政各负担 30%、30%、40% 的比例，此模式财政负担程度较重；方案二更强调个人在建立长期护理保险中的责任。从国际经验看，以保险费占国民收入比例来衡量的长期护理保险费率介于 0.2% 和 2%，2017 ~2030 年四川省长期护理保险费率测算的结果，总费率为 2.87‰ ~3.94‰，与成都市试点方案费率大致相同。因缺乏可靠的护理费用及跟踪数据，本文的测算仅作为参考，在完整的统计数据及经验指标下，实际费率水平还应有所提升。

表 4　2017 ~2030 年四川省长期护理保险费率预测结果

年份	总费率（‰）	方案一（%）			方案二（%）		
		个人（30%）	医保（30%）	财政（40%）	个人（40%）	医保（30%）	财政（30%）
2017	3.13	0.94	0.94	1.25	1.25	0.94	0.94
2018	3.12	0.94	0.94	1.25	1.25	0.94	0.94
2019	3.06	0.92	0.92	1.22	1.22	0.92	0.92
2020	2.97	0.89	0.89	1.19	1.19	0.89	0.89
2021	2.87	0.86	0.86	1.15	1.15	0.86	0.86
2022	2.88	0.86	0.86	1.15	1.15	0.86	0.86
2023	3.04	0.91	0.91	1.22	1.22	0.91	0.91
2024	3.17	0.95	0.95	1.27	1.27	0.95	0.95
2025	3.27	0.98	0.98	1.31	1.31	0.98	0.98
2026	3.41	1.02	1.02	1.36	1.36	1.02	1.02
2027	3.49	1.05	1.05	1.40	1.40	1.05	1.05
2028	3.65	1.10	1.10	1.46	1.46	1.10	1.10
2029	3.77	1.13	1.13	1.51	1.51	1.13	1.13
2030	3.94	1.18	1.18	1.58	1.58	1.18	1.18

资料来源："四川省建立长期护理保险的探索与思考"课题组预测数据。

① 城镇职工基本医疗保险基金结余静态可支撑月数：指统账结合中的统筹基金结余与单建统筹基金结余之和，除以决算年度统账结合中统筹基金待遇支出与单建统筹基金待遇支出之和的比值，反映城镇职工基本医疗保险统筹基金结余支撑能力。因个人账户结余只能用于个人账户待遇支出，使用支配权属于参保人员个人，不能调剂使用，故不纳入基金支撑能力计算。

四　建立长期护理社会保险制度的初步设想

（一）建立长期护理保险制度的总体思路

1. 制度目标

建立长期护理保险制度的目标是为失能、失智老年群体提供生活照料、医疗保健、康复护理、精神慰藉等综合性、持续性的护理服务，尽最大可能维持和增进失能、失智老人的身体机能，以保证其在剩余寿命中相对独立、有尊严地生活。建立长期护理保险制度要按照整体设计、分步实施、量力而行、逐步完善的工作思路，利用3年左右时间，逐步扩大试点范围，力争到2020年在全省推行长期护理保险制度，建立起涵盖居家、社区和机构养老的长期护理保险制度，解决家庭护理中专业性最强且难度最大的医养分离问题。

2. 基本原则

（1）公平与效率相结合原则。一方面，长期护理保险要逐步将所有的老年人纳入制度覆盖范围，护理服务的项目和水平与经济社会发展水平相适应，从低标准和提供部分服务项目逐步向较高水平迈进，尽最大限度保证失能、失智老年人独立、有尊严的生活，共享经济社会的发展成果。另一方面，在任何时候公平都不应当走入平均主义的误区，在长期护理保险制度中也要讲效率，享受待遇水平与缴费水平适当挂钩。

（2）政府与市场相结合原则。强化政府介入长期护理保险的公共责任，保障失能、失智老年人基本生存、健康和发展需求的权利，加快长期护理社会保险制度的顶层设计，确保公共投入，重点为社会弱势群体提供长期护理服务的经济补偿。同时也要分清政府与市场的责任边界，相对均衡参保人与政府的责任，政府锁定基本责任，突出个体自我保障责任。

（3）代际均衡和精算平衡相结合原则。长期护理保险实行现收现付制，

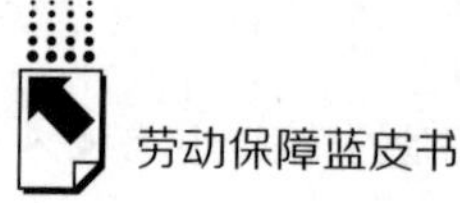

因此维护代内和代际的相对公平是进行长期护理保险制度设计必须尊重的重要原则，在合理确定代际负担的前提下，要科学测算人口的变化趋势，合理确定制度内参数的赋值范围。

（二）长期护理保险制度的基本框架

1. 覆盖范围

在制度覆盖范围方面，长期护理保险跟随医疗保险是国内外的通行做法，因此四川省在建立长期护理保险时，可规定所有参加医疗保险的参保人员必须参加长期护理保险。与医疗保险不同的是长期护理保险的受益对象主要是老年失能人群，儿童和学生如果也纳入参保缴费范围不太合理，因此可以将儿童和学生排除在外。享受长期护理保险待遇的范围主要是失能老人（失能的劳动年龄人口也是待遇支付对象），具体又可以分为轻度、中度和重度失能老人。

2. 参保筹资

社会保险的融资模式分为现收现付制和基金积累制，也可以由这两种基本模式衍生出混合制。鉴于长期护理保险的缴费对象和待遇享受对象具有非对称性，而且制度建设初期各地区疾病谱系、老年人状态转移概率等相关基础性数据比较缺乏，宜采取现收现付制的筹资模式。

多渠道建立长期护理基金，筹资标准根据各市（州）人均收入水平而定，采取“个人缴纳 + 医保基金划入 + 政府补助”的方式统一筹资，政府补助方面可以考虑整合民政、残联的专项基金方式。试点阶段暂时按照四川省上一年度城镇居民人均可支配收入的3‰左右的水平（大约每人每年100元）筹集资金，由个人、医保和财政按30%、30%和40%的比例承担。各市（州）可根据医保基金结余情况和财政收入情况决定采取另外两种筹资分配比例。筹资方式按年度进行，每年年初一次性划入。另外，财政负责困难人员的参保资助和基金兜底。

3. 待遇支付

长期护理的给付方式以长期护理服务为主，现金补贴为辅。长期护理服务具体包括长期医疗护理服务和长期社会护理服务。现金补贴主要适用于以下两种情况：一是由家庭成员进行的居家护理可直接支付现金；二是护理用品的租借、购买和房屋改造等方面可以给予现金补贴。

长期护理保险首先保障经专业机构鉴定的失能人员，根据其失能等级确定基本服务内容，根据服务内容测算服务价格，并按照基金承担70%长期护理费用的标准进行支付。支付对象是为长期失能人员提供机构或居家护理服务的医疗、养老和其他服务机构，在试点开始阶段无法提供服务供给时也可以考虑对失能人员进行现金补贴。

4. 经办管理

长期护理保险经办管理由各级医疗保险经办机构负责，具体经办可委托商业保险公司进行。失能等级鉴定由劳动能力鉴定机构负责。各级编制、财政和人社部门对其编制、人员、经费等给予保障。服务机构为能够提供长期护理服务的各级医疗机构、养老机构和其他社会机构，通过与经办机构签订服务协议的方式提供具体护理服务。各级经办机构对其具体服务标准和质量进行跟踪管理。

尽快建立失能老人的专业评估体系。评估标准除了使用国际社会通用的基本日常生活能力指标量表（穿衣、吃饭、洗澡、上厕所、室内运动、大小便控制），还应包括精神状态、智能状态等方面。评估机构必须由专业人员组成，其中应包括社会工作者、医生、心理医生、康复师和护士。政府人员一般不参与具体评估打分活动，避免同时担任裁判和运动员的双重角色。评估机构可以为公益型事业单位，也可以向符合条件的社会组织购买服务。

5. 配套措施

一是做好长期护理保险与养老、医疗、工伤等社会保障制度的衔接；二是开展服务人员培训，公益性岗位的设定和培训就业补贴制度等，建立健全养老服务队伍；三是做好民政、卫生等其他现行养老、医疗政策之间的衔接工作，整合各项资源；四是鼓励商业保险公司开展补充产品，满足不同层次的护理需求。

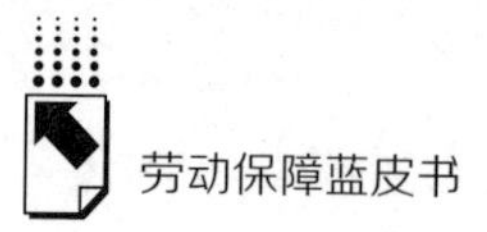

参考文献

[1] 倪荣、刘新功、朱晨曦：《城市社区长期照料失能老人健康管理初探》，《健康研究》2011 年第 5 期，第 39 ~ 41 页。

[2] 中国老龄科学研究中心课题组：《全国城乡失能老年人状况研究》，《残疾人研究》2011 年第 2 期，第 11 ~ 16 页。

[3] 刘燕斌、赵永生：《德日美以四国长期护理保险制度构架比较》，《中国医疗保险》2011 年第 5 期，第 60 ~ 62 页。

[4] 张云英、王薇：《发达国家和地区空巢老年人长期照护的经验与启示》，《社会保障研究》2012 年第 6 期，第 16 ~ 22 页。

[5] 陈晓安：《公私合作构建我国的长期护理保险制度：国外的借鉴》，《保险研究》2010 年第 11 期，第 55 ~ 60 页。

[6]《国务院办公厅转发卫生计生委等部门关于推进医疗卫生与养老服务相结合指导意见的通知》（国办发〔2015〕84 号），2015 年 11 月 20 日。

[7] 郭正模：《四川养老健康服务业发展的潜力评估》，四川省统计局网站，http：//www. sc. stats. gov. cn/tjcbw/scsq/2015/201301_ 258/bktg/201503/t20150318_ 180300. html，2015 年 3 月 18 日。

[8] 康兰、马本昌：《四川人口老龄化发展形势与应对策略》，四川省统计局网站，http：//www. sc. stats. gov. cn/tjcbw/scsq/2015/201301 _ 310/qwyp/201507/t20150709 _ 187130. html，2015 年 7 月 9 日。

[9] 林宝：《对中国长期护理保险制度模式的初步思考》，《老龄科学研究》2015 年第 5 期，第 13 ~ 21 页。

B.15

被征地农民社会保障筹资政策与思路

郭 婕 华迎放*

摘 要： 党和政府高度重视被征地农民社会保障工作，为切实保证和落实被征地农民社会保障资金，各级政府做出了很多努力，但在实际运行中，依旧出现了拖欠被征地农民社会保障资金、政府补贴资金无法落实等问题。不解决被征地农民社会保障问题，资金落实不到位，就无法实现真正意义上的保障，因此，应从顶层设计着手，从国家层面对其进行明确，有了上位法的约束，部门间、地区间才能更好地沟通协作，逐步统一被征地农民社会保障政策，重点解决国家重大项目的工程被征地农民社会保障问题。

关键词： 被征地农民 社会保障 筹资政策

党和政府高度重视被征地农民社会保障工作，我国有关法律法规做出了许多规定以确保被征地农民社会保障的资金来源，各地政府也不同程度地出台了政策予以落实和明确。但在实施过程中，社会保障资金筹集难导致各项政策无法落实的情况依旧存在。本文总结理论、调研、政策并分析了筹资政策的现状、存在问题，通过资金测算解决被征地农民

* 郭婕，人力资源和社会保障部社会保障研究所助理研究员，主要研究方向为居民养老保险；华迎放，人力资源和社会保障部社会保障研究所研究员，主要研究方向为社会保障。

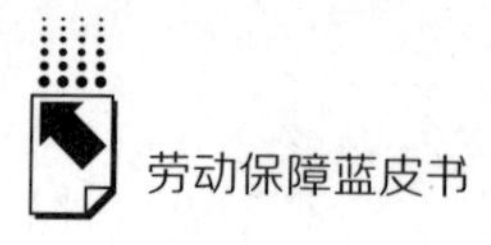

社会保障资金需求总量，为完善被征地农民社会保障筹资政策提出了意见和建议。

一 中国被征地农民社会保障筹资政策现状

（一）国家层面的政策规定

我国出台了多项法律法规对被征地农民社会保障的资金来源进行了规定和明确。在法律层面，有《物权法》和《社会保险法》。在部门法规层面，有《国务院关于深化改革严格土地管理的决定》（国发〔2004〕28号）、《国务院关于加强土地调控有关问题的通知》（国发〔2006〕31号）和《国务院办公厅关于规范国有土地使用权出让收支管理的通知》（国办发〔2006〕100号）等。

（二）地方实施的筹资政策

在新形势下，各地政府相继调整被征地农民社会保障政策，由原来的个人、集体、政府三方共担机制，调整为个人自愿选择参加一种社会养老保险制度，政府给予缴费补贴或养老保险补贴的方式，不再强制个人一次性补缴（有的省份依然执行），鼓励被征地农民参加现行养老保险制度。中国劳动保障科学研究院“被征地农民社会保障筹资思路与对策研究”课题组收集并梳理了湖南、湖北、江西、山东、江苏、宁夏、贵州7个省份被征地农民社会保障政策文件中的筹资内容，因各省份实施的参保政策不同，资金筹集标准各有不同。主要从以下三方面体现。

（1）参保制度。7个省份分为三种情况：一是劳动年龄内人员和老龄人口均可选择参加现行城镇职工基本养老保险（以下简称“城职保”）或城乡居民基本养老保险（以下简称“城乡居保”）制度；二是劳动年龄内人员可选择，劳动年龄以上人员不可选择；三是所有年龄段的人员都只能参加城乡居保。

（2）参保补贴标准。实行参保补贴政策，补贴标准包括以下几种情况。

一是按灵活就业人员缴费标准参加城职保。如江西、宁夏、湖南3个省份，以全省份上年度在岗职工工资的60%为缴费基数，按照12%的缴费比例，根据不同的补贴年限，计算被征地农民的缴费补贴标准，补贴年限最长不超过15年。湖南省还增加了上年度在岗职工工资的100%的高档次缴费补贴标准。

二是按当地农村人均纯收入确定。如湖北省规定，按照不低于被征地时所在市、州上年度农村居民年人均收入的3倍确定养老保险补偿标准，一次性划入城乡居保个人账户。60周岁（含）以上的养老年龄段人员享受全额的养老保险补偿金，60周岁以下的参保人员每降一岁养老保险补偿标准减少1%。

三是按农村最低生活保障标准确定。如江苏省规定，被征地农民社会保障资金的最低标准按照当地农村最低生活保障标准的1.1倍×139计算，具体标准由市、县（区）确定。对于60周岁（含）以上的养老年龄段人员，按照不低于当地农村最低生活保障标准的1.1倍按月发放养老金，同时享受城乡居保养老待遇。

四是设定定额补助标准。山东和贵州两省分别以综合地价标准和根据人均剩余耕地给予缴费补助。其中，山东省按照征地区片综合地价每亩5万元以下、5万~10万元、10万元以上的标准，政府分别补贴不低于1万元、1.5万元、2万元。贵州省根据人均剩余耕地占比在30%（含30%）以下、30%~50%（含50%）、50%~70%（含70%），分别给予缴费补助每人每年900元、600元、300元。对于征地时已年满60周岁、已参加城乡居保的居民，根据上述三种人均剩余耕地占比增加发放每人每月97元、64元、32元的城乡居保基础养老金；已领取城职保养老待遇的，不享受增发政策。同时，对再次被征地已领取待遇的，人均剩余耕地占比达到新的基础养老金增发标准，按照待遇就高原则办理。

（3）参保缴费办法。从各地的政策规定看，参保缴费办法主要取决于所参加的保障制度。参加城乡居保的，一般是一次性或分年度将补贴资金划入城乡居保个人账户，如山东、湖北、贵州；参加城职保的，补贴资金一般划入统筹基金账户，如江西、宁夏。

（三）调研地区筹资政策情况

由于各省对被征地农民社会保障资金筹集政策各不相同，本文根据湖北、湖南两省的实际调研情况，以及对其他省份的部分了解，梳理了实际操作中的筹资机制及资金来源。

（1）筹资机制。采用缴费补贴方式，湖南省资金筹集主要来源于两个方面，一方面是个人缴费，全部进入个人账户，建立社会保险关系；另一方面是缴费补贴，由用地单位、政府和集体共同出资。湖北省不强调个人缴费，只要个人选择参加了城职保或城乡居保，政府即给予缴费补贴进入城居保个人账户。

（2）资金来源。规定单列被征地农民社会保障资金。湖南省规定了5个主要来源。①用地单位。按每平方米不少于30元的标准一次性提取被征地农民社会保障费。高速公路和铁路建设项目社会保障费，按照城市规划区内的为每平方米20元，规划区外的为每平方米10元的标准。②政府划拨。市（州）、县（市、区）人民政府提取一定比例的土地出让收入，如长沙市规定提取比例为6%～10%，麻阳县规定提取比例为20%，保靖县及张家界市下辖4个区县都规定提取比例为10%。③集体补助。一次性提取10%的征地补偿费。④被征地农民社会保障资金的利息及其增值收入。⑤以上资金来源不足以支付缴费补贴的，由当地政府予以解决。

与湖南省明细的规定不同，湖北省仅对出资责任主体进行了规定，只要是征地了，政府就应当对其征地农民进行保障和补偿，这个责任不应逃避，且毋庸置疑。

二　被征地农民社会保障筹资政策落实情况

（一）筹资机制及资金落实情况

（1）筹资机制落实情况。湖北省为保证资金落实建立了资金管理系统，截至 2016 年 10 月，全省共有 21 个县（市、区）试运行被征地农民养老保险补偿资金管理系统，运行情况良好。在湖南省实际运行中，除长沙等少数城市外，用地单位在原土地成本之外再缴纳的被征地农民社会保障资金，成为被征地农民社会保障资金的主要渠道，在某些地区甚至是唯一的渠道。

（2）资金筹集到位情况。2015 年湖南省全省被征地农民社会保障资金收入为 368 亿元，累计支出为 259 亿元。湖北省全省 2015 年全年一次性落实养老保险补偿资金为 26 亿元。从实施情况看，单位缴纳的被征地农民社会保障费用到位情况良好，欠缴的主要是国家和省的重点工程。

（二）预存款制度与社会保障审核的实施情况

（1）预存款制度建立情况。建立了预存款制度，用地单位应承担的被征地农民社会保障费预缴至指定财政专户。长沙市则规定用地单位在用地手续报批前将每平方米 90 元征地保障费中的 30 元预存入政府财政专户，项目批准后再补足余下的每平方米 60 元资金。这种部分预存的做法，实际上相当于既建立了预存款制度，又减轻了用地单位的资金压力。

（2）社会保障审核程序及落实情况。严格执行《国务院关于加强土地调控有关问题的通知》（国发〔2006〕31 号）中关于社会保障费用“不落实不得批准征地”的三个要素：一是应缴资金预先存入指定财政专户；二是财政部门要开具预存资金到账凭证；三是根据国土部门提供的征地项目所涉及的被征地农民情况，财政部门提供的预存资金到账凭证，由人社部门出具审核意见。

但在实际中，已出现很多问题导致审核制度没有真正运行起来，可是用地单位征地社会保障费的预存得到了落实，社会保障审核的初衷和目的实际已经实现或达到。

（3）先保后征的落实情况。先保后征的实质或关键是要先落实社会保障资金，凡资金有着落的，保障工作也就能够落地。确保先保后征在程序或制度上主要靠预存款制度和社会保障审核程序。前文已说明了预存款制度和审核制度的建立和落实情况，初步判断，湖北、湖南两省先保后征基本得到了落实。

三 被征地农民社会保障筹资政策存在问题

（一）保障资金筹集难

被征地农民社会保障主要由用地单位、政府和村集体三方筹资，而在实施过程中，保障资金的筹集仍存在以下三方面的问题。

一是用地单位缴纳的被征地农民社会保障费存在减免、拖欠现象，主要是国家和省的一些重点工程欠费比较严重，地方政府为了发展经济，加大招商引资，在土地使用上实施了一些优惠政策，国家、省、州、县市区征地项目均存在欠缴资金问题，且欠缴原因非常复杂，无法追回被征地农民社会保障费。

二是土地出让金难以落实。由于土地出让收入已基本被地方政府用于地方基础设施建设，再加上每年还需从中提取廉租房、水利建设项目的基金，并且，征缴资金进入财政专户后因严格按照专款专用而变成“死钱”，政府从土地出让收入中提取部分用于被征地农民社会保障的政策难以落实。特别是一些经济欠发达的区县，好不容易卖一块地，人力资源和社会保障部门想从政府口袋里再掏出10%用于社会保障，根本不可能。

三是集体出资难。目前征地补偿款基本都是直接发放给农户，村集体没有留存征地补偿款，无法提取一定比例的征地补偿费用于被征地农民社会保障。

（二）筹资标准偏高

湖南省按照省政策规定，各市州被征地农民缴纳养老保险费均以全省社会平均工资的60%或100%作为核定的缴费基数，长沙市等经济条件较好的地区是完全可以承受的，但欠发达地区，如怀化市2015年财政收入为110亿元，而如果将被征地农民近20万人的社会保障问题全部解决，政府补贴金额需要将近90个亿，占财政收入的79%，当地财政不堪重负。湘西自治州财政收入仅为78.4亿元，无论个人缴费还是政府补贴都有压力。

（三）社会保障审核未落实

如前所述，为简化审批程序，目前，国土部门绕过了人力资源和社会保障部门的社会保障审核，即使是报国务院审批的项目也没有经省人力资源和社会保障厅出具审核意见。由于未能参与社会保障审核，因此，对于用地单位是否足额、及时缴纳社会保障费，以及费用是否进入财政专户，人力资源和社会保障部门无从知晓。

（四）部门协调有障碍

被征地农民社会保障工作主要包括确定保障对象、筹集保障资金、组织参保和发放保障待遇等多个环节，涉及国土、人社等多部门。在实际工作中，部分地方国土、财政部门工作主动性不强，政府也认为被征地农民的社会保障工作只是人社部门的工作，国土部门对社会保障审核把关不严，导致人社部门沟通协调难，工作量大，经常单兵突进。部门协调不畅、配合不力、信息不共享，影响了被征地农民社会保障工作的顺利开展。

（五）历史遗留有待衔接

面对历史遗留问题，两省面临的问题有所不同。湖南省以《湖南省人民政府办公厅转发省劳动保障厅关于做好被征地农民就业培训和社会保障工作指导意见的通知》（湘政办发〔2007〕35号）为分界线，之前的被征地农民称为历史遗留被征地农民，目前尚未掌握全省规模。据调研了解，长沙市新政前实行留地安置的历史遗留被征地农民，有15万~16万人，参加城镇企业职工养老、医疗保险的意愿强烈。张家界市的武陵源区和慈利县2007年以前的被征地农民的社会保障问题也并未解决。湖北省新老政策差别较大，两项制度待遇差距较大，这引起新老被征地农民的不满。

四　完善被征地农民社会保障筹资政策的基本思路

（一）政策依据

关于被征地农民社会保障筹资问题，我国有《物权法》《社会保险法》等法律，国务院及其他政府部门也做出了许多具体规定。因此，解决长期困扰各地的被征地农民社会保障资金问题具有法律和政策依据。

（二）基本原则

坚持谁用地谁负责、权责对等原则。费用由个人、集体、政府和用地单位几方共同承担，其中，个人应承担缴费义务，政府和用地单位为选择参加基本养老保险制度的被征地农民提供补贴（偿）资金。

坚持普惠与公平原则。作为对被征地农民的奉献和牺牲的补偿，用地单位、地方财政对其资助应尽量一碗水端平，同地同价，不能厚此薄彼，以免引起攀比，既有失社会公平，又损害社会稳定。

坚持先保后征原则。征收土地报批前，必须将被征地农民社会保障资金足额拨付到财政专户，这是维护被征地农民合法权益的根本。在具体政策落实过程中，以建立预存款制度为体现形式。

（三）保障项目

以养老保险为重点，根据当地经济发展水平和被征地农民不同年龄段，将被征地农民纳入现行城乡养老保障体系内。有条件的地区可将其纳入城镇职工养老、医疗、失业等社会保险的参保范围中，以解决其基本生活保障问题。

（四）养老保险资金估算

不管被征地农民参加何种社会保险制度，政府和用地单位应当给予相同的补助资金，不能有所区别。由此，我们开展以下测算。

1. 2016年度被征地农民社会保障所需资金总额与人均筹资额

2015 年共批准建设用地 39.48 万公顷[①]，折合约为 592.2 万亩，按照 2014 年（未找到 2015 年数据）人均耕地面积 1.51 亩[②]推算 2015 年被征地农民约为 392 万人。由于之后再无有关建设用地批准及人均耕地面积数据，考虑到我国土地日益减少，批准征地项目也会逐渐减少，因此，假设 2016 年被征地农民依旧为 392 万人。根据国家统计局数据显示，2014 年 15 周岁以下人口为 2.3 万人，那么实际缴费人员约为 390 万人。

按照参加城镇职工养老保险标准给予缴费补贴，假定：①低标准（2014 年城镇单位就业人员平均工资 56360 元的 40%，按照 12% 缴费，一次性补贴 15 年）；②中标准（2014 年城镇单位就业人员平均工资 56360 元的 60%，按照 20% 缴费，一次性补贴 15 年）；③高标准（2014 年城镇单位就业人员平均工资 56360 元的 100%，按照 20% 缴费，一次性补贴 15 年），个人缴费按照社会平均工资的 8% 计算。

按照以上三个假定标准分别估算单位与政府所需筹集的资金总额情况如下。

①低标准 = 56360 × 40% × 12% × 15 年 = 40579（元）；390 万人缴费补贴共计 1582.59 亿元。

②中标准 = 56360 × 60% × 20% × 15 年 = 101448（元）；390 万人缴费补贴共计 3956.47 亿元。

③高标准 = 56360 × 100% × 20% × 15 年 = 169080（元）；390 万人缴费补贴共计 6594.12 亿元。

估算村集体与个人需承担的养老保险费用为：

村集体与个人承担的养老保险费用总额 = 56360 × 60% × 8% × 15 年 = 40579（元）

---

① 《2015 年中国国土资源公报》。

② 《全国人均耕地 1.51 亩，而江苏省仅为 0.86 亩》，中国新闻网，http://www.js.chinanews.com/news/2015/0528/120577.html，2015 年 5 月 28 日。

2. 政府土地出让收入的出资比例

根据前面的估算，低、中、高三种标准下，政府与用地单位每年需承担的被征地农民养老保障资金分别约为1583亿元、3956亿元和6594亿元，按双方均等分担的原则估算，则政府承担部分为792亿元、1978亿元和3297亿元，财政部发布的《2015年财政收支情况》显示，2015年1～12月，全国国有土地使用权出让收入为32547亿元，按照此数据计算，政府承担的被征地农民社会保障费用占土地出让收入的比例分别为2%、6%和10%。考虑到就业培训费用、16岁以下未成年人的费用、土地出让收入的波动因素、地区社会平均工资差距以及解决历史遗留问题费用等，建议提取比例为6%～12%。

3. 用地单位单列的社会保障费用规模

如前所述，按照低、中、高三种标准计算用地单位应承担的养老保障费用分别为792亿元、1978亿元和3297亿元，按当年征地面积为592.2万亩进行估算，则每亩地应承担的当年社会保障费用为1.34万元、3.34万元和5.57万元。考虑到地区平均工资的差距和解决历史遗留问题所需要的费用，建议暂按每亩地最低4万元的标准征收。

4. 历史遗留问题处理

由于底数不清，历史征地补偿标准低，村集体土地补偿资金一般不会保留至今，个人安置补助费也已发给个人。因此，我们认为由村集体和个人出资解决历史遗留问题既不现实也无可能。鉴于此，建议由政府从包括土地出让收益和单列的征地单位社会保障费中拿出一部分资金（相当于城镇职工保险缴费标准，单位缴费12%），并通过个人补缴一定费用（相当于城镇保险个人缴费，比例为8%），逐步解决此类人员社会保障所需的资金问题。

五 若干建议

被征地农民的社会保障问题，是个老大难问题，难在哪儿，资金是最大瓶颈。鉴于上述思路及资金估算，我们建议如下。

（一）完善国家层面被征地农民社会保障政策

第一，建议国家层面出台被征地农民社会保障政策。近年来国家出台的一些法律法规和政策，虽然规范了被征地农民社会保障工作，但这些法律法规有的已不适应形势发展的需要，有的操作性不强。比如，按照国务院规定被征地农民社会保障应纳入相应的社会保险制度，但是从什么渠道安排资金、安排多少资金都没有明确规定，加之，国务院也没有出台被征地农民如何纳入相应社会保险的政策规定。全国没有统一办法，导致各省、市、县政策各不相同，工作进展也不平衡。建议从国家层面出台规范性政策，以便地方在制定、操作和实施过程中有上位法作为依据。

第二，建议被征地农民社会保障政策尽可能简单和易操作。总体上应坚持将被征地农民纳入现行城乡社会保险制度，将制度选择权交给被征地农民本人，而政府则通过筹集资金为被征地农民提供参保补贴，补贴标准不因本人选择制度不同而不同。

第三，建议明确被征地农民参加城镇职工养老保险的标准。解决被征地农民参加城镇职工养老保险能否一次性补缴，以及到龄人员能否通过一次性补缴 15 年养老保险费进入城镇职工养老保险的问题。从目前的情况看，由于职工养老保险属于省级统筹，如果将来不实行统收统支模式的全国统筹，在中央和省利益博弈格局下，要禁止地方开一次性补缴进社保的口子并不现实。

（二）明确用地单位被征地农民社会保障资金渠道，建立稳定的筹资机制

由于缺乏上位政策的支撑，目前，只有部分省份明确了用地单位被征地农民社会保障资金渠道，多数地区还没有建立稳定的被征地农民社会保障筹资机制。为此，在社会保障筹资中，应坚持谁征地谁负责的原则，将用地单位缴费作为一个主要的筹资来源；政府有关部门要加强与其他相关部门的协调沟通，尽快下发相关文件，将这项政策落实下来。

同时，在已开展用地单位出资标准的地区，应随着征地保障成本的增加

适时提高补偿标准，多从农民自身利益的角度考虑，保障生活水平不降低，适时对此标准稍做调整。

（三）加强部门协调，坚持社会保障预存款和审核制度

虽然《关于切实做好被征地农民社会保障工作有关问题的通知》（劳社部发〔2007〕14号）对严格征地过程中被征地农民社会保障落实情况的审查做了明确详细的规定，但从调研情况看，国土部门以简化审批程序为由绕过了社保部门的审核。为此，我们建议：一是有关部门要加强与国土部有关领导的协调沟通，进一步明确这一程序制度对保障被征地农民合法权益的重要作用，并要求落实到位；二是在国家出台有关被征地农民社会保障政策时，将审核程序和预存款制度作为其中必要的内容，进一步予以明确，以确保相关程序规定的落实。

（四）加强基础工作，强化被征地农民社会保障管理

从调研了解的情况看，一些地区对本地历史遗留问题的具体底数也不够清楚。为此，要加强对地方贯彻落实省被征地农民社会保障新政策的情况调度，及时掌握各地贯彻情况，督促未开展地区结合本地情况尽早贯彻落实该项政策；要加强对历史遗留问题社会保障的专项调研和统计，摸清全省底数，做好政策预研，为进一步做好相关工作提供决策依据；要加强被征地农民社会保障统计，及时掌握本地工作动态和相关数据，以供各级领导掌握情况，作为决策参考。

（五）妥善解决历史遗留的被征地农民社会保障问题

从调研了解的情况看，部分地区解决了历史遗留的被征地农民社会保障问题，但相当多的地区对2007年以前的历史遗留问题并没有解决，长沙市也存在城中村留地安置的历史遗留问题。总体来说，要按照先当前后历史的步骤，在财力允许的情况下，妥善解决历史遗留问题，以保证不同年份被征地的农民保障待遇的公平性。

（六）尽早启动并下决心解决被征地农民社会保障问题

被征地农民社会保障问题，越早解决成本越低，难度相对就越小。而随着社平工资的快速提高，时间越往后，被征地农民参保的成本也越高。

参考文献

[1] 卢海元:《被征地农民安置与社会保障的政策选择和制度安排》(上),《国土资源》2007 年第 1 期。

[2] 朱东恺、王宝恩、田根生:《关于对建立被征地农民社会保障制度的认识和思考——兼评与水利水电工程移民安置的关系》,《南水北调与水利科技》2008 年第 5 期。

[3] 乔小雨:《新时期征地制度改革的供求及损益分析——以河南省为例》,《决策探索》(下半月) 2009 年第 7 期。

[4] 贾永飞:《关于南水北调工程建立被征地移民社会保障的问题思考》,《西北人口》2009 年第 4 期。

[5] 何生兵、张江平、郑萍伟:《水库农村移民社保机制安置可行性分析与探索》,《水电站设计》2011 年第 3 期。

[6] 金维刚、华迎放、李红岚等:《被征地农民社会保障政策研究》,社会保障研究所研究报告,2011。

[7] 侯莹:《基于权利视角的失地农民社会保障制度探析》,《宁夏农林科技》2012 年第 10 期。

[8] 肖黎明:《失地农民社会保障制度的构建——内容安排与模式选择的视角》,《未来与发展》2012 年第 4 期。

[9] 杜亚涛:《"城中村"改造中失地农民社会保障问题探究——以保定市为例》,《法制与社会》2012 年第 26 期。

[10] 杜亚涛、伍文中:《城乡一体化社会保障制度的构建》,《经济研究参考》2013 年第 70 期。

[11] 解安宁、王琴、徐辉:《基于农地发展权的农地征收制度改革》,《江苏农业科学》2013 年第 7 期。

劳动关系篇

Reports on Labor Relations

·分报告·

B.16

打造具有中国特色的劳动关系治理体系

唐 镛　稽月婷*

摘　要： 进入21世纪以来，工作场所劳动关系管理关注的核心问题已经逐步演进到人与组织更紧密的结合与平衡、新经济下的新业态与新用工形式等领域。同时，在中国经济进入"新常态"的过程中，劳动关系也面临着一系列新的困境与挑战。因此，我们需要在理论上进行迭代和扬弃，在制度上进行创新和重塑，打造具有中国特色的劳动关系治理体系，其具体内容包括微观层面的企业劳动关系管理（LRM）和公共管理层面的劳动关系治理（LRG），其基本的价值追求和价值判断是合法、合情、合理，其战略定位是追求企业劳动关系管理

* 唐镛，中国人民大学劳动人事学院教授、博士生导师，主要研究方向为人力资源与劳动关系管理、冲突管理系统的预防、协商、调解、仲裁、诉讼；稽月婷，中国人民大学劳动人事学院博士研究生，主要研究方向为企业劳动关系管理和劳动争议处理。

的最高境界。

关键词： 劳动关系管理 劳动关系治理 人力资源管理

一 工作场所劳动关系管理的认知演进

1. 工作场所的劳动关系管理

雇佣关系（Employment Relations，ER）起源于工业革命，工业革命通过自由的劳动力市场和具有数千工人的大规模工业组织创造出现代劳资关系（Employee-Employer Relations）。这种关系从劳动者被企业聘用后就自然产生，包括雇佣者与被雇佣者之间的权利与义务及其相关事项。

现代意义上的劳动关系、人力资源管理等相关概念是在1910～1920年的北美地区，主要是在美国产生的。此时的劳资关系概念（Industrial Relations，IR；有的学者把IR翻译为产业关系）囊括了劳资之间与工作生活相关的所有领域，也包括了传统制造业中工会组织与雇主之间的关系。随后，劳动关系（Labor Relations）和人事管理两个概念作为劳资关系的组成部分逐渐被采纳。其中，劳动关系主要从工会的视角考虑劳资关系中出现的问题，其重点关注的是工会的目标和需求，并希望通过集体谈判来谋求工会会员与雇主力量的平衡。人事管理则是从雇主的角度考虑企业管理，其关注的重点是员工的招聘、考核、晋升和流转等具体用工管理实践。

20世纪60年代之后，出现了两个明显的变化。第一个变化就是人力资源和人力资源管理概念的兴起及其对人事管理概念的逐步替代。另一个显著变化是人们对劳资关系覆盖范围理解的缩小化。之前的劳资关系被认为包含了与工作场所相关的所有方面的内容，但是现在越来越趋同于劳动关系，研究的出发点是工会，认为集体谈判才是劳资关系的核心内容，研究的重点转向了工会、集体谈判和劳工政策等，对非工会企业、微观层面企业制度缺乏研究。话虽如此，但仍有大批传统劳资关系的学者们坚守着劳资关系研究的原有阵地，他们的研究范围不仅包含了集体谈判及劳动政策等传统劳动关系的范畴，还触及了与工作场所相关的用工管理的各个领域。

目前，人力资源管理（HR）与劳动关系管理（LR）出现了强劲的融合趋势，理论界把“人力资源与劳动关系”（HRLR）作为一个词语来描述一个宽泛的领域，既包括人力资源管理也包括劳动关系的制度性范式。因此，很多学者提出用雇佣关系来统领“人力资源与劳动关系”，他们认为人力资源与劳动关系管理就是对劳资双方在工作场所形成的用工关系进行的协调和管理。他们强调了两个基本事实：第一，在工作场所企业要绩效、员工要报酬都是天经地义的；第二，报酬和绩效必须对等承诺与对等实现。他们认为人力资源与劳动关系管理实质上就是一个在组织绩效与员工报酬之间寻找平衡的过程，而员工报酬和组织绩效的对等承诺和对等实现就是劳动关系正常维持与和谐运行的本质，二者的对立与统一是工作场所用工管理的主要矛盾和矛盾的主要方面。

考虑到技术进步、中国国情和语义环境，我们把劳动关系界定为劳资双方在工作场所形成的用工关系。当前，聚焦于西方集体谈判及雇主与工会之间关系的传统劳动关系研究已经出现局限性和不适应性，劳动关系研究需要回归到以企业层面的劳动关系管理（Management）和国家层面的劳动关系治理（Governance）为双核心的定位。因此，一切工作场所中形成的劳动问题都应被纳入劳动关系的研究范畴，且不应当排斥在市场经济中那些已成熟的管理理论与管理技术，尤其在中国工会制度迥异于西方的背景下，如何处理现实中的劳动用工和法律规制等问题，如何应对新经济时代移动互联网、大数据和云计算等新技术给劳动关系运行带来的各种冲击和挑战，都迫切需要我们对劳动关系管理和政策制定进行相应的理论突破和理论创新。

2. 工作场所劳动关系管理的理论创新与思想演进

自1776年亚当·斯密的《国富论》出版以来的200多年时间里，工作场所用工管理的理论创新和思想演进大致经历了以下几个阶段。

第一阶段：以工作为核心的用工管理。

在这个阶段，亚当·斯密的劳动分工理论是企业部门设置和岗位分工的理论基础，亚当·斯密的劳动分工思想是工作场所用工管理的理论渊源。在亚当·斯密关于用工管理的理论中有两个著名假设，即他在假设劳动力是同质的基础上还认定劳动力是为机器运行而配置的，劳动力是机器生产系统的一部分，随着生产力的提高，劳动者可以由机器来代替。

这个阶段另一个重要的管理思想就是 1911 年泰勒在《科学管理原理》中提出的必须采用科学管理来代替传统管理的经验法则，即专业分工、标准化和最优化思想。泰勒认为科学管理的本质就是 75% 的科学加上 25% 的常识。同时泰勒认为管理的主要目的是使劳资双方都得到最大限度的利益，实现这一目的的方式只能是提高劳动生产率，即每个工人都下定决心每天努力做出尽可能多的工作。

在这一阶段，用工管理关注的核心问题是效率。这种以工作、效率为核心的用工管理思想，否认劳动力的差异化。

第二阶段：以组织为核心的用工管理。

泰勒之后，组织理论发展起来，用工管理理论从关注单一工作的效率最大化转向各个工作如何组织起来。核心代表人物有马克思·韦伯、切斯特·巴纳德和斯隆等。

马克思·韦伯在其著作《社会和经济组织理论》中提出在新兴的工业化社会里，组织的根本形式是科层制。科层制组织的核心特征是严格的等级性、非人格性，执行既定的规则，工作成绩决定升迁，专业化的劳动分工和效率原则。

切斯特·巴纳德在其《经理人员的职能》中将组织定义为“两个或两个以上人员有意识地协调行为力量的系统”，其本质是实现单个人无法实现的目标的一种方法。现代管理学中关注的沟通、激励、目标和绩效等问题都可以在切斯特·巴纳德的讨论中找到源流。

斯隆则是从通用汽车的管理实践出发，创造了一种新的高度职业化、不带感情色彩的聪明经理阶层。同时，他创造了一种新的组织形式——事业部制，一种将分权与协调、集中控制相结合的组织模型。斯隆的事业部制使得在大型组织中推广分权制成为一种趋势，让大企业在规模膨胀的过程中避免变得笨重。

这一阶段用工管理思想的核心是组织，关心工作如何组织起来可以达到效率最大化。

第三阶段：以人为核心的用工管理。

泰勒发现了工作的价值，福特探索出大规模生产的工作，斯隆将工作组织起来，但没有人意识到是人这个核心主体在工作。而1927～1932年艾尔顿·梅奥教授的霍桑工厂试验是一个例外，这一次人得到了公正、体面的对待。

霍桑工厂试验之后，以人为核心的人际关系学派激励理论迅速发展起来，其中有代表性的有亚伯拉罕·马斯洛的需求层次理论、弗里德里克·赫兹伯格的双因素理论、道格拉斯·麦格雷戈的X－Y理论。

以人为核心的用工管理理论在以德鲁克为代表的人力资源管理理论和以舒尔茨、贝克尔为代表的人力资本理论时期逐渐成熟。德鲁克在1954年《管理的实践》中第一次提出了“人力资源”的概念。舒尔茨和贝克尔的人力资本理论与德鲁克的人力资源理论都强调员工的异质性，但人力资本理论更强调人力资本的形成和获得，强调教育和培训对员工全面发展的重要性，是对德鲁克只关注人力资源使用和激励的差异性理论的进一步深化和扩展。

20世纪80年代以来工作场所用工管理中流行的战略人力资源管理理论包括人力资源管理角色理论、人力资源产品线思想和人力资源管理的经济学分析等几大模块。沃尔里奇的人力资源角色理论将传统的工作场所用工管理真正提升到战略管理的高度，从理论与实践相结合的角度构建了全面的现代用工管理操作系统。在沃尔里奇等的基础上，劳勒的三条产品线理论彻底将人力资源部门摆脱了过去作为一般辅助部门的地位，把人力资源部门上升为真正的价值创造部门（商业部门）。原芝加哥大学、现斯坦福大学的拉奇尔教授从价值和效率的角度分析研究企业制度结构里面最为核心的“人事”管理制度，他强调必须对管理行为进行成本收益分析，而不能仅仅致力于工作和行为本身。拉奇尔明确指出工作场所用工管理的每一个环节和步骤都必须且能够创造投资者、直线经理以及员工都认同的价值。

这一阶段用工管理关注的核心问题是人的差异化、人力资本、报酬与绩效的成本收益分析、组织利益相关者之见的战略平衡与战略和谐。

第四阶段：21 世纪以来的用工管理。

21 世纪以来，工作场所的用工管理出现了以下三种显著的变化趋势。

第一个显著变化的特征是人力资源与劳动关系管理和组织战略、组织业务的结合出现更加紧密的趋势，这种趋势在人力资源管理的三支柱模型及稻盛和夫的阿米巴管理模式上得到集中体现。人力资源管理三支柱模型认为人力资源部门的客户包括高层管理人员、中层直线管理人员和员工。基于以上三大内部客户的需求，人力资源管理的三支柱模型将传统的 HR 角色一分为三，见图 1。

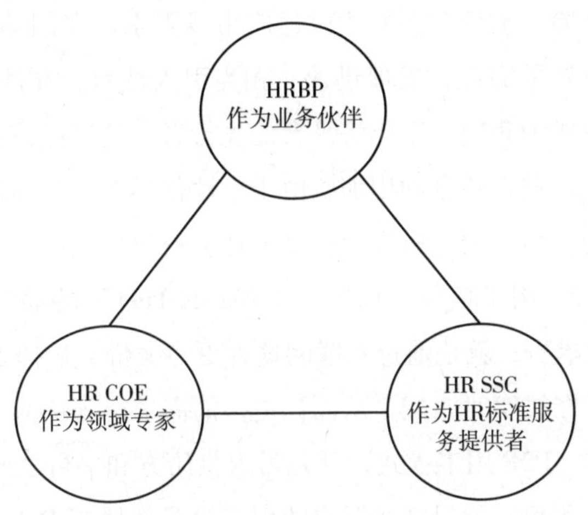

图 1　人力资源管理的三支柱模型

阿米巴经营模式是由稻盛和夫独创的一套独特的管理模式，阿米巴指的是工厂、车间中形成的最小基层组织，也就是最小的工作单位，如一个部门、一条生产线、一个班组甚至一个员工。阿米巴组织可以充分激发员工的潜力，使每个人最大限度地接近一线，减少了层级官僚气息，减少了企业内的沟通成本，使整个企业的每一个部分都直接对接市场和客户，大大提高了组织效率，体现了人力资源与劳动关系管理和业务线的充分融合。

第二个显著变化的特征是工作本身的特征发生了天翻地覆的变化，体现在 O2O（Online to Offline，线上线下互动）模式下的云工作模式和 P2P 共享经济下的平台型新型工作模式。随着互联网技术的发展，云工作的概念逐渐被人们熟知。云工作借助互联网技术，统一线上（Online）和线下（Offline）两种工作形态，使工作本身突破时间和地点的限制，带来了开放、分享、协作、互动、碎片化、社交化、任务驱动等移动互联时代新的工作趋势。云工作突破了传统雇佣关系中的工作，其概念扩展为“人和工作岗位的接触”。从企业的角度看，云工作为企业迅速应对外界市场变化提供了重要支撑；而从员工角度看，云办公为其工作生活的平衡、工作时间地点的灵活性提供了平台。

在移动互联网技术推动商业模式变革的今天，传统行业开始重构商业价值、颠覆业务体验、改变对接方式以适应市场需求。在国外，Airbnb、Uber等共享经济企业异军突起，发展迅速，相当引人注目；在国内，滴滴出行、共享单车等企业成为我国共享经济平台的先行者。共享经济利用迅速发展的移动互联网平台，重新整合利用那些由于个性化诉求较高而被追求效率的传统商业所忽视的社会资源，极大地提高了社会资源的使用效率，共享经济缔造出了全新的P2P用工模式。P2P是“Peer-to-Peer”的简写，意思是个人对个人。P2P的本质，就是通过互联网这种更为廉价、快捷的呈现方式，把更多的需求进行在线实时匹配，从而让更多的需求得到更充分的匹配，提高效率，降低成本。P2P用工模式，就是需求供给方和平台之间形成的用工模式，如滴滴司机和滴滴公司之间形成的用工模式就属于P2P用工模式。P2P用工模式不仅是“不稳定的、有条件的短期雇佣”或者“非典型雇佣”（Non-standard Employment），而且更像是创业者与用户建立联系的一种手段。这种新型的P2P用工模式，将工作的概念再次放大，工作的边界也进一步模糊化。

第三个显著变化的特征是资本和劳动的边界模糊化，资本工人、员工持股和合伙人制应运而生。长期以来雇佣制的典型特征是资本雇用劳动，大股东是老板，资本与员工相对割裂，公司治理方面资本拥有绝对话语权，利益分配方面更多地倾向于资本而非员工，而员工持股计划则是使员工和资本结合。1956年路易斯·凯尔萨创立了美国历史上第一个员工持股计划，1958年他在《资本主义宣言：如何用借来的钱让8000万工人变成资本家》中系统提出了员工持股计划的思想。1986年他在和夫人共同完成的《民主与经济的力量》一书中，提出了把劳动者变成资本工人（Capital Worker），进行身份转化。对于企业来说，员工持股计划作为一项制度，为企业的发展注入了经济与民主的两种力量：民主的力量是员工作为股份的持有者，可以参与公司的管理决策，调动员工积极性；经济的力量在于通过物质方面把企业和员工进行利益绑定，促进员工与企业结成利益共同体、事业共同体和命运共同体。21世纪以来，美国硅谷的绝大多数科技企业都采取员工持股计划，最大限度地激励员工，发挥其人力资本价值。

在公司治理层面，合伙人制时代或将来临。在过去，创业者一人包打天下，进入新时代，合伙创业已经成为互联网时代成功企业的标配。合伙人制的内容，就是要在创业初期的团队构建阶段，设计好公司的股权结构，在组织与合伙人之间对权力进行根本性的制度安排，为充分保障合伙人权益、发挥各个合伙人的积极性打下稳健的制度基础。在“大众创业、万众创新”的今天，在创业初期搭建公司合伙人的制度框架，在未来公司发展过程中通过股权结构设计和内部管理制度设计，避免外部恶意收购，保持公司活力，已经成为未来公司治理、企业人力资源与劳动关系管理的重要发展趋势。

这一阶段用工管理关注的核心问题是人与组织更紧密的结合与平衡、新经济下的新业态与新用工形式。由于传统意义上劳资集体谈判的物质基础和共同诉求出现瓦解与分化，劳资对立格局受到组织利益共同体制度设计的冲击和挑战，在我国，有中国特色的集体协商和企业民主管理必然需要在理论上进行迭代和扬弃，在制度上进行创新和重塑。

3. 经济下行背景下我国劳动关系面临的困境与挑战

劳动关系本质是劳动者与用人单位之间形成的一种经济关系，其现状也必然受到整体经济形势的影响。当前，我国经济发展已进入“新常态”时期，经济增长由两位数增长下降为个位数增长（见图2），经济运行在“L”形的底部，中国经济面临巨大的下行压力。

但与西方发达国家不同，我国仍处于工业化的中后期进程，城镇就业持

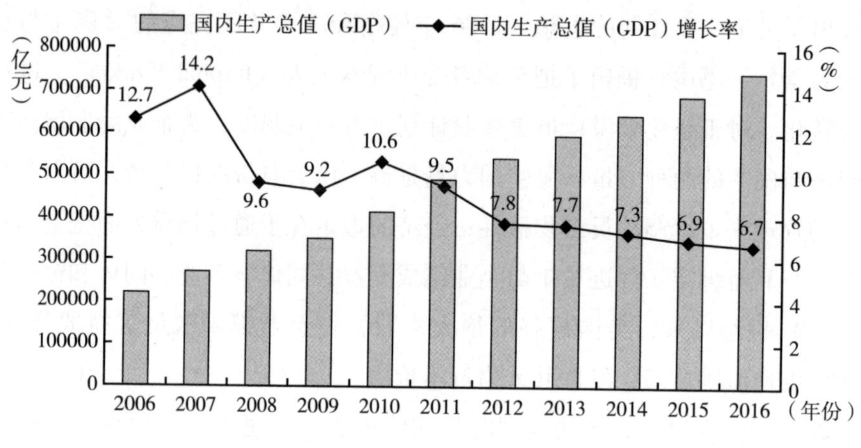

图 2　中国 GDP 及增长率

资料来源：《中国统计年鉴》。

续增加，居民收入、企业效益、财政收入平稳增长。更重要的是结构调整出现积极变化，服务业增长势头显著，内需不断扩大。第三产业产值占比及第三产业就业人数占比不断提高，2011 年第三产业就业人数占比首次超过第二产业和第一产业，成为就业人数占比最多的产业（见图 3）。

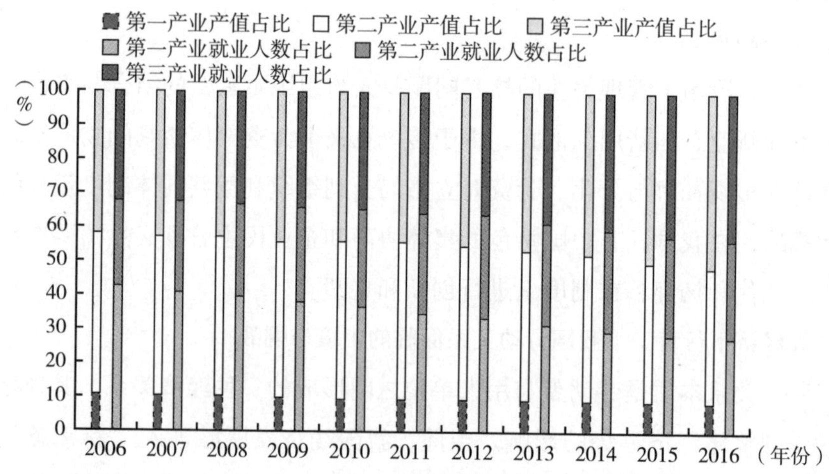

图 3　三次产业产值及劳动者就业人数占比

资料来源：《中国统计年鉴》《中国劳动统计年鉴》。

再加上人口红利消失，人口结构和人口总量的变化使劳动力总体上处于供不应求的边缘，劳动力市场的就业数据并不难看。近 10 年来，劳动力市场中就业人数缓慢增加，城镇登记失业率在 2008 年全球金融危机之后有一个明显的上升趋势，之后呈现缓慢回落的趋势（见图 4）。

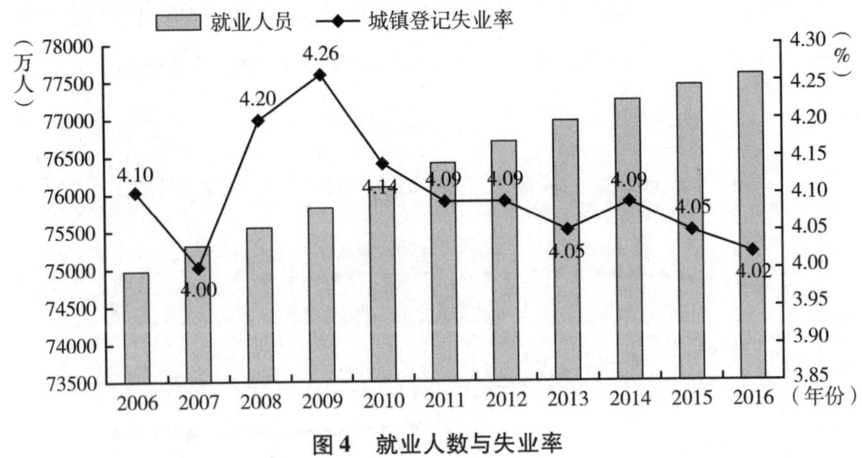

图 4　就业人数与失业率

同时，中国的农民工数量仍在增长，但是农民工增长的速度放缓，如图 5 所示，自 2010 年以后，农民工新增人数呈现不断下降的趋势，且下降的速度很快；与此同时，虽然城镇就业人数也在同步增加，但是增速也呈现了放缓的趋势。

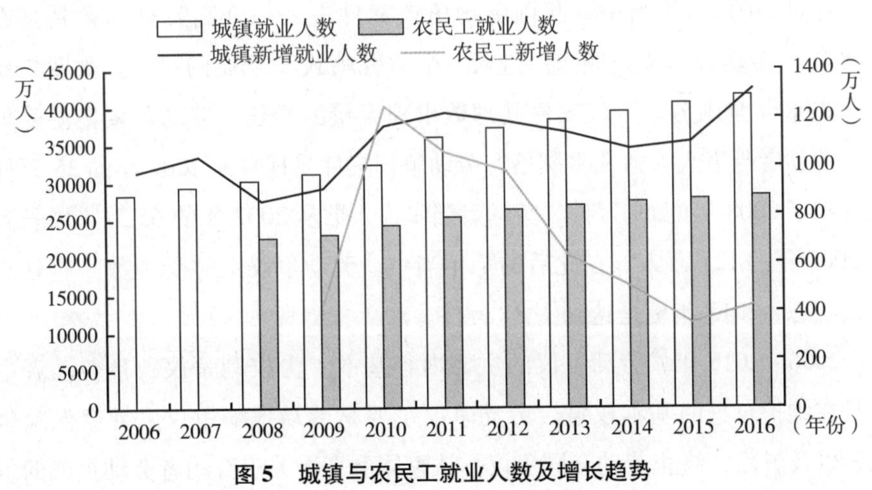

图 5　城镇与农民工就业人数及增长趋势

另外，中国的劳动力素质正在慢慢提升，整体劳动者的受教育程度不断提高，劳动者权益保护的意识也正在慢慢增强。如图 6 所示，2006 ~ 2015 年，在全国就业人员当中，仅受到小学及以下教育程度的劳动者占比呈现下降趋势，初中教育的劳动者占比呈现先缓慢上升又缓慢下降的趋势；尤其是受到小学及以下程度教育的劳动者占比与2006 年相比下降非常明显，而受到大学高中、专科和大学本科及以上教育人数的占比在缓慢上升。

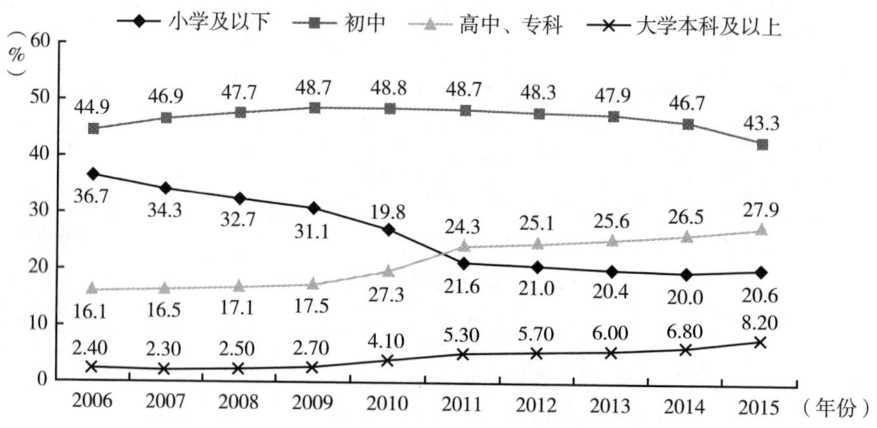

图 6　全国就业人员受教育程度占比变化趋势

在过去的 10 年当中，我国劳动争议案件进入一个高发期，尤其是在2008 年《劳动合同法》颁布后进入一个“井喷式”发展的状态。如图 7 所示，2008 年全国劳动争议案件受理数出现大量的增长，劳动争议案件受理数与劳动者当事人人数几乎翻倍，劳动争议案件受理数从 2007 年的 35 万件上升到了 2008 年的 69 万件，劳动者当事人人数从 2007 年的 65 万人增长到了 2008 年的 121 万人。在此后的 7 年当中，劳动争议案件受理数一直处于高发状态，2015 年更是达到了 81 万件。

2006 ~ 2015 年，劳动争议的主要内容基本上为权利争议，且劳动者主要是在维护自身的基本权益。劳动争议主要是劳动报酬争议、社会保险争议，以及解除、终止劳动合同争议。从整体上来看关于劳动者劳动报酬的争

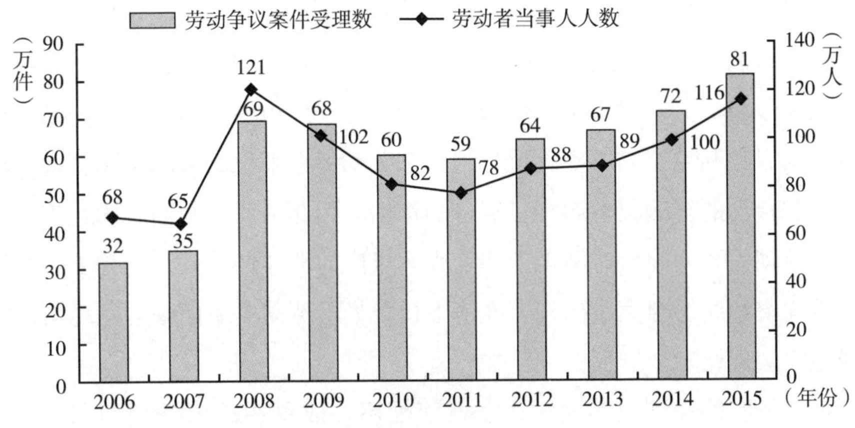

图7　劳动争议案件受理数与劳动者当事人人数

议居高不下，且在2008年的井喷式增长之后，2011～2015年又呈现了缓慢增长的趋势（见图8），说明劳动者在其劳动过程中最核心的劳动报酬权利还未能得到充分的保障。同时，社会保险争议也长期处于高发的状态，仅次于劳动报酬争议的发生情况，可见这10年来，劳动者的社会保险这一基本的社会保障权也未能充分得到保护。总体来看，劳动者发生劳动争议的原因主要是自身合法权益受到侵害，集中表现在劳动者的劳动报酬获得和社会保险权的保障上。

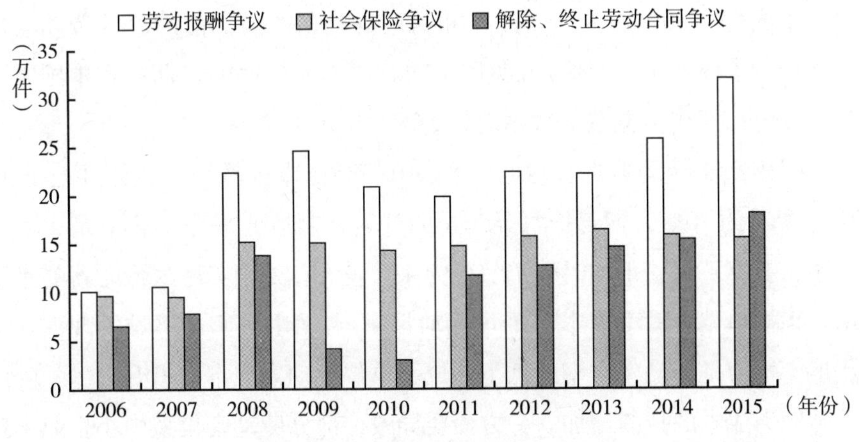

图8　按原因分全国劳动争议数量

综合以上分析，可以发现在中国经济从高速增长转为中高速增长、中国经济进入“新常态”的过程中，劳动力市场上就业人数稳步增加，失业率数据表现平稳。劳动力市场上的劳动者受教育程度也在不断提升，与之伴随的是劳动者权利意识的不断觉醒，这对于劳动者在平稳的劳动市场环境中更好地维护自己的合法权益起到了促进的作用。因此，我们判断我国经济下行导致的劳动关系问题暂时不至于演变为大规模的群体性事件，但是工作场所的劳资冲突和纠纷会大量出现。经济下行背景下劳动关系面临的困境与挑战可能主要表现在三个方面。

第一，实体经济脱实向虚，企业面临用工成本持续上升的问题。2016年中国收入分配研究院到南京、洛阳、重庆三个地方调查了10家制造业企业，发现中国的劳动力成本确实在一定程度上有所提高，在过去10年企业总成本提高了将近3倍。相对来说，劳动力成本要比企业总成本提高得快一些，大概高出40%。美国波士顿咨询公司2016年的报告认为中国依据生产力调整过的制造业工资在过去10年增加了两倍，从2004年的4.35美元/时增加到2015年的大约12.47美元/时。而在美国，按生产力调整过的制造业工资从2004年至今增长了不到30%，达到22.32美元/时。如果单纯比工资，中国确实还低于美国等发达国家，但如果加上工资对应的产出，中国生产的东西，成本跟美国人差不多高。换句话说，美国单位劳动力的生产率仍然要比中国高出80%~90%，与之相对应的是，中国目前的单位劳动力成本已经接近美国水平，“如今在美国平均花1美元生产的东西，在中国需要花费96美分”。中美制造业成本对比如图9所示。

根据国家统计局数据，尽管中国2014年制造业平均工资水平已经比2013年提高约10%，但若按每天8小时计算，制造业平均年薪不足5万元人民币，折算下来，平均时薪仍然仅为4.5美元，处于美国最低时薪的水平线上。根据单位劳动力成本=平均劳动报酬/劳动生产率，不难发现，在很大程度上恰恰是劳动生产率的低下造成了单位劳动力成本的攀升。

劳动力成本的持续增加，一方面会导致一部分劳动密集型中小企业出现经营困难，另一方面会导致企业用工需求减少，从而使得劳动关系的不稳定

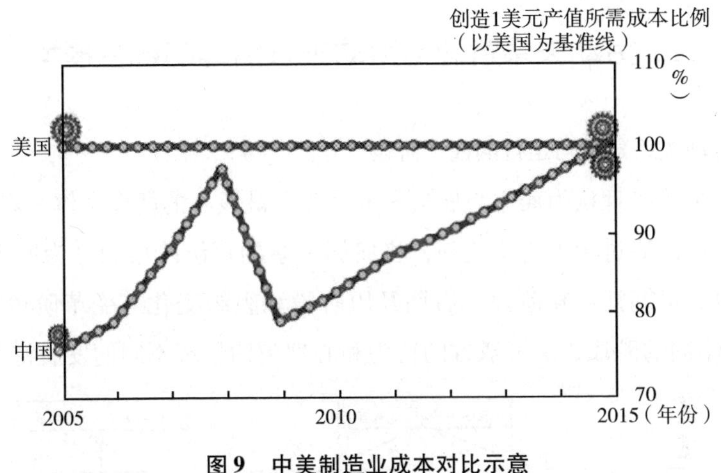

图 9　中美制造业成本对比示意

性增加，对构建和谐劳动关系提出了严峻的挑战。

第二，以中国《劳动合同法》为代表的劳动法律法规部分条款灵活性不够，给劳动力市场带来了一系列的困惑，对本来就比较僵化的我国劳动力市场起到强化的作用，这是法律制定者和执行者应该思考的地方。2016 年 2 月中旬，财政部部长楼继伟认为工资刚性增长脱离劳动生产率，降低了企业人力资本投资的意愿，中国《劳动合同法》对企业的约束在很大程度上降低了劳动力市场的灵活性，不利于全要素生产率的提高，最终导致劳动生产率太低，反而损害了劳动者的利益。

第三，移动互联网技术在改造传统商业模式的同时，也创造了以共享经济为代表的新商业模式和用工模式。Airbnb、专车服务企业是典型的共享经济型企业，通过互联网平台将社会闲置资源和过剩产能重新利用，企业与专车服务司机之间形成自由、灵活、高效的 P2P 用工模式。这种新形态的用工模式与工业文明下传统的用工关系有着本质区别，是目前制度规范还未触及的真空地带。因此亟须创新政府公共管理的制度规范，加强《劳动合同法》的制度包容性，约束行业自治的行为准则，发挥市场的调节作用，从而引导新商业模式下用工关系的和谐发展，释放共享经济带来的健康活力。

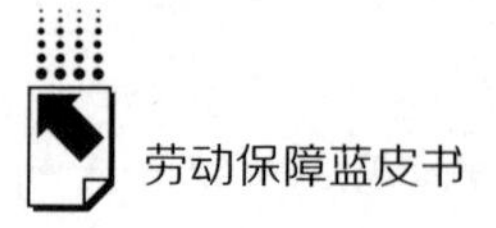

二　劳动关系管理与劳动关系治理的统合模型

1. 劳动关系建立与运行的四个阶段

劳动关系管理认为雇主与雇员是劳动关系最核心的两个主体，雇主与雇员的关系可以通过用工流程梳理，将雇佣关系的存续阶段划分为四个阶段：招募阶段、早期社会化阶段、后期经历阶段和组织变化与变革阶段（见图10）。在不同的阶段，劳资双方的行为和心理契约呈现不同的发展特点。

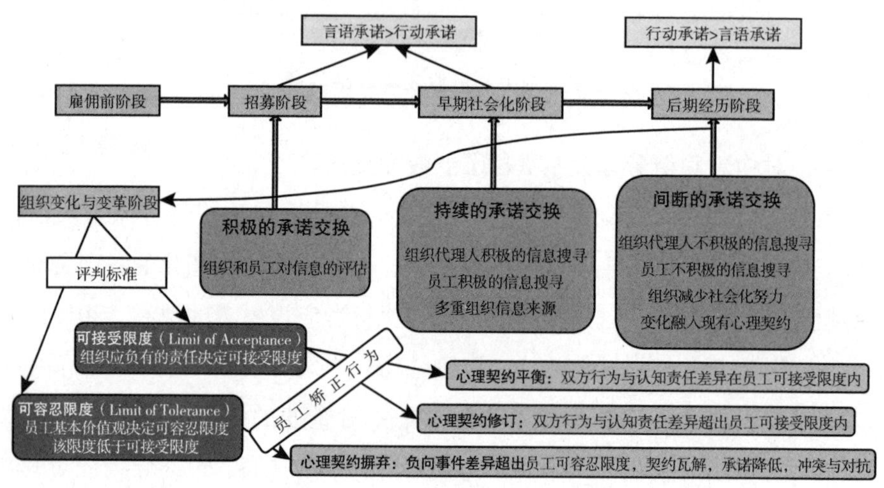

图10　劳动关系存续期内劳资双方行为与心理契约发展过程

从雇佣过程的四个阶段可以看出，劳动关系的建立和运行要注意以下几个关键问题：第一，在招募阶段双方的信息搜集、信息交换是否可以实现真正匹配；第二，从早期社会化阶段到后期经历阶段，要维护一种良好的劳动关系，双方行动承诺的重要性逐渐加强，而言语承诺的重要性逐渐降低；第三，在组织变化与变革阶段，劳动关系能够继续维持和良好运行的风险控制点就是可接受限度与可容忍限度这两个关键节点。

2. 劳动关系的直接利益相关者：雇主与雇员

劳动关系管理始终强调工作场所劳动关系的直接利益相关者是雇主与雇

员，劳动关系的维持和发展必须依托企业这个平台，企业的发展为劳动关系提供了物质基础。没有企业这个平台，就没有雇主和雇员的概念，劳动关系也就不复存在了。这种关系得以存续的基础和最深层次的互动机理是雇主的绩效与员工的报酬要对等承诺和对等实现，任何一方对承诺的违背都会使劳动关系出现问题甚至破裂。

（1）基于企业平台的劳动关系利益相关者模型

新制度经济学理论提出，随着大型公司的股权普遍分散化，公司结构治理开始倾向于注重股东以外的其他利益相关者——“已向公司贡献了专用化资产，而这些资产又在企业中处于风险状态的集团和人”。企业作为一个平台，是各个利益相关者活动交互的最基础单元。企业的利益相关者分为三个独立的群体，分别是组织利益相关者（企业内部的）、经济利益相关者和社会利益相关者（企业外部的）。组织利益相关者包括董事、雇员、执行主管、股东等；经济利益相关者包括顾客、竞争者、债权人、经销商、供应商、工会等；社会利益相关者这包括社区、环境、政府、管制者、媒体、非营利和非政府组织等。各方利益相关者组成了一个以企业为核心的劳动关系利益相关者的同心圆，其中圆心是组织利益相关者，然后是经济利益相关者和社会利益相关者（见图11）。

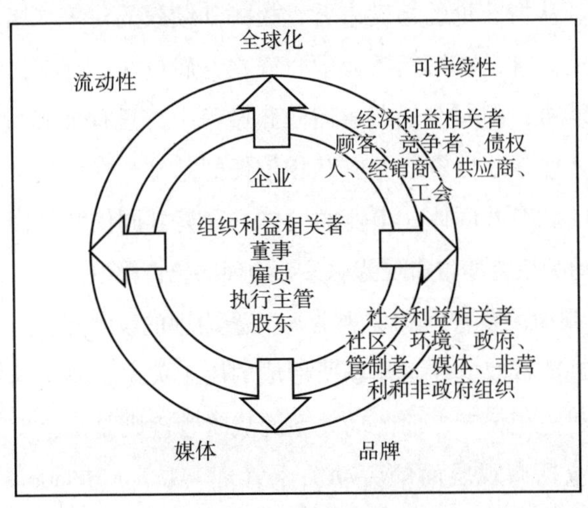

图11　以企业为核心的劳动关系利益相关者模型

资料来源：〔美〕戴维·钱德勒等《战略企业社会责任》，东北财经大学出版社，2014。

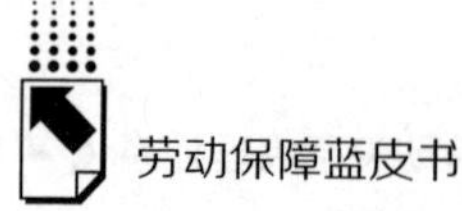

劳动关系管理认为企业不是某个自然人的化身，企业是企业法人，其本质是社会财富和工作岗位的创造者，是和谐劳动关系构建的物质基础和物质保障，是各个利益相关者赖以生存的平台，“企业”的概念远不能等同于“老板”。雇主和雇员的连接纽带是企业，没有企业就也就没有劳动关系存在，没有实现企业平台的发展，雇主和雇员都不可能单独发展。因此，雇主和雇员应该在企业这个平台上通过合作和竞争机制，在生产领域提高效率，在分配领域实现公平，追求利益相关者收益总和的最大化。如果雇主或者雇员的行为损害了企业平台的发展，那么该行为就应该通过共同契约加以禁止。

（2）基于绩效与报酬对等承诺和对等实现的雇主、雇员关系

在劳动关系存续和发展的过程中老板要绩效，员工要报酬，都是天经地义的事情，但是，劳动关系得以存续和发展的物质基础及前提条件则是绩效与报酬必须做到对等承诺和对等实现。企业向员工要的绩效就是劳动生产率，是员工工资决定的最关键内在因素，正如价值之于价格。劳动力市场供求、物价水平、集体谈判等决定工资的因素都是工资决定的外在条件，工资受到外在因素的影响会出现偏离其劳动生产率的情况。故在某一时间点可能工资水平偏离劳动生产率水平，但是员工工资总是围绕其劳动生产率水平上下波动。另外，从博弈论的角度来看，报酬和绩效的对等承诺和对等实现是实现长期博弈的基础，在短期博弈中，雇主、雇员双方都有提出更高的绩效和报酬水平的动机；但是在长期雇佣博弈过程中，只有报酬和绩效对等承诺和对等实现，才能保证劳资双方有互相信任的基础，在此基础上才能构建和谐劳动关系中的利益共同体、事业共同体、命运共同体和使命共同体。

3. 微观劳动关系管理与宏观劳动关系治理的统合模型

（1）微观劳动关系管理和宏观劳动关系治理的统合模型

劳动关系是劳资双方在工作场所形成的用工关系，雇主与雇员双方是劳动关系的直接利益相关者，而劳动关系的战略管理则是一个广义概念，其具体内容和内涵包括微观层面的劳动关系管理（Labor Relations Management, LRM）和公共管理层面的劳动关系治理（Labor Relations Governance, LRG），具体模型如图 12 所示。

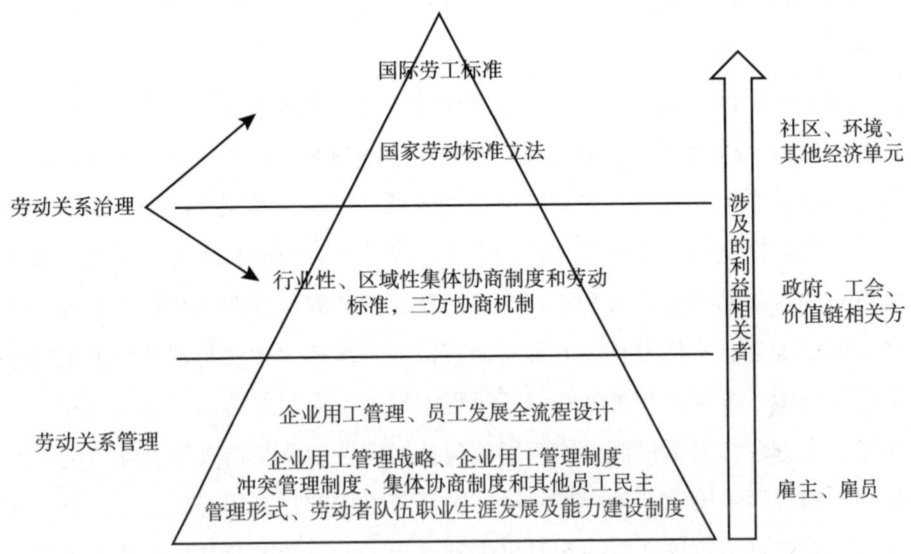

图 12　微观劳动关系管理和宏观劳动关系治理统合模型

第一个层面是以微观企业内部雇主与雇员在劳动过程中形成的自治关系为基础的劳动关系管理体系，这个层面的直接利益相关者是雇主与雇员，内容包括基于多元论的企业用工管理、员工发展的全流程设计，涵盖全部工作场所内调整雇主与雇员之间关系的制度。首先，从雇主的角度来看，劳动关系管理的内容包括企业用工管理战略和企业用工管理制度两部分。企业用工管理战略包括根据企业竞争战略制定的人力资源与劳动关系管理的实施战略、人力资源规划、对业务部门的服务支撑方案等。企业用工管理制度的内容非常广泛，包括公司治理、组织架构设计、岗位管理、人员招募管理、员工培训制度、绩效管理、薪酬管理、劳动纪律、离职与裁员管理等方面，涵盖从劳动关系建立到劳动关系结束的全流程制度设计。其次，从员工的角度来看，劳动关系管理的内容包括劳动者职业生涯发展及能力建设制度，包括员工职业生涯规划、晋升通道、员工能力培训、员工支持计划（EAP）等，其核心关注的是实现员工和组织的共同发展、共同成长。最后，雇主和雇员之间的沟通、申诉和对话机制，包括企业内部的冲突管理制度、集体协商制

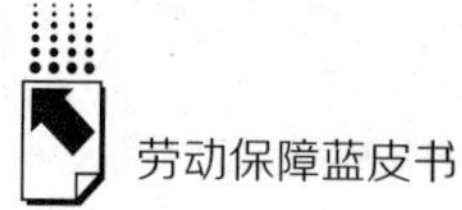

度和其他员工民主管理形式，通过在微观工作场所的沟通制度建设预防、解决双方的矛盾冲突。

第二个层面偏重企业外部的多方联动，属于公共管理的范畴，是社会中劳方、资方和政府以及其他利益相关者在协调规制劳动关系过程中所形成的社会劳动关系治理体系。中观层面包括区域、行业劳动关系治理，涵盖了行业性、区域性集体协商制度和劳动标准，以及三方协商机制等劳动关系治理制度。中观层面的劳动关系治理不仅涉及雇主和雇员这两个利益相关者，而且政府、工会、价值链相关方都作为直接的利益相关者参与到劳动关系的综合治理当中。各利益相关者在博弈过程中形成了多层级劳动标准决定和调整机制、多方合作对话机制。宏观层面包括国家劳动关系治理及国际劳动关系治理，内容涵盖国家劳动标准立法、国际劳工标准、跨国劳动问题综合治理等。劳动关系治理这个层面涉及更多利益相关者，社区及其他经济体甚至环境都成为其重要的利益相关者。

微观和宏观劳动关系管理的两个层面是互相联系、不可分割的，都是对工作场所形成的劳动关系的管理和治理。微观层面的劳动关系管理是中观、宏观层面的劳动关系治理的基础，只有真正搞清楚企业内部的实际用工情况后才能进行科学的产业治理；中观、宏观层面的劳动关系治理对微观层面的劳动关系管理进行规制约束，使企业内的劳资行为在合理的规则网络下运行，追求社会利益相关者的收益最大化。

（2）政府在劳动关系治理中的角色定位

在劳动关系治理层面政府是一个重要的利益相关者。首先，政府的角色是一个规则制定者，规则制定的前提是政府充分考虑治理区域内的各个经济主体内部的运行规律，把握各个经济主体之间运行的相互影响，考察一个经济主体行为造成的外部性是否会对整个管辖区域内的社会福祉造成影响。政府制定规则的目的是约束企业行为，使诸如雇主、雇员、价值链相关方、环境等利益相关者的总体利益最大化。其次，我们一直强调劳动关系是劳资双方在工作场所形成的用工关系，在企业内部核心的直接利益相关者就是劳资双方，政府并不是企业实际运行的直接参与者。因此政府伸入企业的“有形的手”必须审慎权衡：一方面要平衡劳资双方的力量，不能偏袒其中任何一方任其独大；另一方面也不能插手太多，违背企业自主用工的灵活性原则和劳动力市场自发调节的客观规律，损害雇主、雇员双方的利益。

（3）劳动关系治理中价值链相关方的角色

随着世界经济全球化的发展，劳动关系治理的范畴也逐渐走向国际化。哈佛大学商学院教授迈克尔·波特认为“每一个企业都是在设计、生产、销售、发送和辅助其产品的过程中进行种种活动的集合体。所有这些活动可以用一个价值链来表明”。企业在整个产业链上进行分工协作，所以企业受到价值链上其他相关方的影响。目前跨国经营的大型品牌公司（多为发达国家的品牌零售商和经营商），例如，Nike、苹果等会在整个供应商链条中推行自己的企业行为守则（Code of Conduct），用于规范其全球供应链中的劳动条件和劳工待遇。尽管内容和形式各异，多数公司的行为守则以国际劳工组织的核心条款（包括禁止使用童工、禁止强迫劳动、职业无歧视、保护自由结社和集体谈判等条款）为蓝本，同时包括职业安全与健康、工资、工时和女工保护等方面的内容。作为产业链的龙头企业，其推行的行为守则实际上对下游厂商的人力资源与劳动关系形成了直接的压力机制。这一趋势出现的背景是消费者运动的兴起，消费者在消费某项产品时发现产品的某些零部件采购自血汗工厂或劳动条件极端恶劣的工厂，会自发抵制该产品。厂商为了赢得客户，就有动力和压力制定自己的价值链行为守则，推行更高水平的劳动标准。这一价值链的传导机制实际上是非常显著而影响深远的，对于劳动力价格低、劳动条件差甚至采用童工的地区，这一价值链压力机制对其企业内部的人力资源与劳动关系管理的扭转力度尤为显著。

三　劳动关系管理的价值重塑与战略定位

1. 劳动关系管理的价值塑造：合法、合情、合理

从劳动关系管理与劳动关系治理的统合模型我们可以看出，无论是微观劳动关系的建立、存续还是宏观的劳动关系治理，这些行为和实践需要集中

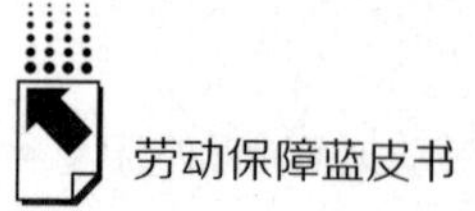

化的价值观塑造和价值评判标准。劳动关系管理认为，对于一切雇佣领域的制度、行为，其基本的价值追求和价值判断都是合法、合情、合理。这就是战略劳动关系管理冰山模型的价值追求。

劳动关系管理的冰山模型是在企业社会责任兴起的背景下提出的。基于利益相关者的企业社会责任理论强调企业要对股东、员工及其他利益相关者承担责任。在卡罗尔提出的"企业社会责任金字塔"（The Pyramid of CSR）模型中，第一层次的经济责任所占权重为4；第二层次的法律责任所占权重为3；第三层次的伦理责任（Ethical）所占权重为2；第四层次的慈善/自愿责任（Philanthropic）所占权重为1，这就是企业社会责任理论中著名的"4-3-2-1 卡罗尔结构"。依据卡罗尔的这一划分，第一层次和第二层次的企业社会责任被看作企业赖以生存的社会责任底线，也可以说是企业最基本的社会责任。卡罗尔的企业社会责任金字塔模型告诉我们：一个没有盈利的企业最终是不可能存活下去的，一个不遵守社会法律的企业最终是无法立足的，一个不能保证员工基本利益的企业最终是不可能发展壮大的。

正是基于以上分析我们提出战略劳动关系管理的"冰山模型"，该模型包括了"合法""合情""合理"三个层面的内容（见图13）。模型中的"合法"主要指劳动关系管理要遵守现行的以《劳动法》和《劳动合同法》为代表的各种劳动法律法规，尽管企业担负社会责任的内容、方式以及所指向的对象不尽相同，但企业首先必须要合法地获取利润，自觉承担起对企业员工的责任，特别是对员工工资报酬的责任和义务。一方面，它能够让员工获得与其贡献相匹配的经济收入，从而保障员工自身的生存与发展，维护员工的正当权益；另一方面，也能够让员工体面地、有尊严地从事生产活动，从根本上改善劳动关系，实现劳动关系的和谐发展。这是劳动关系管理"冰山模型"浮在海面部分的主要内容。模型中的"合情"主要指企业的劳动关系管理实践要以人为本，把员工视为企业的利益相关者，进行动态的人性化管理，其目的是确保企业用工过程的平滑性和可预见性，实现劳动关系的健康和谐，化解劳动争议，避免劳动冲突。企业只有通过劳动关系管理的最优实践，把企业劳动关系的政策、实践、方法、手段等构成一种控制系统，并将该系统纳入组织的发展战略，才能最终实现企业和员工的共同发展。“合情”层面的小部分内容也可以归入冰山模型浮在海面上的部分。冰山模型中最深层的“合理”部分主要指企业通过科学的劳动关系管理，提高企业的经济运行效率，获取竞争优势，实现企业的可持续发展。“合情”层面的大部分内容与“合理”部分共同构成冰山模型的水下部分，而企业作为理性人冷静的“合理”动机才是企业一切社会行为的天然本能。

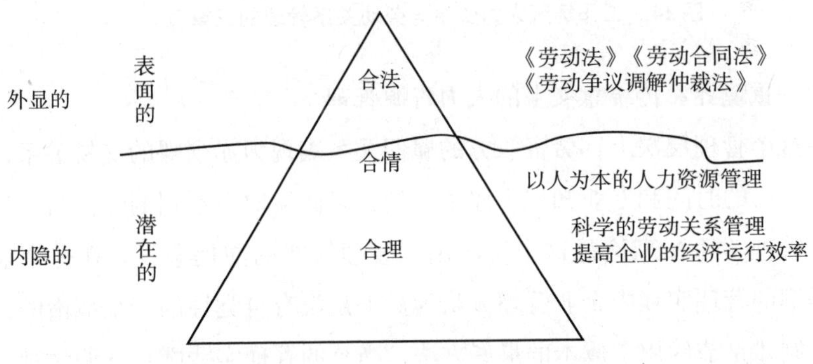

图 13　战略劳动关系管理的冰山模型

从战略劳动关系管理的冰山模型可以看出，在劳动关系管理层面，作为法律范畴的企业，要坚持底线原则，努力去做一个遵纪守法的企业公民；作为道德范畴的企业，要坚持人性化的管理原则，努力优化企业的劳动关系管理实践；作为经济范畴的企业，要按照效益比较、理性决策的原则，努力追求股东价值的最大化。

2. 劳动关系管理的战略定位：追求劳动关系管理的最高境界

在战略劳动关系管理冰山模型的基础上，我们可以发现，企业不同，企业的劳动关系管理实践就不同，员工与组织之间的匹配度、忠诚度和凝聚力也就不同，这说明不同企业处于不同的劳动关系管理境界中。工作场所人力资源与劳动关系管理的三重境界如图 14 所示。

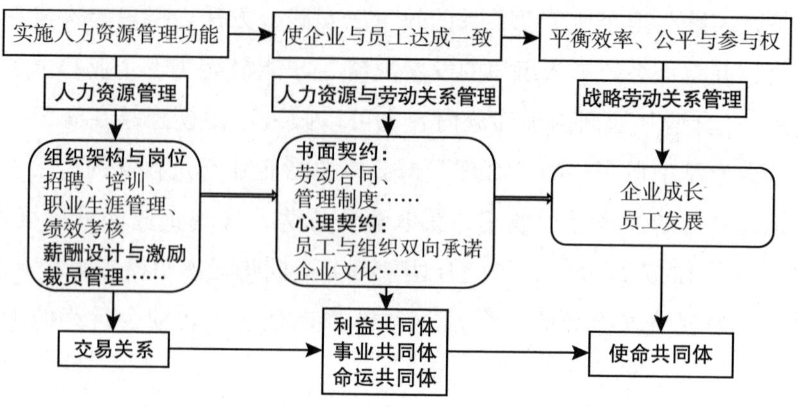

图 14　工作场所人力资源与劳动关系管理的三重境界

第一重境界：传统意义上的人力资源管理。

在这个管理层次上，劳资双方的雇佣关系表现为赤裸裸的交易关系，员工投入自己的时间和专业知识为雇主谋利，以此换取一系列的经济与非经济报酬。管理学的 X 理论是这个层次用工管理模式的前提假设。在这个前提下，早期的管理实践中企业管理方认为员工是没有自觉性的，是懒惰的，威慑和控制才是节约用工成本的最好方法，当今的管理实践则是强调激励手段与激励技术在用工管理中的作用。随着管理实践的精细化和管理理论的提升，虽然企业的用工管理越来越追求用工管理中组织战略与组织架构的对接，越来越追求岗位分析、岗位评估、员工招聘、员工培训、绩效考核、薪酬管理和劳动合同管理等各个管理模块的完美以及各个模块之间的平衡与自洽，但是，这种雇主单边控制的用工管理模式始终局限在劳资双方的关系是基于利益交换关系的认知层面上。

第二重境界：人力资源与劳动关系管理。

在这个管理层次上，劳资双方的雇佣关系表现为一种三位一体的关系，即劳资双方试图在工作场所建立一种基于利益共同体、事业共同体和命运共同体的新型雇佣关系。该层次的管理模式糅合了管理学的 X 理论和 Y 理论，因此，在这种三位一体的关系中，利益共同体、事业共同体和命运共同体三者之间具有明显的递进关系。虽然该层次的人力资源与劳动关系管理模式能够通过规章制度建设和组织文化建设，使企业与员工暂时达成一致，但这种模式离实现组织可持续发展和劳资双赢的目标还有很大的距离。

第三重境界：战略劳动关系管理。

在这个管理层次上，劳资双方的雇佣关系表现为使命共同体的关系，即劳资双方为了一个共同的理念和使命，在一个远大目标的召唤下实现了利益共同体、事业共同体和命运共同体三位一体的用工管理。正是因为战略劳动关系管理基于多元论的视角，承认劳资双方的利益差异且经常会发生冲突，因此，战略劳动关系管理才能面对工作场所的管理现实，努力实现理想主义和现实主义的完美结合。比如，战略劳动关系管理认为组织应该建立劳资沟通机制，要求劳资双方通过正式或非正式的协商、沟通和谈判来解决劳资双方在用工过程中的一系列问题。战略劳动关系管理还认为应在工作场所建立包括预防、协商、调解、仲裁和诉讼五个子系统在内的企业冲突管理系统，工作场所劳资双方的任何冲突与纠纷都应该通过组织的冲突管理系统来解决和处理。同时，战略劳动关系管理评判企业冲突管理系统的标准有两个：一个是时间第一的原则，即冲突与纠纷应在最短的时间内化解；另一个是组织内部解决原则，即利用系统性的经济手段和制度设计，尽可能地把劳资冲突与纠纷化解在企业内部，不要酿成社会性群体事件。战略劳动关系管理认为构建和谐劳动关系有四个逐步递进的层次和境界：确保员工知情权的劳动关系、确保员工参与权与建议权的劳动关系、确保员工审议权和否决权的劳动关系、劳资共决的劳动关系。和谐劳动关系管理目标的实现路径就是在努力确保员工知情权的基础上逐渐推进到确保员工的参与权与建议权，在涉及员工切身利益的重大事项和重大战略决策上一定要保证员工的审议权和否决权，当然，理想主义的最高目标就是劳资共决。

我国的劳动法律在很多方面确保了员工的知情权，大力推行的各项民主管理制度确保了员工的参与权与建议权，随着劳动法律法规的不断完善和企业利益相关者理念的不断发展，我国正在向战略劳动关系管理的方向不断迈进，与宏观劳动关系治理一起，构建起具有中国特色的劳动关系治理体系。

结　语

劳资双方的矛盾和冲突是显而易见的，因此需要承认和明确双方的权利和义务。对于劳资利益诉求的矛盾和用工管理中的信息不对称，只有国家和法律才既具有使各方信息公开的权威，又能对双方合作和协议执行进行有效的监督和控制，所以在劳动关系宏观治理领域，适度用国家的公力救济取代私力救济能够带来更多的经济效益。因此，在我国构建具有中国特色的和谐劳动关系一定要坚持党委领导、政府主导、市场导向、多方参与、社会协同的战略定位。

在新时期构建和谐劳动关系，还应在企业民主管理进一步实质化、优化企业发展环境等方面采取更多措施，同时关注工作行为变革带来的挑战。工作场所劳动关系管理是构建和谐劳动关系的前沿阵地，管理者和工会是两个主要的子群，因此，管理的角色更多地倾向于劝说和协调，较少地倾向于强制和控制。《劳动合同法》第四条纲领性地规定了企业通过民主程序制定和实施劳动规章制度以及劳动者通过民主程序参与决策、影响决策，这是工作场所劳动关系管理制度设计的突破口。

在市场化、工业化、城镇化、信息化、全球化等因素相互作用与叠加影响下，我国劳动关系始终处于快速动态变化过程中，新情况、新问题不断涌现。同时，移动互联网等技术飞速发展引发的生产关系变革，已经领先于我们的制度监管，劳动关系的管理和治理面对一个需要重新被定义的世界，劳动者已经不是原来的劳动者，用人单位也不再是原来的用人单位。我们的公共政策和法律法规对新经济、新业态应保持宽容态度，不宜将共享经济的所有事项都拉回到传统的标准的劳动关系规范之中，并用现行的规章制度去进行规制。我们应当坚持法律底线思维，充分利用市场的力量，把法律规制之上的管理空间，交给劳资双方去自行解决。

参考文献

[1] 信春鹰、蒋家棣：《〈劳动合同法〉的法社会学分析》，载曾宪义主编《法律文化研究》（第五辑），中国人民大学出版社，第3~11页。

[2] 董保华：《论劳动合同法的立法宗旨》，《现代法学》2007年第6期，第69~75页。

[3] 谢增毅：《对〈劳动合同法〉若干不足的反思》，《法学杂志》2007年第6期，第60~63页。

[4] 王全兴：《"〈劳动合同法〉的时代使命"专题——〈劳动合同法〉实施后的劳动关系走向》，《深圳大学学报》（人文社会科学版）2008年第3期，第67~72页。

[5] 郑尚元：《〈劳动合同法〉的功能与制度价值分析——评〈劳动合同法〉的是与非》，《深圳大学学报》（人文社会科学版）2008年第3期，第73~77页。

[6] 程延园、杨柳：《〈劳动合同法〉实施对我国企业人力资源管理的影响——基于人力资源经理的观点》，《经济理论与经济管理》2010年第7期，第66~73页。

[7] 王美艳：《〈劳动合同法〉的实施：问题和对策建议》，《贵州财经大学学报》2013年第1期，第23~31页。

[8] 尹蔚民：《努力构建中国特色和谐劳动关系》，《人民日报》2015年4月9日，第12版。

[9] 唐鑛：《人力资源与劳动关系管理》，清华大学出版社，2017。

[10] 唐鑛：《企业社会责任视角下战略劳动关系管理》，《中国人民大学学报》2011年第2期。

[11] 徐世勇、Xiaoyu Huang、张丽华等：《中国工人罢工的四方层级解决机制：基于案例研究的一种新诠释》，《管理世界》2014年第4期。

·专题报告·

B.17
双创背景下上海小微企业劳动关系调查报告

谭友林　张　爽*

摘　要：　我国目前劳动关系领域的立法和劳动用工管理，实行大、中、小、微型企业无差别的方式，在“大众创业、万众创新”的双创背景下，已难以适应小微企业的发展。2016年得益于上海市人力资源和社会保障局的支持，“双创背景下上海小微企业劳动关系调整机制”研究课题组采取信息系统数据分析、抽样调查、面对面访谈、横向国际比较等方式剖析上海小微企业的现状，在事实基础上得出了小微企业劳动关系管理服务需引起高度重视；小微企业发展面临困境，其微观劳动关系矛盾体现与大中型企业截然不同的特征；豁免小微企业部分法律义务或制定差别标准是各国普遍做法，也为我国完善劳动立法提供借鉴等结论。进而，提出了完善对小微企业劳动关系的管理服务，完善立法以增强小微企业劳动用工灵活性，完善社会保障制度以降低小微企业直接成本等建议。

关键词：　双创背景　小微企业　劳动关系

* 谭友林，毕业于华东师范大学人口地理系，多年来一直在上海市人力资源和社会保障局人事综合性政策和业务研究，主要研究方向为劳动关系、社会保障；张爽，毕业于西北大学社会保障系，上海市公共行政与人力资源研究所副研究员，主要研究方向为教育与人力资源、社会保障国际比较。

一　小微企业的定义以及企业和用工的基本情况

《中共中央国务院关于构建和谐劳动关系的意见》指出，劳动关系是否和谐，事关广大职工和企业的切身利益，事关经济发展与社会和谐。同时指出，目前"我国正处于经济社会转型时期，劳动关系的主体及其利益诉求越来越多元化，劳动关系矛盾已进入凸显期和多发期，劳动争议案件居高不下，构建和谐劳动关系的任务艰巨繁重"。就上海而言，近年来劳动关系矛盾高位运行，易发多发。据民建上海市委研究，2015 年上海市中小微企业生存发展指数为60.68，较2014 年的64.35 有所下滑，中小微企业经营成本尤其是实际劳动力成本增加很快。因此，从促进社会和谐稳定及经济健康发展的立场出发，必须高度重视劳动关系工作，深入分析小微企业特别是创新型小微企业的用工模式与特征。

1. 问题的提出

小微企业以蚂蚁雄兵之势，已成为推动创新的重要力量、吸纳就业的重要载体。但其发展的困境、降低成本的诉求，呼唤社会正视小微企业劳动关系问题。劳动关系是生产关系的重要组成部分，是最基本、最重要的社会关系之一，也是影响企业用工成本的重要因素——工资、社保等构成直接成本，工作时间、解雇保护等构成间接成本；劳动关系和谐度构成管理、协调成本。课题组以上海市为样本，以将创新型企业作为重点的小微企业劳动关系为主题，力求研究以下几个方面的内容：①上海小微企业现状；②上海小微企业劳动关系现状、主要矛盾和瓶颈；③小微企业改进劳动关系调整机制的愿景；④完善小微企业劳动关系调整机制的建议。

2. 关于企业分类

2011 年6 月，工业和信息化部、国家统计局、国家发展改革委、财政部发布《关于印发中小企业划型标准规定的通知》，其划分根据从业人员、营业收入、资产总额等指标，结合不同行业特点，制定不同的标准。然而，研究劳动关系落脚在"人"，因此重点就"从业人员"的标准进行梳理，再将小微企业规模简化定义为：①微型企业，即20人以下的企业；②小型企业，即20人及以上、300人以下的企业。聚焦微型企业，再按4人及以下、4~9人（含9人）、9~19人（含19人）三类进行细分，聚焦以互联网企业为代表的创新型小微企业。

3. 小微企业及其用工基本情况

当前，上海市小微企业在总量规模和吸纳就业人数方面已占据主体地位，且仍不断增长。然而，以社保缴费申报基数反映的小微企业劳动者收入显著低于大中型企业。其中，4人及以下的企业劳动者申报基数不到300人及以上的企业的六成。企业平均存活时间不足5年，规模越大的企业存续时间越长，10人以下规模企业有一半企业的生存时间不超过3年。小微企业劳动者的用工周期与大中型企业劳动者无显著差异，但户籍与非户籍劳动者就业周期有显著差异。其中，上海市户籍劳动者用工周期较长，且与企业规模明显正相关，外省市户籍则呈相反趋势；微型企业平均用工周期稍长于大中型企业。尽管小微企业特别是微型企业劳动保障监察案件发生概率明显低于大中型企业，但其案件总数仍日益走高。2011~2015年，微型企业监察案件比例在小型和大中型企业占比下降的情况下逆势上升，被监察事项集中于与显性成本密切相关的“欠保”“欠薪”；与之对应的是大中型企业，与隐性成本相关的工作时间、欠薪、欠保居多。此外，小微企业社保费拖欠较严重。

二　抽样调查反映的上海小微企业劳动关系情况

课题组于2016年7月在十个区开展上海小微企业劳动关系抽样调查，在799份有效企业问卷中，20人以下的企业占82%。在成立时间上，初创期（1年以内）企业占31.9%，发展期（1~3年）企业占40.6%，另有14.1%成立超过5年。在行业分布上，信息传输、软件和信息技术服务业达到2/5，加上其他行业的创新型企业，合计占比过半；在803份有效劳动者问卷中，男女大体相当，上海市户籍人士高出外省市户籍人士7个百分点，年龄上35周岁及以下占八成，文化程度为大学本科及以上学历者占六成，上述分布结果可能与本调查聚焦创新型小微企业有密切关系。此外，还对14户以互联网经济为主的创新型小微企业负责人开展结构化面对面访谈。

1. 企业内部管理情况与被调查者对相关事项评价

是否制定内部劳动管理规章、专职人力资源管理工作人员与企业规模呈正相关关系。4人及以下企业中有2/3制定规章，但20人以上企业超过90%制定规章。在9人及以下企业中，过半数未设专职人力资源干部，而20人以上企业的该比例不足20%。被调查企业对自身发展状况评价总体正面，但规模越小其评价越低，相比而言劳动者对所在企业的评价更积极。企业和劳动者对政策熟悉程度都与企业规模有关，但后者的相关性不如前者。法律法规对企业和劳动者保护平衡性评价指数（10分表示“非常倾向劳动者”，0分表示“非常倾向用人单位”）显示，企业（6.89分）、劳动者（5.85分）均认为现行劳动法律法规倾向于劳动者，前者评价与企业规模无明显相关性，但后者所在企业规模越小，越有此体会。过半数被访企业认为劳动法律法规对生产经营灵活性有明显或一定影响，但原因来自于成立时间而非企业规模，成立一年内的初创期企业受影响程度高于成立三年以上的成熟期企业，“焦虑”和对未来的不确定是创业者的普遍心态。

2. 劳动关系若干具体事项的事实调查情况

被访企业使用非标准劳动关系用工意愿较强烈，客观上反映出对用工灵活性的需求，但执行劳动合同情况较好，仅有1.9%的企业表示“与所有员工都口头约定相关事项，不签订书面合同”（员工人数规模小的企业更倾向于口头约定），但在书面合同中，三年以内短期合同占八成，无固定期限劳动合同仅为6.1%，随着单位规模扩张，签订较长期书面合同比例提高。在员工主动离职情况中，42.1%的企业表示过去一年无员工主动离职，42.9%的企业遇到过员工按规定提前30天通知离职，23.6%的企业遭遇员工离职提前通知不满30天，另有9.3%的企业表示劳动者“说走就走”。在单位解雇情况中，66.2%的企业表示过去一年中未主动解雇员工，36.1%的企业表示在协商一致支付经济补偿后解雇员工，10.6%的企业为协商解雇员工但未支付经济补偿金，3.9%的企业表示想解雇但员工反对未能解雇。从劳动者问卷看，企业规模越小，将费用给劳动者本人的比例越高；上海市户籍劳动者单位参保比例高于外省市户籍。从企业问卷看，仅3%的企业将费用给员工自行处理，表明上海市社会保险具有相当高的实际覆盖率。用工双方均认同加班现象较突出，发生劳动争议概率也与员工数正相关。小微企业劳动者通过与雇主相识进入单位比例较高，规模扩大后则依赖招聘广告，体现微型企业一定程度的“熟人社会”特征。

3. 被调查企业对发展制约因素的评价

本调查对问卷数据做了两方面分析：一是简单统计（与企业规模进行多重响应交叉分析），以分析多大比例的被调查者认为“这是一个问题”；二是在此基础上对排序赋予不同权重，排第一位得5分，排第二位得4分，依此类推，第六位及之后不计分，加权后得到系数，以揭示被调查者认为“这是一个多大的问题”。结果发现，如表1所示，被调查小微企业认为的发展制约因素中，工资社保显性成本高居首位，其次为房租贵，劳动用工隐性成本高和市场开拓困难得分相当。工作时间、休息休假、解雇等劳动用工隐性成本高的得分，领先于原材料成本高、核心技术发展困难甚至融资成本高。规模越小的企业对劳动用工显性成本越敏感，规模越大的企业对劳动用工隐性成本越敏感。除排在第一位的工资社保显性成本高外，招募合格员工难是影响企业发展最重要的劳动用工因素。

表1　被调查小微企业认为的发展制约因素

员工数量	工资社保显性成本高	劳动用工隐性成本高	房租贵	融资成本高	原材料成本高	核心技术发展困难	市场开拓困难
1~4	4.3	1.7	2.6	1.8	0.7	1.3	2.5
5~9	3.9	2.0	2.6	1.9	1.1	1.3	2.2
10~19	3.8	2.4	2.4	1.6	1.5	1.2	2.1
≥20	3.3	2.5	2.5	2.0	1.1	1.5	2.0
合　计	3.8	2.2	2.5	1.9	1.1	1.3	2.2

4. 劳动者职业发展期望分析

在职业发展期望上，劳动者对“工作轻松点”“工作时间灵活点”“工资福利水平高一点”“工作稳定性强一点”“升职快一点”“就业竞争力强一点”六选项构建评价指数。交叉分析发现，劳动者所在企业规模与相关预期事项强度的关联不明显；文化程度和年龄对预期有明显影响。年龄越轻的劳动者对“工资福利高一点”和“就业竞争力强一点”的期望越强烈，对“工作轻松点”的期望越弱。文化程度低的劳动者对“工作轻松点”“工作稳定点”“工作时间灵活点”的期望较强，文化程度高的劳动者则更在乎“升职快点”和“就业竞争力强点”。

5. 劳动保障管理服务期望分析

“线上”是被访劳动者和企业了解劳动保障政策法规的首选，体现了信息社会的鲜明特征。多重响应交叉分析发现，选择网站或 APP 等“线上方式”与被调查者年龄显著相关，年龄越轻越偏爱。但即便在 46 岁以上的年龄组中，网站仍为首选（40%），其次为手机 APP（32.5%）。相对于劳动者，企业遇到内部人力资源管理困难更愿到政府在街镇或园区的相关服务机构咨询，这意味着加强这些服务机构有较高价值。此外，企业选择人力资源公司、律师事务所等专业服务的比例高于劳动者，我们推测这与费用有关。协商解决这种柔性处理方式是双方解决劳动争议的首选：68% 的劳动者表示，与单位发生劳动争议会选择协商处理，16.6% 的劳动者选择调解，向监察机构投诉或采取劳动司法途径的劳动者合计仅占12%，企业越小，劳动者越倾向协商，企业选择协商的比例也与规模同向变化。

6. 企业对劳动法律法规修订的意愿

调查显示，企业基本认可不同规模企业实行差别化劳动法律规制的做法（选择“完全同意”和“比较同意”的企业合计超过 80%），且规模越小的企业越赞同该观点。在具体劳动法律修订内容上，按照前述方法对期望强度排序前五位的指标构建评价指数，并且与企业规模和成立时间进行交叉分析。结果显示，企业规模越小或成立时间越短，越希望豁免与最低工资和社会保险相关规定。不同用工规模与不同成立时间企业修订法律规制的豁免意愿如表2、表3所示。

表2　不同用工规模企业修订法律规制的豁免意愿

员工数量	工作时间	最低工资	工资支付方式	社会保险	合同订立方式	合同期限	合同解除方式	经济补偿	劳务派遣
1~4	2.5	2.7	0.8	3.2	0.9	1.2	1.3	2.0	0.5
5~9	2.4	2.4	1.4	3.0	1.3	0.9	1.5	1.6	0.5
10~19	2.7	2.3	1.2	2.7	1.4	1.0	1.4	1.7	0.5
≥20	2.3	2.1	1.0	2.6	1.2	1.0	1.9	2.0	0.8
合　计	2.5	2.4	1.1	2.9	1.2	1.0	1.5	1.8	0.6

表3　不同成立时间企业修订法律规制的豁免意愿

成立时间	工作时间	最低工资	工资支付方式	社会保险	合同订立方式	合同期限	合同解除方式	经济补偿	劳务派遣
1年内	2.5	2.7	1.2	3.2	1.0	0.9	1.3	1.7	0.5
1~3年	2.5	2.3	1.2	2.9	1.4	0.9	1.6	1.7	0.5
3~5年	2.7	2.6	1.2	2.8	1.1	1.3	1.3	1.7	0.4
5年以上	2.3	1.8	0.7	2.5	1.4	1.3	1.9	2.2	0.9
不清楚	2.3	1.6	1.5	1.4	1.9	1.8	1.1	2.2	1.2
合　计	2.5	2.4	1.1	2.9	1.3	1.0	1.5	1.8	0.6

三　关于小微企业劳动关系法律规制的国际比较

为便于横向比较，选择的国家和地区包括三类：一是欧美发达国家，主要为美国、德国、英国；二是日本、韩国，以及中国台湾；三是与中国发展程度相当的金砖国家，包括俄罗斯、印度、南非。在这些国家和地区中，大多对小微企业劳动关系进行差别化法律规制（见表4），大体有四种模式。

表 4　各国家和地区对小微企业劳动关系差别化法律规制事项

国家(地区)		企业人数	内容	方式
美国	1	15 人以下	反就业歧视	豁免
	2	20 人以下	年龄就业歧视	豁免
	3	15 人以下	残疾就业歧视	豁免
	4	50 人以下	家庭或医疗原因无薪休假	豁免
	5	100 人以下	工厂关闭或大规模裁员提前通知	豁免
德国	1	5 人以下	成立企业委员会	豁免
	2	200 人以下	企业委员会成员脱产	豁免
	3	20 人以下	劳动者雇佣或换岗前征得企业委员会同意	豁免
	4	10 人以下	适用《解雇保护法》	豁免
	5	20 人以下	集体裁员提前通知就业署	豁免
	6	20 人以下	雇佣 5% 的残疾人	豁免
	7	30 人以下	病假工资 80% 由健康保险支付	帮扶
	8	30 人以下	怀孕和产假工资有健康保险补偿	帮扶
英国	1	20 人以下	制定书面的劳动纪律规范	豁免
	2	5 人以下	为孕产劳动者保留岗位	豁免
日本	1	10 人以下服务业	44 小时工作周(面上 40 小时)	差别标准
	2	10 人以下	制定工作规章	豁免
	3	5 人以下特定行业	劳动者事故补偿保险	豁免
韩国	1	5 人以下	执行《劳动基准法》	豁免
	2	10 人以下	制定工作规则	豁免
	3	30 人以下	成立劳动管理委员会	豁免
中国台湾	1	30 人以下	制定工作规则	豁免
	2	5 人以下	参加劳动保险	差别标准
俄罗斯	1	35 人以下	签订固定期限劳动合同	差别标准
	2	100 人以下	为工会提供专门办公场所	豁免
	3	50 人以下	成立劳动保护部门或设置专门岗位	差别标准
印度	1	20 人以下	由政府公告执行《劳动合同法》	差别标准
	2	100 人以下	成立工作委员会	豁免
	3	50 人以下	支付停工补偿	豁免
	4	50 人以下	关闭企业提前通知企业	豁免
	5	100 人以下	停工、缩减规制	豁免
	6	100 人以下	制定界定雇佣条件的规定	豁免
南非	1	100 人以下	成立工场论坛	豁免
	2	5 人以下	制定工作规章、保留雇员名册、提供工资明细	豁免

一是对特定规模下的小微企业，全面豁免劳动关系相关法律规定。以韩国为典型，该国《劳动基准法》第十一条第1款规定，5人及以上企业或工作场所适用本法；韩国《保护固定期限及兼职员工法》第三条也做出同样规定。因而，对4人及以下企业或工作场所完全豁免履行这两部法律的义务。

二是对特定规模企业豁免劳动关系法律的某些条款规定。在标的国家和地区中，绝大多数采取本模式，最为典型，涉及的劳动关系内容也最多。

三是对特定规模企业、特定劳动关系事项制定差别标准。这意味着相关企业仍然要执行这些法律规定，但在具体的标准上，较一般企业有所降低。

四是在特定事项上制定相关规定办法，对特定规模的企业予以特殊扶持。主要对在病假工资以及部分需由雇主承担的保险事项上，由公共资源予以帮扶，减轻小微企业负担。

四　研究的总体结论

（一）小微企业劳动关系管理服务需引起高度重视

当前，上海市299人及以下的小微型企业吸纳就业已过半，没有小微企业的发展，就不会有上海市就业形势的总体稳定。从创新型企业为主的抽样调查看，小微企业在签订劳动合同、社保参保等方面较规范，但因为其面大量广、增长迅速、关停频繁，已对现行劳动关系管理服务模式形成巨大挑战。

小微企业面大量广，即便较低的违法概率也意味着较大的数量。近年来，上海市的小微企业净增数量逐步提高，每年均超过5万家。2016年登记在册的微型企业已达35万家左右。根据劳动用工保障监察数据推算，19人及以下规模微型企业劳动监察发案率仅为20人及以上企业的10%～20%，相比之下比例极低，但其庞大的基数使得问题突显。2015年，全市劳动监察案件中，300人以下小微企业超过九成；社会保险费拖欠企业中，19人及以下微型企业也占4/5。无论是劳动监察还是社保经办业务，小微企业都已成为当之无愧的主要对象，其在监察、仲裁中比重提高将是不可逆转的趋势。

小微企业遍地开花、关停频繁，加大了管理服务难度。随着小微企业不断孕育，劳动管理服务的压力与日俱增。以劳动监察为例，2015 年，19 人及以下微型企业监察案件接近全市总监察案件数量的一半。大中型企业居所相对固定，生命周期较长，发展大多平稳；小微企业则分布于各个角落，逐成本洼地而生，迁徙相对容易也较为频繁。同时，以从社保登记到停止结算期间计算的小微企业生命周期也显著低于大中型企业，9 人及以下企业有近半生存难以超过 3 年，每年大量企业新创和关闭，客观上加大了管理服务难度。

当前劳动关系服务网络难以适应小微企业快速增长的实际需求。一方面，小微企业基数仍源源不断增长，另一方面，小微企业多无专职人力资源干部，劳动管理基础薄弱是其无法改变的天然特征。抽样调查表明，上海市小微企业对政府劳动关系的公共服务充满期待。相比专业机构的收费服务，政府公共服务的公益免费特征既是小微企业压缩成本的理性选择，亦表达其对政府公信力的认可。然而，当前劳动关系服务网络基层基础较薄弱。在街道社区层面，原有一支 2500 人的劳动监察协管队伍，但自 2013 年队伍下沉社区转制后，出现严重的“虚化”“弱化”。截至 2016 年底，全市劳动关系协调队伍网格数、人数较 2012 年分别减少 12.6% 和 16.4%。保留人员“一岗多责”明显，专业化程度陡降，个别网格人均管理服务达 500 户；在园区方面，重融资、推介等商事服务，轻劳动用工、劳动关系等服务，普遍缺乏相关专门机构和人员。

（二）小微企业发展面临更大困境，其微观劳动关系矛盾体现与大中型企业截然不同的特征

通过抽样调查和访谈，我们认为小微企业具有和大中企业不同的下列特征。

与大中型企业相比，小微企业发展面临更大困境。如鱼饮水，冷暖自

知，企业本身对自身发展状况的认知可能比劳动者更直接和准确。与大中型企业“大而难倒”相比，小微企业直面的首先是生存的巨大压力。脱颖而出或者倒下，是不少小微企业创业者特别是创新型企业创业者每天都必须面临的挑战。

人工成本高成为小微企业的切肤之痛，也是构成小微企业劳动监察案件的主要案由。轻资产，是以互联网企业为主体的创新型小微企业最重要特征之一。访谈中，小微企业多表示人工成本占运营总成本的50%以上。相比成熟的大中型企业，小微企业晋升空间狭小、创业失败风险带来的就业稳定性等是劳动者择业时不得不考虑的现实问题。“风险意味着溢价”，提供超过行业平均标准的工资水平是不少创业者招募合格员工时的无奈抉择。规模较小、成立时间较短的企业，对工资、社保等以现金形式直接支付的成本敏感度显著高于规模较大或成立较久的企业。这既使得不少创业企业使用实习生、兼职员工以压缩支出，也使得“欠薪”“欠保”案件易发多发。在工资成本高出行业水平的情形下，若社保、工时、解雇等劳动基准和用工管理都遵法而行，将导致小微企业人工成本高于行业平均水平。

扁平化、熟人化是小微企业重要特征，也是内部管理基础薄弱而劳动关系保持相对和谐的主因。小微企业大多无专职人力资源管理者，制定劳动管理规章的企业比例低，对劳动用工法律法规认知熟悉程度也远低于大中型企业。在成本约束下，小微企业配备专职人力资源干部既不经济也不现实，薄弱的内部管理基础是其无法改变的天然基因。但无论劳动监察历史数据还是抽样调查都表明，小微企业监察和劳动纠纷发案概率远低于大中型企业，这得益于管理扁平化、人际关系熟人化带来的良好内部沟通机制。小微企业劳动者因与雇主熟悉而入职的比例显著高于大中型企业，即便通过其他渠道进入的劳动者，也能在较小环境中很快熟悉创业者及其他员工。访谈中，不少创业者表示将和员工“交朋友”作为重要管理方式。相比大中企业森严层级和冰冷规章，选择协商、避免走法律途径成为小微企业通行选择。事实上，面对刚性且无差别的工作时间与加班费补偿等法律规定，相当数量的小微企业采取“不遵守”或规避。劳动保障监察中，以工作时间、加班费为由的案例小微企业的比例远低于大中型企业。“不遵守”但“相安无事”的结果表明，小微企业内部存在协商劳动法律执行的空间。

“资强劳弱”在不同规模企业或有差异，对小微企业差别规制应该成为我国劳动立法的方向。基于资强劳弱实施倾斜保护是多数国家劳动立法的主要原则，也是我国现行劳动立法的主要倾向，无疑正确。但我国劳动立法实行的大中小企业无差别规制，未充分考虑“资强劳弱”在不同规模企业有别的可能。事实上，与大中型企业人力资源部门高度组织化相比，小微企业管理基础薄弱，无论出现劳动监察案件还是争议仲裁案件，处理成本和对企业发展影响都远高于大中型企业。面对纠纷，小微企业更多选择息事宁人。同时，在小微企业内部扁平化、熟人化的情形下，协商劳动关系事项不仅成为可能，而且是劳资双方的现实出路。协商，是双方地位相对均势的产物。不同规模企业和劳动者选择协商比例的区别分布，反映出不同规模企业“资强劳弱”有差异的事实。

（三）豁免小微企业部分法律义务或制定差别标准是各国普遍做法，也为我国完善劳动立法提供借鉴

欧美、亚洲等地的10个国家和地区中，唯有中国香港地区企业施行无差别的劳动法律规制，但和内地在相对严苛的劳动基准和法律规制下的无差别截然不同的是，前者奉行的自由放任哲学深刻影响劳动用工立法，实行极低的劳动基准和管制，无最低工资和最高工时，赋予雇佣双方协商极大空间。从这些国家和地区情况看，通常面上规定的事项越严苛，越对小微企业“网开一面”。这些做法本质是尊重小微企业内劳资力量对比有别于大中型企业的现实，可为我国完善小微企业劳动关系法律规制提供参考。

五　初步建议

完善小微企业劳动关系调整机制，应坚持强服务、增弹性、降成本、助发展的总体原则。

1. 完善对小微企业劳动关系的管理服务

针对小微企业的特征和诉求，完善政府劳动关系管理服务应综合施策，坚持线下线上并举，坚持事前事中事后并行，构建立体、可及、便捷的服务网络和渠道。

一是依托社区、园区，完善线下服务机制。对街镇社区，落实基层特别是街镇主体责任；在政府主导的创业园区内，参照街镇相关机构模式设专门劳动关系服务点，在投资人或其他经济实体开办的园区内，可通过政府购买服务方式设服务点，或定期开展劳动用工专题讲座，或向小微企业集中地提供免费人事外包。二是依托信息技术手段，完善线上服务机制。一方面，加强针对性，无论网站、手机 APP 还是公众号，建议分设“单位”和“个人”入口，内容按需定制，另一方面，提高通俗性，增加政策解读，让线上可解决的问题尽量在线上解决。三是打破边界，建立部门联动工作机制。争取将分散于各部门反映企业经营状况的各类信息统一归入，通过历史经验数据分析，梳理易触发劳动关系矛盾的关键信息及关联，建立劳动关系大数据分析预警模型，实时监控。同时，建立人社和工商联动的事前介入机制。建议由人社部门编写针对创业者的劳动用工简明读本、劳动用工办事指南、内部人力资源管理优秀案例等，企业领取工商证照时随同发放。

2. 完善劳动立法，增强小微企业劳动用工灵活性

将小微企业特别是初创期企业作为增加劳动力市场灵活性的重点，借鉴国际做法实行差别规定。一是除工资、工作时间、劳动保护等核心劳动基准外，对内部管理事项、劳动合同、解雇保护等，能对小微企业豁免的尽可能豁免。二是部分核心劳动基准对小微企业制定差别标准。尤其是工作时间，建议在深入研究基础上，对小微企业制定有别于面上标准、适当宽松的劳动基准。三是对企业实行其他工时制度、集体合同、裁员等按现行规定需审批报备事项，尊重小微企业内部熟人化、扁平化特征，对其能通过内部自治、协商解决事项，豁免行政审批、报备等管制。

3. 完善社会保障制度，降低小微企业直接成本

一是豁免小微企业缴纳残疾人就业保障金。我国规定企业要按一定比例吸纳残疾人就业；未达标需缴纳残疾人就业保障金。对初创期企业或小微型企业而言，内部岗位少、岗位调剂回旋余地小，吸纳残疾人就业不现实。建议借鉴美德做法，豁免小微企业吸纳残疾人就业或缴纳残疾人就业保障金的义务。二是完善小微企业社会保险缴费办法。建议对一定规模以下小微企业，在劳资协商一致前提下，允许以社会平均工资的60%或以最低工资标准为社保缴费基数。同时，根据企业吸纳就业情况在初创期给予补贴。三是完善小微企业住房公积金制度。对一定规模以下小微企业，建议在劳资协商认同前提下，豁免该缴费义务或降低缴费比例。此外，建议有关部门研究进一步降低小微企业税负。

参考文献

[1] 苏海南、胡宗万：《我国劳动密集型小企业劳动关系问题研究》，《华中师范大学学报》（人文社会科学版）2012年第2期。

[2] 李汝贤：《论中小企业和谐劳动关系的逐步建立》，《当代世界与社会主义》2013年第6期。

[3] 任积丽、殷红芬：《〈劳动合同法〉对中小企业劳动关系影响因素分析》，《中国劳动关系学院学报》2012年第5期。

[4] 刘永康：《基于人力资源管理视角分析中小企业劳动关系问题》，《劳动保障世界》2015年第30期。

[5] 刘羽：《基于劳资绩效合作视角的中小企业劳动关系管理新模式》，《中国管理信息化》2015年第22期。

[6] 何勤、陶秋燕：《均衡视角下集体化转型对中小企业劳动关系的影响研究》，《北京劳动保障职业学院学报》2014年第2期。

[7] Fang Lee Cooke, "Employment Relations in Small Commercial Business in China," *Industrial Relations Journal* 36 (2005): 19 – 37.

[8] Fang Lee Cooke, "Manpower Restructuring in the State-owned Railway Industry of China: The Role of the State in Human Resource Strategy," *International Journal of Human Resource Management* 11 (2000): 904 – 924.

B.18
本地生活服务 O2O 行业劳动用工现状

赵碧倩　阴漫雪 *

摘　要：伴随着移动互联网、大数据等技术的进步，本地生活服务 O2O 行业迅速发展，平台企业大量涌现，从业人员急剧增加。但是，平台企业出于提高效率、控制成本和规避风险的需求，采取了多元复杂的用工形式，从业人员劳动保障问题突出。本文采用文献分析、问卷调查、个案访谈、座谈研讨等方法，分析了本地生活服务 O2O 平台用工现状及线下从业人员劳动权益保障面临的挑战，初步提出了保障平台从业人员劳动权益的思路。

关键词：平台　线上线下互动　本地生活服务　劳动用工

一　概念界定和研究对象

O2O（Online to Offline，线上线下互动）概念最早出现在 2010 年，指利用互联网技术将线上虚拟商业与线下现实商业进行有机整合、互动的新商业模式。但是，目前对于 O2O 模式的概念和内涵并没有统一的界定，有关

---

* 赵碧倩，人力资源和社会保障部劳动科学研究所劳动关系研究室助理研究员，主要研究方向为劳动关系；阴漫雪，人力资源和社会保障部劳动科学研究所劳动关系研究室主任，主要研究方向为劳动关系。

研究经常将其与分享经济、平台经济等概念交叉。本文采纳了广义的 O2O 模式概念，将分享经济等互联网新型业态包含其中。本地生活服务 O2O 行业包括餐饮、出行、家政、维修、美业等，本文重点关注移动出行和餐饮外卖行业。

O2O 平台用工包括线上和线下从业人员。相对来说，本地生活服务平台（以下简称平台）对于线上从业人员倾向于采用传统企业的用工管理方式，因此，本地生活服务 O2O 行业劳动用工现状研究课题组（以下简称“课题组”）将研究对象定位于线下从业人员。在此需要说明的是，平台与从业人员之间的关系比较复杂，既有直接雇佣、劳务派遣等相对传统的用工关系，也有共享模式下尚未界定的新型关系，课题组难以找到一个合适的词涵盖所有情形，因此暂使用“用工”一词。

二　生活服务 O2O 行业发展情况

1. 行业发展迅速，平台企业大量涌现

随着 O2O 模式在生活服务领域的广泛应用，综合性和垂直细分领域生活服务平台大量涌现。行业发展整体面临发展环境利好、行业渗透领域广泛、资源整合程度提高、发展前景良好的势头，用户规模和市场规模呈扩张态势，对于改善居民生活服务质量、优化居民生活服务资源配置，以及加快居民生活服务业转型升级发挥了积极作用。

2. 平台就业人员数量激增

生活服务 O2O 行业的出现带动灵活就业人员急剧增长，其中，专车、快递、家政、外卖等领域灵活就业人员增速较快。大规模的就业者涌入生活服务平台，在平台信息和大数据等技术支持下从事兼职工作、非全时工作等灵活性较强的工作。

3. 同质平台竞争激烈，兼并重组倒闭多发

生活服务 O2O 行业发展迅速，吸引了大量资本投入其中，同质化平台如雨后春笋般大量出现。但行业还处于发展初始阶段，一些平台在盈利模式不清的情况下依靠风险投资，采取高补贴等方式瓜分市场，运营不规范，盈利不足，其生存发展面临较大挑战。在激烈的市场竞争压力下，生活服务平台之间的兼并重组以及平台倒闭现象频繁发生。

4. 政府监管态度不明朗，平台发展尚未定型

目前，政府有关部门对于如何监管新业态还未形成统一意见。虽然个别领域出台了引导和监管平台有序发展的政策，但政策对平台的规制效果还需验证。在此背景下，平台发展及其用工模式尚未定型。

三　生活服务平台经营模式和用工特点

（一）平台经营模式和用工形式

出于自身定位差异，不同平台，甚至同一平台的不同业务采取不同的经营模式，与之相对应的用工形式也复杂多元。课题组将生活服务平台的经营模式大体划分为平台自营、信息服务、新型共享和多元混合四种类型（见表1）。值得注意的是平台发展尚未定型，其经营模式和用工模式均处于调整变化之中。

表1　生活服务平台主要经营模式和用工形式

经营模式	平台是否为用工主体	用工形式	代表平台
平台自营模式	用工主体	直雇、劳务派遣等较传统的用工形式	再生活、神州专车、首汽约车等
信息服务模式	非用工主体	视合作方用工具体形式而定	云家政、京东到家等
新型共享模式	类用工主体	新型用工形式（平台+个人）	人人快递、达达众包等
多元混合模式	多元	多元	饿了么等餐饮外卖平台、滴滴出行等

1. 平台自营模式和用工形式

平台自营模式类似于传统企业管理方式。平台一般以用工主体的身份与从业人员建立劳动关系，从人员招聘、服务标准、职业培训等方面全程进行严格把控；也有的平台采用劳务派遣用工，由派遣公司与从业人员签订合同。代表性平台包括再生活（废品回收）、神州专车、首汽约车（移动出行）等。

2. 信息服务模式和用工形式

由于平台天然的开放性和产业融合性，很多生活服务平台采取吸引第三方企业加入、为其提供信息服务的经营模式，利用互联网等现代信息技术在更大范围内集聚和整合行业资源，从而形成平台的规模集聚效应。这类平台与淘宝类似，主要发挥信息中介作用，其本身并不是直接用工主体。代表性平台包括云家政、京东到家等。

3. 新型共享模式和用工形式

共享模式是新型经营模式，指利用大数据、云计算等互联网信息技术整合和分享闲置劳动力、技能、生产资料等各种资源，以满足社会多元化需求。其用工模式与传统企业“公司 + 雇员”的用工形式明显不同，呈现“平台 + 个人”的特点。从业人员进入退出简单，工作弹性自由，平台和从业人员之间呈现合作性特征，但从业人员在很大程度上仍接受平台规则的管控。目前对于该类平台与从业人员之间用工关系的界定尚无定论。代表性平台包括人人快递、达达众包等。

4. 多元混合模式和用工形式

大多数生活服务平台不拘泥于单一经营模式，市场规模和覆盖范围较大的生活服务平台更倾向于采取平台自营、信息服务、新型共享等多元混合的模式，用工形式更为复杂。这类平台的用工常常涵盖直接雇佣、劳务派遣、劳务外包、新型用工等多种形式。代表性平台包括饿了么（餐饮外卖）、滴滴出行等。

（二）平台新型用工模式的特征

课题组以滴滴出行专快车司机①和外卖配送员（含自营配送员②和众包

① 快车司机主要以新型用工模式为主，专车司机相对复杂，多数由快车司机升级，也包含部分类似自营司机的专车司机。

② 自营配送员指餐饮外卖平台对自营业务直接雇用或使用劳务派遣的配送员。

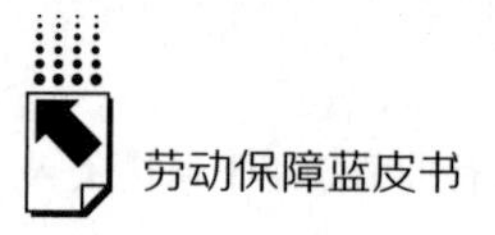

配送员）为例，从比较生活服务 O2O 行业传统用工、平台自营模式下的用工、“平台＋个人”的共享模式的角度，总结了新型用工的主要特征。

1. 从业人员准入门槛较低，进入退出自由

在进入机制方面，平台新型用工模式下，如对于众包配送员等一般仅要求简单的准入条件和线上审核；自营配送员则需经过简历筛选、线下面试、签订合同等程序才能上岗。但是，也有平台加大对新型从业人员的管控，如滴滴专车对认证司机（类似于评级为优质的司机），神州专车对非自雇司机采取线下审核材料、考试等做法。在退出机制方面，新型平台用工模式相对比较自由，从业人员一般可随时离开平台；自营配送员则需提前通知站点管理人员，并履行简单手续才能离职。不论哪种用工形式，平台都掌握着从业人员从进入到退出的过程。如果从业人员的业绩较低，平台一般通过降低其等级的方式影响其接单和收入，间接影响其退出。

2. 从业人员需自备或者租用服务所需的工具和设备

在餐饮外卖行业中，美团众包、蜂鸟众包等众包配送平台一般要求众包配送员自备电动车等工具；对于自营配送员，有的平台为其提供电动车、保温箱等设备，但要从工资中分期扣除用车款，有的平台也可由配送员自备电动车。在移动出行行业中，滴滴出行司机需要拥有私家车辆或是以个人名义向租赁公司和个人租赁车辆。

3. 从业人员工作自主权大，工作相对弹性自由

在工作任务选择自由度方面，餐饮外卖平台对于自营配送员采用就近派单模式，对拒接单行为采取扣分和辞退等约束机制；众包配送员采用抢单模式，配送员拥有选择任务的自由。在移动出行方面，滴滴专快车司机的任务发放方式由抢单模式逐渐转变成派单模式，并设置实时派单接单率与奖励补贴挂钩，对频繁拒接单行为采用扣分甚至封禁若干时间的处罚，司机需通过是否上线出车来控制工作量。在工作时间方面，餐饮外卖平台新型从业人员的工作时间弹性较大，从业人员可通过选择线上提供服务的起止时间来决定工作时长；对于自营配送员，外卖平台一般要求其在送餐高峰期或者晚班值班时间段必须在岗，其余时间自行决定是否接单。尽管在工作时间方面从业人员掌握较大的自主权，但是在具体工作的完成方式上仍受到管控，如出行平台对行车路线进行一定的规范和管理，餐饮外卖配送员的配送受时限的约束，滴滴专车的认证司机必须遵守平台关于服务用语、着装等方面的规范。此外，滴滴专车认证司机被要求不在线提供服务时必须向平台请假。

4. 服务接受者实时按单支付报酬，报酬受规则动态影响

众包配送和滴滴出行专快车服务，由需求者向服务提供者直接支付费用，该费用综合了服务提供者的服务频次、在线时长等因素计算，平台按比例收取信息费和管理费。在结算周期方面，平台一般采取由从业人员在固定结算时间内从平台账户提现至银行卡。餐饮外卖平台对自营配送员则采用传统的基本工资加订单提成的报酬结构，以月为周期结算。此外，平台经常根据平台发展情况、基于云数据调整分配规则，进而影响从业人员的收入。但是，不论采用哪种用工形式，平台都在较大程度上决定着服务接受者的付费标准和从业人员的收入。

5. 实时绩效评价即时影响从业人员的任务分配和收入

在互联网信息技术和平台大数据的支撑下，平台对从业人员的绩效考核呈现实时化、精细化的特点，从业人员完成每个订单的服务评价和绩效考核直接影响其收入报酬和任务分配。服务接受者也成为从业人员绩效考核的重要主体，其评分直接影响从业人员的收入报酬。

生活服务平台不同用工模式与传统企业用工模式比较见表 2。

表 2　生活服务平台不同用工模式与传统企业用工模式比较

项目	新型共享模式下的用工特征	平台自营模式下的用工特征	传统企业用工模式特征
准入机制	线上注册，提供真实身份等简单信息	线上注册 + 线下审核	审核、面试等招聘流程
工作地点	分散、不固定	分散、不固定	固定
生产工具	个人提供为主	个人提供 + 平台补充	企业提供
协议签订	服务协议	服务协议或劳动合同	劳动合同
任务管理	派单模式/抢单模式，拥有一定自由	派单模式/抢单模式，拥有一定自由	遵从企业安排

续表

项目	新型共享模式下的用工特征	平台自营模式下的用工特征	传统企业用工模式特征
工作时间	个人自主决定工作起止时间和时长	个人自主有一定的自主权	企业工时制度规定
收入报酬	由服务接受者支付;订单收入 + 补贴奖励,扣除平台信息费;结算周期相对灵活	由平台或具体用工单位支付;基本工资 + 订单提成为主;一般按月支付	由企业按工资制度支付;一般按月支付
绩效考核	实时精细绩效考核,即时影响从业人员收入等	实时精细绩效考核,即时影响从业人员收入等	固定时间段考核
退出机制	随时解除,完全不限	受限制较低,如提前通知	受企业劳动合同解除有关规定限制,受限制较高

四　生活服务平台从业人员劳动保障的问题和挑战

（一）生活服务平台从业人员劳动保障存在的问题

1. 平台从业人员就业稳定性较低

一方面，平台处于初始发展阶段，受行业运营不规范、竞争激烈等因素影响，平台发展不稳定，兼并重组、倒闭现象时有发生，平台用工也呈现临时性和不稳定性特点。另一方面，平台奖励补贴规则多变，从业人员缺乏稳定的收入预期，职业归属感和安全感较低，流动性较大。

2. 平台从业人员收入水平不高且易发生波动

生活服务平台竞争格局逐步定型，投入补贴大幅减少，原来在发展初期阶段出现的从业人员收入猛增的现象逐渐减少，相关资料和课题组的调查数据显示，目前餐饮外卖平台和移动出行平台的从业人员收入水平并不高。标准排名研究院发布的《2016 网络约车司机生存状况调查报告》显示，扣除车辆折旧和保养费用后，私家车加盟的网约车司机实际月收入水平在 4000 元以下。课题组调查显示，餐饮外卖平台全职配送员平均月收入为 5494 元，兼职配送员月收入为 2686 元。此外，平台经常调整收入计算规则，从业人员收入波动较大。

3. 部分从业人员休息休假权益难以保障

受平台从业人员专职化趋势增强以及平台工作性质、奖励规则影响，平台上的部分从业人员，尤其是全职从业人员普遍采取延长工作时间的方式提高订单量，以获取更多的收入。课题组调查显示，餐饮外卖平台全职配送员每天工作时长为9.5小时，71%的全职配送员工作时长在9~12小时，配送员工作时间偏长。餐饮外卖配送员在平峰期单量较少的情况下可以休息，但由于缺乏固定休息场所，多数配送员基本处于随时待岗状态。这种工作模式模糊了工作和闲暇时间的区别。

4. 平台从业人员劳动保护不足，社会保障缺失

平台从业人员劳动安全保护不足。例如，外卖配送员受送餐时限和相关惩罚规则的制约，且在雨雪等极端天气时反而送餐需求量更大，外卖配送员在工作过程中容易因为赶时间而抢红灯，因骑车打电话等行为引发交通安全事故。同时也因为在高峰期要完成大量订单，工作压力大，生活不规律以及极端天气下工作条件恶劣容易引发健康问题。此外，除部分平台为直接雇用的从业人员缴纳较低标准的社会保险外，大多数平台并不为从业人员提供社会保险，或仅提供人身意外险等最基本的商业保险。

（二）生活服务平台从业人员劳动保障面临的挑战

1. 新型用工形式下平台与从业人员之间的用工关系处于模糊地带

从现有的国内外实践来看，对于新型用工模式中用工关系的性质尚未形成统一判定标准，给从业人员劳动权益保障带来了挑战。在我国，劳动法律法规的适用是以劳动关系的存在为基本前提，因此在新型用工形式下从业人员无法得到《劳动法》规定的最低工资、工作时间等方面的保障。

2. 部分平台传统用工形式呈现新特点，难以适用现有劳动法律法规

部分生活服务平台虽然采用了传统的用工形式，基本可以纳入劳动关系范畴，但在工作时间、工资报酬等方面与现有的劳动法律法规并不完全符合。调研中反映比较多的是待命时间问题，如餐饮外卖平台自营配送员在线时长不一定全部属于有效工作时间，还存在等待订单时间的待命时间，现有法律法规并未对待命时间作出相应规范。

3. 劳动保障监察覆盖平台用工有难度

一方面，生活服务平台加剧了用人单位的非正规化和去组织化。加盟或者外包平台业务的多数是小微企业甚至是个人，平台只进行简单登记，实地审核不严。平台上用工主体的分散和不规范导致劳动保障监察部门很难对其进行监管。另一方面，生活服务平台大多数地域覆盖广，从业人员分散且流动性较大，多数没有固定的工作场所，进一步加大了劳动保障监察部门的监管难度。

4. 沟通协商机制缺失，从业人员难以参与平台规则制定

由于平台在技术手段的优势地位，且受从业人员文化程度较低、分散且流动性大、组织化程度低等因素影响，平台在规则制定方面居于主导地位，从业人员缺少与平台平等对话的能力，只能被动遵守规则，很难通过与平台协商保障自身权益。

五　思考及建议

1. 密切关注平台用工的发展，着重解决当前的突出问题

当前生活服务平台的发展还处于初级阶段，在平台自身发展以及政策监管不明的双重影响下，发展前景还不确定，新型用工模式也在调整变化之中。而我国劳动法律法规与劳动关系紧密相连，在此情形下，通过立法或者政策规制平台新型用工模式的条件不够成熟。因此，一方面应对新型用工模式持开放宽容态度，尊重平台用工和从业人员择业的自主性，另一方面应密切关注平台经济发展及其发展变化对劳动用工的影响，探索传统劳动关系范畴外劳动者权益保护途径，根据重点新业态就业群体的特点、需求优先解决突出问题，如餐饮外卖、物流等行业职工工伤保险缺失等问题。

2. 区分平台不同用工模式，分类规范

对于平台自营模式，平台一般采取传统用工形式，与传统的劳动关系没有根本性区别，可以纳入传统的劳动关系规制中，适用相关法律规范。针对一些平台在新业态的掩盖下不履行雇主义务、不执行劳动保障法律法规的问题，政府应加强监管和执法力度，创新监管方法，督促平台落实从业人员的劳动权益，防止平台规避劳动关系和相关的责任负担。对于信息服务模式，可以通过在设置加盟和准入条件时添加用工规范方面的条件，并加强对加盟企业的资质审核，承担必要的监管责任。对于新型共享模式下的灵活就业人员，应明确平台、从业人员、服务接受者等相关主体之间的权利责任关系，创新路径对其提供劳动权益保障。

3. 应对平台新业态下多元灵活用工，加强制度机制创新

我国目前劳动法律适用范围较窄，适用刚性较强。面对生活服务平台多元灵活的用工形式，尤其是新型用工模式，有必要创新劳动保障制度。一是结合新业态下用工新变化和新特征，调整和完善劳动关系认定标准。二是可借鉴“从属承包商”① 和雇员与独立供应商之间第三种劳工类别②的观点，探索介于劳动关系和劳务关系之间的第三种用工关系。三是完善关于劳动基准的有关规定。如进一步完善工作时间的有关规定，准确界定工作时间概念，明确待命时间是否属于工作时间等问题，保障从业人员在工时休假方面的权益。此外，考虑适度扩大部分劳动基准的适用范围，覆盖平台新型用工模式下的从业人员。四是多措并举，提高平台从业人员社会保障水平。五是创新方法，畅通从业人员民主参与渠道。例如，由工会出面从有较强诉求的平台专职从业人员中选取代表，与平台就规则制定、收入报酬、劳动安全保护等方面进行协商，保障其劳动权益。

4. 加强行业自律，引导平台承担监督责任

通过行业自律，充分发挥平台自身组织在保障从业人员劳动权益中的作用。有必要鼓励各领域主要平台发挥引领作用，推动建立平台行业组织。指导、鼓励行业组织制定细分领域平台用工行业规范，对平台用工底线标准达

---

① 加拿大立法将部分劳动者称作“从属承包商”，拥有劳务关系所没有的集体谈判权等。

② 美国参议员马克·沃纳对各类平台企业的调研后提出建立介于雇员与独立供应商之间的“从属供应商”。

成一致，形成对平台用工的行业约束，发挥行业规则在规范行业用工方面的积极作用。此外，也可以加强行业组织与相关政府部门的合作，鼓励行业建立信息公开声明机制，并对违反法律或者行业规则的平台采取建立黑名单机制等进行约束，形成对平台企业用工的监管。

5. 鼓励平台探索新型权益保障路径，总结推广经验

应尊重平台的用工自主性，指导、鼓励其根据自身特点，在尊重从业人员的意愿基础上创新方式方法，如通过改善劳动条件、加强职业培训、提高福利水平等方式保障从业人员的合法权益，增强从业人员对平台的归属感，待经验较为成熟时总结归纳平台的成功经验，在更大范围内加以宣传推介。

参考文献

[1] 程维、柳青等:《滴滴：分享经济改变中国》，人民邮电出版社，2016。

[2] 马化腾等:《分享经济——供给侧改革的新经济方案》，中信出版社，2016。

[3] 朱克力、张孝荣等:《分享经济——国家战略新引擎与新路径》，中信出版社，2016。

[4] 阿里研究院主编《平台经济》，机械工业出版社，2016。

[5] 唐鑛、徐景昀:《共享经济中的企业劳动用工管理研究——以专车服务企业为例》,《中国工人》2016 年第 1 期。

[6] 李彦君、徐景昀、唐鑛:《创新制度规范　释放共享活力——共享经济企业用工管理与〈劳动合同法〉的制度创新》,《中国劳动》2016 年第 14 期。

[7] 涂永前:《大众创业时代亟须完善自雇劳动者的政策和法律保障》，《法制日报》2015 年 12 月 16 日。

[8] 国家信息中心信息化研究部、中国互联网协会分享经济工作委员会:《中国分享经济发展报告 2016》，2016 年 2 月。

[9] 中国人民大学劳动人事学院课题组:《平台经济与新就业形态：中国优步就业促进研究报告（2016)》，2016 年 6 月。

[10] 艾瑞咨询:《2016 年中国 O2O 行业发展报告》，2016 年 7 月。

[11] 标准排名研究院:《2016 网络约车司机生存状况调查报告》，2016 年 10 月。

[12] 滴滴出行、第一财经商业数据中心:《华北城市智能出行大数据报告》，2016 年 6 月。

[13]《劳工问题：共享经济的阿喀琉斯之踵?》，http：//toutiao. com/i6214180766075585025/，2015 年 11 月 7 日。

[14]《平台经济崛起的挑战》，http：//www. ftchinese. com/story/001067292？ccode =2G162001，2016 年 4 月 28 日。

[15]《如何保护零工经济时代的劳动者?》，http：//www. ftchinese. com/story/001068408，2016 年 7 月 12 日。

[16]"The Gig Economy，" http：//www. thedailybeast. com/articles/2009/01/12/the－gig－economy. html，2009. 1. 12.

收入分配篇

Reports on Wage Distribution

·分报告·

B.19

中国工资收入分配现状及改革发展趋势

谭中和　王学力　王　霞　杨飞刚　钱　诚　许英杰*

摘　要：　党中央国务院高度重视工资收入分配工作，出台一系列深化收入分配改革政策，使人民群众实实在在共享经济发展成果。但仍然面临一系列亟待解决的问题和矛盾，报告分析了今后一段时期，工资收入分配面临的矛盾和挑战。提出了“十三

* 谭中和，人力资源和社会保障部劳动工资研究所副所长，研究员，主要研究方向为收入分配和社会保障；王学力，人力资源和社会保障部劳动工资研究所综合室主任，研究员，主要研究方向为工资收入分配理论与政策；王霞，人力资源和社会保障部劳动工资研究所主任，副研究员，主要研究方向为薪酬制度和劳动关系；杨飞刚，人力资源和社会保障部劳动工资研究所副主任，助理研究员，主要研究方向为工资收入分配和人力资源管理；钱诚，人力资源和社会保障部劳动工资研究所助理研究员，主要研究方向为工资收入分配和人力资源管理；许英杰，人力资源和社会保障部劳动工资研究所助理研究员，主要研究方向为工资收入分配和人力资源管理。

五”时期我国工资收入分配改革的主要任务及深化工资收入分配制度改革的基本路径、策略和缩小工资收入分配差距的政策措施建议。

关键词：工资收入分配　农民工工资　城乡居民人均可支配收入

一　工资收入分配的发展现状

（一）我国工资收入分配制度的形成和改革

“十二五”期间，党中央、国务院高度重视收入分配改革工作，不断加强收入分配顶层设计，出台了一系列政策措施。党的十八大报告及十八届三中全会《中共中央关于全面深化改革若干重大问题的决定》对我国收入分配改革提出明确目标要求，为深化工资收入分配制度改革指明了方向。党和国家领导人对央企负责人薪酬、重点群体增收、公务员工资改革以及扩大中等收入群体等问题做出重要指示。

2011 年 3 月，第十一届全国人民代表大会第四次会议通过《中华人民共和国经济和社会发展第十二个五年规划纲要》（简称《纲要》），《纲要》提出“加快形成合理有序收入分配格局，努力提高居民收入在国民收入分配中的比重，提高劳动报酬在初次分配中的比重，尽快扭转收入差距扩大的趋势”等改革目标。同年，全国人大通过《中华人民共和国刑法修正案(八)》，首次提出“恶意欠薪罪”；通过《中华人民共和国个人所得税法》第六次修正案，调整了工资薪金所得税起征点；2011 年 7 月 1 日，我国第一部社保领域的综合性法律《社会保险法》正式实施。上述法律法规政策对我国收入分配领域产生了较大影响。

2012 年 11 月，中共中央总书记胡锦涛代表第十七届中央委员会作了题为《坚定不移沿着中国特色社会主义道路前进　为全面建成小康社会而奋斗》的十八大报告，报告提出“到2020年实现国内生产总值和城乡居民人均收入比2010年翻一番”，这是在历次党的代表会上首次明确提出实现居民收入翻一番的目标。

2013年2月，国务院批转发展和改革委员会、财政部、人力资源和社会保障部《关于深化收入分配制度改革的若干意见》，此意见从深化收入制度改革的重要性和艰巨性、总体要求和主要目标、重点内容、组织领导等七个方面，对深化收入分配改革提出明确要求。国务院办公厅同时印发《关于深化收入分配制度改革重点工作分工的通知》，对贯彻落实上述意见提出明确分工和具体要求。2013年11月，中国共产党第十八届中央委员会第三次全体会议通过《中共中央关于全面深化改革若干重大问题的决定》，该决定提出形成合理有序的收入分配格局，着重保护劳动所得，努力实现劳动报酬增长和劳动生产率的同步提高，提高劳动报酬在初次分配中的比重。健全工资决定和正常增长的机制，完善最低工资和工资支付保障制度，完善企业工资集体协商制度。改革机关事业单位工资和津贴补贴制度，完善艰苦边远地区津贴增长机制。健全资本、知识、技术、管理等要素由市场决定的报酬机制。扩展投资和租赁服务等途径，优化上市公司投资者回报机制，保护投资者尤其是中小投资者的合法权益，多渠道增加居民财产性收入。

2014年11月，中共中央、国务院印发《关于深化中央管理企业负责人薪酬制度改革的意见》。该意见提出要按照企业负责人分类管理的要求，合理确定国有企业负责人的薪酬结构和水平，完善综合考核评价办法，规范薪酬支付和管理，规范福利性待遇及健全监督监管机制等。

2015年4月，中共中央、国务院印发《关于构建和谐劳动关系的意见》，系统阐述了构建中国特色和谐劳动关系的重大意义、指导思想、基本原则、目标任务和政策措施。该意见提出要切实保障职工取得劳动报酬的权利，完善并落实工资支付规定，健全工资支付监控、工资保证金和欠薪应急周转金制度，探索建立欠薪保障金制度，落实清偿欠薪的施工总承包企业负责制，依法惩处拒不支付劳动报酬等违法犯罪行为，保障职工特别是农民工能按时足额领到工资报酬。

（二）“十二五”期间工资收入分配取得重大成效

1．“十二五”期间国民经济保持中高速增长

“十二五”期间，我国国民经济发展成就斐然，2011～2015 年 GDP 增长速度分别达到 9.5%、7.9%、7.8%、7.3%和 6.9%，由高速增长转为中高速增长。“十二五”期间，我国经济年均增长 7.9%[①]，这个数值不仅高于同期世界 2.5%左右的年均增速[②]，在世界主要经济体中也名列前茅。

2015 年，我国人均国内生产总值 49992 元（见图 1），2011 年以来人均国内生产总值实际年均增长 7.3%。根据世界银行数据，我国人均国内生产总值由 2010 年的 4300 美元提高至 2015 年的 7956 美元，在中等偏上收入国家中的位次不断提高。

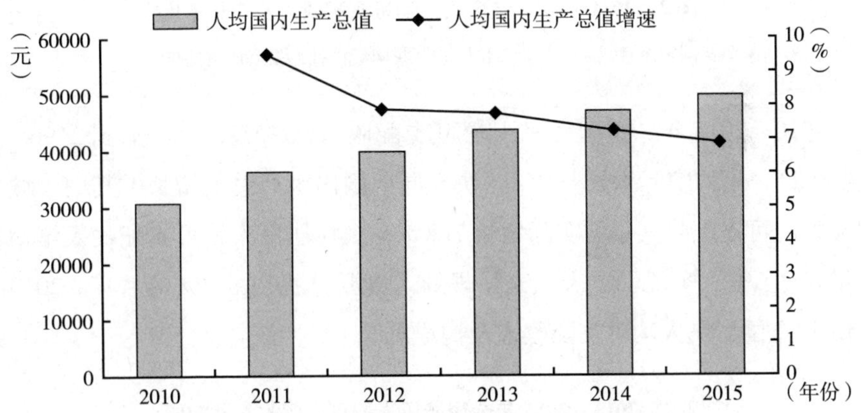

图 1　2011～2015 年人均国内生产总值及增长速度

资料来源：根据国家统计局相关年份统计年鉴整理。

① 根据中国统计年鉴 2016 数据计算。

② 国家统计局：《“十二五”我国经济增速在世界名列前茅》，2015 年 10 月 14 日　来源于《京华时报》，http：//politics. people. com. cn/n/2015/1014/c1001－27695458. html。

2. **城乡居民人均可支配收入稳步增加**

"十二五"以来，收入分配制度改革加快推进，收入分配调节力度明显加大，城乡居民收入持续较快增长（见图2），收入分配结构不断优化。"十二五"规划《纲要》首次提出"努力实现居民收入增长和经济发展同步、劳动报酬增长和劳动生产率提高同步"的战略目标。

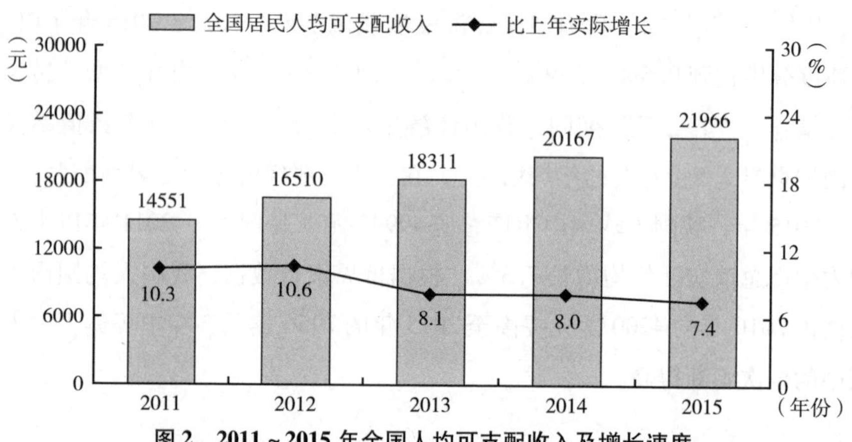

图2　2011～2015年全国人均可支配收入及增长速度

资料来源：国家统计局：《"十二五"时期我国经济社会发展成就斐然》。

2010～2015年，全国居民人均可支配收入从12520元增加到21966元（见图2），年均实际增长8.9%，快于同期国内生产总值增长。其中，城镇居民人均可支配收入年均实际增长7.7%，农村居民人均可支配收入年均实际增长9.6%，实现了"十二五"规划《纲要》提出的7%的目标。2013～2015年全国居民人均可支配收入及构成见表1。

表1　2013～2015年全国居民人均可支配收入及构成

单位：元

指　标	2013	2014	2015
全国居民人均可支配收入	18310.8	20167.1	21966.2
1. 工资性收入	10410.8	11420.6	12459.0
2. 经营净收入	3434.7	3732.0	3955.6
3. 财产净收入	1423.3	1587.8	1739.6
4. 转移净收入	3042.1	3426.8	3811.9

资料来源：根据国家统计局相关年份统计年鉴整理。

2011～2015年城乡居民收入变化情况见表2。

表2　2011～2015年城乡居民收入变化情况

年份	城镇居民人均可支配收入		农村居民人均纯收入	
	绝对数（元）	指数（1978＝100）	绝对数（元）	指数（1978＝100）
2011	21809.8	1046.3	6977.3	1063.2
2012	24564.7	1146.7	7916.6	1176.9
2013	26955.1	1227.0	8895.9	1286.4
2014	29381.0	1310.5	9892.0	1404.7
2015	31790.3	1396.9	10772.0	1510.1

资料来源：根据国家统计局相关年份统计年鉴整理。

3.城镇单位职工工资保持较快增长

“十二五”期间城镇单位在岗职工平均工资水平由2011年的42452元增加到2015年的63241元（见表3），年均增长速度为10.5%，扣除消费物价指数影响，2011～2015年在岗职工实际工资水平年均增长率为8.2%。

表3　2011～2015年城镇单位（含私营）就业人员及在岗职工平均工资情况

年份	城镇单位就业人员平均工资	城镇私营单位平均工资	城镇在岗职工平均工资	国有单位就业人员平均工资	城镇集体单位就业人员平均工资	其他单位
2011	41799	24556	42452	43483	28791	41323
2012	46769	28752	47593	48357	33784	46360
2013	51483	32706	52388	52657	38905	51453
2014	56360	36390	57361	57296	42742	56485
2015	62029	39589	63241	65296	46607	60906

资料来源：根据国家统计局相关年份统计年鉴整理。

私营单位就业人员平均工资水平由2011年的24556元增加到2015年的39589元，年均名义增长速度高达12.7%，比城镇单位在岗职工名义工资增长速度高出2.2个百分点。私营单位平均工资增速快于非私营单位。2015年全国城镇私营单位就业人员年平均工资同比名义增长8.8%，增速比2014年回落2.5个百分点，扣除物价因素，2015年全国城镇私营单位就业人员年平均工资实际增长7.2%（见图3）。

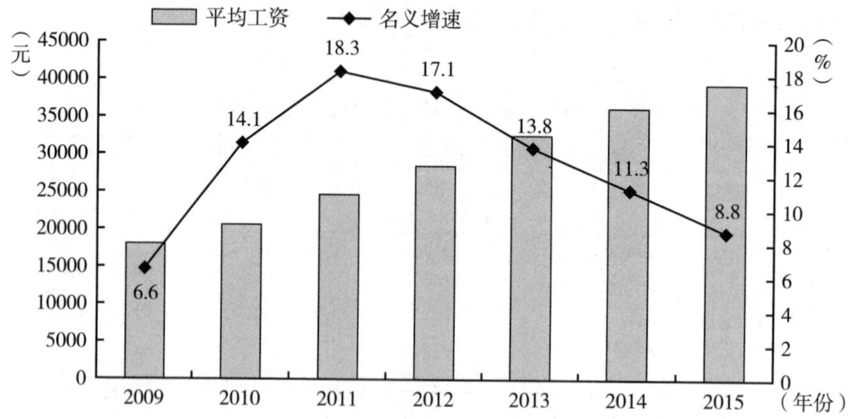

图3　2009～2015年城镇私营单位就业人员平均工资及名义增速

资料来源：据国家统计局2016年城镇单位工资统计分析。

2011～2015年，全国每年有20个左右省份调整最低工资标准。“十二五”确定的最低工资标准年均增长13%以上，绝大多数地区最低工资标准达到当地城镇从业人员平均工资的40%以上的目标基本完成。

4. 农民工工资实现较快增长

“十二五”期间，农民工工资稳步增长，从2011年的人均2049元/月增长到2015年的3072元/月（见表4），年均增速12.7%。其中，东部地区农民工工资增速最快，西部地区其次，中部地区增速最慢，区域间工资差距由2011年的1.03倍扩大到2015年的1.1倍。

表4　2011～2015年农民工工资水平、增速及地区差异

单位：元

年份	月均收入	比上年增长(%)	东部地区	中部地区	西部地区	地区间工资比率
2011	2049	21.2	2053	2006	1990	1:0.98:0.97
2012	2290	11.8	2286	2257	2226	1:0.99:0.97
2013	2609	13.9	—	—	—	—
2014	2864	9.8	2966	2761	2797	1:0.93:0.94
2015	3072	7.2	3213	2918	2964	1:0.91:0.92

资料来源：根据国家统计局相关年份农民工监测报告整理。

分行业看，2011 年外出农民工收入水平较高的是交通运输、仓储和邮政业以及建筑业的农民工，月均收入分别为 2485 元和 2382 元；收入较低的分别是住宿和餐饮业，居民服务、修理和其他服务业以及制造业的农民工，月均收入分别为 1807 元、1826 元和 1920 元。2015 年，交通运输、仓储和邮政业农民工工资水平仍然排名最高，居民服务、修理和其他服务业排名靠后（见表 5）。

表 5　分行业农民工人均月收入及增幅

单位：元，%

行　业	2014 年	2015 年	增长率
平　均	2864	3072	7.3
制造业	2832	2970	4.9
建筑业	3292	3508	6.6
批发和零售业	2554	2716	6.3
交通运输、仓储和邮政业	3301	3553	7.6
住宿和餐饮业	2566	2723	6.1
居民服务、修理和其他服务业	2532	2686	6.1

资料来源：国家统计局：《2015 年农民工监测报告》。

5. 城乡、地区和行业工资差距不断缩小

2010～2015 年，全国居民收入基尼系数从 0.481 下降到 0.462。城乡居民收入差距倍数由 2010 年的 2.99 倍缩小到 2015 年的 2.73 倍。国民收入分配格局有所优化，居民可支配收入在国民可支配收入中的比重和劳动报酬在初次分配中的比重均有所提高。

“十二五”期间地区间工资分配差距有所下降。“十一五”末期的 2010 年，全国 31 个省份（不含港澳台）中，城镇单位在岗职工工资水平最高省份为最低省份的 2.47 倍，2011 年下降到 2.35 倍，2012 年进一步下降到 2.27 倍，2013 年和 2014 年虽然又有所扩大，达到 2.42 倍，2015 年达到 2.45 倍，但仍然比 2010 年低，总体呈降低趋势。2010 年城镇私营单位就业人员工资水平最高省份为最低省份的 1.92 倍，2011 年和 2012 年均为 2.05

倍，2013 年为 2.01 倍，2014 年为 2.02 倍，2015 年为 2.11 倍。

“十二五”期间，行业间工资差距保持平稳，总体差距缩小。2011 年，分行业看，年平均工资最高的三个行业分别是金融业 91364 元，信息传输、计算机服务和软件业 70619 元，科学研究、技术服务和地质勘查业 65238 元。年平均工资最低的三个行业分别是水利、环境和公共设施管理业 30750 元，住宿和餐饮业 27847 元，农林牧渔业 20393 元。年平均工资最高行业（金融业）与最低行业（农林牧渔业）之比为 4.48∶1。2016 年，年平均工资最高的三个行业分别是信息传输、计算机服务和软件业 122478 元，金融业 117418 元，科学研究、技术服务和地质勘查业 96638 元。年平均工资最低的三个行业分别是居民服务、修理和其他服务业 47577 元，住宿和餐饮业 43382 元，农林牧渔业 33612 元。最高与最低行业平均工资之比为 3.64，与 2015 年的 3.59 相比，差距略有扩大。

（三）2016年工资收入分配的主要特点

1. 国有企业负责人薪酬制度改革稳步推进

2016 年是各地全面落实国家《中央管理企业负责人薪酬制度改革方案》的重要一年，按照党中央、国务院关于深化中央管理企业负责人薪酬制度改革的要求，中央管理企业负责人薪酬从 2015 年的 1 月 1 日开始，企业负责人的基本年薪已经按照有关薪酬审核部门核定的标准发放。总的来看，2016 年中央企业负责人薪酬将比改革前有所下降，有的下降幅度还比较大。

根据人力资源和社会保障部的公开数据，自中央管理企业负责人薪酬制度改革实施以来，企业负责人的基本年薪目前已经按照有关薪酬审核部门核定的标准发放。人力资源和社会保障部已督促各薪酬审核部门抓紧核定 2015 年度中央管理企业负责人的绩效年薪，并且按要求在本单位和企业官方网站等公开渠道向社会披露。

在地方层面，全国 31 个省份（不含港澳台）自 2015 年以来都陆续实施省管企业负责人薪酬改革。2016 年，海南、甘肃、广西、西藏四个地方也公开表示，相关改革方案已出台实施。有的省份还配套出台了企业负责人绩效考核办法，以及规范企业负责人履职待遇业务支出等相关文件。

据公开资料，在全国各地实施的改革中，有河北、山西、山东、陕西、辽宁、吉林、黑龙江、江苏、浙江、江西、福建、湖北、湖南、四川、贵州、云南、广东、海南、甘肃、青海、内蒙古、新疆、西藏、广西、宁夏25省份向社会公开了他们的改革方案，对省属国企负责人的薪酬进行限制。

这些方案中大多数地区都将国企负责人的基本年薪限制在企业职工收入的2倍以内；同时引入任期激励收入，将包括基本年薪、绩效年薪和任期激励收入在内的三部分收入限制在8倍以内。限制幅度最大的宁夏，将企业负责人的全部年薪限制在职工收入的5倍左右。

2. 治理农民工工资拖欠取得显著成效

2016年1月，国务院办公厅印发《关于全面治理拖欠农民工工资问题的意见》，提出了一揽子、一系列的治标治本地解决农民工工资拖欠问题的措施。各地认真落实这个文件，取得了非常明显的成效。到2016年底，各省份政府普遍出台了相应实施意见，完善了工作协调机制，还有许多地区把解决农民工工资问题纳入政府考核评价范围和社会治安综合治理的考核内容，对治理拖欠农民工工资问题高度重视。为推动从全国层面切实解决拖欠农民工工资问题，国务院部署各省份开展解决拖欠农民工工资问题专项督查，全面检查各地贯彻落实国务院常务会议精神和国务院办公厅《关于全面治理拖欠农民工工资问题的意见》的情况。

根据国家统计局《2016年农民工监测报告》的统计，被拖欠工资的农民工比重下降。2016年，被拖欠工资的农民工人数为236.9万人，比上年减少38.9万人，下降14.1%。被拖欠工资的农民工比重为0.84%，比上年下降0.15个百分点。尽管被拖欠工资的农民工人数减少了，但人均被拖欠工资的数额达到11433元，比上年增加1645元，增长16.8%。2016年被拖欠的工资总额为270.9亿元，比上年增加0.9亿元，增长0.3%；与2015年被拖欠的工资总额增长35.8%相比，拖欠情况出现好转。

2016年劳动保障监察工作取得新的显著成绩，实现了“十三五”良好开局。治理拖欠农民工工资等违法问题取得新成效。2016年全国主动检查用人单位190.8万户次，办结各类违法案件32.3万件，为劳动者追发工资等待遇350.6亿元，补缴社保费17.3亿元。截至2017年春节前，共为149.6万名农民工追讨欠薪140.3亿元，2016年各地人力资源和社会保障部门共向公安部门移送涉嫌欠薪犯罪案件5079件，公安部门立案3595件，法院一审审结1890件。人力资源和社会保障部通过主流媒体和门户网站向社会公布了三批次欠薪违法案件，并要求各地加大欠薪案件社会公布力度，对欠薪企业形成了有力震慑。

3. 工资正常增长机制逐步完善

2016年10月，国务院印发《关于激发重点群体活力带动城乡居民增收的实施意见》，该意见瞄准技能人才、新型职业农民、科技人员等增收潜力大、带动能力强的七大群体，推出差别化收入分配激励政策，包括技能人才、新型职业农民、科研人员、小微创业者、企业经营管理人员、基层干部队伍、有劳动能力的困难群体七大激励计划。

2016年，各地通过调整工资指导线推动地区职工工资稳步增长。截至12月份，已有海南、北京、山东、山西、内蒙古、天津、河北、四川、云南、陕西、江西、新疆、上海、贵州、广西、青海、福建、甘肃、宁夏19个省份公布了2016年的工资指导线（见表6）。与2015年相比，在经济下行压力加大、企业发展面临多重压力的情况下，多个省份的指导线数值都有所下降。

表6　2016年19省份企业工资指导线一览

单位：%

省份	2017年企业工资指导线(19省)		
	上线	基准线	下线
海南	11.3	10.4	3.5
贵州	15.0	10.0	4.0
天津	16.0	9.0	3.0
北京	15.0	9.0	4.0
上海	14.0	9.0	4.0
内蒙古	13.5	8.5	3.0

续表

省份	2017 年企业工资指导线(19 省)		
	上线	基准线	下线
甘肃	14.0	8.0	4.0
河北	13.0	8.0	3.0
四川	13.0	8.0	3.0
山东	13.0	8.0	3.0
云南	13.0	8.0	3.0
广西	12.0	8.0	3.0
福建	12.0	8.0	2.0
新疆	10.5	8.0	3.0
江西	不设上线	8.0	3.0
宁夏	不设上线	8.0	零增长
青海	13.0	7.0	3.0
山西	11.0	7.0	4.0
陕西	11.0	7.0	3.0

资料来源：东方财富网。

4. 最低工资调整频率逐步放缓、幅度有所降低

2016 年，全国各省份调整最低工资标准步伐有所减缓，相比“十一五”期间，各地最低工资调整频率放缓，幅度有所降低。根据人力资源和社会保障部 2016 年 12 月发布的数据，2016 年以来，只有北京、天津、河北、辽宁、上海、江苏、山东、海南、重庆 9 个省份提高了最低工资标准，调整最低工资标准的省份较往年有所减少。2014 年全国共有 19 个省份调整了最低工资标准，2015 年上调最低工资标准的省份为 20 多个。

从水平上看，上海月最低工资标准达 2190 元，为全国最高（见表 7）。小时最低工资标准最高的为北京，达 21 元。总体来看，2016 年各地的最低工资调整逐步适应中国经济新常态，在企业人工成本上涨较快、企业成本压力加大，以及前几年各地最低工资提升幅度比较大、频率比较快的情况下，适度调整最低工资标准有利于减缓企业成本压力，促进经济良性健康发展。

表 7　2016 年全国各省份最低工资标准情况一览表

单位：元

地区	标准实行日期	月最低工资标准				
		第一档	第二档	第三档	第四档	第五档
北　京	2016. 09. 01	1890				
天　津	2016. 07. 01	1950				
河　北	2016. 07. 01	1650	1590	1480	1380	
山　西	2015. 05. 01	1620	1520	1420	1320	
内蒙古	2015. 07. 01	1640	1540	1440	1340	
辽　宁	2016. 01. 01	1530	1320	1200	1020	
吉　林	2015. 12. 01	1480	1380	1280		
黑龙江	2015. 10. 01	1480	1450	1270	1120	1030
上　海	2016. 04. 01	2190				
江　苏	2016. 01. 01	1770	1600	1400		
浙　江	2015. 11. 01	1860	1660	1530	1380	
安　徽	2015. 11. 01	1520	1350	1250	1150	
福　建	2015. 08. 01	1500	1350	1230	1130	
江　西	2015. 10. 01	1530	1430	1340	1180	
山　东	2016. 06. 01	1710	1550	1390		
河　南	2015. 07. 01	1600	1450	1300		
湖　北	2015. 09. 01	1550	1320	1225	1100	
湖　南	2015. 01. 01	1390	1250	1130	1030	
广　东	2015. 05. 01	1895	1510	1350	1210	
其中:深圳	2015. 03. 01	2030				
广　西	2015. 01. 01	1400	1210	1085	1000	
海　南	2016. 05. 01	1430	1330	1280		
重　庆	2016. 01. 01	1500	1400			
四　川	2015. 07. 01	1500	1380	1260		
贵　州	2015. 10. 01	1600	1500	1400		
云　南	2015. 09. 01	1570	1400	1180		
西　藏	2015. 01. 01	1400				
陕　西	2015. 05. 01	1480	1370	1260	1190	
甘　肃	2015. 04. 01	1470	1420	1370	1320	
青　海	2014. 05. 01	1270	1260	1250		
宁　夏	2015. 07. 01	1480	1390	1320		
新　疆	2015. 07. 01	1670	1470	1390	1310	

资料来源：人力资源和社会保障部。

二　我国工资收入分配改革面临的主要问题和挑战

（一）工资收入分配存在的主要问题

工资收入分配领域仍然存在一些亟待解决的问题，主要包括：

1. 工资分配格局的一些不合理状况没有根本改变

劳动报酬占初次分配的比重依然偏低。2015 年我国劳动报酬占比虽略回升至 50% 以上，但低于 53% 左右的历史较高水平，比起多数发达国家和发展中国家 60% 上下的平均水平也还存在较大差距；2016 年，平均工资最高与最低行业的差距虽然缩小到 3.6 倍，但这一差距仍然大于多数发达国家 2～3 倍的水平；私营企业工资水平仅相当于城镇单位的 64%，差距始终较大；31 个省份机关事业单位工资差距高达 3 倍以上。

2. 工资决定和正常增长机制不健全

工资集体协商质量不高，制度不完善，体现劳动力市场主体双方意愿的集体协商机制还没有在企业工资决定和增长过程中发挥基础性作用，特别是在非公企业中企业主、单位方决定工资的现象普遍存在，劳动者对薪酬的合理诉求难以实现。国有企业工资总额管理政策不完全适应深化国有企业改革的要求，反映劳动力市场供求关系和企业经济效益的工资水平决定机制和正常增长机制没有完全形成。公务员和企业相当人员工资调查比较制度还没有建立，难以科学合理地确定公务员工资水平，机关事业单位工资的导向与激励作用发挥不足。

3. 工资分配秩序不规范的问题仍然存在

侵害劳务派遣工等弱势劳动者合理报酬权益的现象不同程度存在，同工不同酬现象比较普遍，拖欠农民工工资问题尚未得到根治。机关事业单位违规发放津贴补贴的现象时有发生，有待进一步规范。

4. 工资收入分配宏观调控手段不完备

与市场经济体制改革和政策职能转变相适应的工资收入分配调控手段较

少、体系不健全，在“扩中”方面发挥作用比较有限。工资指导线、人力资源市场工资指导价位、人工成本信息服务等不同调控政策工具的协同作用和市场引导作用发挥不够。国有企业工资收入宏观调控手段与建立现代企业制度的要求还不适应。机关事业单位工资宏观调控力度有限，中央和地方在工资管理上的权限划分有待完善。

（二）工资收入分配工作面临的主要挑战

当前和今后一个时期，我国经济发展将进入新常态，经济向形态更高级、分工更优化、结构更合理的阶段演进，为改善工资收入分配格局和提高工资收入提供了重要的机遇，但也将面临新的挑战。

一是经济增长放缓抑制工资增长预期。经济增长是提高工资水平的根本动能，是劳动者更好分享成果的保证。在经济新常态下，如何降低经济运行成本、保持经济中高速增长，同时又要保持劳动者获得合理的工资增长，实现 2020 年全面建成小康社会的目标是当前分配工作面临的重大任务。

二是经济调整转型加大工资分配结构调整的难度。经济下行压力能够直接传导到分配环节。在有限的增量条件下，初次分配中企业、劳动者和政府三者的分配关系会出现变化，增长和分配、资本和劳动、效率和公平的分配矛盾会更加突出；部分地区产能过剩和需求结构升级矛盾突出，经济增长内生动力不足、企业生产经营困难问题集中等造成发展空间的不平衡；产能过剩行业转型阶段性影响部分劳动者获得工资收入，而部分新兴产业创富能力较强、职工工资上涨空间较大，将进一步拉大工资收入差距。使调整工资分配格局、缩小不合理工资差距的难度增加，扩大中等收入者比重，使形成“橄榄型”分配格局的任务变得艰巨。

三是企业生产经营成本上升压缩工资增长空间。部分行业从高利润时代向微利时代转变，使企业利润空间被大幅度压缩，从而抑制了人工成本的增加，制约了企业可分配资源的增长，会导致用工数量和工资水平增长迟缓。随着相关劳动法律法规的逐步健全，实施的力度不断加大，企业用于社会保障、教育培训、劳动保护等方面的间接人工成本的支出会整体较快增长，在短期内和一定程度上影响企业的工资支付能力提高，一些充分竞争行业、劳动密集型微利企业的成本承受能力较弱，都会影响工资水平的持续增长。

三 我国工资收入分配的改革发展趋势

（一）“十三五”工资收入分配规划的主要目标

一是城乡居民收入翻番。在提高发展平衡性、包容性、可持续性的基础上，到2020年国内生产总值和城乡居民人均收入比2010年翻一番，主要经济指标平衡协调，发展质量和效益明显提高。“十三五”时期，城镇单位在岗职工工资增长速度保持在7.3%以上。

二是收入差距缩小，中等收入人口比重上升。实行有利于缩小收入差距的政策，职工工资水平保持合理增长幅度，明显增加低收入劳动者的收入，扩大中等收入者比重，提高劳动报酬占初次分配的比重和居民收入占国民收入的比重。努力缩小城乡、区域、行业、企业内部收入分配差距，各地区最低工资标准均达到并保持在当地社会平均工资水平的40%以上；重点控制垄断性高收入行业工资的过快增长，城镇单位在岗职工工资最高行业与最低行业倍数降低到4倍以内；国有企业主要负责人薪酬平均水平控制在国有企业职工平均工资的10倍以内等，工资收入分配关系进一步改善，不合理的工资收入差距得到进一步缩小。

三是收入分配秩序明显改善，收入分配格局趋于合理。规范收入分配秩序，合法收入得到有力保护，过高收入得到合理调节，隐性收入得到有效规范，非法收入予以坚决取缔。通过不断深化收入分配制度改革，逐步形成“橄榄型”的收入分配格局。

（二）工资收入分配制度改革的主要任务

要坚持按照市场机制调节、企业自主分配、平等协商决定、政府监督指

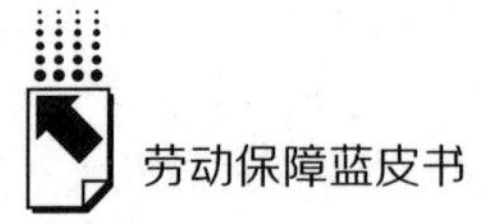

导的原则，进一步完善有关体制机制，为规范工资收入分配、增加低收入劳动者收入、扩大中等收入者比重、调整不合理的过高收入、保护合法收入等提供制度保障。

第一，健全反映人力资源市场供求和企业经济效益的科学的工资水平决定机制、正常增长机制。一是要改革国有企业工资决定机制，实行国有企业工资总额分类管理办法，对部分收入过高，具有垄断性质的商业类国有企业和公益类国有企业，严格实行工资总额和工资水平双重调控政策。二是要完善工资集体协商制度，在非国有企业和竞争性商业类国有企业推行工资集体协商。

第二，健全国有企业负责人薪酬管理制度。建立与企业负责人选任方式相匹配、与企业功能性质相适应、与经营业绩相挂钩的差异化薪酬分配办法，按照中央改革要求严格规范组织任命负责人的薪酬，对市场化选聘的职业经理人加快建立市场化薪酬制度，实现薪酬结构合理、水平适当、管理规范，形成科学的薪酬激励和约束机制。同时，指导国有企业深化内部分配制度改革，建立健全更加符合不同岗位特点的、体现要素贡献的分配办法，完善劳动、技术、管理等要素参与分配的机制。

第三，健全最低工资制度。一是要平衡好劳动者和企业方的利益，统筹处理好促进企业发展与提高职工工资水平、维护劳动者当前利益与长远利益之间的关系。二是要完善最低工资标准调整办法，进一步改进最低标准调整测算模型。三是要进一步规范最低工资标准调整程序，健全政府、工会和企业代表组织的三方协商机制。四要加强最低工资标准调整的指导，建立最低工资标准评估机制。

第四，健全企业工资收入分配宏观指导制度。进一步完善工资指导线制度，加快建立统一规范的企业薪酬调查和信息发布制度，为企业合理进行工资收入分配提供信息引导和服务。

第五，健全工资分配法治保障。要尽早出台工资法（条例）、工资集体协商条例、工资支付保障条例等法律法规；进一步修订完善最低工资立法等法律法规，探索国有企业工资管理、工资宏观调控体系等领域立法的可行性；加强协调劳动关系三方协商机制建设，完善协调处理工资集体协商争议的办法，有效调处相关争议和集体停工事件；做好行政执法和刑事司法的衔接工作，加大劳动保障监察对违反最低工资制度、工资拖欠案件的查处力度。

（三）深化工资收入分配制度改革的基本路径和策略

基本路径是从增加居民的劳动收入、财产性收入和转移性收入等方面综合施策，在初次分配调节和再分配调节两个环节同时着力。首要任务还是要努力实现工资收入翻番和差距缩小。虽然近年来居民的财产性收入和转移性收入比重逐渐增加，但城镇居民的绝大部分收入仍然来自于劳动报酬，农村居民收入的50%以上也来自工资性收入。

主要策略是，一是坚持“两同步”原则，即坚持居民收入增长和经济增长同步、劳动报酬提高和劳动生产率提高同步。二是科学处理好政府和市场的关系。一方面，要充分尊重企业的分配主体地位，由企业根据劳动力供求关系和经济效益自主确定工资，政府一般不直接干预企业工资收入分配，进一步使市场在工资收入分配中起决定性作用。另一方面，政府也要有所作为，但主要不是靠层层实行行政指令的方式去作为，而是按照更好发挥政府作用的要求，重点在“完善市场评价要素贡献并按贡献分配的机制”上下功夫，加快完善人力资源市场等市场体系，加大行政垄断行业改革力度，规范市场化分配的制度环境，同时综合运用法律、经济、信息手段以及必要的行政手段进行必要的调控，有效解决生产要素配置低效率和收入分配不公问题。三是既要维护职工劳动报酬权益，又要促进就业。要始终把就业优先放在最重要的位置，坚持劳动报酬提高和劳动生产率提高同步，避免因工资收入增长过快给企业带来压力甚至导致失业，进一步扩大工资收入差距。

四　缩小工资收入分配差距的政策建议和措施

（一）持续完善工资宏观调控政策体系

第一，加强工资指导线制度建设。持续优化工资指导线决定机制，为推动工资指导线制度，缩小工资收入分配差距提供制度保障。建立工资指导线全国协调机制，合理收缩不同区域工资增长基准水平差距，调节不同区域工资收入分配差距；探索不同行业工资指导线确定机制，建立工资指导线行业协调机制，合理收缩不同行业工资增长基准水平差距，调节不同行业工资收入分配差距；探索不同所有制企业工资指导线确定机制，为相同行业不同所有制企业合理调整工资增长提供指导，调节不同所有制企业工资收入分配差距；科学确定工资增长基准线、上线、下线，合理调节不同企业工资收入分配差距；适应资本性收入、股权收入等收入多元化现实，研究扩大工资收入调控指导范围，提升工资指导线对各类工资收入合理增长给予调控指导的实际功能。

第二，加强劳动力市场工资指导价位制度建设。进一步深化、细化劳动力市场工资指导价位，持续推出基于行业、所有制、规模等的指导价位，提升劳动力市场工资指导价位对于劳动力跨行业、跨所有制、跨企业规模流动的引导作用，调节行业、所有制、不同规模企业工资收入分配差距。进一步优化基础信息统计调查流程，及时做好劳动力市场工资指导价位的制定和发布工作，提高时效性；进一步加大宣传力度，优化基础信息的审核工作，推动企业提供真实和准确的工资数据；进一步深挖劳动力市场工资指导价位的统计数据，进一步扩充工资指导价位内容序列，将不同职业的企业报价、求职者报价、市场均衡价、市场最低价、市场最高价等纳入统计调研和披露序列，最大限度发挥工资指导价位服务企业招聘和服务劳动者选择职业的信号作用，切实推动不同职业劳动力的正常流动，合理配置劳动力资源，调节不同职业劳动力的工资收入的分配差距。

第三，加强企业人工成本预测预警制度建设。持续加强企业人工成本预测预警制度建设，优化调查方法，加大对企业的宣传力度，及时披露人工成本预测预警信息，提升人工成本数据的代表性、真实性和及时性，为行业企业开展人工成本管理、调节人工成本提供参考。逐步缩小工资分配的区域差距、行业差距、企业差距。

第四，加强最低工资保障制度建设。完善最低工资保障制度，引导各地区合理有序调节最低工资标准，稳步提升低收入群体的工资水平，切实保障低工资收入群体的基本生活与合法权益。加强地区之间最低工资标准调整的协调，通过最低工资标准建设推动经济单位向低收入地区合理流动，提升低收入地区的整体收入水平，调节不同地区之间工资收入差距。

第五，加强相关执法监督检查制度建设，及时处理劳动违法、违规事件，保障企业正常支付员工工资，避免因工资拖欠所导致的工资分配差距的产生。

（二）不断健全工资正常增长和决定机制

不断深化工资收入分配制度改革，建立健全的劳动力市场，提升工资收入分配的市场化水平，建立市场化的工资决定机制，推动企业员工工资决定或切实反映劳动力市场的供需关系以及供给和需求的变化，透过劳动力市场的价格信号，实现劳动力由低工资部门向高工资部门流动，由低工资行业向高工资行业流动，由低工资区域向高工资区域流动，缩小工资收入分配上的差距。

积极鼓励企业加强内部工资分配制度改革，着力建立健全员工工资同企业经济效益、企业劳动生产率的直接联系，在企业经济效益提高或企业劳动生产率提高的同时，提高员工工资，保证员工工资增长同企业经济效益和劳动生产率相协调，形成员工工资增长对于员工工作有强有力的积极性激励。

（三）进一步推进重点群体工薪收入增长

深入推进创新创业战略，持续提升就业水平，增加劳动力需求，实现劳动力市场在更高工资水平上的均衡。不断推进低收入群体向中等收入群体流动，扩大中等收入群体规模，使更多的低收入群体转为中高收入群体。缩小低收入群体规模，提升低收入群体工资水平。

推进财政制度改革，降低中低收入群体的税收负担，通过税收为中低收入群体让利，提高中低收入者的收入水平。持续为小微企业提供税收优惠政策，推出小微企业友好型融资政策，促进小微企业更好发展，间接提升了中低收入群体的就业水平和收入水平。

编制、实施针对中低收入群体尤其是低收入群体的培训计划。着力提高中低收入群体的技能水平和就业能力，增加中低收入群体的人力资本，最终实现中低收入群体劳动生产率和收入水平的双提升。

（四）深入推进国有企业工资管理制度改革

全面调整国有企业工资薪酬结构。利用全面深化国有企业改革的契机，依托同业对标、劳动力市场价位、劳动力市场供需情况等，科学确定员工的直接薪酬，减少福利等间接薪酬比例，形成合理的国有企业工资薪酬结构，合理调节国有企业和非国有企业之间工资收入分配差距。

持续完善国有企业薪酬体系。鼓励国有企业根据公司业务发展变化，深入开展工作岗位研究工作，通过开展岗位的分析、评价、评定，进一步明确工作岗位内容、任职资格等，科学确定岗位等级序列，完善岗位工资制度，形成以岗位工资制度为基础的新型薪酬体系，充分发挥薪酬制度的激励效果，为调节国有企业员工工资收入的分配提供支撑。

不断健全国有企业绩效考核体系。推进国有企业结合岗位工作实际，建立客观的、规范化的、定量化的考核标准，切实实现员工考核同岗位工作内容的契合；推动国有企业基于员工贡献和创造价值，开展客观、公正的员工绩效考核；鼓励国有企业建立健全基于绩效的薪酬制度体系，形成对员工工作的全方位和更有效的积极性激励。

（五）加强工资立法

加快修订完善《劳动法》《公务员法》和《劳动合同法》，加强工资收入分配的法制化建设。进一步提升工资相关规定的立法层次，在加大《最低工资规定》《工资支付暂行规定》《建筑领域农民工工资支付管理暂行办法》《工资集体协商试行办法》等规章条例执法力度的基础上，着力提高立法层次，增强相关规定的约束力。适时制订并颁布《工资法》《社会保障法》《工资集体协商法》等法律法规，系统发挥国家的立法、司法和行政权威，规范工资收入分配行为，形成对“工资收入分配”等领域的企业违法、违规行为的极大威慑，提升对企业员工尤其是低收入员工的保护力度，增加收入水平。

五　深化工资收入分配需要处理好的几个关系

一是注意处理好工资增长与劳动生产率增长的关系。工资增长高于或低于劳动生产率增长，从长远看都是不可持续的；只有工资与劳动生产率同步协调增长，二者才能互相促进并共同促进国民经济的发展。但是，国家在经济发展的不同时期，应该执行不同的政策。在改革开放初期，我国经济发展面临的最大问题是投资资金不足，企业规模小，效益低，这时候执行工资增长低于劳动生产率增长的措施，对促进国民经济发展，实现国有企业做大做强，切实保障职工的长远利益，是非常必要的。随着我国进入经济新常态时期，经济增速趋缓，经济下行压力较大，这时候就需要执行工资增长与劳动生产率同步措施，提高职工收入，扩大内需，改变内需不足的困境，促进国民经济良性发展。

1992 年，国务院发布的《全民所有制工业企业转换经营机制条例》提出“两低于”原则，“企业必须坚持工资总额增长幅度低于本企业经济效益增长幅度，职工实际平均工资增长幅度低于本企业劳动生产率增长幅度”。“两低于”原则在我国执行了 20 年，在促进我国国有企业从小到大，从弱到强方面发挥了历史性作用。长期执行“两低于”原则，使劳动者实际获得的工资收入长期低于其创造的价值和贡献。随着我国经济发展，劳动者收入偏低，内需不足的矛盾凸显出来。为此，2012 年，十八大明确提出“两同步”原则，“坚持居民收入增长和经济增长同步、劳动报酬提高和劳动生产率提高同步”。“两同步”取代“两低于”后，劳动要素获得的收益会有较大提高，将从根本上解决劳动者收入偏低问题，同时，收入提高也会扩大内需，形成经济发展与工资增长的良性循环。

二是注意处理好提高职工工资收入水平与降低企业成本的关系。直观

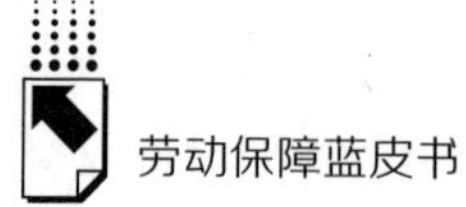

上看，职工工资收入水平与企业成本之间是正相关关系，职工工资收入水平高，企业成本高；职工工资收入水平低，企业成本低。但是，实际情况不尽如此。一方面，职工工资收入水平过低，企业吸引人才、留住人才的难度将大大增加，职工工作积极性不高，士气不振，企业运行效率将大大降低，企业运行成本也会随之提高。长此以往，将会形成职工工资低，企业成本高，企业效益不好，进一步降低职工工资的恶性循环。另一方面，职工工资水平过高，造成企业成本过高，从而没有经济效益，这也是不可持续的。

因此，在工资收入分配制度改革过程中，既不能简单地为了降低企业成本就单方面降低职工工资或执行降低职工工资的政策，也不能不考虑企业成本单方面提高职工工资或执行提高职工工资的政策，而是要辩证的处理职工工资收入水平与降低企业成本之间关系。在收入分配制度改革及政策制定过程中，通过深入调研和细化研究，保持职工工资收入水平处于一个合理空间，既要在企业可承受范围内，又要使企业能够吸引和留住人才，提高职工士气，促进企业与员工的双赢良性发展。

三是注意处理好最低工资增长与经济增长间的关系。一方面，最低工资增长，可以保障和改善低收入者生活，调动低收入群体工作积极性，促进经济增长；另一方面，最低工资增长也会给企业增长负担，间接影响就业，影响经济增长。因此，要正确处理最低工资增长与经济增长的关系，最低工资增长既要满足低收入劳动者及其赡养人口的基本生活需要，也要加强最低工资标准调整与人均 GDP 增长、劳动生产率提高的协调，不影响甚至促进经济发展。

在收入分配制度改革过程中，要结合经济新常态时期的特点完善最低工资增长机制，建立最低工资评估机制。在经济下行压力依然较大的背景下，“兜底线、可持续”将成为未来一个时期最低工资调整的基本原则，尤其需要对最低工资标准调整的频率和幅度进行更审慎的判断，科学处理最低工资增长和经济增长关系，实现最低工资增长与经济增长相协调、相促进。

参考文献

[1] 曹秋丽:《构建具有激励约束机制的国有企业工资制度模式研究》,《科技促进发展》2009 年 6 月。

[2] 丁志强:《国有企业薪酬制度存在的问题及对策》,《当代经济》2004 年第 7 期。

[3] 都阳、曲玥:《劳动报酬、劳动生产率与劳动力成本优势——对 2000 ~ 2007 年中国制造业企业的经验研究》,《中国工业经济》2009 年第 5 期。

[4] 国有企业工资收入分配调研组:《北京市部分国有企业收入分配问题的调查与思考》,《北京市工会干部学院学报》第 21 卷第 2 期,2006 年 6 月。

[5]《关于报送 2004 年企业绩效工资总额的通知》(劳社部函〔2004〕56 号)。

[6]《关于发布〈国有企业工资总额同经济效益挂钩规定〉的通知》(劳部发〔1993〕161 号)。

[7]《关于加强国有企业经营者工资收入和企业工资总额管理的通知》(劳部发〔1994〕222 号)。

[8]《关于进一步做好企业工资总额同经济效益挂钩工作的通知》(劳社部发〔2003〕31 号)。

[9]《关于印发〈中央企业工资总额预算管理暂行办法〉的通知》(国资发分配〔2010 年〕72 号)。

[10]《关于中央企业 2009 年度工效挂钩工资清算及 2010 年度工效挂钩方案申报工作的通知》(国资分配〔2010〕216 号)。

[11]《关于做好 2000 年企业工资总额同经济效益挂钩工作的通知》(劳社部发〔2000〕16 号)。

[12] 黄跃明:《国有企业薪酬制度改革探析》,《科技情报开发与经济》2010 年第 20 卷第 5 期。

[13] 贾理奇、廖辉:《国有企业工资总额调控的问题及对策分析》,《华北电力大学学报(社会科学版)》2008 年 6 月。

[14] 金三林、朱贤强:《劳动力成本上升对制造业出口竞争力的影响》,《开放导报》2013 年第 2 期。

[15] 刘军胜:《反思工效挂钩》,《企业管理》2005 年第 6 期。

[16] 刘俊茹、吴海云:《国有企业工资总额预算管理改革探索》,《中国劳动》2005 年 11 月。

[17] 刘俊茹、吴海云:《国有企业工资总额预算管理改革探索》,《中国劳动》

2015 年 11 月。

[18] 刘颖：《论央企工资总额预算管理制度中的问题及对策》，《人力资源管理》2016 年 6 月。

[19] 卢锋：《我国工资与劳动力成本变动及国际比较（1978 ~ 2004）》，北京大学中国经济研究中心讨论稿（No. C2006008），2006。

[20] 卢锋：《我国劳动生产率增长及国际比较（1978 ~ 2004）》，北京大学中国经济研究中心讨论稿（No. C2006004），2006。

[21] 罗来军、史蕊、陈衍泰、罗雨泽：《工资水平、劳动力成本与我国产业升级》，《当代经济研究》2012 年第 5 期。

[22]《垄断企业工资分配的规制合谋》，《经济社会体制比较（双月刊）》2009 年第 1 期。

[23] 马小丽：《企业如何对工资总额进行有效管理》，《中国劳动》2016 年 2 月。

[24] 聂淼：《国有企业收入分配中存在的问题分析》，《商场现代化》2008 年 8 月。

[25] 邱健：《关于在煤炭企业内部实行工效挂钩的研究》，《现代经济·现代物业（中旬刊）》2010 年第 3 期。

[26] 曲玥：《制造业产业结构变迁的路径分析：基于劳动力成本优势和全要素生产率的测算》，《世界经济文汇》2010 年第 6 期。

[27] 曲玥、蔡昉、张晓波：《“飞雁模式”发生了吗？对 1998 ~ 2008 年中国制造业的分析》，《经济学季刊》2013 年第 3 期。

[28] 曲玥、都阳：《中国制造业竞争优势与产业结构的转型升级研究》，《改革与战略》2014 年第 10 期。

[29] 盛志杰：《关于国有企业工资管理改革的几点思考》，《内蒙古科技与经济》2009 年第 13 期。

[30] 四川省国资委课题组：《深化国有企业收入分配制度改革问题研究——基于四川省属国有企业收入分配情况的调查与思考》，《调查与思考》2009 年 4 月。

[31] 宋宝福、曹健、徐龙臣：《关于国有企业工资总额预算管理的探讨》，《中国集体经济》2017 年 7 月。

[32] 宋晶、刘明、任冰：《完善国有企业薪酬制度的几点思考》，《大连海事大学学报》2009 年 10 月。

[33] 宋晶、孟德芳：《企业工资决定：因素、机制及完善对策研究》，《财经问题研究》2013 年 5 月。

[34] 孙琛：《出资人视角下青岛市国有企业收入分配问题研究》，2009 年 6 月。

[35] 孙文斌：《国有企业薪酬管理现状和解决方法》，《企业导报》2010 年第 5 期。

[36] 唐伶：《国有企业工资制度改革的回顾与思考》，《改革论坛》2010 年 6 月。

[37] 田园、林玳玳、高毅蓉：《对垄断性国有企业进行工资调控的几个视角》，《国有企业改革〈生产力研究〉》2008 年 7 月。

[38] 王红茹:《央企工资将被“双控”》,《中国经济周刊》2009 年第 42 期。

[39] 王万珺、沈坤荣、叶林祥:《工资、生产效率与企业出口——基于单位劳动力成本的分析》,《财经研究》2015 年第 7 期。

[40] 王星丽:《国有企业如何建立合理的薪酬管理体系》,《市场周刊》(研究版),2005 年 4 月。

[41] 王燕武、李文博、李晓静:《基于单位劳动力成本的中国制造业国际竞争力研究》,《统计研究》2011 年第 10 期。

[42] 王一农:《国有企业工资总额预算管理的深化和拓展》,《中国人力资源开发》2014 年 7 月。

[43] 魏浩、郭也:《中国制造业单位劳动力成本及其国际比较研究》,《统计研究》2013 年第 8 期。

[44] 魏浩、李翀:《中国制造业劳动力成本上升的基本态势与应对策略》,《中国经贸》2014 年第 3 期。

[45] 吴向军:《浅谈国资委监管企业工资总额预算管理》,《企业研究》2012 年 11 月。

[46] 吴智仁:《从“工效挂钩”到“工资总量调控”》,《编辑学刊》2002 年第 1 期。

[47] 邢春冰:《不同所有制企业的工资决定机制考察》,《经济研究》2015 年 6 月。

[48] 杨美成:《国有企业收入分配制度变迁及思考》,《改革论坛》2009 年 8 月。

[49] 姚先国、曾国华:《劳动力成本对地区劳动力生产率的影响研究》,《浙江大学学报(人文社科版)》2012 年第 5 期。

[50] 元长东:《大型企业集团分配控制和激励改革研究》,《经济研究参考》2003 年第 17 期。

[51] 曾国华、王跃梅:《劳动力成本与工业竞争力——理论模型及实证检验》,《财经论丛》2011 年第 3 期。

[52] 张国庆、林玳玳:《劳动报酬的提高必然降低我国劳动力成本优势吗?》,《宏观经济研究》2016 年第 9 期。

[53] 周连婷:《谈国有企业工资制度》,《时代经贸》2007 年 3 月。

[54] 朱石磊:《河南能化集团调整优化薪酬结构》,《中国煤炭报》2017 年 2 月。

[55] 左宏:《国有企业工资总额确定方法的改革思路》,《经济研究参考》2008 年 12 月。

[56] Akerlof, GA Gift Exchange and Efficiency-Wage Theory, “Four Views,” *American Economic Review* (1984) 74: 79 - 83.

[57] AKERLOF. G. A & YELLEN, J. L, “The Fair Wage-effort Hypothesis and Unemployment,” *Quarterly Journal of Economics*, 1990, 105 (2).

[58] AM. Sbordone. “Prices and Unit Labor Costs: a New Test of Price Stickiness,”

Papers, 1998, 49 (2): 265 - 292.

[59] BEWLEY. T. F, *Why Wages donnot Fall during a Recession*, Harvard University Press, Cambridge, MA, 1999.

[60] Ehrenberg, RG and Smith, RS (2010) Modern Labor Economics. Glenview, IL: Scott, Foresman and Company.

[61] Hongbin Li, Lei Li, Binzhen Wu, and Yanyan Xiong. "The End of Cheap Chinese Labor," *Journal of Economic Perspectives*, Volume 26.

[62] H. Dan. "Do labor costs affect companies' demand for labor?" *Iza World of Labor*, 2014: 1 - 10.

[63] J Felipe, U Kumar. "Unit Labor Costs in the Eurozone: The Competitiveness Debate Again," *Economics Working Paper Archive*, 2011, 2 (4): 490 - 507.

[64] JB. Rebitzer. Unemployment, Labor Relations, and Unit Labor Costs. *American Economic Review*, 1988, 78 (2), pp. 389 - 94.

[65] Kellman M. "Relative prices and international compet it iveness: An empirical investigat ion," *Empirical Ecnomics*, 1983, Vol. 8, pp. 125 - 137.

[66] Pinheiro, "Armando Castelar and Lauro Ramos: Inter-Industry Wage Differentials and Earnings Inequality in Brazil," *Estudiow de Economia*, 1994

[67] P. Hooper, E. Vrankovich. "International comparisons of the levels of unit labor costs in manufacturing," *International Finance Discussion Papers*, 1995.

[68] P. Krugman. A, "Model of Innovation, Technology Transfer, and the World Distribution of Income," *Journal of Political Economy*, 1979, 87 (Volume 87, Number 2), pp. 253 - 266.

[69] SS. Golub. "Labor costs and international trade," *Committee for a National Trade Policy*, 1961, 38 (4), pp. 710 - 720.

[70] Van Ark, Bart, R. Inklaar, and Robert H. McGuckin. 2002. " 'Changing Gear': Productivity, IT and Service Industries: Europe and the United States," Paper presented to the Brookings Workshop on Services Industry Productivity, Washington, May 17.

·专题报告·

B.20

积极收入分配政策作用分析

常风林*

摘　要：本文提出积极收入分配政策是深入贯彻落实共享发展理念的根本保证的观点。首先，积极收入分配政策的基本内涵是以让人民群众有更多获得感为着眼点，以更大程度的“扩张性”激励导向、更高水平的城乡居民收入增长目标、更好聚焦共同富裕为基调。其次，积极收入分配政策对实现共享发展极端重要，并且在经济新常态下实施积极收入分配政策的时机与条件已基本成熟。最后，本文提出了深入实施积极收入分配政策，贯彻实现共享发展理念的政策措施建议。

关键词：积极收入分配政策　共享发展理念　经济新常态

党的十八届五中全会上，习近平同志系统论述了创新、协调、绿色、开放、共享“五大发展理念”。牢固树立并切实贯彻“五大发展理念”，是关系我国发展全局的一场深刻变革。随着我国经济发展进入新常态，在发展的广度、深度、难度更为凸显的背景下，实施以让人民群众有更多获得感的更为积极的收入分配政策，是适应经济发展新常态，贯彻落实“五大发展理念”特别是共享发展理念的根本保证。

---

* 常风林，人力资源和社会保障部劳动工资研究所综合室副主任，副研究员，主要研究方向为工资收入分配政策、公司治理、财政税收政策等。

一　积极收入分配政策的基本内涵与主要特点

（一）积极收入分配政策的基本内涵

与经济发展新常态之前的收入分配政策相比，所谓积极收入分配政策，其基本内涵是适应我国经济发展新常态的客观要求，以让人民群众有更多获得感为着眼点，以更大限度的“扩张性”激励导向、更高水平的城乡居民收入增长目标、更好聚焦共同富裕为基调的分配政策。

（二）积极收入分配政策的主要特点

积极收入分配政策与经济发展新常态高度契合，具有以下四方面新特点，可以概括为“四个注重”。

1. 注重以适度“扩张性”为收入分配政策总基调

与经济增长态势相匹配，宏观政策本质上可以划分为两个基本方向：一是扩张，二是紧缩。与过去相比，由于经济新常态下我国经济增长“结构性减速”，国民经济整体呈现出中高速增长的偏“紧缩”特征，因此，从宏观调控“逆周期”的角度考虑，收入分配政策需要以适度“扩张”为总基调，应更多采取带有“扩张性”的收入分配政策。

第一，适度“扩张性”收入分配政策总基调的根本要求是充分发挥收入增长的“乘数效应”。在过去投资驱动型的经济增长模式下，主要是投资发挥乘数效应，即投资带动经济增长，经济增长带来更多的投资，从而形成“投资—经济增长—更大投资”的增长路径。经济新常态下，经济增长由投资驱动转向创新驱动、消费驱动，相应就需要千方百计形成“收入增长—创新/消费—经济增长—持续收入增长”的增长路径。

第二，适度“扩张性”收入分配政策要求给予城乡居民更高水平、更为现实可信的实际收入增长以及更明确的收入增长预期。适度“扩张性”政策要求给予城乡居民更好、更快、更明确的可支配收入增长，收入的切实有效增长则进一步有效提高城乡居民的消费能力和扩大国内需求。国家通过实施个人所得税减税而增加城乡居民可支配收入的财政收入政策，实施提高城乡低保水平等直接增加城乡居民可支配收入的财政支出政策，以及提高企业最低工资标准，持续提高企业退休人员养老金水平等本质上都属于扩张性的收入分配政策。党的十八届五中全会明确提出的“明显增加低收入劳动者收入，扩大中等收入者比重”，以及“加快建立综合和分类相结合的个人所得税制”等政策本质上已带有扩张性收入分配政策的特点。

2. 注重突出以收入分配促进经济增长

改革开放以来，我国的战略机遇主要是发达国家海外市场扩张和国际资本流入，我国抓住机遇一举成为全球制造中心[①]，并实现了较长时期的经济高速增长。经济高速增长状态下，我国经济增长主要依赖投资、消费、净出口“三驾马车”，特别是投资驱动，消费、技术进步等的驱动作用处于相对次要地位。由于资本因素在经济增长中处于决定性地位，同时经济增长的最终产出（产品或服务）的技术含量有限，不同劳动者在经济增长中的贡献差距不太明显。因此，不同生产要素之间的收入分配主要向资本要素倾斜，这种情况下收入分配政策的主要目的是在体现按劳分配的同时防止收入差距过大。在上述经济增长背景下，长期以来，我国收入分配宏观政策目标主要聚焦在已有经济增长框架内理顺收入分配关系，力图实现收入公平，着重强调通过收入分配政策缩小地区之间、城乡居民之间、行业之间等的不合理收入差距，收入分配对经济增长的作用尚未纳入宏观政策的视野。

经济新常态下，结构性减速成为突出特征，应对经济减速也成为宏观政策的主要内容。由于投资不能再过多依赖，同时2008年国际金融危机后全球进入了总需求不足的漫长过程，出口也不再可依赖，因此，经济增长只能主要依靠消费即扩大国内需求，而扩大内需，由于以下原因，更需要注重采取有利于城乡居民可支配收入持续较快增长的积极收入分配政策措施，从而实现以收入分配促进经济增长。

---

① 刘鹤主编《两次全球大危机的比较研究》，中国经济出版社，2013，第16页。

第一，扩大国内消费主要依赖城乡居民的可支配收入持续增长。实践表明，进入中等收入水平国家后，消费对经济增长将起主导作用。目前就世界平均水平来看，国内消费对各国经济增长的贡献率在60%以上，其中发达国家达到80%左右。2014年、2015年，我国消费对GDP增长的贡献率分别达到51.2%、66.4%，已经成为拉动经济增长的主引擎，但与世界平均水平相比，消费对经济增长的贡献率仍偏低。由于城乡居民可支配收入是消费的主要源泉，因此，通过促进城乡居民可支配收入增长扩大国内需求，是我国经济中高速增长的内在要求，也是我国收入分配宏观政策的必然路径选择。

第二，创新性增长客观需要城乡居民可支配收入持续增长。创新性增长的主要内涵是技术进步在经济增长中发挥更为重要作用。要发挥技术进步的突出作用，一方面，需要技术、知识、管理等要素在初次分配获得相对更多份额，另一方面，需要劳动者投入更多人力资本以持续提升自身素质，而这两方面都需要劳动者的可支配收入持续较快增长，进而通过以城乡居民可支配收入的持续快速增长来实现良好的人力资本水平和促进创新发展的经济和社会环境。

3. 注重推动工资增长从“双低”向“双高”转变

改革开放之前及改革开放初期，我国收入分配中“低工资”的特征突出，与“低工资”相匹配，国民经济增长的“低生产效率”特征也十分明显，呈现出“低工资、低生产效率”即“双低”特征。“双低”特征是与我国国民经济体系长期处于世界产品市场的低附加值环节，要发挥比较优势必须借助显著偏低的工资成本与这一发展阶段相适应。

“双低”特征从根本上也是宏观政策“紧缩”方向的体现。而经济新常态下，收入分配宏观政策需要推动从“双低”逐步转变为“双高”（即高工资、高生产效率），从而体现出“扩张”的宏观政策方向，其主要理由是以下两点。

第一，跨越中等收入陷阱需要“高工资、高生产效率”支撑。经济新常态下，我国进入中等收入国家行列，面临中等收入陷阱的挑战，成功跨越中等收入陷阱的关键是我国国民经济体系从低附加值的产品市场成功升级为高附加值产品市场，提高产品的技术含量和国际市场竞争力，而进入高附加值产品市场的关键是生产效率和产品创新能力提高（即所谓高生产效率），而生产效率提高、技术进步等又客观需要“高工资”加以保障。

第二，“高工资”一定程度是对过去劳动力价格长期扭曲的补偿性纠偏。市场机制在资源配置中发挥决定性作用的内在要求是各种生产要素在国民收入中获得合适的份额，如果生产要素所获得的份额长期偏低，那么该要素的资源配置就会发生误置，整个国民经济中对该要素的投入就会不足。长期以来，工资这一劳动力要素的报酬长期被压低，劳动力生产要素价格长期被扭曲，导致我国劳动要素在国民收入分配中所获得的份额显著偏低，造成市场机制对劳动力要素配置失调，这是我国劳动力素质偏低、技术进步进展缓慢、内涵式经济增长转型艰难的深层次原因之一。有鉴于此，十八大报告明确要求“提高居民收入在国民收入中的比重，提高劳动报酬在初次分配中的比重”。因此，摈弃“低工资、低生产效率”传统理念，注重推动“双低”转变为“双高”，实现劳动力价格市场决定的“真实化”，既是对过去劳动力价格长期扭曲的补偿性增长，也是充分发挥市场机制在劳动力资源配置中起决定性作用的客观需要。当然，我国目前毕竟仍处在初级阶段，“高工资”并非意味着工资水平越高越好，关键还是要坚持工资水平适度和可持续性增长。

4. 注重收入增长对更高质量就业的溢出效应

长期以来，我国宏观政策一直把就业作为优先目标，就业稳定增长对经济高速增长和社会稳定发挥了极为重要的作用。但是，经济高速增长虽然承载了高就业的优先目标，但客观上难以带动更高质量就业特别是具有较高工资水平的就业。更重要的是，经济高速增长在强化各级政府对投资驱动型经济增长模式偏好的同时，无法给予创新驱动型经济增长模式以充分激励。

经济新常态下，在高度关注就业稳定的同时，需要更加注重收入增长对更高质量就业的溢出效应。所谓收入增长对就业的溢出效应，主要是指随着城乡居民收入的持续增长和收入水平提高，城乡居民对以较高工资水平就业机会的偏好显著提高（或者说对过去显著偏低工资水平的就业机会不再偏好），同时由于城乡居民可支配收入持续提高和社会福利逐步健全，整个社会对失业率的承受能力相对也在提高。事实上，美国、英国、法国以及其他欧盟国家等发达国家在进入中等收入国家发展阶段时，其失业率通常保持在8%～12%（有时甚至高于20%），失业率显著高于工业化阶段。基于上述理由，经济新常态下，在高度重视就业的同时，应该更加重视收入分配和居民收入增长。事实上，在工资水平特别是城乡居民收入水平持续提高的基础上，对失业率的社会容忍度随之提高，社会公众更加追求工资水平更高和能够实现自我价值的体面劳动，这本身就是更高质量就业的内在含义。

注重收入增长对就业的溢出效应的主要政策含义是，为支撑我国创新和高质量经济增长，对产能过剩、“僵尸”企业等企业的破产力度可以更多由市场力量决定，而不再单纯为了确保低失业率和社会稳定而人为扭曲市场机制，这从根本上有利于我国以技术进步、创新性增长为特征的经济转型，因此对经济新常态至关重要。

二　实施积极收入分配政策对共享发展有极端的重要性

共享发展的实质，就是坚持发展为了人民、发展依靠人民、发展成果由人民共享；创新发展、协调发展、绿色发展、开放发展的最终目的，都是为了共享发展；积极收入分配政策以让人民有更多获得感为基本内涵，其目标指向也是共享发展。

（一）实施积极收入分配政策是实现“人民对美好生活的向往”奋斗目标的内在要求

2012年11月15日，以习近平同志为核心的新一届党中央在上任伊始，就深刻指出人民期盼有“更满意的收入”，“人民对美好生活的向往，就是我们的奋斗目标”。2015年2月27日，在中央全面深化改革领导小组第十次会议上，习近平总书记进一步提出“让人民群众有更多获得感”。更好更快顺应人民对美好生活的向往，让人民群众有更多物质和精神层面的获得感，是党对人民的责任，是改革发展的生命线，是党团结带领全国各族人民不断解放和发展社会生产力的基本遵循。只有实施积极收入分配政策，使广大劳动者获得更直接、更明确、更满意的收入，才能更好展示中国特色社会主义的优越性，才能更好顺应人民对美好生活的向往，体现当代中国发展进步的根本方向。

（二）实施积极收入分配政策是共同富裕和共享发展的关键措施

共同富裕是社会主义的本质要求和最终目标，也是社会主义优越性的体现。为了实现共同富裕，邓小平开创性地提出先富带动后富，最终实现共同富裕的构想，并给出解决社会主义初级阶段先富带动后富过程中必然出现的贫富差距问题从而走向共同富裕的初步时间表，邓小平深刻指出“可以设想，在20世纪末达到小康水平的时候，就要突出地提出和解决这个问题”①。可以认为，全面小康社会就是解决收入差距问题、从先富转向共同富裕的一个重要时间节点。党的十八大进一步明确了共同富裕在收入分配中的指导意义，深刻指出“共同富裕是中国特色社会主义的根本原则。要坚持社会主义基本经济制度和分配制度，调整国民收入分配格局，加大再分配调节力度，着力解决收入分配差距较大问题，使发展成果更多更公平地惠及全体人民，朝着共同富裕方向稳步前进”。实现共同富裕，坚持共享发展，必须坚持发展为了人民、发展依靠人民、发展成果由人民共享，必须做出包括积极收入分配政策在内的更积极有效的一系列制度安排，从而使全体人民在共建共享发展中有更多获得感，增强发展动力，增进人民团结，朝着共同富裕方向稳步前进。实施更为积极的收入分配政策，从解决人民最关心、最直接、最现实的利益问题入手，保障基本民生，缩小不合理的收入差距，是实现全体人民共同迈入全面小康社会，逐步实现共同富裕的关键制度安排。

---

① 邓小平：《邓小平文选》，第三卷，人民出版社，1993。

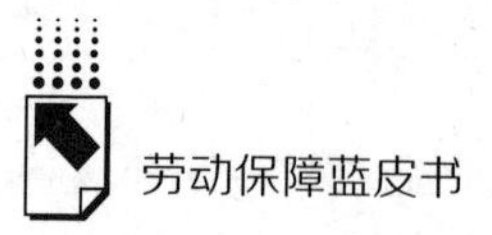

（三）实施积极收入分配政策是全面从严治党的重要保障

十八大以来，随着党风廉政建设和反腐败工作取得明显成效，过去普遍认为的党员干部队伍福利高、灰色收入多等的整体观感已明显改变，社会公众对党员干部队伍的整体廉政评价越来越趋向正面。十八届六中全会审议通过了《关于新形势下党内政治生活的若干准则》和《中国共产党党内监督条例》，对全面从严治党进行了战略部署和顶层设计，廉洁政党、廉洁政府的形象正在确立。在全面从严治党的背景下，为更好体现中央对党的干部队伍既从严要求，又关心爱护的激励约束导向，持续有效发挥工资收入的正向保障激励作用，充分调动党政机关事业企业单位各级各类人员的工作积极性，有必要实施更为积极的收入分配政策，使包括党的干部队伍在内的各级各类人员获得与其贡献相匹配的合理工资收入，为开启全面从严治党新局面提供重要保障，使积极的收入分配政策与全面从严治党形成政策组合，相互补充、相得益彰。

（四）经济新常态下，实施积极收入分配政策的时机与条件已基本成熟

首先，经济发展新常态的基本特征对收入分配政策提出了更直接、更高的要求。习近平同志深刻指出，随着我国经济发展进入新常态，认识、适应、引领新常态成为当前和今后一个时期我国经济社会发展的基本逻辑。经济新常态的基本特征主要可以概括为“结构性减速、创新性增长”。结构性减速是我国国民经济进入新常态后呈现的最突出特征，主要表现为两方面：一是经济增长速度由过去30多年的高速增长（1978～2014年平均增速为9.7%）转变为中高速增长（“十三五”期间乃至未来一段时间经济增速将保持在6.5%左右）；二是经济增长“速度下台阶、质量上台阶”，经济增长的质量效益更高，更具可持续性。从经济增速看，虽然增速下降约3个百分点，但是增长的基数不同，经济增长的“含金量”实际上“不降反升”。举例来说，2010年我国GDP增速为10.1%，人均GDP约5000美元，因此人均GDP年均增长500美元左右；进入经济新常态后，人均GDP达到8000美

元左右时，如果经济增速为6.5%，人均GDP仍达520美元左右。创新性增长主要是指中国经济增长更大程度上将依赖创新和技术进步，表现为显著的内生性增长。著名咨询机构麦肯锡的研究结果表明，“如果未来十年中国想实现5.5%至6.5%的普遍增长率预测值，那么创新对中国经济增长的贡献率需要达到一半”①。与过去30年相比，由于以“结构性减速、创新性增长”为基本特征的经济新常态与中国的人力资本提高、可支配收入增长、技术创新加速等因素更为密切，对“扩张性”收入分配宏观政策提出了更明确、更直接的要求，因此，实施积极收入分配政策的时机已成熟。

其次，改革开放以来近四十年国民经济的高速发展为实施更积极的收入分配政策奠定了扎实的物质基础。目前，我们经济总量已稳居世界第二位，仅次于美国。但按人均GDP计算中国与美国、英国、德国等发达国家相比仍有较大差距。中华人民共和国成立以来近七十年包括改革开放以来的近四十年，为保持中国经济的稳定快速增长，长期以来收入分配政策更多倾向于国家、企业获得较多的收入份额，这导致我国宏观层面上出现了劳动者报酬占初次分配的比重以及居民部门收入占国内生产总值的比重双双下降的态势，正是由于在“蛋糕”做得越来越大的情况下，分给居民和劳动的份额相对较少，社会公众对获得更多的收入份额的要求越来越迫切，党的十八大明确提出提高两个比重即“提高居民收入在国民收入中的比重，提高劳动报酬在初次分配中的比重”也正是对人民群众的关切的及时回应。如果说，改革开放之初还不具备实施积极收入分配政策的条件，那么目前实施积极收入分配政策的物质基础和民意基础条件已经具备。

三　以深入实施积极收入分配政策切实贯彻落实共享发展理念

为牢固树立并切实贯彻共享发展理念，为适应以“结构性减速、创新

① 麦肯锡全球研究所（MGI），“THE CHINA EFFECT ON GLOBAL INNOVATION”。

性增长”为基本特征的经济新常态，迫切需要实施更为积极的收入分配政策。具体来说，基于现实性和可操作性考量，深入实施积极收入分配政策、贯彻实现共享发展理念要着重突出以下几点。

1. 以更好实施“提低、扩中、控高”收入分配政策为重要抓手

首先，“提低”要通过全方位实施精准扶贫、精准脱贫政策，打赢扶贫开发攻坚战，确保到2020年近7000万贫困人口迈入全面小康，同时，通过适时提高最低工资标准、城市低保水平等措施持续保障和改善民生。其次，“扩中”要坚持通过有效贯彻落实党的十八大提出的提高居民收入在国民收入中的比重、提高劳动报酬在初次分配中的比重的要求，持续扩大中等收入群体规模并提高其收入水平。最后，“控高”主要侧重利用税收调节等手段调节高收入群体偏高、过高收入，取缔非法收入，调节不合理收入差距。

2. 积极收入分配政策措施要突出以向劳动、管理、技术等生产要素倾斜的“扩张性”政策，以更多实实在在的城乡居民收入增长的获得感为基本逻辑

收入分配宏观政策需要主动作为，采用更多带有适度“扩张”性的积极收入分配政策，可采取的具体政策措施包括：一是要确保实现党的十八大提出的到2020年城乡居民人均收入比2010年翻一番的目标；二是要以明确路线图、时间表等形式确保实现居民收入增长和经济发展同步、劳动报酬增长和劳动生产率提高同步；三是要将各级政府的GDP增速考核目标逐步调整为人均GDP或人均可支配收入目标。

3. 积极收入分配政策要突出更多依靠市场化手段，充分体现简政放权的基本要求

经济发展新常态的内在要求是尊重市场规律，以让市场在资源配置中发挥决定性作用为基本出发点。为此，在实施积极收入分配政策措施的同时，也要突出减少事前行政审批、突出事中事后监管、为市场主体提供更充分信息从而减弱市场失灵等市场化手段。

4. 积极收入分配宏观政策措施既要主动作为，也要与其他宏观政策措施相协调

与过去相比，经济发展新常态下要突出收入分配宏观政策的引领带动作用，收入分配宏观政策不能简单被动地适应经济新常态，而是要主动作为，成为引领经济新常态的主要抓手。当然，在主动采取收入分配宏观政策措施的同时，也要注重与其他宏观政策措施相协调，谨防政策超调和相互干扰。

为全面贯彻党的十八大和十八届三中、四中、五中、六中全会精神，为适应经济发展新常态，贯彻实现“五大发展理念”特别是共享发展理念，必须大力实施积极收入分配政策，坚持经济发展以更好地保障和改善民生为出发点和落脚点，让改革发展成果更多、更公平、更实在地惠及广大人民群众。深入实施积极收入分配政策，将成为贯彻落实共享发展理念的根本保证，成为推动我国经济社会持续健康发展的根本动力。

参考文献

[1] 习近平：《习近平谈治国理政》，外文出版社，2014。
[2] 邓小平：《邓小平文选》第三卷，人民出版社，1993。
[3] 李扬、张晓晶：《论新常态》，人民出版社，2015。
[4] 刘鹤主编《两次全球大危机的比较研究》，中国经济出版社，2013。
[5] 王小鲁：《国民收入分配战略》，学习出版社、海南出版社，2013。
[6] 张晓晶：《试论中国宏观调控新常态》，《经济学动态》2015 年第 4 期。

B.21
制造业高技能人才评价与激励机制分析

王　宏*

摘　要：　目前我国高技能人才的评价与激励存在着社会化鉴定质量得不到认可、鉴定评价与分配激励衔接挂钩不紧密、人才职业发展空间受限、整体薪酬水平不高且相对公平性较差、存量人力资本开发不足等问题。本报告深入分析了技能人才评价和激励机制本身的缺陷和不足，基于制造业未来发展新趋势和政府简政放权新要求，针对高技能人才的特殊需求，就进一步扩大企业在人才评价中的自主权，更好发挥行业组织作用，促进鉴定与企业用工分配紧密结合，盘活存量人力资本，通过政策引导全面提升高技能人才待遇等提出建议。

关键词：　高技能人才　激励机制　制造业

高技能人才指具有高超技艺和精湛技能，能够进行创造性劳动，并对社会做出贡献的人。按照《高技能人才队伍建设中长期规划（2010～2020）》的界定，主要包括技能劳动者中取得高级技工、技师和高级技师职业资格的人员①。十八大以来，党和国家高度重视高技能人才队伍建设工作，各级政府出台了一系列政策措施来提高技能人才待遇、提振人才积极性。总体看

* 王宏，人力资源和社会保障部劳动工资研究所副研究员，主要研究方向为收入分配、劳动关系和企业人力资源管理研究。

① 引自《高技能人才队伍建设中长期规划（2010～2020）》。

来，相对于经济新常态、供给侧改革以及产业结构升级提出的新要求，我国高技能人才队伍依然存在总量不足、结构不合理、年龄断层、缺乏拔尖的领军人才、队伍整体职业荣誉感较差、创新积极性主动性不足等问题。问卷调查显示①，高技能人才激励与评价机制不健全是造成这些问题的主要原因之一。为深入分析目前高技能人才评价、激励以及相互衔接机制中存在的问题，工资研究所课题组开展了针对高技能人才的问卷调查，对二七机车厂、SMC中国、上海大金、赛升药业等现代制造业企业进行实地调研，并分别于北京、上海两地召开座谈会，广泛听取劳动主管部门、职业院校、鉴定机构以及中航工业、中铁集团、江南造船等高端制造业企业代表的意见。以下就高技能人才评价与激励机制的现状、问题进行总结，从更好发挥政府职能角度出发，着重就如何完善制度激发存量人力资本，如何提高人才评价质量（社会化技能鉴定）促进评价与激励有效衔接，如何全方位提高技能人才待遇提出建议。

一 发展与现状

（一）计划经济时期的技术等级企业考核和八级等级工资制

针对中华人民共和国成立初期各地区工资形式和标准五花八门的问题，在东北试点经验基础上，1956 年 7 月国务院正式发布《关于工资改革的规定》等一系列文件，改进工人的工资等级制度，拉大工资差距，克服平均主义。中央国有企业实行 6 ~ 8 级工资制度（以 8 级居多），十大主管部门分地区、分企业分别制定企业职工和干部的工资标准，根据实际情况制定并修订工人的技术等级标准，并组织企业严格按照技术等级标准对工人进行考工定级。工人技术等级考核制度和 8 级工资制的特点：一是设置 6 ~ 8 级的（多数为 8 级）技术等级，工人发展空间充裕，且每一级有明确的差异化的

① 问卷调查对象是参加 2016 年 9 月 20 日至 22 日在绵阳召开“2016 年大国工匠走进中国（绵阳）科技城暨钳工电工专业技能大师工作室带头人交流活动”的，来自全国各地各行业的钳工、电工专业技能大师（90% 为技师或高级技师）。

技术标准；二是由企业严格按照标准考工升级，克服了凭印象和工龄评定工资等级的弊端；三是技术等级与工资标准直接对应，根据工人的技术考工定级结果直接确定工资，人才评价与人才激励“无缝”对接；四是工资水平适中，与管理和技术人员的工资差距比较合理。国务院几次调标后，国家机关行政人员、工程技术人员和企业工人的工资关系显得比较合理：企业工人最低每月30~40元，企业职员最低43~57元，国家机关最低23~66元。工人最高在每月100~135元之间，相当于企业的车间主任以及财务、计划、劳资等重要部门的负责人①。

由于国家对企业工资实行统一计划管理体制下出现的工资增长普遍滞后于技术晋级问题以及执行中的偏差，加上接连受“大跃进”、三年自然灾害特别是“文革”时期的冲击与破坏，工人技术等级考核工作和计件工资制、奖金制度等探索被迫中止。

（二）20世纪80年代，八级工演变为五等级，企业工资管理体制重大调整

配合国有企业管理体制改革，企业工资分配制度改革探索不断推进。1984年、1985年国家出台《关于国营企业工资改革问题的通知》，打破企业工资由国家统一集中管理的模式，实行企业工资总额同经济效益挂钩浮动核定，在工资总额范围内，企业自主决定具体分配形式和分配方案。与此同时，工人技术等级考核制度也得以重建和调整、完善，我国技能人才评价考核形成了“初级、中级、高级三个技术等级考核和技师、高级技师两个技术职务资格考评体系”②。

随着国家对企业工资管理体制的转变，企业分配自主权逐步得到落实，单纯以操作技术水平决定工资的等级工资制度被打破，工人所从事的岗位和

---

① 刘贯学：《八级工资制演变为平均主义大锅饭》，《劳动保障通讯》2003年12月，第41~42页。

② 杨宜勇、杨河清：《回顾与展望：中国劳动人事社会保障30年》，中国劳动社会保障出版社，2008，第81页。

实际贡献等因素重要性逐步提高，结构工资制度逐步成为企业工资分配的主要形式。这一阶段，工人与专技、管理人员的工资差别并没有拉开太大距离。

（三）20世纪90年代，技能鉴定社会化管理体制确立，企业分配自主权全面落实

1993 年劳动部颁布《职业技能鉴定规定》，改“工人企业内部考核”为“职业技能鉴定的社会化体制”，同时实行国家职业资格证书制度。到 20 世纪初期已经初步形成了国家、地方（行业）、鉴定所（站）三级运作的技能鉴定和评价实施工作网络。

在工资宏观调控机制方面，除持续完善对工效挂钩核定指标和核定办法外，国家进一步按照市场经济要求，开展最低工资标准制度和工资指导线等制度的试点工作。在微观领域，1991～1993 年，国有企业在劳动部会同相关部委发布一系列文件的指导下，建立以岗位要素评价为基础的岗位技能工资制。

（四）21世纪以来，技能人才多元化评价体系初步建立，全方位激励体系正在形成，少数优秀高技能人才待遇有所提高

在技能人才评价机制方面，不断完善人才评价标准、提高社会化鉴定质量，同时积极开展企业自主评价试点和技能竞赛与鉴定结合的工作模式。自 2004 年始，国家建立新职业发布和清理制度，不断丰富、调整、发展我国国家职业分类和职业标准体系。2015 年，新版《中华人民共和国职业分类大典》正式发布。与此配套，大力推进职业标准和题库开发等基础工作，初步形成包括国家题库和 60 个地方或行业分库在内的涉及 300 多个职业的题库网络。自 2004 年起，国家和地方劳动部门①先后选择部分具备条件的

① “一般企业可自主实施高级工（三级）及以下等级的职业资格鉴定，大中型企业可自主实施高级技师（一级）及以下等级的职业资格鉴定。评价办法也实现多元化，企业可采取传统的理论考试与实际操作相结合的办法，也可采取工作业绩评定、现场作业评定、模拟仿真操作评定、产品抽样评定、组织专家答辩等办法实施考核鉴定”。引自《浙江省技能人才自主评价办法（试行）》（浙人社发〔2014〕131 号）。

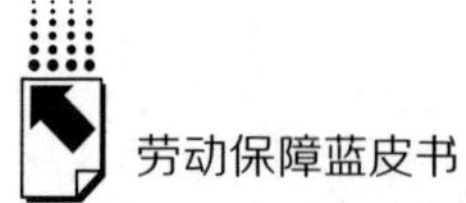

中央企业和大中型企业开展对高技能人才的企业自主评价工作。职业技能大赛按照国家职业标准组织命题，将鉴定要求融入竞赛，获奖者给予晋升职业资格的奖励。目前，包括社会化鉴定、企业人才评价、职业技能大赛和职业院校鉴定评价在内的制造业高技能人才多元化评价体系初步建立。

在人才激励机制方面，以企业为激励分配主体，政府表彰为导向，社会共同关注的全方位激励体系正在形成，少数优秀高技能人才待遇有所提高。高技能人才队伍建设工作得到党和政府高度重视，国务院各部门、各地方不断出台具体政策来提高技术工人待遇。自 2008 年起，国家将高技能人才纳入享受国务院颁发的政府特殊津贴人员选拔范围。各级政府对做出突出贡献的高技能人才进行表彰奖励。成都市、常州市、苏州市等地开展贯通技能人才与专业技术人才发展通道的试点工作，部分地方还出台政策，允许并鼓励技能人才向国家机关、事业单位流动，打破身份学历界限，消除技能人才向工程技术系列和机关事业单位流动的壁垒。上海、广州、深圳等地区出台高技能人才落户政策，江苏泰州市对于中华技能大奖获得者、国家技能大师工作室带头人等比照省级有突出贡献的专家，发放购房券 30 万元。镇江、盐城办理“优秀人才一卡通”享受医疗通讯乘车等多项优惠待遇。制造业企业则分别通过拓宽职业发展，提高薪酬福利待遇来激励高技能人才发挥作用：中车集团设首席专家、资深专家、核心技能专家等高技能岗位，纵向拉伸高技能人才的职业发展空间；云南锡业集团“对在集团公司开展的技能比武竞赛活动中取得优异成绩的人员，执行每月 300 ~ 500 元首席操作工津贴制度”①；江苏油田规定“凡经技能鉴定授予技师或高级技师职业资格并被聘用的人员，分别按照本人岗位工资的 20% 或 30% 增加岗位工资”②；还有少数企业已经在开始探索年薪制和其他新型分配模式。

---

① 鲍伟岗、王南：《构建企业高技能人才评价、激励机制》，《中国高新技术企业》2010 年第 9 期，第 51 ~ 52 页。

② 邓政丰：《构建高技能人才评价工作机制的实践》，《中国培训》2008 年第 8 期，第 31 页。

二　问题、原因与挑战

（一）存在的主要问题

1. 社会化评价鉴定质量不高，“证出多门”良莠不齐

调研代表反映，目前的社会化鉴定总体质量不高，证书泛滥，良莠不齐，真假难辨。据不完全统计，到 2014 年仅电工就存在 7 个不同部门依法颁发的各类职业资格证书①。一方面，在鉴定实施环节存在考培不分、证书泛滥甚至是资格买卖等违法违规现象，另一方面，存在行业鉴定和地方政府鉴定之间互不相认的情况，影响证书的权威，制约人才正常流动。

2. 鉴定结果企业认可，评价与激励挂钩不紧密

社会化技能鉴定考评仅反映工人对照鉴定题库要求的操作技术水平，并不代表本人实际岗位工作，更不能反映其实际工作业绩和实际贡献。职业标准和鉴定题库明显滞后于生产实际，加上鉴定机构良莠不齐，总体质量不高，企业不愿意直接认可社会化鉴定的职业资格证书，更不愿意简单根据鉴定结果兑现工资。

3. 存量人力资本开发不充分，影响发展后劲

目前全国已经有 1.6 亿人次取得职业资格证书，而取得高级工以上的高技能人才总数已经达到 4500 万。调研中发现，一些已经取得技师、高级技师证书的高技能人才，因为缺乏合适的激励方式或平台，无法发挥自身价值，个别人选择退出技术操作岗位转入管理或工程技术行列；但更多的人则出现原地踏步、消极懈怠的情况，主动钻研技术，不断提升自我价值的压力和动力都不足。

4. 薪酬待遇的相对公平性较差，满意度不高

根据课题组组织的高技能人才代表问卷调查结果分析，七成（70.1%）

① 袁良栋：《职业资格证书制度创新发展研究》，中国言实出版社，2014，第 4 页。

的高技能人才月固定工资在8000元以下（见图1）；超过六成（66.7%）的调查对象预计自己2016年全年仅能够领取3万元以下的奖金或没有奖金。固定工资和奖金结合起来分析，大部分高技能人才的年收入在5万~15万元之间，少数所在企业效益差或地处偏远地区的高技能人才收入可能低于5万元。与管理和技术两支队伍相比，高技能人才的工资水平相对较低。问卷调查显示，超过半数（51%）的被调查高技能人才代表认为本人工资收入低于一般管理人员，16.6%的人认为甚至没有达到一般管理人员的一半（见图2）。

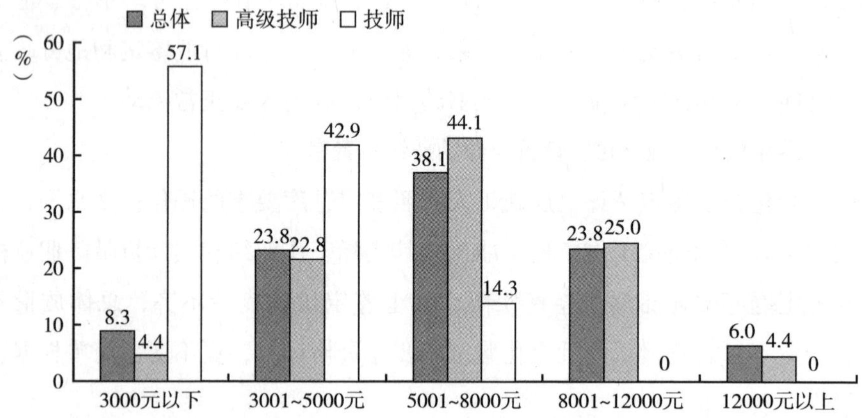

图1　您2016年8月份的固定工资收入是多少？

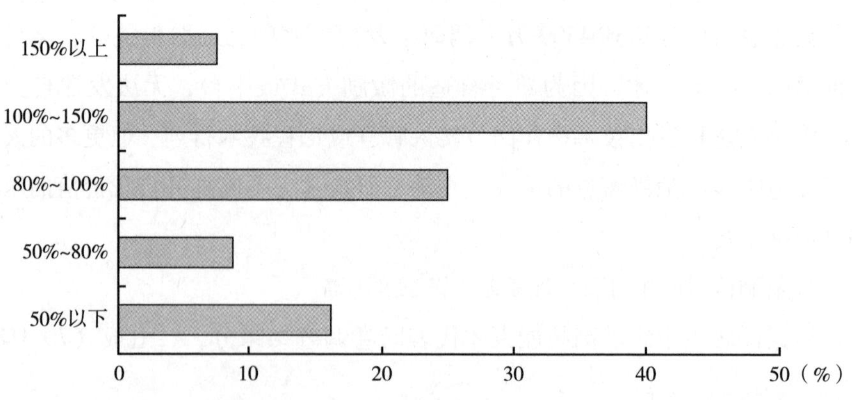

图2　您的工资收入相当于本单位一般管理人员的多少倍？

相对于自己的劳动付出、实际贡献和素质技能水平，67.9%的被调查对象表示对自己的工资收入满意度“一般”，“不太满意”或“很不满意”（见图3）；“工资收入与管理和技术人员相比不公平”（52.4%）和“工资收入过低”（50%）已经成为影响高技能人才创新积极性的重要制约因素（见图4）。

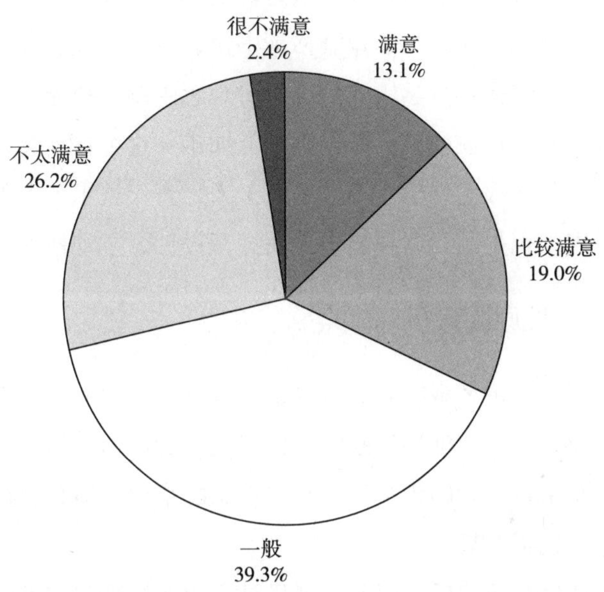

图3　相当于您的劳动付出、实际贡献和技能水平，您对自己现在的工资收入水平是否满意？

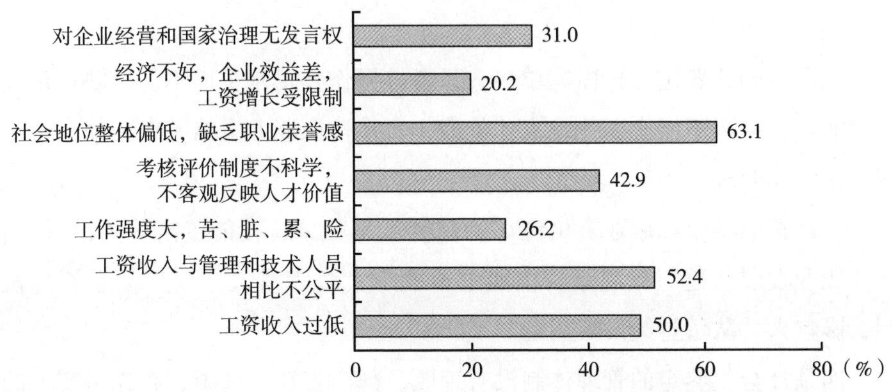

图4　您认为制约技能人才积极性的主要问题是？

5. 发展空间受限制，职业荣誉感和社会地位较低

问卷统计结果显示，参加调查的高技能人才认为关于制约技能人才工作积极性的首要障碍就是“社会地位整体偏低，缺乏职业荣誉感”（63.1%），其次才是经济待遇问题，此外还有31%的被调查对象认为技能人才“对企业经营和国家治理没有发言权，处于被管理地位”（见图4）也是重要因素。目前国家颁发的技能操作人员职业资格证书仅有五级，技能人才职业发展的纵向通道太短。同时受自身学历或传统身份观念限制，技能人才很难进入经营管理层，进入国家机关或事业单位则难上加难。这种在社会地位和社会认同方面的差距，是导致优秀学生不愿意当工人，青年技术工人不安心于本职工作的重要原因，也是制约高技能人才发挥积极性、主动性的关键因素。

（二）制度性原因分析

导致上述问题的主客观因素非常复杂，既有过去粗放型经济发展方式和多数制造业企业处于产业低端的制约，也有我国劳动力市场长期供大于求的负面影响，更有来自于我国传统社会文化观念的束缚，但我们在制度设计层面的问题和不足也很明显。

一是人才评价标准落后，职业工种目录、职业标准和鉴定题库开发都滞后于现代制造业生产实践的飞速发展，导致鉴定结果脱离企业生产实际需要，突出表现在航空设备、飞机、船舶、动车等高端设备制造、精细制造和智能制造领域。

二是社会化鉴定评价内容单一，只考核操作技术水平而不能反映业绩表现和实际贡献，不能全面体现人才价值，直接按照职业资格等级证书支付工资的做法不合理。

三是技能鉴定和职业资格证书管理制度不完善，技能鉴定等级设置少，人才职业发展通道短；职业资格能上不能下，对存量人才缺少动态管理机制，影响人才队伍持续发展后劲。

四是社会化鉴定的管理体制没有理顺，部门责权不清晰，存在事实上的“多头管理”，损害了职业资格证书的权威性与统一性；监管不严格，在鉴定实施环节还存在超范围鉴定、考培不分甚至是资格买卖等违法违规现象。

五是工资决定和正常增长机制不合理，工资协商流于形式，多数企业仍然单方决定工资，限制了提高技能人才待遇的空间。

六是技能要素按贡献参与分配的制度探索落后，技能人才薪酬分配形式单一，缺乏与企业效益增长和长远发展紧密挂钩的中长期激励机制。

（三）新趋势、新挑战和国外有益经验

随着信息化、智能化、网络化与制造领域的深度融合，特别是我国实施《中国制造 2025》以后，制造业将出现两大发展趋势：一是在航空航天、精密设备制造等技术含量较高的制造领域，生产操作人员与技术人员工作内容日趋融合；二是职业工种的新陈代谢、分化整合将进一步加快。另一个变化是按照新一届政府简政放权的整体要求，2014 年以来国家分七批取消了 434 项职业资格，今后将对职业资格设置和认证严格控制。客观形势变化要求加快调整和改进高技能人才评价与激励的工作思路和具体方法。

发达国家和地区技术工人的经济待遇一般较好，在发展机遇和社会地位等各方面与政府雇员、管理技术人员并没有太大差别。在应对产业结构升级挑战、处理社会化鉴定与企业自主分配关系问题上，发达国家的有益经验值得我们学习。

首先，技能人才向工程技术领域转换的通道非常畅通。如韩国政府规定技能序列只要满足 7 ~ 9 年实践工作经验可以申请参加专业技术领域“技士”的考试，实现技能向技术领域的自然晋升转换。

其次，政府主要通过发布价位信息来引导形成合理的工资水平。如美国《2016 ~ 2017 年职业展望手册》囊括了 329 种职业大类的 576 个具体职位，每个职业都详细介绍工作内容、地点以及教育或培训基本要求、薪酬水平，并对未来一段时期内工资增长进行预估判断，从而引导企业和劳动者合理确定工资。

再次，政府重视发挥行业组织和企业主体作用。日本开发职业资格、制订标准具体职责均由中央职业能力开发协会和督道府县职业能力开发

协会（各设置一个企业行业协会作为其主要会员）负责；同时，政府在组织职业考核、颁发执业证书外，还实行企业内部鉴定认可制度，允许企业根据自定的考核标准，对技能振兴做出贡献的高技能人才进行评价和奖励。

此外，发达国家技能人才评价（职业资格证书）的管理体制完善，监管有力，有立法保障作为鉴定管理的依据，并据以规范相关机构的权力和责任。

三 政策建议

（一）总体思路

制造业高技能人才的用工市场化程度高，企业是使用、培训、评价和激励人才的主体，高技能人才的评价与激励体系中，政府职能应当更多地转向制订市场规则、监督市场运行、弥补市场失灵、消除人才流动障碍、营造市场环境和提供更加优质和均等的公共服务方面来。今后一段时期内高技能人才评价与激励机制的改进完善思路应当是：遵循“政府引导、企业自主、行业参与、工会助推、院校配合、社会支持”原则，进一步发挥企业自主性和行业、工会、培训机构的积极性，通过“立规矩、转职能、严监管”提高人才评价质量和企业认可度；通过“修标准、重实践、业界评”促进社会化鉴定评价与企业用工分配的有机结合；通过“建通道，搭平台，定期审”进一步盘活存量人力资本，增强发展后劲；通过“政策支持，信息引导，破除壁垒，公共服务”树立激励导向，全面提高技能人才待遇。

（二）具体政策建议

1. 立规矩、转职能、严监管，提高评价质量和认可度

进一步完善职业资格鉴定认证的管理制度和管理体系。采用政府购买服务等形式引入竞争机制，逐步将鉴定认证具体职能向社会转移。严格对培训和认证机构的监督管理。

2. 修标准、业界评、重创新、重传承，进一步发挥企业自主性和行业、工会积极作用

借助行业组织和典型企业作用，参考国家技能大赛成果，加快职业标准和试题的开发，形成动态调整机制。完善职业标准体系，增加业绩和实践经验要求，促进社会化鉴定与企业生产实践要求有机结合。继续推行技能竞赛与职业技能鉴定相结合的工作方式，借鉴地方成功经验，进一步发挥行业组织制订职业标准、开发题库和组织技能鉴定等方面的职能。

3. 建通道、搭平台、定期审，激发存量人才活力

为进一步调动存量人才积极性，建议在国家重点制造行业，探索在现有五级职业资格等级的基础上向上增加“大师”和“特级大师”等更高等级，鼓励技能人才在生产操作领域纵深发展；贯通技能人才与工程技术人才相互转化通道，允许符合条件的高技能人才向机关事业单位流动。探索建立高技能人才资格的注册登记或定期审查制度，打破职业资格证书终身制，督促高技能人才在生产一线继续做出贡献。

4. 政策支持、信息引导，促进企业提高稀缺优秀人才待遇

完善人才表彰体系，鼓励各级政府部门对高技能人才提供政策支持。鼓励企业探索实行高技能人才的协议工资、项目工资和年薪制等新型分配形式；鼓励企业将高技能人才纳入股权、期权、分红等中长期激励方案，健全技能要素按贡献参与分配制度。加快建立重点行业高技能人才工资指导价位和职业需求预测发布制度，引导企业有针对性地提高重要岗位关键人才的薪酬待遇。

5. 破壁垒、多服务，解除人才发展的后顾之忧

统筹规划技能人才、专技人才、经营管理人才和海外引进人才等各类人才政策，保证高技能人才享受相应待遇。探索建立职业资格与相应的职称、学历可比照认定的制度。对于实行居住证积分落户颁发的地区，建议“高级技师”“技师”分别按照高和中级专业技术职务采取按相同分值积分；在调整企业退休人员基本养老金时，建议对优秀技能人才（如“全国技术能手”）等比照高级专家调整办法予以倾斜。政府为高技能人才及其家庭提供就业、教育等公共服务或优先优惠，通过加大表彰宣传提升高技能人才的社会地位。

参考文献

[1] 张爱卿：《人才测评》，中国人民大学出版社，2011，第8～9、28～29页。

[2] 袁良栋：《职业资格证书制度创新发展研究》，中国言实出版社，2014，第4、106～108页。

[3] 杨宜勇、杨河清：《回顾与展望：中国劳动人事社会保障30年》，中国劳动社会保障出版社，2008，第81页。

[4] 莫荣主编《国际人力资源社会保障报告（2014）》，中国劳动保障出版社，2014，第254～267页。

[5] 刘贯学：《八级工资制演变为平均主义大锅饭》，《劳动保障通讯》2003年12月，第41～42页。

[6] 鲍伟岗、王南：《构建企业高技能人才评价、激励机制》，《中国高新技术企业》2010年第9期，第51～52页。

[7] 邓政丰：《构建高技能人才评价工作机制的实践》，《中国培训》2008年第8期，第31页。

[8] 张永麟：《韩国职业培训与职业技能鉴定制度考察》，《中国职工教育》1997年2月，第9页。

[9] 张淑春、韩娇：《试析高技能人才评价体系的基本内涵》，《辽宁科技学院学报》2011年12月，第94页。

[10] 王明玉：《组织激励理论综述》，《河南研究》2009年8月上，第10页。

[11] 马晶：《西方企业激励理论述评》，《经济评论》2006年第6期，第153页。

[12] 孙瑞华、齐松仁、左焕琮：《医师科研绩效评估指标体系及构建的探讨》，《中华医学科研管理杂志》2000年第13期，第9～12页。

[13] 程惠东：《科技人才综合评估中的AHP方法》，《泰安教育学院学报岱宗学刊》1998年第4期，第83～94页。

[14] 陈韶光、徐天昊、袁伦渠：《优秀中青年科技人才评价研究与应用》，《科技管理研究》2001年第2期，第63～65页。

[15] 闫永志、舒有珍：《首钢高技能人才评价试点工作的新发展》，《中国培训》

2012 年第 2 期，第 24 ~ 25 页。

[16] 徐芳：《高技能人才评价模式导向分析》，《企业改革与管理》2011 年第 9 期，第 56 ~ 57 页。

[17] 李亚军、罗钢：《高技能人才评价的创新探索——深圳高训基地实证研究》，《职教论坛》2009 年第 11 月，第 28 ~ 32 页。

[18] 劳动工资研究所课题组：《提高技能人才待遇问题研究》，2016 年 10 月。

B.22
最低工资标准调整宏观指导情况分析

胡宗万*

摘　要：　本报告提出了最低工资标准调整的宏观指导框架，并运用此框架，对2016年各地区最低工资标准的调整与相关经济社会发展指标之间的匹配性进行了初步评估。分析结果显示，2016年大多数地区最低工资标准与当地相关经济社会发展指标较为协调；最低工资标准实际增速与同期人均GDP增速差距有所缩小，但最低工资标准与主要相关指标的协调性存在较大程度的地区分化。在宏观评估的基础上，提出了2017年最低工资标准调整的宏观指导建议。

关键词：　最低工资　宏观指导　评估

在我国经济发展进入新常态的背景下，研究国家如何对各地区最低工资标准调整进行更有针对性的宏观指导，已成为当前进一步健全完善最低工资制度并有效发挥其功能作用的紧迫性问题，其具有重要意义。

一　最低工资标准调整宏观指导现状

总体上，国家层面对各地区最低工资标准调整的宏观指导在指导主体上

* 胡宗万，人力资源和社会保障部劳动工资研究所一室副主任，主要研究方向为工资收入分配和劳动关系政策。

以人力资源和社会保障部（政府代表方）为主，全国总工会（职工代表方）、中企联和全国工商联（企业方代表）等主要在相关法律法规制订阶段发表意见、源头参与，实践中“三方四家”协商方式的指导相对较少；在指导方式上以发布政策法规形式指导为主，通过《劳动法》《最低工资规定》及相关的政策文件等对各地区最低工资标准调整频率、调整程序、标准测算公式等进行指导；在具体年度最低工资标准调整与否、调整幅度等指导内容上以定性宏观指导为主，针对性、差别化指导相对较少。

二 最低工资标准调整宏观指导框架

（一）宏观指导的总体考虑

总体来看，针对各地区最低工资标准调整的宏观指导在指导主体上，应依据相关法律法规，继续发挥人力资源和社会保障部的主导作用，同时建议由政府、企业、劳动者分别选取专家代表组成国家层面最低工资委员会，建立“三方四家”定期协商机制，每年定期对于涉及最低工资标准调整的重大问题进行协商，在协商的基础上加强对各地区最低工资标准调整的宏观指导；在指导内容上，对各地区最低工资标准调整的适时性、适度性和规范性等进行宏观指导，重点按照最低工资标准调整对于劳动者、企业、社会就业的影响等维度，加强适度性指导；在指导形式上，按照强制性差别，可以初步分为通过法律法规约束，通过政策文件指导和通过公开发布评估意见引导等不同方式，建议在继续做好法律法规指导的基础上，通过发布相关量化引导数据，发布年度评估指导报告，加强对各地区最低工资标准调整的针对性指导和柔性引导。

（二）建立以适时性、适度性、规范性为重点的宏观指导内容框架

我们认为，最低工资标准调整宏观指导的内容是指对各地区最低工资标准调整的适时性、适度性和规范性等进行综合分析和评价的活动。其中，适

时性指导主要对最低工资标准是否按照规定时间，在主要影响指标发生变动时是否及时或放缓调整节奏等进行指导。适度性指导主要通过对最低工资标准调整受益人群数量及特征，最低工资标准调整对于劳动者特别是低收入劳动者的保障程度，对于企业特别是劳动密集型企业承受能力的影响程度，对于社会就业特别是新参加工作人员及就业困难群体的影响程度，最低工资标准调整对社会收入分配的影响，最低工资标准调整与经济社会发展相当地区的协调程度，最低工资标准的执行状况等开展评估后进行指导。规范性指导主要对包括最低工资标准调整的协商决策程序、事前报备、发布执行时间间隔等是否符合国家关于最低工资的相关政策规定等进行指导（见表1）。

表1　最低工资标准调整宏观指导内容框架

评估维度	序号	评估内容
适时性指导	1	调整频率是否符合政策规定
	2	主要影响指标发生较大变动,是否及时或放缓调整节奏
适度性指导	3	最低工资标准调整受益人群数量及特征(行业、年龄、学历、性别等分布特征)
	4	最低工资标准调整对于劳动者特别是低收入劳动者的保障程度 ——与10%最低收入家庭现金消费性支出比较 ——与当地最低生活保障标准比较 ——与当地失业保险金标准比较 ——与城镇低收入家庭居民消费价格指数比较 ——与从业人员平均工资比较
	5	最低工资标准调整对于企业特别是劳动密集型企业承受能力的影响程度 ——与人均GDP增幅比较 ——与第二、第三产业劳动生产率比较 ——与劳动密集型行业劳动生产率比较 ——分析劳动密集型行业人工成本占总成本比重变动程度
	6	最低工资标准调整对于社会就业特别是新参加工作人员及就业困难群体的影响程度 ——对城镇登记失业率影响 ——对调查失业率影响 ——对劳动力市场求人倍率及新参加工作人员、就业困难人员的影响
	7	最低工资标准调整对社会收入分配的影响(与收入分配差距变化等的关系)

续表

评估维度	序号	评估内容
适度性指导	8	各地最低工资标准调整与经济社会发展相当地区的协调程度等（关注在人均 GDP、从业人员平均工资、城镇居民消费性支出等指标相当地区的最低工资标准之间是否协调）
	9	最低工资标准执行状况（关注最低工资标准执行过程中的新进展、新问题等）
规范性指导	10	最低工资标准调整的协商决策程序是否规范有效
	11	是否履行规范的事前报备程序
	12	最低工资标准的发布执行时间间隔是否不少于 2 个月

新常态下，经济社会发展情况都正在发生显著变化，对各地区最低工资标准调整的宏观指导的核心问题是最低工资标准是否合理、适度。其中，最低工资标准调整受益人群数量及特征方面应关注全部工资收入水平以及固定工资在当地最低工资标准附近劳动者的行业、年龄、学历、性别等分布特征。对于劳动者特别是低收入劳动者的保障程度应比较最低工资标准调整与10%最低收入家庭现金消费性支出、当地最低生活保障标准、当地失业保险金标准、城镇低收入家庭居民消费价格指数、从业人员平均工资等相关指标的匹配程度。对企业特别是劳动密集型企业承受能力的影响程度应关注最低工资标准调整与人均 GDP 增幅、第二第三产业劳动生产率、劳动密集型行业劳动生产率、劳动密集型行业人工成本占总成本比重等指标的匹配程度。对社会就业特别是新参加工作人员及就业困难群体的影响程度应关注最低工资标准调整对城镇登记失业率，调查失业率，劳动力市场求人倍率及新参加工作人员、就业困难人员的影响程度。对社会收入分配的影响应关注最低工资标准调整与收入分配差距变化等的关系。与经济社会发展相当地区的协调应关注在人均 GDP、从业人员平均工资、城镇居民消费性支出等指标相当地区的最低工资标准之间是否协调。执行状况应关注最低工资标准执行过程中的新进展、新问题等。

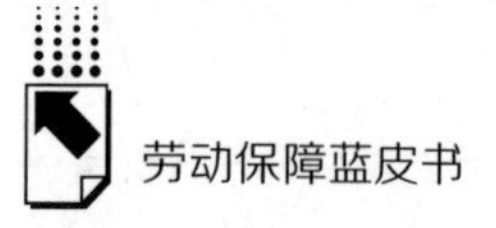

三　各地区2016年最低工资标准调整的适度性评估

2016 年，我国经济发展进入新常态特征更加明显。各地区适当放缓调整节奏，合理控制调整幅度，全国共有 9 个地区调整最低工资标准，调增地区平均调增幅度为 10.7%。2011～2015 年，全国依次分别有 25、25、27、19、27 个地区调整了最低工资标准，对应平均调增幅度分别 22.1%、20.1%、17%、14.1%、14.9%。相比较“十二五”期间，2016 年最低工资标准调整节奏明显放缓，调增幅度明显降低，适应了新常态下经济下行压力较大、企业盈利能力下降的实际。

由于我国各地区经济社会发展水平差异较大，最低工资标准具体调整方案由省、自治区、直辖市人民政府确定。目前，全国最低工资标准共有 102 档，除北京、天津、上海、西藏 1 档，重庆 2 档、黑龙江 5 档外，其他省市均为 3 至 4 个档。

《最低工资规定》明确最低工资标准的确定和调整应参考当地就业者及其赡养人口的最低生活费用、城镇居民消费价格指数、职工个人缴纳的社会保险费和住房公积金、职工平均工资、经济发展水平、就业状况等因素。本文的地区间协调程度分析主要是分析不同地区最低工资与低收入家庭基本消费支出、平均工资、人均 GDP 三项主要影响指标的关系，进而对各地区最低工资标准与相关经济社会的发展统计指标是否协调做出初步判断。

（一）不同地区城镇低收入家庭基本消费支出与最低工资标准协调程度分析

从功能定位上看，最低工资标准应保障劳动者及其赡养人口的基本生活。尽管基本生活的标准不易界定，但将低收入居民实际支出统计数作为其基本生活的衡量标准，具有一定合理性。

该项分析应选取各地区不同档次最低工资标准相应的最低 10% 收入户基本生活支出乘以其赡养系数，再加上个人社保缴费最低额，将其与所适用档次的最低工资标准比较。受限于不掌握各地区不同档次最低工资标准对应数据，我们采用各地区最低 10% 收入户基本生活支出[①]乘以其赡养人口系数，再加上个人社保缴费最低额，将其与各地区最低工资标准最低档[②]比较。

数据显示，总体来看，2016 年多数地区最低工资标准最低档超过当地最低收入户（10%）与其赡养人口的基本生活支出之和，能够保障劳动者及其赡养人口的基本生活。但也有辽宁等 7 个地区 10% 最低收入户劳动者及其赡养人口的基本生活支出高于当地最低工资标准最低档，从一个侧面说明这些地区最低工资标准可能难以满足劳动者及其赡养人口的基本生活。同时，我们注意到，这 7 个地区是 2015 年调整的最低工资标准，2016 年均未调整。

（二）不同地区最低工资标准与平均工资协调程度分析

理论上，最低工资标准是各地政府根据经济社会发展情况，按照《最低工资规定》要求，在各省人力资源和社会保障部门牵头的三方四家协商的基础上确定的，因而带有政府决定标准的性质。在我国目前市场经济的大背景下，作为平均工资代表的城镇单位就业人员平均工资、在岗职工平均工资，特别是私营单位就业人员平均工资是市场机制调节、企业自主分配，最主要是市场决定的结果。因此，比较最低工资标准占平均工资比例的变化，可以从一个侧面验证最低工资标准的调整幅度是否合适。

数据显示，总体来看，各地区在 2010～2016 年一个相对较长的时间段内，最低工资标准占社会平均工资的比重相对稳定，占在岗职工和城镇单位

① 城镇居民消费支出主要包括食品烟酒、衣着、居住、生活用品及服务、交通通信、教育文化娱乐、医疗保健、其他用品和服务共八大类，其中食品烟酒、衣着、居住、交通通信四项更加“基本”。

② 之所以与最低档比较，是因为各地区最低 10% 收入户是在全地区范围内由高到低排序确定的，与本地区最低工资标准最低档进行比较相对较为合理。

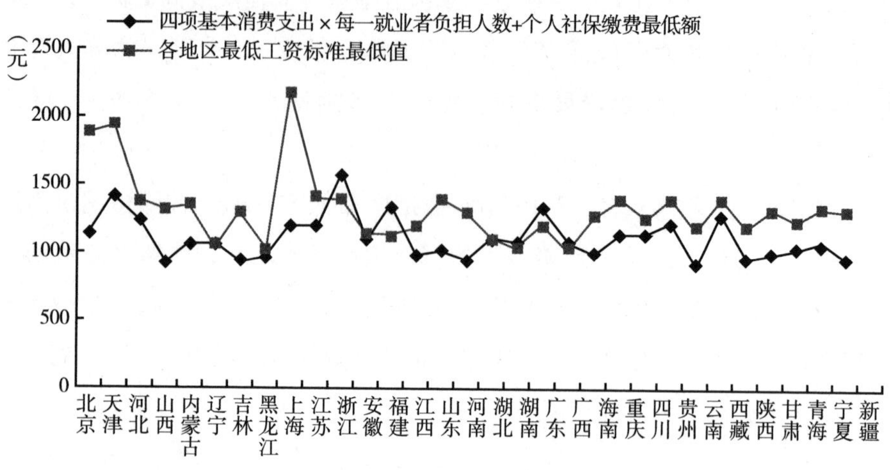

图1　2016 年分地区最低工资标准与保障基本生活支出比较

注：基本消费支出以各地区 10% 最低收入户衣食住行四项基本现金消费性支出数据为准；每一就业者负担人数以 10% 最低收入户每一就业者负担人数为准；各地区个人社保缴费最低额 2016 年统一按照每月 270 元标准概算（北京、上海除外）。实际可能稍有差异。

就业人员平均工资的 30% 左右，占私营单位就业人员平均工资的 48% 左右。具体到最低工资档次平均值占前一年在岗员工平均工资比重来看，2010 年平均比重为 29.65%，2016 年稍有下降，平均比重为 28.49%，但总体保持稳定；最低工资标准占城镇单位就业人员平均工资比重 2010 年平均为 30.35%，2016 年为 29.22%，也基本保持稳定，其中 14 个地区占比略有增长，增幅最大的是重庆（5.66%）、天津（4.09%）、宁夏（3.76%），17 个地区占比略有下降，降幅较大的是海南（-8.09%）、西藏（-6.65%）、湖南（-5.28%）、江西（-5.26%）、福建（-4.61%）（见图 2），增幅较多或降幅较多的地区需关注最低工资标准与城镇单位就业人员平均工资增幅之间的协调。但具体到最低工资占前一年私营单位就业人员平均工资比重来看，由 2010 年的 54.95% 下降至 2016 年的 48.05%，下降了 6.9 个百分点，30 个有统计数据的地区，有 26 个出现下降（见图 3），说明这些地区最低工资标准增速与主要由市场决定的私营单位就业人员平均工资增速差别较大。这就说明，总体上 2010 ~ 2016 年最低工资标准适用人群与城镇单位就业人员和在岗职工基本相当地分享了经济发展成果，但也没有超过市场自主决定的私营单位就业人员平均工资的增幅，最低工资标准与平均工资之间的协调程度在不同地区有所差异。

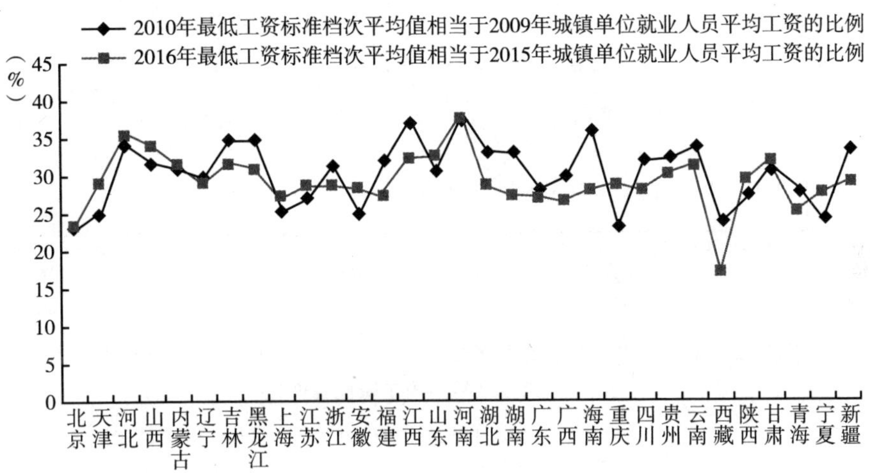

图 2　2010 年和 2016 年分地区最低工资标准平均值占上年城镇单位就业人员平均工资比重变化

（三）不同地区最低工资标准与人均 GDP 协调程度分析

理论上，工资收入水平的高低一般与劳动生产率、劳动力市场供求及价格形成过程中各方力量的强弱等相关，最低工资标准调整也应与劳动生产率增长相协调，同时不能与劳动力市场形成的价格相差太远，这样才符合客观规律，其增长才具有可持续性。需要注意的是，由于人均 GDP 的增速一般波动较大，因此应在一个相对较长的时间段内进行分析比较。

测算结果显示，扣除价格因素，最低工资标准实际增速与同期人均 GDP 增速差距有所缩小，说明经过 2016 年的稳慎调整，最低工资标准增速快于劳动生产率增速的状况有所改善。2010 ~ 2015 年，扣除价格因素，最低工资标准最高档平均值实际增长 8.95%；同期按不变价计算，人均 GDP

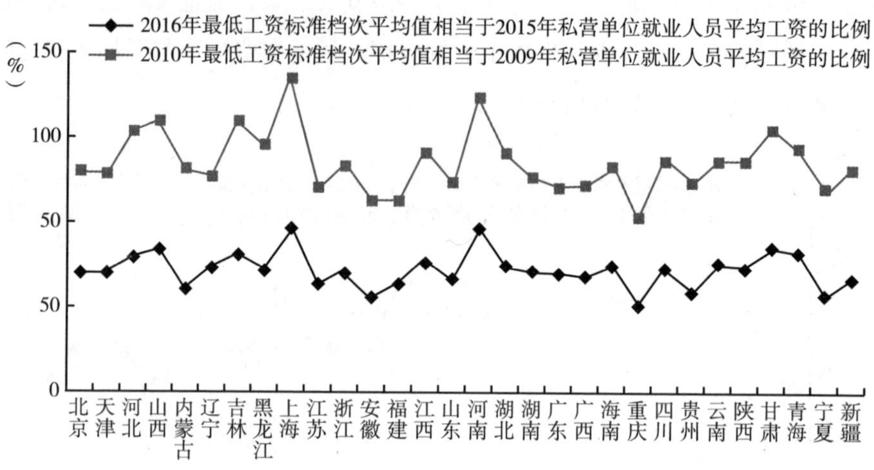

图3　2010 年和 2016 年分地区最低工资标准档次平均值占上年私营单位就业人员平均工资比重变化

注：各地区最低工资标准采用各档次平均值作为代表，2010 年北京、上海、江西、河南最低工资标准不含个人社保缴费，为了可比，按 150 元/月增加后进行概算；2016 年，北京、上海按照 270 元/月进行概算。下同。

年均增速为 7.28%，最低工资实际增速快于人均 GDP 实际增速 1.5 个百分点左右。2016 年各地最低工资标准稳慎调整后，2011～2016 年，人均 GDP 年均增幅为 7.3%（2016 年为推算数），低于同期最低工资标准实际年均 8.3% 的增幅，但相差幅度有所改善。

分地区看，人均 GDP 增速快于最低工资标准实际增速的地区达到 22 个（见图 4），平均快 1.83 个百分点，其中西藏（6.03%）、青海（4.39%）、湖南（3.25%）、河南（2.91%）、河北（2.84%）、福建（2.78%）等地区相差幅度较大；人均 GDP 增速慢于最低工资标准实际增速的地区为 9 个，平均慢 1.97 个百分点，北京、山西、上海、天津、重庆、宁夏、山东、安徽、河北等省份最低工资标准实际增速均快于人均 GDP 增速（见图 4）。同时这也验证，从全国情况来看，经过 2016 年最低工资标准的稳慎调整，近几年最低工资标准的增幅快于以人均 GDP 为代表的社会劳动生产率增幅的状况有所改善。

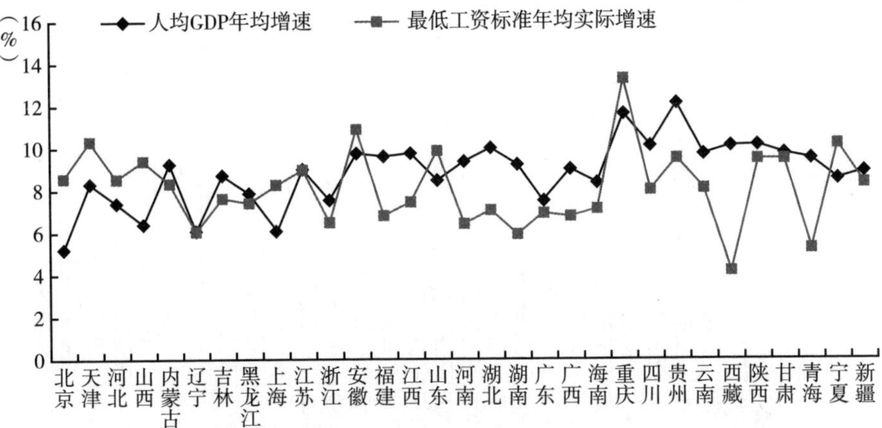

图4　2010～2016年分地区最低工资标准年均实际增速与人均GDP年均增速比较

注：2016年人均GDP年均增速按照国家统计局发布的2016年上半年GDP核算数据代表；其中，2010～2015年采用实际人均GDP数据，2016年由于未发布人均GDP数据，采用GDP数据概算，考虑到近两年参与劳动人数基本稳定，该数据具有一定合理性；最低工资标准年均实际增速涉及运用城市居民消费价格指数进行计算，其中2010～2015年采用实际发布的城市居民消费价格指数，2016年采用2016年10月份各地区居民消费价格指数概算。实际可能稍有差异。

（四）区域协调程度综合分析

区域协调程度综合分析主要是通过分析不同地区最低工资三项主要影响指标综合相对位置与实际最低工资标准排序之间的差别，进而得出两者排序差别较大地区的最低工资标准与经济社会相关发展指标不尽协调的结论。

2016年测算结果显示，总体上最低工资标准调整与主要相关经济社会发展指标基本相一致。同时，不同地区出现分化，有些地区区域系数综合排名靠前，但最低工资标准排位则靠后；有些地区则反之（详见图5）。从区域协调性的角度看，区域系数排名靠前但最低工资标准排名相差较大的地区，其他条件具备时，最低工资标准具有进一步调整的空间；而区域系数排名靠后但最低工资标准排名靠前相差较多的地区，则可暂缓调整最低工资标准。

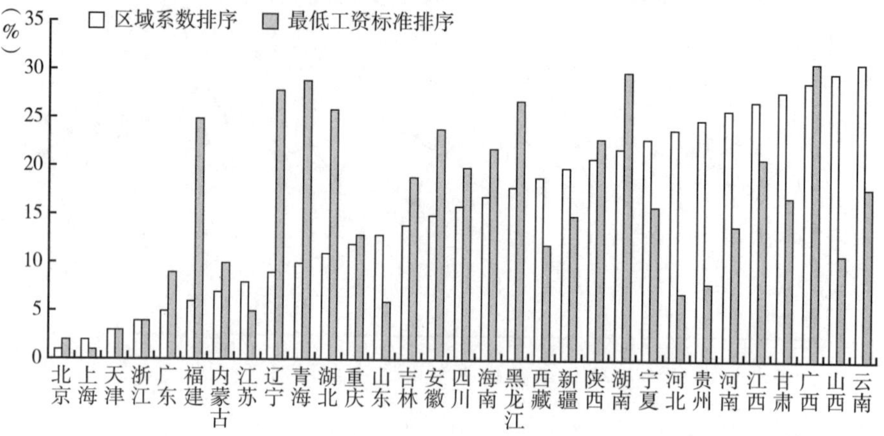

图5　2016年分地区区域系数排序与最低工资标准排序对比

注：由于2016年全年数据尚未发布，10%收入户人均现金消费性支出以国家统计局发布的2016年三季度居民消费支出相比较2015年同期的增幅概算得到，从业人员平均工资按照2016年上半年数据概算，人均GDP在2015年人均GDP的基础上参照2016年三季度各地区GDP增幅概算所得；为了数据同质可比，北京、上海2016年最低工资标准分别按照270元/月个人社保缴费最低额概算。

四　各地区最低工资标准调整的宏观指导建议

通过前述分析，主要得出以下三个结论。一是最低工资标准的调整总体上较好地保障了低收入工薪劳动者及其赡养人口的基本生活，实现了最低工资制度的功能定位，大多数地区最低工资标准调整与当地主要相关经济社会发展指标变化较为协调。二是总体看，扣除价格因素的最低工资标准实际增速与同期人均GDP增速差距有所缩小，说明经过2016年的稳慎调整，最低工资标准快于劳动生产率增速的状况有所改善。三是地区之间差异化特征更加明显，不同地区最低工资标准在与低收入家庭基本消费支出、平均工资增速协调、人均GDP增速比较、区域综合系数排位的协调关系等方面均存在较大程度的分化。

在上述比较分析的基础上，一是继续稳慎做好最低工资标准调整工作。

各地应立足最低工资制度“保基本”的功能定位，从我国社会主义初级阶段的基本国情出发，适应经济发展新常态，统筹处理好维护劳动者报酬权益和促进企业发展的关系，坚持按照稳慎原则做好最低工资标准，使最低工资标准增长适度平稳。二是加快建立最低工资评估机制，密切关注经济社会形势变化，提高最低工资标准调整的科学性，进一步促进最低工资标准调整与经济社会发展指标相协调。目前，经济增长的稳定性不断提高，经济新常态特征更为明显。同时也必须清醒地看到，当前国内外环境仍然错综复杂，不确定不稳定因素较多，国内需求不振和产能过剩矛盾依然突出，转型升级和动能转换的任务繁重，经济下行的压力依然较大，经济稳定运行的基础尚不牢固。各地应加快建立最低工资标准评估机制，加强对经济形势的分析研判，密切关注中小企业的生产经营状况，加强最低工资标准调整对劳动者基本生活保障程度、社会就业、企业人工成本等情况的评估，不断提高最低工资标准调整的科学化水平，进一步促进最低工资标准调整与当地经济社会发展相关指标相协调。

参考文献

[1] 傅康生：《实行最低工资制度的经济分析》，《江淮论坛》1995 年第 6 期，第 70 ~ 74 页。

[2] 韩兆洲、魏章进：《我国最低工资标准实证研究》，《统计研究》2010 年第 12 期，第 35 ~ 38 页。

[3] 韩兆州等：《劳动工资与社会保障——广东最低工资调研与统计测算模型研究》，经济科学出版社，2006。

[4] 胡宗万：《中国的最低工资制度》，《中国人口年鉴》2012，第 197 页。

[5] 胡宗万：《新常态下完善最低工资标准调整机制的思考》，《中国劳动》2015 年第 12 期。

[6] 胡宗万：《新常态下最低工资“保基本”功能评估》，《中国统计》2016 年第 11 期。

[7] 胡宗万：《2016 年最低工资标准调整地区间协调程度评估研究》，《调研世界》2017 年第 5 期，第 5 页。

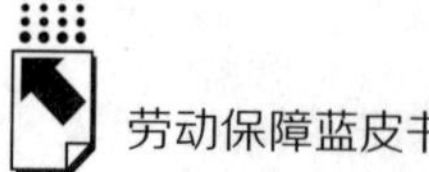

[8] 贾东岚:《国外最低工资》,中国劳动社会保障出版社,2014。

[9] 贾朋、张世伟:《最低工资标准提升的溢出效应》,《统计研究》2013 年第 4 期,第 37 ~ 43 页。

[10] 林原、曹媞:《基于 T 型关联度分析的北京市最低工资标准影响因素研究》,《生产力研究》2010 年第 7 期,第 36 ~ 37,73 页。

[11] 罗小兰:《最低工资、最低生活保障与就业积极性:上海的经验分析》,《南京审计学院学报》2007 年第 4 期,第 15 ~ 18,38 页。

[12] 马双、张劼、朱喜:《最低工资对中国就业和工资水平的影响》,《经济研究》2012 年第 5 期,第 132 ~ 146 页。

[13] 苏海南、王学力、刘秉泉、廖春阳:《最低工资制讨论中的几个热点问题》,《开放导报》2006 年第 6 期,第 48 ~ 50,61 页。

[14] 宁光杰:《中国最低工资标准制定和调整依据的实证分析》,《中国人口科学》2011 年第 1 期,第 26 ~ 34 页。

[15] 王美艳:《中国最低工资制度的设计和执行》,《宏观经济研究》2013 年第 7 期,第 18 ~ 25 页。

B.23

混合所有制企业员工持股制度状况

许英杰*

摘　要： 围绕构建中国特色的混合所有制企业员工持股制度体系的基本任务，分别对我国混合所有制企业员工持股制度的发展历程、存在问题进行了全面的研究，提出进一步完善我国混合所有制企业员工持股制度政策和实践的政策建议。基于此，尝试提出我国混合所有制企业员工持股制度体系的设想或探索。

关键词： 混合所有制企业　员工持股制度　国有企业改革

混合所有制企业员工持股制度是在混合所有制企业中所推行的员工持股制度。建立我国完善的混合所有制企业员工持股制度，关键是构建形成符合我国国情和混合所有制企业特点的员工持股制度体系，对于深化国有企业改革、保护国有资产安全、促进国有资产保值增值、提高员工的积极性等均具有重要意义。

一　混合所有制企业员工持股制度发展历程

我国混合所有制企业员工持股制度的发展分为四个阶段，分别为集资型阶段、正规型阶段、激励型阶段和综合型阶段。

---

* 许英杰，人力资源和社会保障部工资所助理研究员，主要研究方向为国有企业改革。

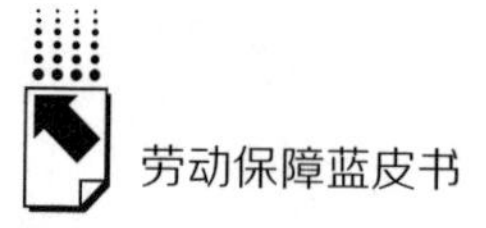

（一）集资型阶段：以募集资金为主要目的

混合所有制企业推进员工持股制度的起止时间为1984～1993年，其目的主要是为了筹集资金推进企业发展和运营；参与集资型混合所有制企业员工持股制度的员工既可以直接单独行使股权，也可以通过第三方组织代为行使股权；资金的筹集主要是从员工定向募集，并且没有设置任何的预留股为未来员工参与员工持股制度留下空间。所以，这一时期的混合所有制企业员工持股制度既没有体现出员工持股制度所设想的使企业成为资本所有者和劳动所有者的利益共同体，也存在制度设计的“短视”缺陷，并且，由于运作的不规范，超范围、超比例发行内部职工股份，以法人名义购买股份后发给个人，公开发布招股说明书全国范围内招股，内部员工持股权证的非法交易等问题不断涌现，对我国股份制试点造成了极大的负面影响，并产生了不少社会问题。

（二）正规型阶段：制度规范的进一步规范

正规型混合所有制企业员工持股的时间区间为1993～2002年，在该阶段，我国混合所有制企业员工持股制度概念和制度基础进一步规范，发展“混合所有制经济”也成为我国最高政策当局的共识，尽管在国家层面，我国没有出台任何正式的以“员工持股制度”建设为重点的法律法规政策措施，以深圳为代表的我国地方政府成为推进国有企业改革进程中混合所有制企业人员共持股制度尝试的重点。在该阶段，混合所有制企业员工持股制度表现出三个方面的特点，分别为：混合所有制企业员工持股制度的名称更为规范；提升员工福利、形成劳动者劳动联合和资本联合成为推进混合所有制企业开展员工持股制度建设的主要目标；地方政府成为推进混合所有制企业员工持股制度的主力。但是，由于我国制度建设不健全，该时期的混合所有制企业员工持股制度的推进依然具有两个方面的问题，分别为正规型混合所有制企业员工持股制度的推行范围有限，推行员工持股制度的混合所有制企业在股票上市之后依然存在员工抛售股票而牟利的现象等。为此，我国出台了相应的政策措施对正规型混合所有制员工持股阶段的员工持股制度进行规范，并最终喊停这一阶段我国混合所有制企业对于员工持股制度的实践行为。

（三）激励型阶段：以激励员工为主要目标

激励型混合所有制企业员工持股制度的时间阶段为2003～2012年，在该阶段，混合所有制企业推进员工持股的目的主要是“激励”，混合所有制企业推进员工持股的对象更多地指向了重要管理层、技术人员等员工，为推进混合所有制企业开展员工持股而出台的法律法规政策举措的针对性也更强，反映了我国对于混合所有制企业员工持股制度的认识更为深刻。但是，由于我国社会主义市场经济体制依然处于完善之中，无论是国有企业改革，还是资本市场建设也均是“摸着石头过河”，该时期的混合所有制企业推进员工持股制度还具有一定的问题，分别为混合所有制企业员工持股制度的推行造成了国有资产流失问题、混合所有制企业员工持股制度的推行对我国资本市场的正常秩序造成了一定的损失等。这些问题也造成2008年之后，我国混合所有制企业员工持股制度的推进遭受第三次的“困难”局面。

（四）综合型阶段：意义重大、目标更多元

综合型混合所有制企业员工持股阶段的时间范围为2013年之后，在该阶段，从基本特征来看，我国首次提出了推进“混合所有制”“企业员工持股”的概念，并从党中央和国务院层面对“混合所有制经济”推进“企业员工持股制度”做出顶层设计；“员工持股制度”同“混合所有制经济”改革结合程度更为紧密；混合所有制企业推进员工持股的目标更为多元化、更具综合性；混合所有制企业推进员工持股制度正处于进程之中。

二　混合所有制企业员工持股制度存在问题

（一）混合所有制企业员工持股制度的推进整体处于较低水平

改革开放以来，我国整体国民经济中混合所有制经济成分不断提升，从

量的角度来讲，混合所有制经济已经成为我国国民经济的重要组成部分。以规模以上工业企业为研究样本，通过对规模以上工业企业混合所有制经济发展状况进行考察，笔者发现 2014 年，混合所有制规模以上工业企业数量占所有规模以上工业企业数量的比例已经达到将近 30%，混合所有制规模以上工业企业资产总额占所有规模以上工业企业资产总额的比例将近五成，混合所有制规模以上工业企业营业收入总额占所有规模以上工业企业营业收入总额的比例超过 40%（41.43%），混合所有制规模以上工业企业利润总额占所有规模以上工业企业利润总额的比例达到 43.36%。

不过，从质的角度来看，不仅我国没有进行混合所有制改革的国有企业存在巨大的改革和发展空间，而且我国已经推进混合所有制改革的混合所有制企业也依然存在极大的改革空间，比如，公司治理机制不健全、缺乏有效的对于公司员工尤其是经营管理层的有效的激励约束、国有企业领导人薪酬设计不合理等。作为深化国有企业混合所有制改革的重要内容，混合所有制企业员工持股制度在党的十八届三中全会之后成为实现国有企业混合所有制改革的重要抓手。不过，通过对我国混合所有制企业员工持股制度的推进状况进行研究，笔者得出不容乐观的结论，即我国混合所有制企业员工持股制度的推进整体处于较低水平。以我国上市混合所有制企业推进的员工持股制度为例，1998 年我国上市混合所有制企业员工持股数量相对最高，通过混合所有制企业员工持股制度员工持有的股份有 51.70 亿股，之后就一直处于下降态势，尽管 2010 年通过混合所有制企业员工持股制度员工持有的股份在前一年的基础上增加到 9.15 亿股，但是 2011 年，通过混合所有制企业员工持股制度持有的股份再次降低为 0.01 亿股；从上市混合所有制企业员工持股制度的企业数量来看，我国上市混合所有制企业推进员工持股制度的企业也处于较低的水平。

（二）顶层设计已经基本完成，但是切实的推进依然任重道远

2013 年、2014 年和 2015 年，党中央和国务院分别通过了《中共中央关于全面深化改革若干重大问题的决定》（2013）、《国务院关于进一步促进资

本市场健康发展的若干意见》(2014) 和《中共中央、国务院关于深化国有企业改革的指导意见》(2015) 三个政策文件，三个政策文件在“混合所有制企业员工持股”方面分别提出政策主张，对“混合所有制企业员工持股”做出顶层制度设计，随着三个文件的发布和落实，我国混合所有制企业员工持股制度的顶层设计也已经基本完成。

2014 年，结合党中央和国务院对于“混合所有制企业员工持股制度”的顶层设计，中国证监会发布了《关于上市公司实施员工持股计划试点的指导意见》[①] (2014)，标志着在党中央和国务院的顶层设计指导下，以上市公司为主体的员工持股制度试点工作开启；2016 年，国务院国资委也发布了《关于国有控股混合所有制企业开展员工持股试点的意见》[②]，标志着以中央企业为主体的员工持股制度试点工作正式开启。在两个政策文件的具体指导下，我国上市公司以及中央企业在主管部门的统一部署下，不断开启混合所有制企业员工持股制度实践步伐。

不过，需要指出的是，尽管我国混合所有制企业员工持股制度的顶层设计已经基本完成，以上市公司和中央企业为主体的混合所有制企业员工持股制度的试点方案也已经出台，并且部分企业已经开启了混合所有制企业员工持股制度的试点工作。但是，总体看来，由于我国混合所有制企业的特殊性以及开展混合所有制企业员工持股制度的复杂性，我国混合所有制企业员工持股制度的推进依然任重而道远，有待在前期试点的基础上，汲取经验，制定正式的混合所有制企业员工持股制度推进政策，全面推进我国混合所有制企业员工持股制度的发展。

(三) 发达国家推进员工持股各具特点，我国需结合国情设计

发达国家推进员工持股制度整体处于领先的地位，但是，由于不同国家

① 中国证券监督管理委员会：《关于上市公司实施员工持股计划试点的指导意见》，法律图书馆，http：//www. law-lib. com/law/law_ view. asp? id =457118，2014 年 6 月 20 日。

② 国务院国资委：《关于国有控股混合所有制企业开展员工持股试点的意见》，中国政府网，http：//www. gov. cn/xinwen/2016 -08/19/content_ 5100563. htm，2016 年 8 月 19 日。

的基本国情不同，发达国家推进员工持股制度也并非千篇一律，而是具有自身的特色。比如，美国在推进员工持股制度的过程中特别注重通过税收优惠政策激励企业实施员工持股制度，在企业员工持股制度的具体操作方面，美国企业也往往结合自身财务状况相机抉择；英国将员工持股制度的推进同英国的国有企业改革结合在一起，再通过发挥国有企业员工持股制度的示范和引领效应，带动所有的英国企业开展员工持股制度；日本推进员工持股制度将高层管理人员排除在制度的设计之外，更倾向于最大限度地减少政府对于企业推进员工持股制度的干预等。

因此，我国在推进混合所有制企业员工持股制度的过程中也不能照搬国外的经验，而应当结合自己的实际，选择适合自身国情的员工持股制度。比如，发达国家推进员工持股制度是建立在资本主义市场经济基本经济制度之下，而我国推进员工持股制度则是建立在社会主义市场经济基本经济制度之下，为此，我国推进企业员工持股制度具有鲜明的混合所有制企业员工持股制度的特点，这就要求我国混合所有制企业员工持股制度的推行要保证国有资产安全，要有利于国有企业改革等。

（四）部分上市的推行已经展开，但同质化有余，探索性不足

随着中国证监会于2014年发布了指导上市公司开展员工持股制度试点的意见，我国上市混合所有制企业不断开始推进员工持股制度实践的试点工作。通过对东部地区的典型企业山东黄金、中部地区的典型企业海螺水泥、西部地区的典型企业西宁特钢以及东北地区的典型企业东北制药的混合所有制企业员工持股制度实践进行研究，笔者发现，我国员工持股制度设计同质化有余，探索性不足。比如，无论是山东黄金，还是西宁特钢，抑或是东北制药，在原则的设计、内容的构建以及组织过程的构思等方面均具有较高的同质性，缺乏结合自身实际所进行的开创性探索。显而易见，这不利于我国混合所有制企业通过开展员工持股制度实践总结经验，从而进一步完善我国混合所有制企业员工持股制度，最终在政府层面形成推进我国混合所有制企业员工持股制度的正式文件。所以，对于上市公司而言，具有混合所有制企

业性质的企业需要进一步加强探索力度，真正为推进混合所有制企业员工持股制度取得经验；对于以中央企业为主体的国务院国资委监管的企业而言，要结合2016年国务院国资委所出台的试点政策，结合自身的实际，继续探索非上市混合所有制企业员工持股制度机制或体系。

三　完善混合所有制企业员工持股制度政策建议

（一）政府政策层面政策建议

1. 持续深入推进混合所有制企业的员工持股制度试点工作

要持续深入推进混合所有制企业员工持股制度的试点工作，在前期选择试点单位开展混合所有制企业员工持股制度试点工作的基础上，结合混合所有制企业的行业特点、规模特点、地域特点等扩大混合所有制企业员工持股制度的试点范围。

2. 及时总结混合所有制企业员工持股制度试点经验和教训

我国上市公司混合所有制企业员工持股制度实践已经试点了两年时间，2016年也开启了以中央国有企业为主体的混合所有制企业员工持股制度试点。随着我国混合所有制企业员工持股制度试点工作的不断推进，我国混合所有制企业员工持股制度试点工作可能取得的经验会不断涌现，所存在的问题会不断保留。中国证监会、国务院国资委等政府部门需要及时总结我国混合所有制企业员工持股制度试点的经验和教训，为制定更加完善地推进我国混合所有制企业员工持股制度试点政策打下坚实的实践基础。

3. 适时制定推进混合所有制企业员工持股制度的正式政策

当前，我国党中央和国务院层面对混合所有制企业员工持股制度的推进所做出的顶层设计已经完成，中国证监会和国务院国资委也分别对混合所有制企业员工持股制度的推进发布试点意见。所以，鉴于我国政府当局对于混合所有制企业员工持股制度的推进已经停留在试点阶段，距全面推进混合所有制企业员工持股制度依然存在一定的距离。我国政府制定政策的单位需要

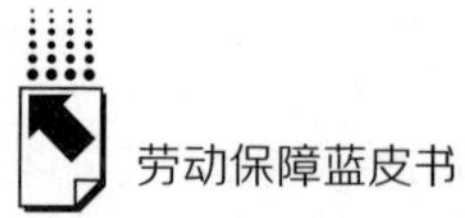

在对混合所有制企业员工持股制度试点进行总结的基础上，进一步完善相关规定，适时制定推进混合所有制企业员工持股制度的正式政策，全面推进我国混合所有制企业员工持股制度，进一步发挥混合所有制企业员工持股制度对于我国全面深化国有企业改革的推进作用，服务于我国国有企业混合所有制改革。

4. 提升混合所有制企业员工持股制度在全面深化国有企业改革改制过程中的“地位”

积极推进国有企业发展员工持股制度可能成为推进国有企业改革、完善国有企业公司治理机制、提升国有企业生产效率的重要途径。当前，混合所有制企业员工持股制度的推进在党中央和国务院的顶层设计层面已经明确，从定位角度来看，混合所有制企业员工持股制度也成为国有企业混合所有制改革的重要抓手。但是，由于员工持股制度所涉及的利益相关方群体较为广泛，对于国有企业公司治理机制的联系较为紧密，又同国有企业改革和改制紧密相连。所以，政策当局需要进一步提升对于员工持股制度在推进国有企业全面深化改革中的地位和作用的认识，从而从更高的层次对混合所有制企业员工持股制度做出定位，提升混合所有制企业员工持股制度在全面深化国有企业改革改制过程中的“地位”。

5. 鼓励和引导地方政府积极推进混合所有制企业员工持股制度

混合所有制企业员工持股制度是我国推进员工持股制度的独特类型，由于我国国有企业的监督管理体制包括中央监督管理的国有企业，还有地方监督管理的国有企业，而地方国有企业的数量和行业分布更为广泛。所以，随着我国国有企业混合所有制改革的不断推进，由我国地方国有企业改革改制而来的混合所有制企业无论在数量，还是在行业分布方面更为庞杂。为此，我国政策层面在积极推进上市混合所有制企业员工持股制度以及以中央国有企业为主体的混合所有制企业员工持股的同时，也需要积极鼓励和引导地方政府积极推进混合所有制企业员工持股制度，从而实现我国实行多层次的混合所有制企业员工持股制度，最终发挥混合所有制企业员工持股制度对于我国总体国有企业全面深化改革的推进作用。比如，在中国证监会和国务院国资委积极推进混合所有制企业员工持股制度试点的示范和引领下，浙江省国资委也将选择5到10家混合所有制企业启动混合所有制企业员工持股制度的试点工作（浙江省国资委[①]，2016）。

（二）企业实践层面政策建议

1. 开展混合所有制企业员工持股制度试点企业的建议

要按照混合所有制企业员工持股制度方案的设计内容，按部就班推进员工持股制度的试点工作。在开展混合所有制企业员工持股制度试点过程中要及时总结经验，通过员工持股制度组织设计，积极应对员工持股制度试点过程中所遇到的困难或问题，不断完善混合所有制企业员工持股制度。比如，在参与员工持股制度的员工范围方面，混合所有制企业员工持股制度试点企业要在政策允许的范围内不断扩大混合所有制企业员工持股制度参与人员的范围；在员工持股制度的资金来源方面，在保证国有资产安全的前提下，要在政策允许的范围内不断探索员工获取购股资金的多种渠道或方式；在员工持股制度所涉及股权的管理方面，要积极引入多种资产管理机构参与混合所有制企业员工持股制度所涉及股权的管理。

2. 尚未开展混合所有制企业员工持股制度试点企业的政策建议

既要积极关注开展混合所有制企业员工持股制度试点企业推进混合所有制企业员工持股制度试点的基本情况，又要积极关注主管单位进一步推进混合所有制企业员工持股制度试点的政策导向。通过积极关注开展混合所有制企业员工持股制度试点企业的最新进展，从外部视角对开展混合所有制企业员工持股制度试点的企业做出评判并吸收经验，为自身下一步开展员工持股制度的试点工作做准备；通过积极关注主管单位进一步推进混合所有制企业员工持股制度试点的政策导向，选择合适的时机申请参与员工持股制度的试点工作。

---

① 浙江省国资委：《将选择5至10家企业启动员工持股试点》，新浪财经，http：//finance.sina.com.cn/roll/2016－12－28/doc－ifxyxvcr7869079.shtml，2016年12月28日。

不仅如此，无论是对于已经开展员工持股制度的试点企业，还是尚未开展员工持股制度的试点企业，均需要加强对国外员工持股制度实践的学习工作，积极吸收推进员工持股制度先进国家的先进企业的有益经验为我所用。

（三）学术研究层面政策建议

1. 进一步开展针对混合所有制企业员工持股制度相关政策研究

为党中央和国务院以及各级政府部门进一步深化混合所有制企业员工持股制度提供理论支撑。比如，积极开展员工持股制度同混合所有制企业结合的形式和内容的研究，混合所有制企业员工持股制度对于全面深化国有企业改革以及国有企业混合所有制改革的意义和价值的研究，深化混合所有制企业员工持股制度的方式、方法研究等。

2. 持续推进我国混合所有制企业员工持股制度实践的案例研究

对我国混合所有制企业员工持股制度试点工作做出全面的分析和总结，指出我国推进混合所有制企业员工持股制度实践的不足之处，提出更加完善的推进混合所有制企业员工持股制度实践的意见和建议，推进我国混合所有制企业员工持股制度实践健康稳定发展。

3. 不断加强中国特色混合所有制企业员工持股制度理论体系构建

形成符合员工持股制度基本理论，契合我国混合所有制企业基本特点，同我国经济社会发展阶段相适应的混合所有制企业员工持股制度利率体系，为形成具有中国特色的混合所有制企业员工持股制度理论体系做出贡献。

4. 切实进行对全球各国员工持股制度实践和最新理论进展的研究

积极吸纳国外开展员工持股制度实践的有益经验，及时引入国外关于员工持股制度利率研究的最新进展，为我国政策当局制定员工持股制度相关政策，企业实践层面探索混合所有制企业员工持股制度实践提供新的思路借鉴。

四　构建混合所有制企业员工持股制度体系探索

基于相关研究，笔者提出了包括混合所有制企业员工持股制度前置部分、混合所有制企业员工持股制度主体部分以及混合所有制企业员工持股制度后置部分三个层面的混合所有制企业员工持股制度框架。

（一）前置部分体系构建

混合所有制企业员工持股制度体系框架前置部分是指混合所有制企业员工持股制度的基本目标和基本原则，它标志了混合所有制企业员工持股制度设计所致力于实现的目标以及混合所有制企业员工持股制度设计所致力于坚持的基本原则，这是混合所有制企业推进员工持股制度的基本立足点，统领了我国混合所有制企业员工持股制度设计的基本内容。

在基本目标方面，结合对于推进混合所有制企业员工持股制度目的的认识，笔者认为员工持股制度的目的可以定位为以下几个层面，分别为：募集资金、提高员工收入、形成长期激励、参与公司治理、推动国有企业混合所有制改革、促进混合所有制企业可持续发展等。

在基本原则方面，结合对推进混合所有制企业员工持股制度原则的认识，笔者认为，我国混合所有制企业员工持股制度应当坚持守法合规、激励相容、长期激励、增量设股的原则。所谓守法合规是指由于我国混合所有制企业员工持股制度的特殊性，我国混合所有制企业在推进员工持股制度的过程中，不仅要符合公司法等一般性法律法规的要求，还应当防止国有资产流失，遵守党和国家关于混合所有制企业员工持股制度的相关政策。所谓激励相容，是指员工持股制度设计必须有利于员工主动参与，企业不能强迫员工参与员工持股制度；员工要承担参与员工持股制度的风险，也能够享受到参与员工持股所可能享受到的收益。所谓长期激励，是指混合所有制企业员工持股制度设计必须要形成员工和企业之间利益共同体的目标，形成对于员工积极工作的长期激励。所谓增量设股是指混合所有制企业员工持股制度的股票来源要主要采取增资设股的方式，以便防止国有资产流失。

（二）主体部分体系构建

混合所有制企业员工持股制度体系的主体部分标志了我国推进混合所有

制企业员工持股的基本内容，包括混合所有制企业员工持股制度的实施范围界定、资金来源、股份来源、期限和规模、股权管理等内容。

在实施范围方面，笔者认为我国混合所有制企业员工持股制度的实施范围可以坚持“先窄后泛”的思路，即开始试点或初步推广的时候将混合所有制企业员工持股制度的参与范围限定为对于企业的经营业绩和可持续发展具有直接影响或较大影响的“科研人员、经营管理人员和业务骨干等”，在推广比较成熟之后，再全面推广，发挥混合所有制企业员工持股制度对于国有企业改革、员工收入以及社会问题的解决等效果。

在资金来源方面，笔者建议，随着我国混合所有制企业员工持股制度的不断完善，在确保混合所有制企业国有资产安全的前提下，我国政策当局可以积极鼓励混合所有制企业允许员工通过多种方式获取资金。不仅如此，为了充分发挥员工持股制度对于所参与员工收入的带动效果，在后期不断扩充混合所有制企业员工持股制度覆盖面的同时，推行员工持股制度的混合所有制企业可以积极尝试以杠杆方式的途径为员工购股募集资金。

在股票来源方面，为了保证混合所有制企业员工持股制度在推进过程中防止国有资产流失的问题出现，增资扩股或出资新设等形式是我国政策层面和实践层面开展混合所有制企业员工持股制度股票来源的基本方式。

在期限和规模方面，笔者认为，员工持股制度设计过程中两个比例的限制有效地保证了员工持股制度的推行不会对国有资本的控股地位造成挑战，也保证了此轮混合所有制企业员工持股制度的推行不走激励型混合所有制企业员工持股制度阶段因管理层收购而导致的国有资产流失问题的路线。不仅如此，无论是关于混合所有制企业员工持股制度相关政策，还是混合所有制企业员工持股制度的实践，均设有锁定期、存续期等，这样不仅保证了我国混合所有制企业员工持股制度在试点过程中遭遇困难之后可能出现的纠偏行为，也在某种程度上保证了国有资产不会流失。

在股权管理方面，笔者认为，股权管理是混合所有制企业员工持股制度设计的重要环节，主要涉及以下几个方面的主体，分别为：董事会、员工持股人大会、员工持股管理委员会、资产管理机构（信托公司、保险管理公司、股权公司、基金公司等)、资产托管机构等，其中，资产管理机构为或有主体，混合所有制企业员工持股制度设计可以将员工所持有的标的股份委托给资产管理机构进行管理，也可以自行管理。

（三）后置部分体系构建

混合所有制企业员工持股制度后置部分标志了混合所有制企业员工持股制度的组织程序。为了保障混合所有制企业员工持股制度合法合规地向前推进，必须设置严密的组织程序。而组织程序的设计需要以国务院国资委“试点意见”以及中国证监会的“指导意见”为蓝本。

参考文献

[1] 迟福林:《国有企业改革中的劳动力产权问题》,《改革》1995 年第 1 期。

[2] 高闯:《员工持股制——确立职工主体地位的重要途径》,《经济体制改革》1996 年第 3 期。

[3] 黄群慧、余菁、王欣等:《新时期中国员工持股制度研究》,《中国工业经济》2014 年第 7 期。

[4] 黄速建、余菁:《企业员工持股的制度性质及其中国实践》,《经济管理》2015 年第 4 期。

[5] 蒋一苇:《职工主体论》,《中国劳动科学》1991 年第 5 期。

[6] 剧锦文:《员工持股计划与国有企业的产权改革》,《管理世界》2000 年第 6 期。

[7] 梁爱云:《美国员工持股制度评介》,《广西社会科学》2001 年第 6 期。

[8] 刘金雄、寇纪淞、李敏强:《论员工持股制度的缺陷性——兼评国有资产流失的原因》,《天津大学学报》(社会科学版) 2000 年第 2 期。

[9] 宁向东、高文瑾:《内部员工持股：目的与结果》,《管理世界》2004 年第 1 期。

[10] 王晋斌:《解析内部员工持股计划制度设计》,《经济研究》2001 年第 7 期。

[11] 杨欢亮:《西方员工持股理论综述》,《经济学动态》2003 年第 7 期。

[12] 张仁德、王文创:《美日 ESOP 制度比较及其启示》,《经济学动态》2000 年第 12 期。

[13] Ellerman D. P. & Pitegoff P. "The democratic corporation: the new worker cooperative statute in Massachusetts," *Review of Law and Social Change*, 11 (3), 1983: 441 - 472.

[14] Jensen M. C. & Meckling W. H. "Theory of the firm: Managerial behavior, agency costs and ownership structure," *Journal of financial economics*, 3 (4), 1976: 305 - 360.

[15] MaCarthy D. & Palcic D. "The impact of large-scale employee share ownership plans on labour productivity: the case of Eircom," *The International Journal of Human Resource Management*, 23 (17), 2012: 3710 - 3724.

[16] Wright M., Pendleton A. & Robbie K. "Employee ownership in enterprises in Africa and Asia," *The International Journal of Human Resource Management*, 11 (1), 2000: 90 - 111.

国际劳动保障篇

Reports on International Labor and Social Security

·分报告·

B.24 2017年全球就业和社会发展趋势

莫荣　孟彤*

摘　要： 2017年，全球经济增长持续疲软，体面工作缺失仍然广泛存在。预计全球失业人数比上年增加340万人，脆弱就业群体总数将达到14亿人。减少工作贫困人口数量的步伐有所减缓，实现联合国《2030年可持续发展议程》中消除贫困的目标前景不容乐观。在世界很多地区和国家，机会不平等和社会不满情绪持续存在。国际劳工组织建议，政策措施必须聚焦排除经济增长过程中的结构性障碍，包括应对不平等问题。

关键词： 全球视野　体面工作　工作贫困　社会不满

* 莫荣，人力资源和社会保障部国际劳动保障研究所所长、研究员，主要研究方向为劳动就业、人力资源管理和国际劳动保障问题；孟彤，人力资源和社会保障部国际劳动保障研究所副研究员，主要研究方向为国际劳动保障问题。

根据国际劳工组织（ILO）最新发布的报告，预计全球经济前景将有所改善，但是，诸多不确定性因素会产生负面的影响。体面工作缺失普遍存在；全球失业总体处于上升趋势；不稳定就业广泛存在；减少工作贫困的进展出现停顿；妇女在劳动力市场未获得平等机会与平等待遇；在世界各地区，人们对社会经济状况的不满情绪日益增长。需要采取综合措施，应对周期性和结构性因素，以便能够在可持续的基础上改善劳动力市场状况。

一 全球经济发展前景

预计2016年全球经济增长3.1%，比2015年的3.2%略有下降；预计2017年和2018年全球经济增长将超过2016年和2015年，分别达3.4%和3.6%（国际货币基金组织预测数据）。2017年和2018年的增长趋势预期主要由新兴经济体中的巴西和俄罗斯经济增长所驱动。2016年巴西和俄罗斯经济萎缩拖累了全球经济增长。另外，大宗商品出口商经历的贸易条件巨大冲击带来的负面影响有可能出现反转，资本投入增长应有助于改善全球经济。

对于发达经济体，预计经济增长前景也将有所改善，但经济增长率保持在2%以下。发达国家经济增长率从2015年的2.1%，下降至2016年的1.6%，预计2017年上升至1.8%（2000~2007年，发达国家经济增长率年均曾达3%）。2016年发达国家经济增长减缓的部分原因是美国和欧洲经济增长低于预期。美国和欧洲预期经济增长前景存在的不确定性，将对未来全球经济增长产生较大的影响。

二 体面工作缺失状况普遍存在

由于2016年全球经济状况欠佳，减少体面工作缺失的努力受到阻碍。人们尤其担心全球经济能否产生充足数量的就业岗位，能否为处于就业岗位的人员提高就业质量，能否以包容的方式确保人们分享经济增长的成果。

（一）全球失业处于上升趋势，主要由新兴经济体失业增长驱动

预计全球失业人数和失业率均处于高位。由于全球劳动力人数持续增加，短期内失业率不可能下降至2008年金融危机前的水平。预计全球失业率将从2016年的5.7%上升至2017年的5.8%；与2016年相比，2017年全球失业人数将增加340万人，失业总数达2.011亿人。随着全球经济前景好转，预计2018年失业率处于相对稳定的状况，与2017年持平。由于全球劳动力增加的人数大于创造的就业岗位数量，预计2018年失业人数仍比上年增加270万人。2017年全球失业人数和失业率均高于上年是由新兴经济体劳动力市场状况恶化造成的。

与2016年相比，预计2017年新兴经济体失业率上升0.1个百分点，达5.7%；失业人数将增加360万人，总数达1.47亿人。预计2017年发达国家失业人数和失业率均比上年有所减少；失业率将下降0.1个百分点，为6.2%；失业人数将减少67万人，总数为3790万人。预计2017年发展中国家失业率将下降0.1个百分点，为5.5%；失业人数将增加40万人，总数为1610万人（见表1）。

表1　2016～2018年全球失业、不稳定就业和工作贫困状况及其预测

	失业率（%）			失业人数（百万人）		
	2016年	2017年	2018年	2016年	2017年	2018年
世界	5.7	5.8	5.8	197.7	201.1	203.8
发达国家	6.3	6.2	6.2	38.6	37.9	38.0
新兴经济体	5.6	5.7	5.7	143.4	147.0	149.2
发展中国家	5.6	5.5	5.5	15.7	16.1	16.6
	不稳定就业人员的就业率（%）			不稳定就业人员的就业人数（百万人）		
	2016年	2017年	2018年	2016年	2017年	2018年
世界	42.9	42.8	42.7	1396.3	1407.9	1419.2
发达国家	10.1	10.1	10.0	58.1	58.2	58.1
新兴经济体	46.8	46.5	46.2	1128.4	1133.6	1138.8
发展中国家	78.9	78.7	78.5	209.9	216.1	222.3
	有工作的极度和中度贫困人员比率（%）			有工作的极度和中度贫困人员人数（百万人）		
新兴经济体和发展中国家总和	29.4	28.7	28.1	783.0	776.2	769.4
新兴经济体	25.0	24.3	23.7	599.3	589.9	580.3
发展中国家	69.0	67.9	66.7	183.6	186.3	189.0

资料来源：国际劳工组织：《2016年11月计量经济学趋势模型》。

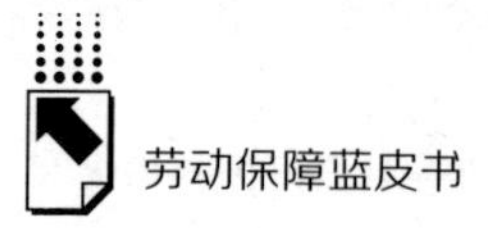

（二）不稳定就业（指个体经营者和无报酬家务工从事的工作）十分普遍

从事不稳定就业的工人由于被缴费型社会保护计划覆盖程度十分有限，因此处于极大的风险中；工薪就业工人通常被缴费型社会保护覆盖。预计2016年、2017年和2018年全球不稳定就业工人数量占就业总量的比重分别为42.9%、42.8%和42.7%；可以看到，2017年和2018年该数据分别只比上年下降0.1个百分点（而2000～2010年，该数据年均下降0.5个百分点）；2016年、2017年和2018年全球不稳定就业人数分别为13.963亿人、14.079亿人和14.192亿人，处于逐年上升的态势。

在新兴经济体，预计2016年、2017年和2018年不稳定就业工人数量占就业总量的比重分别为46.8%、46.5%和46.2%，2017年和2018年分别比上年略有下降；2016年、2017年和2018年不稳定就业人数分别为11.284亿人、11.336亿人和11.388亿人，处于逐年上升的趋势。在发展中国家，预计2016年、2017年和2018年不稳定就业工人数量占就业总量的比重分别高达78.9%、78.7%和78.5%，2017年和2018年分别比上年略有下降；2016年、2017年和2018年不稳定就业人数分别为2.099亿人、2.161亿人和2.223亿人，也是处于逐年上升的趋势（见表1）。

（三）在工作贫困方面，虽然处于极度和中度贫困[①]人员数量及其占就业总量的比重处于下降趋势，但是，减贫进展出现停滞状况

在新兴经济体和发展中国家，预计2016年、2017年和2018年处于极度和中度贫困人员数量占就业总量的比重分别为29.4%、28.7%和28.1%；虽然贫困人员数量占就业总量的比重呈逐年下降的态势，但是，贫困人员绝对数量减少有所趋缓。将新兴经济体和发展中国家分解为新兴经济体和发展中国家两组，2016年、2017年和2018年发展中国家处于极度和中度贫困人员数量占就业总量比重分别为69.0%、67.9%和66.7%，呈逐年下降态势，但是，

① 极度和中度贫困人口指每日生活费不足3.10美元的人员，购买力平价。

同期贫困人员数量分别达 1.836 亿人、1.863 亿人和 1.890 亿人，呈逐年上升的态势；2017 年和 2018 年贫困人数分别比上年增加 270 万人（见表 1）。

三　妇女在劳动力市场中所处的不平等状况持续存在

在很多情况下，妇女劳动参与率远低于男性，并且，当进入劳动力市场后，她们面临失业或者处于不稳定就业的可能性较大。在非洲、亚洲和太平洋地区以及阿拉伯国家，妇女从事不稳定工作的人数相当多，大量妇女从事无报酬的看护与家务工作。由于妇女较低的劳动力市场参与率、较高的失业率和从事不稳定工作的较大可能性，她们难以获得社会保护。

在阿拉伯国家、北非和南亚，社会文化因素对妇女劳动力市场参与产生较大的影响，针对妇女的劳动力市场不平等状况尤其明显。预计 2017 年北非的妇女失业人数是男性的两倍，妇女失业率比男性高 12 个百分点。南亚妇女劳动参与率也较低，只有 28.5%；该地区高达 82% 的就业妇女从事不稳定的工作，在全球排名第一；紧随其后的是撒哈拉以南非洲。

劳动力市场中存在的性别差距还体现在所有职业和经济部门中的男性与女性之间均存在工资差距。根据国际劳工组织《2016～2017 年全球工资报告》，在绝大多数国家，尽管同工同酬法律实施不断取得进展，但是，男性与女性之间小时工资差距持续存在。报告中的数据还显示，不同国家之间性别工资差距有极大的不同：有些国家性别工资差距为零，而有些国家，如阿塞拜疆的性别工资差距高达 40%。

四　人们对社会经济状况不满情绪日益增长，工作年龄人口移民海外的愿望十分强烈

由于当前全球经济发展的不确定性和持续存在的重大经济挑战，世界几乎所有地区都出现了社会动荡或社会不满情绪加剧的状况。国际劳工组织设计了测量人们对社会经济状况不满情绪的“社会动荡指数”。与 2015 年相

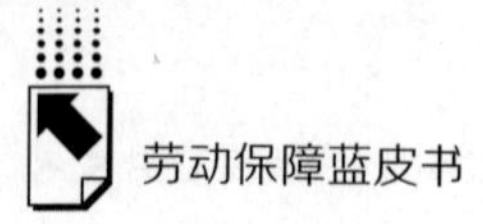

比，2016 年全球社会动荡指数平均增加了 0.7 个百分点，达到 22.4 点，高于 1980 年以来社会动荡指数平均值 21.9 个百分点。

全世界不同地区人们对社会经济不满的程度有所不同。与 2015 年相比，2016 年只有北非、南亚和东南亚及太平洋 3 个地区的社会动荡指数出现下降；其余 8 个地区的社会动荡指数均出现上升，升幅最大的是阿拉伯国家，紧随其后的是撒哈拉以南非洲和东亚（见图 1）。但是，世界各地区的社会动荡指数平均数还不足以反映本地区各国的实际情况。例如，与 2015 年相比，2016 年拉丁美洲和加勒比地区的社会动荡指数平均值只略微增长，但是，处于该地区的巴西的社会动荡指数出现相对较大的升幅，上升了 5.5 个百分点。劳动力市场中存在的问题并不是导致社会动荡指数上升的唯一因素，影响因素还包括生活水平下降等其他诸多因素。

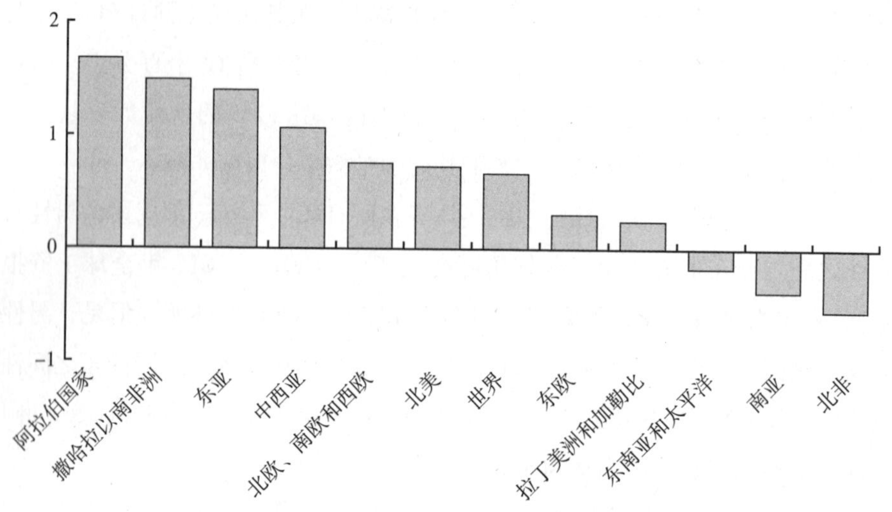

图 1　2015～2016 年世界各地区的社会动荡指数变化情况

资料来源：国际劳工组织。

对本地的社会状况不满和缺少体面工作是人们决定移民的重要因素。最新数据表明，2013 年全球共有 2.32 亿国际移民，其中 2.07 亿人为工作年龄人口；在这些处于工作年龄人口的移民中，有 1.5 亿人从事某项工作，即，移民工人，占全球工人总数的 4.4%。

移民工人中大约有半数生活在高收入国家和地区，主要分布在北美（占移民工人总数的20%），以及北欧、南欧和西欧（占移民工人总数的16%）。移民工人比重最高的地区是阿拉伯国家，占所有工人的比重达35.6%。东欧、东南亚及太平洋的移民工人所占比重较低，分别只有9%和8%。

未来10年，国际移民数量可能会进一步增加。2009年和2016年，除南亚、东南亚及太平洋地区以外，愿意永久移民海外的工作年龄人口占比在世界所有地区均出现上升。

在失业较严重、经济增长较慢的地区，工作年龄人口希望移民海外的愿望最为强烈。与2009年相比，2016年工作年龄人口希望移民海外的人数增幅最大的地区是拉丁美洲和加勒比以及阿拉伯国家。2016年希望移民海外的人数占15岁以上工作年龄人口比重最高的地区是撒哈拉以南非洲，占32.1%（见图2）；位于第二位和第三位的是拉丁美洲和加勒比，以及北非，分别占30%和27%；位于第四位的是高收入的北欧、南欧和西欧。与此相反，希望永久移民海外人数占15岁以上工作年龄人口比重最低的地区是北美、太平洋和东南亚，分别为11%和10%。

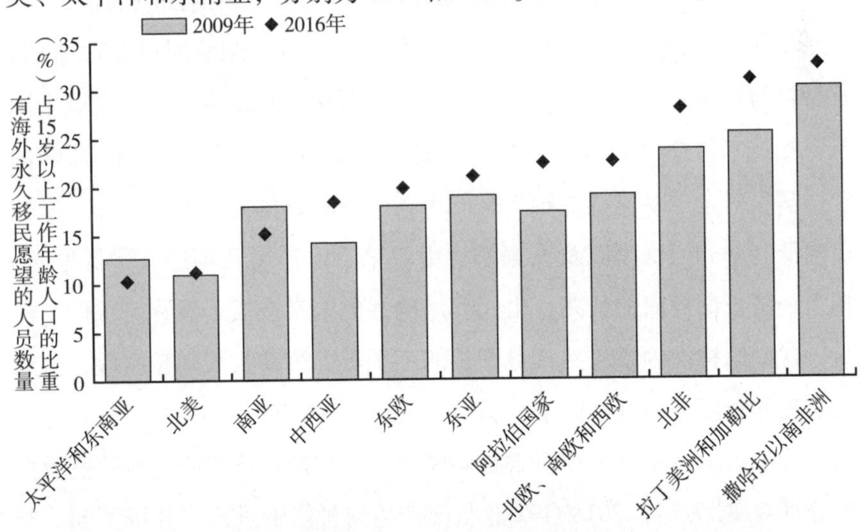

图2　2009年和2016年，世界各地区有海外永久移民愿望的人员数量占15岁以上工作年龄人口的比重

资料来源：国际劳工组织。

五　需要采取综合的方法应对周期性和结构性问题，以便在可持续的基础上改善劳动力市场和社会状况

自全球经济危机爆发以来，全球经济一直存在较高的不确定性，并且难以对其进行定量评估。例如，过去几年对2017年全球GDP增长预测值一直在不断向下调整（见表2）。2012年、2013年和2014年预测2017年全球GDP增长分别为4.6%、4.1%和4.1%，均在4%以上；但是，2015年预测2017年全球GDP增长向下调整至3.8%，2016年进一步向下调整至3.4%。

表2　2012～2016年对2017年全球GDP增长预测情况

年份	2012	2013	2014	2015	2016
GDP增长预测值(%)	4.6	4.1	4.1	3.8	3.4

资料来源：国际货币基金组织（IMF）《世界经济展望》数据库。

近些年的发展状况显示，贸易增长减弱并非完全由周期性原因造成的。与2000～2008年相比，自2009年以来，全球供应链加剧状况已明显减弱，表明贸易量与全球生产之间越来越有可能相互脱钩。其结果是，在发展中国家从革新和技术传播中取得收益，并获得高质量进口产品的潜能下降的同时，发达国家对全球供应链加剧带来的潜在生产收益也会减少。另外，发达国家在极低利率和通涨率以及极宽松货币政策下已连续几年经历了低增长。这些都是经济长期停滞的征兆，由此，结构性的因素造成了投资需求低于储蓄供给，这些结构性因素包括日益增长的不平等、劳动收入增长缓慢、劳动力增长缓慢和新经济的资本需求减弱。

国际劳工组织运用计量经济学趋势模型，就长期经济停滞和财政宽松两个版本分别对2017年和2018年失业状况产生何种影响进行了分析预测。结果表明，如果经济长期停滞（即消费与投资需求下降），2017年全球失业人数将额外增加30万人，2018年将额外增加100万人（见图3）。而相互协调

的财政宽松政策可以快速启动全球经济，中期可消除人们对低增长的恐惧，可提高投资需求。财政宽松的假定前提是增加公共投资支出。在财政宽松情况下，2017 年和 2018 年全球失业人数将分别减少 70 万人和 190 万人。

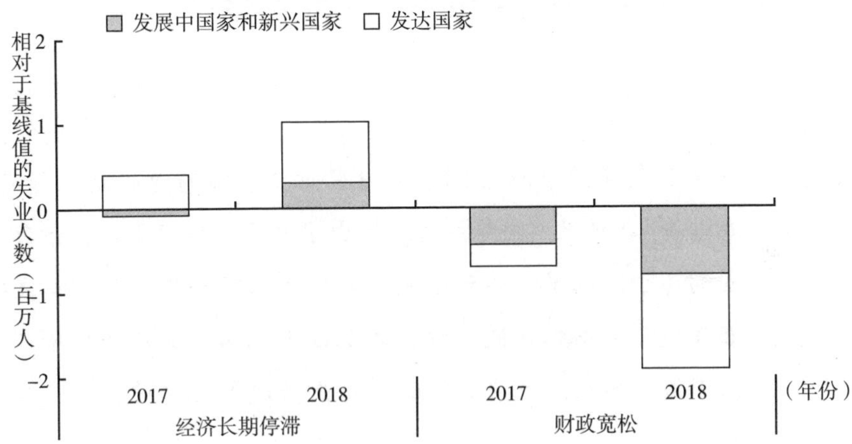

图 3　经济停滞和财政宽松对 2017 年和 2018 年失业产生的影响

资料来源：国际劳工组织。

以公平的和包容性的方式促进经济增长需要多方面的政策配合。需要解决经济长期停滞的问题根源，如不平等问题。同时，还应考虑各国的具体国情。重要的是，不仅要促进经济增长，还要确保经济成果公平分配，以互补的方式促进社会公平与经济增长。设计精良和协调一致的财政宽松政策可使全球经济进入总体需求增长的自我加强的循环周期。

［本文内容根据国际劳工组织于 2017 年 1 月 12 日发布的《世界就业和社会展望：2017 年发展趋势》（*World Employment and Social Outlook*：*Trends* 2017）编译］

·专题报告·

B.25 国外结构性失业特征及应对措施

周 宵　李付俊*

摘　要：　结构性失业是全球任何一个国家所要面临的核心就业问题。在过去10年里，全球经济发展由于结构发展不平衡，导致资源的不合理配置，从而造成了大规模的结构性失业。本文将在各国不同结构性失业特征的基础上，从宏观经济发展、失业保险、劳动力市场均衡以及职业培训等方面对各国应对结构性失业的政策措施进行总结分析，探究国外不同类型国家应对不同特征的结构性失业的措施特点。

关键词：　结构性失业　稳岗补贴　失业保险

结构性失业被称为失业中的“硬核”，是经济发展过程中不易摆脱的顽疾。在全球化背景下，经济资源的不断分配带来劳动市场结构的适应性调整，这种调整会带来结构性失业。各国结合自身社会经济发展情况，从宏观经济、劳动力市场评估、稳定就业、失业预测等方面出台了多项政策措施，应对结构性失业所带来的长期失业问题。美国20世纪70年代的石油危机，日本50年代的煤炭行业产能过剩导致的大规模失业等，使这些发达国家已经经历了结构性失业，并积累了大量的经验教训。从国际经验来看，解决结构性就业

* 周宵，人力资源和社会保障部国际劳动保障研究所国际组织研究室助理研究员，主要研究方向为国际劳动保障；李付俊，人力资源和社会保障部国际劳动保障研究所国际组织研究室助理研究员，主要研究方向为就业与劳动力市场。

矛盾，化解结构性就业难题，往往比解决就业总量问题耗时要长，难度更大。

当前，我国正处于产业结构转型升级的关键时期，伴随国有企业改革的深入，淘汰落后产能、消除产能过剩问题的推进，结构性失业的风险也在加剧。产业结构调整和化解过剩产能带来的企业关停或者合并或者转移，可能使上百万从业者面临结构性失业风险。为了提高政策服务的针对性和有效性，进一步做好就业工作，必须提前研究如何应对结构性失业，做好政策储备。既要从长谋划，也要加大现实工作中的就业服务帮扶政策的制定和落实。从前期的积极预防到结构性失业爆发时的高效应对处理，需要一系列的国外政策研究作为参考。因此，本文将系统研究国外典型国家在经济发展过程中针对结构性失业问题的治理思路和具体政策措施，总结国外的经验教训，提出符合我国新常态下结构性失业特点的对策建议。

一 国外典型国家结构性失业的特征及原因

从全球范围内来看，结构性失业是一个全球性的失业问题，其各个国家的主要表现形式及原因有共同点也有不同点，其主要体现在失业率指标、劳动力市场供需不匹配等方面。

（一）国外典型国家结构性失业的特征

1. 非自愿失业率高，劳动力市场疲软

结构性失业从总量上主要表现为经济活动的变化与失业率的高低联系不大，非自愿失业率持续走高，并且从劳动力市场的表现来看，劳动力活动积极性不高，劳动力市场恢复疲软。20 世纪 70 年代的石油危机导致美国生产长期停滞使得失业人数持续增长。1946～1950 年，美国每年失业人数平均为 276 万人，失业率为 4. 58%，50 年代每年平均失业人数为 301 万人，失业率为 4. 6%，60 年代失业人数上升到 355 万人，失业率为 4. 7%。到了 70 年代，失业率平均为 6. 38%①，1979 年又一次发生的经济危机造成近 1. 5 万

① 熊性美、薛敬孝：《试论战后美国严重失业问题》，《世界经济》1978 年第 2 期，第 45 页。

家企业破产倒闭，失业率最高时达到9.2%，该时期失业问题已经成为美国最严重的社会经济问题。法国的结构性失业的最主要特征也表现为“高失业率，低活动率”。2008年末至2013年末，法国失业率从8.1%攀升至10.5%，失业人数五年间增加86.5万人。日本的失业率表现为两种形式，其一是需求不足失业率，其二是均衡失业率，其中体现结构性失业的均衡失业率从2012年4月至6月的3.69%仅降至2015年1月至3月的3.40%。

2. 实体经济“去工业、去产能”引起劳动力的供需不匹配

“失业与空位”并存的现象是结构性失业最为主要的特征之一。20世纪70年代以来，美国建筑、钢铁和汽车这三大支柱产业面临着发展困境，美国基本工业投资占总投资的比重从60年代的22.7%下降到70年代的10.3%，1970～1975年美国传统制造业最集中的东北部地区，制造业失去12.7%的就业机会[①]，传统工业排挤出的大量劳动力因知识和技能所限，无法在新兴的、技能要求高的部门找到工作，此时失业人数和失业率不断增加，出现部门性、地区性的结构性失业问题。日本的结构性失业在供需不匹配方面的表现形式主要体现在不同行业的有效求人倍率存在差异性。以石油危机为契机，日本从高速增长期走向低速增长期，此过程中材料产业及其他产业发生了大规模的产能过剩，出现了所谓的结构性衰退产业，衰退产业必然会进行人员规模的裁减，被裁减的这部分劳动力由于其技能供给并不能满足现有产业发展需求，因此不同行业之间的劳动力结构性矛盾凸显。

3. 结构性失业存在较为明显的行业和职业差别

经济结构转型升级或者由于其他因素导致的经济衰退会带来劳动者知识水平落后于科技发展速度的结构性失业问题，主要表现在三方面：一是一些行业在扩张时，另一些行业处于衰退时期；二是空缺的工作岗位和寻找工作的劳动者在技术熟练程度上不相适应；三是由于劳动力市场信息不完全性及劳动力流动的障碍，寻找工作的人员占比不断增加。美国劳动者根据职业可划分为白领工人、蓝领工人、服务人员和农业劳动者。在石油危机时期，白

① 李红梅：《70年代美国经济的结构性变化》，《求是学刊》1999年第1期，第65页。

领工人成为失业潮的主要行业群体，美国环球航空公司20%的白领工人被裁去，通用汽车公司的接近1.4万的白领工人也被解雇，当时美国的白领工人的失业率接近5%，这样大规模白领工人失业是之前经济衰退时从未见过的。到1982年底，白领工人占就业总人数的51.3%，劳动力市场中服务行业劳动者占14%，蓝领工人占31%。1970～1982年失业率增加比例中白领工人失业比例占24.5%，服务行业失业者占17.4%，蓝领工人占到47%。此外，失业潮的发生存在明显的行业差别。1982年底，煤炭、制造业和建筑行业劳动者占25.9%，零售贸易、金融和服务行业的劳动者占42.7%，政府雇员占14.7%，其他占16.7%，而1970～1982年危机时期，煤炭、制造业和建筑等传统行业劳动者占37.2%，零售贸易、金融和服务行业劳动者占37.6%，政府部门劳动者占7.1%，其他占18.1%，传统行业的失业人员占比较高。在日本经济低速增长时期，经济运行疲软，大规模衰退型产业的出现引起的结构性失业在不同行业、不同职业之间表现也较为明显。按照不同职业有效求人倍率变化，“保安”和“服务”等职业的有效求人倍率持续保持着很高水平，“事务性职业”等职业的有效求人倍率始终保持着较低程度。不同职业之间有效求人倍率的差距仍然很大。

（二）国外典型国家结构性失业的主要原因

1. 劳动者技能与产业发展需求不一致

目前全球经济的发展开始向知识经济发展，产业转型升级的结构性调整必然会带来劳动力市场的需求变化。因此，产业发展需求的变动提高了对劳动力供给的要求，在劳动者技能未能得到及时培训和提升的情况下，必然会引起劳动力供需矛盾，产生结构性失业。近几十年来，法国劳动技术变化及其对生产力的影响加速发展，这种变化对劳动力供需矛盾影响越来越大，1/4的法国雇主声称找不到合适的员工，影响了他们1/3的活动。此外，根据欧盟的预测，未来欧盟55岁以上的老人将达50%以上，因此欧盟也正在逐渐关注老年人就业，但由于其自身劳动力技能素质普遍较低，老年就业开发仍然存在较大的困难，劳动力供需矛盾进一步加剧。

2. 失业持续时间长，经济的结构性调整排挤出大量的工作岗位

结构性失业的一个重要原因是经济结构调整带来的大量就业挤出效应，失业总量和失业时间持续增加。20 世纪 70 年代的美国在石油危机的冲击下，传统的工业部门，如钢铁、汽车、造船、纺织等行业不断进行结构性调整，其 1970 年的经济衰退持续了 11 个月，滞后时长高达 14 个月，为“二战”后历次经济危机之最。美国劳工部统计数据显示，1971 年，45% 失业者失业时期少于 5 周，1981 ~ 1985 年间约 510 万劳动者至少有三年的工作任期曾离开过原有的工作岗位①。

3. 劳动力市场缺乏流动性，公共就业服务效果不明显

结构性失业的一个重要特征是高失业率与高空岗率并存，即在高失业率的情况下，仍然有大量的空缺职位。据法国就业中心研究，法国 40% 的雇主不愿意提供超过六个月的合同，招工难可以从公共就业服务机构统计数据反应的两个现象看出来：长期性职位空缺和放弃招聘。法国就业指导委员会的研究表明，由于面试者缺乏必需的资历，每年放弃招聘情况高达 40 万例。并不是所有的地区、所有的行业都出现了招工难，但这却反映了劳动力市场的高摩擦。从中可以看出，公共就业服务效果一般也是法国高结构性失业率的一个重要原因。经合组织（OECD）在工作中使用不同的指标来确定其成员公共政策的质量和财务表现。当根据这两个指标进行分类时，我们可以看到法国大部分公共服务表现一般。

二　国外应对结构性失业的具体政策措施及效果

（一）实施宏观经济与就业协调发展战略

国际劳工组织认为，解决失业问题最根本的是要努力加大就业创造的力

① Bruce D. Meyer, “Lessons from the US Unemployment Insurance Experiences,” *Journal of Economic Literature*, Mar 1995: pp. 91.

度，支持企业创造就业岗位。结合具体国情实施积极的劳动力市场政策和技能开发举措，加强公共基础设施和社会保护制度的投入应该是重中之重。

1. 制订振兴经济发展规划，创造就业岗位，增加就业机会

结构性失业是由经济变化导致的，这些经济变化引起特定市场和区域中的特定劳动力群体的需求相对低于其供给。因此，许多国家都将宏观经济的发展规划同就业战略紧密地联系起来，从产业结构和就业结构的协调发展出发，制定相应的产业政策和就业战略，通过刺激投资，充分发挥企业吸纳劳动力的动力，同时促进劳动力与资本有效结合，使新增就业反过来促进企业利润的增加，进而使劳动力供需得到平衡。20 世纪 80 年代，英国经济进入调整期，撒切尔政府对劳动力市场进行的一系列的结构性改革，包括削弱工会势力、工资集体谈判碎片化等，这些措施重新刺激了企业对劳动力的吸纳，盘活了劳动力市场，同时，英国政府投入 200 亿英镑用于基础设施改造，包括家庭农场改造、运河网改造等工程，并且对英国铁路、英国钢铁等国有企业进行私有化改革，并且政府尽可能通过制定税收等相关优惠政策来减少经济压力带来的企业生产规模萎缩的风险。南非在未来二十年的发展规划中提出，以经济发展促进企业发展，加大国家基础设施建设投资，增加就业机会；促进资源性商品的出口贸易，创造就业。南非预计未来二十年内由经济发展带动的直接就业岗位将达 1100 万个。

2. 加大公共事业投资与劳动密集型基础设施建设力度

从国家发展的战略角度来看，实施经济发展带动就业的最普遍的一个措施是政府通过开展基础设施项目建设以及其他国家项目来直接创造足够多的公益性或者功能性的就业岗位，比如铁路轨道、市政道路交通、公共卫生医疗等项目。70 年代后，美国政府更加重视对农村地区的开发，通过财政、信贷援助等措施，支持地方政府在农村地区兴修水利等基础公共设施以及大力兴办学校、职业培训中心和医院等服务设施，吸引私人资本前来投资，扩大就业机会。印度实施了全国农村就业保障计划，通过开展农村道路交通、公共卫生、饮用水等农村基础设施建设项目，专门为农村贫困家庭成员提供一年 100 天的就业机会。

（二）对企业实施规范性裁员规定，从源头控制失业人员总量的增加

企业在经济结构调整中首当其冲，经济形势的变化会直接影响企业利润的多少，雇主进而通过裁员、减产等方式来应对经济结构调整的变化。针对一些非规范裁员的企业，许多国家都出台了相应的规范性裁员规定，比如美国、巴西等。但同时为了适应经济形势的发展需求，也有一些国家为了增加企业自主权，制订了相对灵活的裁员规定，比如法国。

1. 雇主提前告知制度

20世纪80年代，美国建立了雇主预先告知制度，对工厂关闭和大量员工解雇事项进行具体规定：涉及工厂关闭和大量解雇事项时雇主必须提前60天通知雇员，在工厂关闭及大量解雇造成失业时，雇主必须及时通知受影响的员工、相对应的工会组织和当地政府官员，如果雇主不能严格遵守预先通知的义务，将被处以罚金。预先告知的好处在于给企业、雇员、工会和政府机构一定的时间去计划和调整救助计划。以夏威夷为例，1987年夏威夷通过法律要求员工规模50名以上的企业至少在企业倒闭前45天以书面通知的形式告知企业的倒闭情况，并需要提供遣散费。

2. 企业与政府共同协议补贴制度

巴西为防止经济危机中的公司裁员于2015年建立了就业保障项目（PPE）。该项目将任何行业内易受到经济危机影响的企业纳入进来，并且签订特殊的工作协议：在受到经济危机影响时，企业可以在30%的范围内减少员工的工资和工作时间，以保证企业正常经营运行的持续性，但必须符合协议中规定的相关条件才能被执行，并且项目中的企业不能随意或者无正当理由地进行裁员。对于员工而言，政府会对被减少工作时间和工资的员工进行财政补偿，通过扶持劳动者基金会（FAT）对员工损失工资的50%给予补助。同时，补助不能超过失业救助金的最大额度的65%。

3. 增强企业市场竞争力，对裁员企业进行征税

针对企业裁员的规范性，法国引入了“对因经济原因而解雇的企业征

税”的政策措施。这一措施好处是引入财务直接问责制，从而有助于减少裁员及不稳定的工作。事实上，这种税具有“一石四鸟”的功效，既有助于降低失业率、简化解雇程序的司法化，又有利于减少失业保险赤字、弱化劳动力市场的二元性。

（三）应对产能过剩，积极稳定就业岗位

许多国家在遇到结构性失业风险时，还会采取由政府制定相关稳岗补贴政策的办法以弥补企业以及员工的相关损失，稳定雇佣关系。同时，补贴企业安排雇员开展职业培训和进修，帮助劳动者适应产业结构性调整的技能需求。其次，对低技能岗位进行改造，保证低技能劳动力再就业。

1.“去产能”过程中的稳岗补贴政策

在日本，政府为了维持雇佣关系（稳岗）向雇主支付的支援金种类较为丰富，包括保证从业人员维持雇佣的支援金、促进离职者劳动移动的支援金、招聘特定劳动者时的支援金等8类支援金种类，并且对领取支援金的企业雇主以及领取额度都进行了详细的规定。俄罗斯在金融危机期间，卫生和社会发展部提出了一系列的保障就业和稳岗计划，包括为搬迁至联邦投资项目地区就业的人员提供搬迁费用等措施。

2.对低技能岗位进行改造——产能过剩下的低技能劳动力再就业

俄罗斯准备对1/3的工作岗位进行现代化改造，在2020年之前创造至少2500万个现代的、高薪酬的岗位，2011～2018年，将劳动生产力提高1.5倍。为此，政府已经采取了一系列的措施，包括鼓励雇员保持更长的职业生涯；通过改革职业教育系统提高劳动力的质量，通过培训和再培训确保现有的技能能够满足雇主的需求等。新加坡则通过对低技能工作岗位进行改造，包括工作环境改善、提升低技能工作岗位的公共形象、加大基础工作重要性的宣传等，以改变人们对于低技能岗位的传统看法，增强工作尊严性，增加低技能岗位对人们的吸引力，并且对曾经在低技能岗位的人进行素质、技能再培训，帮助他们尽快适应改造后或者新的岗位需求，提高企业和员工双方的工作效率。

（四）充分发挥失业保险的稳定器作用

1. 运用失业保险企业浮动费率，牵制企业裁员

一些国家采取失业保险企业浮动费率制度政策，根据公司的裁员情况来确定企业的失业保险缴费费率。如果公司裁员增多，费率就提高，但是到达一定上限后，就不再提高。反之，公司裁员减少，则费率就降低，如美国。欧洲一些国家通过调整失业保险的具体征收金额，来牵制企业裁员，对辞退特殊员工的企业，进行惩罚式的征收失业保险费。德国企业如果辞退57岁以上员工，雇主需向失业保险基金支付相当于其失业保险待遇的费用。意大利企业如果进行规模性永久裁员，按辞退人员首月津贴之和的6倍向失业保险基金支付补偿金。挪威企业如果临时裁员，由雇主支付失业人员前3天的失业津贴。

2. 运用失业保险行业差别费率应对结构性失业

失业保险行业差别费率是根据不同行业的失业风险确定，失业风险高的行业，失业保险缴费费率就高；反之，则低。行业差别费率制度主要从失业保险基金的稳定性和领取公平性考虑。由于经济转型等原因导致的结构性失业，往往导致行业性的失业，尤其是夕阳产业。采取行业差别费率可以使一些行业未雨绸缪，多缴纳一些失业保险费，一旦发生规模性失业时使用。在日本，一般行业、建筑业、制造业的缴费比例分别为1.55%、1.85%、1.75%；芬兰的建筑业缴费比例为0.5%，钢铁业为0.35%。实施行业差别费率制度的国家，随着经济结构的发展变化，要定期对行业进行失业风险评估，调整费率。

3. 各类失业保险促进就业的计划

充分发挥失业保险促进失业人员再就业的功能，合理确定补贴水平，避免“养懒汉”现象，对领取失业保险的人员进行跟踪管理。法国对于领取失业保险的人员管理进行了严格的规定，其主要目的是“不养懒汉”，减少失业保险的保障功能，增加失业保险的再就业功能。巴西则以1990年失业保险法案为依据，以失业救助的形式来规定领取失业保险的标准，申领津贴方面，个人需要接受家计调查，津贴水平由最后3个月就业的平均收入确定。

（五）针对特殊性结构性失业群体的就业援助措施

1. 针对“衰退行业”结构性失业群体的就业援助

日本在石油危机以后进入结构性衰退期的20世纪70年代后期至80年代初期实施了特定衰退行业离职者对策——“手账”制度。所属行业被指定为特定衰退行业的企业雇主及与该企业有着承包关系的业务上密切相关的企业雇主成为“特定衰退行业雇主”，该企业缩小业务规模、进行雇用调整时，原则上需要提前制订“再就业支援计划”获得公共职业安定所所长的认定（离职者数量较多时为必须，其他情况为任意）。根据该计划实施临时停业时的工资由雇用调整为支援金支付。不得不离职的离职者（特定衰退行业离职者）在公共职业安定所申请求职，发放“求职手账”（有效期不超过三年）。手账持有人可以根据本人情况进行职业咨询和指导，必要时可以接受职业培训，较一般情况领取更长时间的雇用保险给付的延长给付。

2. 应对青年结构性失业，提高其与市场需求匹配度

美国、法国、日本等发达国家以及金砖四国在应对国家结构性失业问题时，将促进青年就业，提高青年与中小企业需求匹配度作为解决结构性失业的重要措施之一。法国应对青年结构性失业的相关措施较多，集中体现为“传统帮助就业合同”“公共就业帮助”以及“鼓励青年创业计划”等。日本则从青年求职到职场进行综合支援，向毕业生提供大量招聘信息，组织就业支援讨论及面试，同时面向雇主开展基于雇用对策法的“青少年雇用机会确保指南”活动，推动往届毕业生就业，组织由地区经济团体和教育机构等构成的“应届毕业生就职、招聘支援本部”，加强相关机构之间的合作。巴西则制定了国家青年首份工作计划，对各种就业服务（雇用、培训、生产型信用津贴）整合成针对16~24岁的青年的首次就业服务。

3. 保障妇女、残疾人等弱势群体就业，盘活劳动力市场资源

美国政府针对在劳动力市场处于极其弱势地位的人员，如离婚的妇女、无法找到合适工作的老年人及伤残人员采取特殊公共就业服务政策，公共服务就业岗位从1976年的31万个上升到1978年的72.5万个。日本则针对就业歧视，逐步推进男女雇用机会均等政策。印度为满足弱势群体求职者，如妇女、在册种姓、在册部落、残疾人和残疾退伍士兵的特殊需要，由就业局提供援助和便利条件。

（六）针对结构性失业人员的职业培训和提高劳动力市场匹配度的职业培训

针对结构性失业，多数国家的普遍做法，同时也是最为有效的做法即对失业人员进行职业培训，其中包括技能培训以及素质培训等。许多国家提出了“培训优先”的理念，认为应尽可能让失业者具备适应新经济结构发展的技能素质。通过高质量的职业教育培训，提高劳动力质量，促进再就业和技术进步，从而有效提高劳动生产率。

1. 加大职业培训资金援助，改革职业培训管理体制

1962 年美国正式实施《人力开发和培训法》，联邦政府逐步加大对职业培训的支持力度。1973 年美国国会通过的《综合就业和培训法》（Comprehensive Employment and Training Act，简称 CETA），建立公共服务就业计划，并在 1974 年财政年度批准预算为：教育资金 28 亿美元、人力训练 13 亿美元、法律实施 8 亿美元和城市发展 23 亿美元，人力训练预算拨款中 74% 直接拨付州和地方政府，主要用于私人就业训练计划的补贴、对有工作者的福利补贴、帮助竞争条件差的青年工作者和农业季节工人的补贴①。新加坡把治理结构性失业与高等教育政策相衔接，适当调控高等教育发展规模和专业设置，增强教育市场与产业发展和就业市场的关联性。

2. 实行需求导向，针对不同对象，进行分类培训

法国针对不同就业群体采取不同类型的职业培训指导。其中，针对就业能力较强的人员，政府主要是帮助他们提供相关工作岗位信息，同时给予少量的资金支持，以帮助他们迅速就业；针对技能素质欠缺，还需要培训才能就业的人员，政府主要是通过对他们进行培训需求分析，并且对他们现有的

① Nixon，“The Fifth Year of His President，” *Congressional Quarterly* 1974.

技术技能进行评估，根据不同的培训需求制订有针对性的培训计划。针对自由职业者，日本从 2008 年出台“就业卡制度”，旨在提高自由职业者等非正规雇佣劳动者的职业能力，并稳定其雇佣。

3. 开展职业教育跨国交流与合作

欧盟职业教育的国际化交流合作目前运用较为广泛，并且逐步形成和建立“欧洲二元制”职业教育跨国体系，其中德国是主要示范国家。二元制的建立将更好的解决欧洲青年人的失业问题，帮助他们能够适应当前技术变革下的新兴岗位需求，同时提高青年人的就业竞争力。在国家范围的二元制基础上，欧盟将进一步深化职业教育的跨国、跨机构合作，以提升欧盟职业教育培训的整体水平，加强教师和学生的流动性，促进欧洲劳动力市场一体化和职业教育区域发展平衡。

参考文献

[1] Julius Shiskin, “Employment and unemployment: the doughnut or the hole?” *Monthly Labor Review*, February 1976, pp. 1 – 8.

[2] Michael Podgursky, “Sources of secular increases in the unemployment rate: 1969 – 1982,” *Monthly Labor Review*, July 1984: pp. 20 – 25.

[3] Herschel I. Grossman, Risk Shifting, “Unemployment Insurance and layoffs,” *NBER Working Paper* No. 424, 1980: pp. 1 – 28.

[4] Commission of the European Communities. *Commission's Action Plan for Skills and Mobility*. 2002: 28

[5] Bruce D. Meyer, “Lessons from the US Unemployment Insurance Experiences,” *Journal of Economic Literature*, Mar 1995: pp. 91.

[6] 高濑雅男：《结构性衰退法和产业调整（1）、（2）》，福岛大学行政社会论集第 2 卷第 1 号 · 第 4 卷第 3 号。

[7] 岛西智辉：《日本煤炭产业的战后史：市场结构变化和企业行动》，庆应义塾大学出版会，2001。

[8] 野吕枉史：《煤炭矿业的劳动》，收录于有泽广巳编《现代日本产业讲座Ⅲ》，1961，第 256 ~ 271 页。

B.26
欧盟社会保障制度的可持续性状况及其启示

袁一枫*

摘 要： 社会保障制度的可持续性是发达国家主要关切的问题。社会保障制度的可持续性是指在可预见的未来数十年内，维持人们获得适足社会保护的状态。在应对人口老龄化和全球经济危机后大规模财政紧缩及欧盟经济复苏乏力等多重因素冲击的过程中，发达国家将在维持公共支出可持续性和维持社会适足性的两者之间取得平衡。由此，社会保障制度最终驶入可持续发展的轨道，继而社会保障政策的重点将转向社会可持续性。最后本课题就我国社会保障制度的可持续性发展提出了几点建议。

关键词： 社会保障 人口老龄化 公共养老制度

一 社会保障可持续性的定义

“可持续性”从字面上看是长久持续的意思。制度的“可持续性”是指制度可以长久维持的过程或状态；而“维持的过程或状态”不仅应是可测量的或可预测的，而且应满足财政收支平衡约束。也就是说，制度的“可持

* 袁一枫，人力资源和社会保障部国际劳动保障研究所副研究员，主要研究方向为国际劳动保障问题。

续性”应建立在可测量且可监控的基础上。因此，所谓社会保障制度的可持续性是指在未来50年内，维持人们获得可预见的适足社会保护状态。①

二　欧盟社会保障制度可持续性的建立

（一）人口老龄化的挑战

随着经济发展，生育率下降以及人类寿命的增加，人口老龄化已成为世界人口发展的不可逆转和必然的趋势。

据欧盟经济政策委员会（EPC）在2005年预测，欧盟25国到2050年将只有近两个适龄工作的人口（15～64岁）赡养一个老年公民，而不是2004年赡养率的4:1。

在这一新的人口变化背景下，社会保障制度的可持续性面临挑战。

（二）初期预测

欧盟经济政策委员会（EPC）早在2003年提交的“人口老龄化对公共支出影响”的报告中指出，欧盟15个成员国人口的老龄化预计到2050年（预测期为2000～2050年）将导致公共支出增加，公共支出的增幅在15个成员国中虽存在很大差异，但是，大部分成员国若不采取措施的话，其公共支出占GDP的比重将平均增加3～7个百分点。养老金、公共卫生保健和长期护理将成为公共支出增长的主要“推手”，而大部分成员国有关教育和失业津贴的支出相比将有较少下降。在大多数成员国，老龄化对社会保障支出产生影响的起始时间为2010年，预计公共支出增长的高峰期将发生在2010～2030年。

1. 公共养老金

随着老年赡养比率的提高，欧盟15国从2000年至2050年公共养老金

① 本定义是作者对国际劳工组织相关文献的归纳总结。请登录 http：//www. ilo. org/global/lang—en/index. htm。

支出预计占 GDP 的比重将平均增加 3 ~5 个百分点。然而，在 20 世纪 90 年代，一些欧盟国家实行了养老金改革，如修改指数化调整机制，加强保险精算并实行更加严格的领取条件，以及适当提高有效退休年龄，这些措施减缓了未来养老金不断增长的势头。

2. 公共卫生保健和长期护理

到 2050 年，纯粹的人口老龄化因素将导致这两方面的公共支出占 GDP 的比重将平均增加 1.5 ~4 个百分点。然而，预测结果仍存在上行和下行风险，因为非人口老龄化拉动因素的影响尚未纳入预测之中。

3. 失业津贴和教育

从预测情况来看，老龄化对失业津贴支出产生的降幅影响相对于公共养老金和公共医疗保健的增幅影响而言是微弱的；到 2050 年，总体上失业津贴支出呈现微弱下降情况。

教育支出的变化是纯粹老龄化产生的结果。到 2050 年，欧盟 15 国的教育支出总体上呈现下降情况。

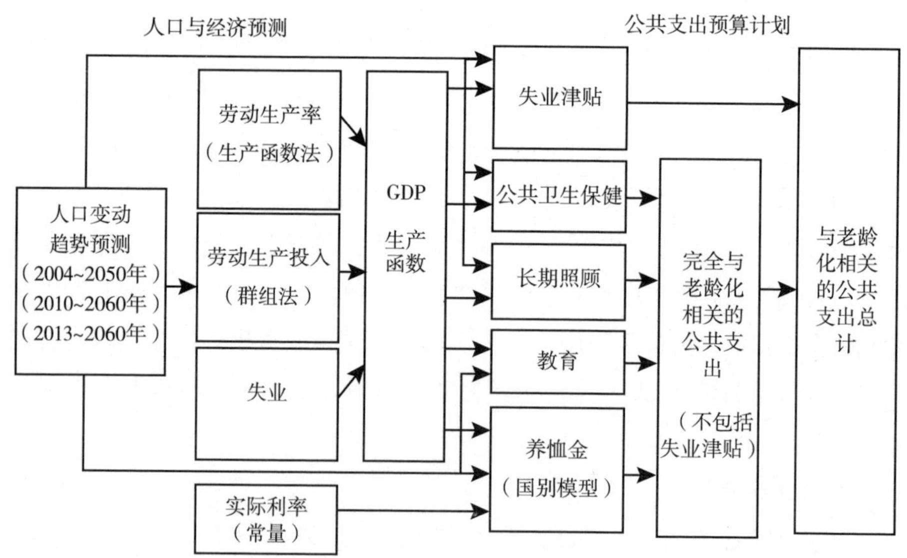

图 1　公共支出预测模型

资料来源：“The 2015 Ageing Report：Economic and Budgetary Projections for the 28 EU Member States（2013 –2060），” *European Economy*，No. 3，2015.

（三）建立社会保障制度的可持续性

根据图 1 公共支出预测模型，欧盟经济政策委员会对未来社会支出增幅情况进行了预测。预测显示，尽管各成员国之间存在显著差异，但 2004 ~ 2050 年欧盟整体社会支出平均增幅占 GDP 的 3.4%（参见表 1）。从增幅数字来看，尽管增加不少，但欧盟老龄化问题是可以驾驭的。在社会保障方面，赡养比率不断升高的问题看上去也不是那么严重，可以通过相关措施加以缓解。

表 1　2004 ~ 2030 年/2050 年与老龄化相关的公共支出变化情况预测（占 GDP 的百分比）

单位：%

欧盟 25 国	公共养老金	公共卫生保健	长期护理支出	失业津贴	教育
2004 年水平	10.6	6.4	0.9	0.9	4.6
2004 ~ 2030 年的变化情况	1.3	1.0	0.2	-0.3	-0.7
2004 ~ 2050 年的变化情况	2.2	1.6	0.6	-0.3	-0.6
2050 年水平	12.8	7.9*	1.5	0.6	4.0
2004 年总计	23.4				
2004 ~ 2030 年变化总计	1.6				
2004 ~ 2050 年变化总计	3.4*				

*数值四舍五入，小数点后保留 1 位。

资料来源：Economic Policy Committee and the European Commission，网址：http：//europa. eu/epc/index_ en. htm。

1. 公共养老金支出增长分析

表 1 显示，公共养老金占公共支出的近一半，而其增长幅度占总支出增长幅度 60% 以上。

2005 ~ 2050 年[①]公共退休金支出的增长的原因被分解为以下四项驱动因素分析。

① 由于测算按 5 年期的变化，因此基年始于 2005 年。

赡养效应（人口老龄化效应）。这一因素反映了在预测期内15～64岁适龄工作人口与65岁以上工作人口的比例（赡养率）变化情况。

就业效应。这一因素反映了15～64岁适龄工作人口与就业人口的比例变化情况；它也是就业率倒数。

享有退休金效应。这一因素反映了享有退休金人口占65岁人口的比例变化情况。实际上，该因素也反映了退休金受益人口占老年人口的比例情况。

待遇效应。这一因素反映了平均退休金占就业人口人均GDP的变化情况，其中平均退休金是按总退休金除以领取退休金的总人口，就业人口人均GDP（约为就业人口平均工资）是按就业人口总收入除以就业人口。因此这一比率也反映了这两类群体（退休群体和就业群体）的结构变化情况。此外，退休金的增长是根据指数化调整机制、成熟养老保险制度和延长的缴费期，而工资的增长与劳动生产率的提高挂钩。在此，应特别指出的是，这一比率并不反映个人退休金水平占个人工资的百分比，进而也不等同于替代率指标。

表2　四项驱动因素对公共养老金支出增长的贡献情况

单位：%

			四项驱动因素				
	起始年份(2005)	2005～2050年变化情况	赡养比率(65岁以上人口)/(15～64岁以上人口)	就业比率(就业人口)/(15～64岁人口)	享有退休金的比率(享有退休金人口)/(65岁以上人口)	待遇比率(平均退休金)/(就业人口人均GDP)	交互效应(残差)
欧盟25国*	10.6	2.2**	8.6**	-1.1**	-2.1**	-2.7**	-0.4**

*欧盟25国不包括希腊。**数值四舍五入，小数点后保留1位。

资料来源：Economic Policy Committee and the European Commission，网址：http：//europa.eu/epc/index_ en.htm。

表2显示，赡养比的下降对公共养老金支出增长贡献最大，其他因素对支出增长产生了抵消作用。

在削弱支出增长的因素中，待遇比率贡献最大，据预测，欧盟25国待遇比率从2004年的21.7%下降至2050年的17.0%；这反映了退休金的增长没有与工资增长同步；同时这也反映出部分公共养老金转入私营年金计划，由此公共养老金制度的慷慨程度在下降。

在反映领取退休金人口与老龄人口之间的密切关系方面，预测显示，享有退休金的比率总体上在下降。这反映了养老金政策的变化，即或是延长退休年龄，或是严格控制提前退休和失能津贴的领取条件。这一比率在部分成员国变化不大，这主要是妇女劳动参与率的提高。

在就业率方面，据预测所有国家的就业率都在上升，这有助于抵消赡养率下降导致的支出增加。

尽管老龄化将大大增加养老金的支出，但上述预测分析显示这一压力可通过各种措施加以缓解，如延长退休年龄、增加就业的实际年限、提高劳动参与率，特别是妇女劳动参与率。

2. 公共卫生保健和长期护理支出情况分析

预测显示，公共卫生保健和长期护理支出由2004年占GDP的6.4%和0.9%上升到2050年的7.9%和1.5%，约占预测总支出的1/3多（参见表1）。

（1）公共卫生保健支出增长情况分析

①公共卫生保健支出的驱动因素分析

公共卫生保健支出取决于一系列复杂的供需两侧的因素。卫生保健需求最终取决于健康状况和（老年）人口的功能水平，而不取决于年龄本身。尽管年龄是老年人口健康状况的重要指标，而且研究证据显示，平均每个65岁以上老人享有的卫生保健支出是平均每个0~64岁人员的2.7~4.8倍（安德森和赫西，2000），即老年人口的卫生保健支出占总支出35%~50%（Jacobzone，2002），但是年龄并不是卫生保健支出的唯一决定因素，还应包括非人口驱动因素。总之，公共卫生保健支出的驱动因素应主要包括以下方面：人口的健康状况；经济增长和发展状况；新技术和医学发展；卫生保健制度的组织和融资；卫生保健资源投入，包括人力和资本。

②参考情景预测概况

由于公共卫生保健支出的驱动因素不仅包括人口因素，而且包括非人口因素，所以应从不同的角度来分析各种情景下卫生保健的支出情况。

表3给出了各种情景下公共卫生保健支出的预测情况。从预测情况可以看出，人口老龄化效应拉动卫生保健支出增长，达到25%多，但人口老龄化并未成为公共卫生保健支出增长的唯一驱动因素，非人口因素，如医保扩面、与收入相应的更高质量的卫生保健需求、医疗技术开发及其他公共卫生政策等，也是未来公共卫生保健支出水平的决定因素。

表3　各种情景下卫生保健支出预测情况对比表

单位：%

	预测支出占 GDP 的百分比				
欧盟25国	2004年	2010年	2030年	2050年	2004～2050年变化情况
纯人口老龄化情景(Ⅰ)	6.4	6.6	7.4	8.1	1.7
健康常态化情景(Ⅱ)	6.4	6.4	6.8	7.3	0.9
死亡的相关成本情景(Ⅲ)	6.4	6.5	7.2	7.7	1.3
收入弹性情景(Ⅳ)	6.4	6.7	7.7	8.4	2.0
支出随劳动力人均 GDP 同步变化情景(Ⅴ)	6.4	6.4	7.5	8.7	2.3
参考情景(Ⅵ)	6.4	6.6	7.4	7.9	1.6

注：欧盟25国 GDP 经加权平均。

资料来源：Economic Policy Committee and the European Commission，网址：http：//europa.eu/epc/index_ en.htm。

（2）长期护理支出增长情况分析

人口老龄化将对长期护理支出增长产生显著的驱动作用。随着老年人的年龄递增，依赖护理的人口比例不断增加，特别是80岁以上的人口。据欧盟2004年预测，欧盟人口中年龄在80岁以上的老年人将增加2倍。这将对公共长期护理支出产生很大的影响。基于当前政策的“参考情景”预测，到2050年，欧盟25国长期护理支出平均增长0.6个百分点，达到占GDP比重的1.5%（参见表1）。

①长期护理预测模型

长期护理模型如图 2 所示。

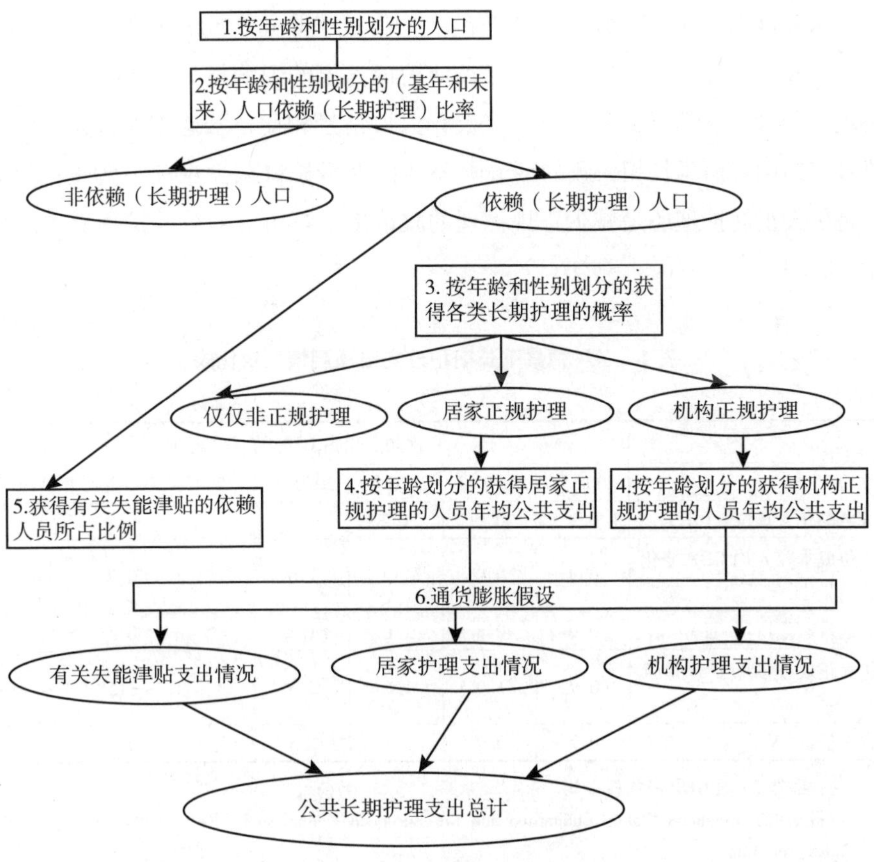

图 2　长期护理预测模型

注：方框表明数据输入模型后所计算出的每年预测情况；圆框表明每年的测算结果。

*作者注：依赖（长期护理）人口①是指需要某种形式的长期护理服务的人员；非依赖（长期护理）人口是指不需要长期护理服务的人员。

资料来源：Economic Policy Committee and the European Commission，网址：http://europa. eu/epc/index_ en. htm。

① 依赖人口与失能人员有所不同。失能人员未必成为依赖人员，还应根据日常生活自理能力（Activities of Daily Living，ADLs）量表（卡茨等，1963）来判别。

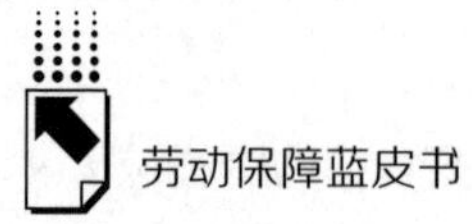

②参考情景预测概况

与“公共卫生保健”相似，参考情景是将长期护理的驱动因素结合在一起的情景设定。该情景假设老龄组失能率将随着老龄组死亡率减半而减少；这意味着预期寿命所延长年数的一半将处于非失能或健康状况。

表4显示，老年人口失能率对长期护理支出的影响最大，特别是在扩大正规（长期）护理情景下。与纯老龄化人口情景相比，若老年人口失能状况改善与预期寿命延长相一致的话，则公共护理增长将减少40%～60%；而无论是扩大正规护理还是减少正规护理的政策措施都可能对公共护理支出产生显著影响。

表4　各种情景下长期护理支出预测情况对比表

单位：%

	预测支出占GDP的百分比				
欧盟25国	2004年	2010年	2030年	2050年	2004～2050年变化情况
纯老龄化人口情景(Ⅰ)	0.9	0.9	1.2	1.7	0.8
单位成本随人均GDP变化的情景(Ⅱ)	0.9	0.9	1.2	1.6	0.7
失能常态化情景(Ⅲ)	0.9	0.8	1.0	1.3	0.5
扩大正规(长期)护理情景(Ⅳ)	0.9	1.0	1.6	2.3	1.5
参考情景(Ⅴ)	0.9	0.9	1.1	1.5	0.6

注：欧盟25国GDP经加权平均。

资料来源：Economic Policy Committee and the European Commission，网址：http：//europa. eu/epc/index_ en. htm。

3. 失业津贴等支出预测概况

在失业津贴和教育方面，据表1预测显示，到2050年欧盟25国支出预计分别减少0.3个百分点（占GDP的0.6%）和0.6个百分点（占GDP的4.0%）。

三　确保社会保障制度的可持续性

在人口老龄化、经济复苏乏力背景下，以及财政紧缩政策的影响下，欧盟社会保障制度的可持续性“压力山大”，特别是“支撑”社会保障制度“半壁江山”的公共养老制度也面临着重重困难。

（一）金融危机对公共养老金改革的影响回顾

一般来说，欧盟成员国建立的国家养老保险制度，其目的是让本国人口中的老年人能够享有合理水平的舒适与尊严。传统上，欧洲普遍实行待遇确定型的养老金模式，其融资模式是现收现付制，而不是基金制。

在20世纪90年代初，世界银行的改革模式重点放在了多支柱养老金计划“第二层次”的私人管理的全资养老金上，以促进经济发展。近十多年来，一些中东欧国家引入了智利式的养老金改革，将强制性储蓄纳入其养老金体系，从而提高了整个养老金体系中的第二层次的比重，其所实施的多层次养老系统改革基本上是缩小版的拉丁美洲模式。然而，许多欧盟国家对其养老金制度，如德国和法国（还有加拿大），进行了“参量式改革”，尽量保留养老金制度再分配的核心实质，未对老年收入保障的模式进行大刀阔斧的改革。这些改革措施普遍提高了领取养老金的年龄，修改了资格条件，通过指数化规则的变化降低了给付权利，并在养老金制度中增加了一个新的（私营）层次。瑞典、波兰和意大利也进行了改革，在确定未来的给付水平方面还引入了名义账户制（NDC），但其主要养老金计划中仍保留了现收现付的特点。

对于引入缴费确定型计划（DC），国际劳工组织认为，由于无法预测未来的给付水平，因而DC计划不能为老年人提供真正的收入保障。同时，金融危机对缴费确定型计划的影响也证实这一观点，一些中东欧国家削弱第二层面的养老金：匈牙利在2011年撤销了第二层面的养老金；波兰将第二层面的缴费率从危机前的7.3%减到2011年的2.3%；立陶宛将第二层面的缴费率从5.5%减至3.0%；保加利亚和罗马尼亚都推迟了危机前提高缴费率的决定。

据欧盟在2009年预测，改革后的公共养老金替代率将在2007年至2060年期间下降。

总之，上述的养老金改革实际上是以牺牲适足性为代价来换取制度的可持续性。据欧盟预测，只有通过延长缴费期和推迟退休年龄，才能阻止替代率下降的趋势。

（二）公共养老制度驶入适足和可持续轨道

越来越严重的人口老龄化已经给欧盟国家社会保障养老体系带来了沉重压力，而全球金融危机及紧随其后的大规模财政紧缩无疑又进一步加剧人口老龄化的挑战。欧盟国家需要采取适当的措施确保公共养老体系的可持续性。

欧盟在 2010 年 7 月发布的《绿皮书：走向适足的、可持续的和安全的欧盟退休金制度》（以下简称绿皮书）中第一次明确地指出，将在维持公共支出可持续性和维持社会适足性两者之间取得平衡。也就是说，在保障制度的可持续的情况下，保证老龄人员享受到免遭贫困的且可接受的生活标准。在这一框架下，养老制度改革的首要目标是共同维护适足性和可持续性。

职业生涯与退休之间取得新的平衡。根据《绿皮书》，欧盟人口的寿命日益延长；寿命的延长将导致社会支出大幅攀升，更何况欧盟现在的人们将平均寿命的近 1/3 花费在退休身上，因此，应让老年工人，包括妇女和男子，随着寿命的延长停留在劳动力市场的时间更长。可持续性改革的目标之一是在工作生涯和退休之间取得可持续的平衡。这一目标要求在劳动力市场供给和需求两侧采取针对性的措施，包括：①提高法定退休年龄；②收紧提前退休的资格条件，并减少现有的补贴途径；③加大培训力度，提高老年工人的就业能力；④提高青年劳动参与率，促进妇女就业；⑤禁止作业场所年龄歧视。

在欧盟各成员国对《绿皮书》广泛讨论的基础上，欧盟委员会于 2012 年 2 月发布《白皮书：一项适足、安全和可持续退休金制度议程》（以下简称《白皮书》）。《白皮书》建议，欧盟成员国可通过将退休年龄与人口平均寿命挂钩、有效限制提前退休、取消退休年龄男女差异等手段以应对人口老龄化和财政紧缩带来的负面影响；《白皮书》还建议，欧盟支持各成员国发展安全可靠的、成本收益合理的补充退休储蓄计划以增加退休收入。此外，欧盟要求各成员国严格执行财政纪律，到 2060 年，将债务减至占其 GDP 的

60%（《马斯特里赫特条约》的规定）以下。

截止到2014年3月，欧盟28个成员国已有24个成员国（不包括比利时、卢森堡、芬兰和瑞典）立法延长退休年龄[①]，芬兰和瑞典采取灵活的退休年龄政策，其退休金水平随着退休年龄的延长而增加。此外，老龄工人的就业率也大幅上升，2012年欧盟年龄在55～64岁平均就业率为48.9%，比10年前上升了10个百分点，到2013年第三季度这一数值上升到50.7%。

（三）最新进展

随着积极老龄化政策在欧盟各成员国的实施，欧盟经济政策委员会继2012年版社会支出预测方案之后于2015年再次对社会支出做出调整。调整情况如下（参见表5）。

表5　2013～2060年/2010～2060年欧盟社会支出变化情况预测

（占GDP的百分比）

欧盟28国	公共养老金	公共卫生保健	长期照顾	失业津贴	教育
2013年水平	11.3	6.9	1.6	1.1	4.7
2013～2040年的变化情况	0.4	0.8	0.7	-0.4	-0.2
2013～2060年的变化情况	-0.2	0.9	1.1	-0.4	0.0
2013年总计	25.6				
2013～2040年变化情况总计	1.2				
2013～2060年变化情况总计	1.4				
2010年水平	11.3	7.1	1.8	1.1	4.6
2010～2030年的变化情况	0.6	0.7	0.5	-0.3	-0.2
2010～2060年的变化情况	1.5	1.1	1.5	-0.3	-0.1
2010年总计	25.9				
2010～2030年变化情况总计	1.4				
2010～2060年变化情况总计	3.7				

注：所有数值四舍五入，小数点后保留1位。

资料来源：Economic Policy Committee and the European Commission，网址：http：//europa.eu/epc/index_ en.htm。

① Economic Policy Committee and the European Commission，网址：http：//europa.eu/epc/index_ en.htm。

表 5 显示，支出变化最为显著的是“公共养老金”栏：由“2012 年版”（2010～2060 年）增幅占 GDP 的 1.5%变为“2015 年版”（2013～2060 年）增幅 -0.2%。这样的比较还不够准确说明“养老金增幅下降”问题。

通过“两版”“新”（与上文四项驱动因素比较而言）① 四项驱动因素比较显示：赡养比率拉动公共养老金支出增长作用明显减弱，待遇比率抑制公共养老金支出增长作用明显加强。这表明，劳动生产率和就业率将呈现上升态势，对公共养老金支出增长起到了的遏制作用：从建立社会保障制度的可持续性之初的占 GDP 的 2.2%到金融危机背景下占 GDP 的 1.4%的正增长转变为至今的负增长，呈现出下降趋势。

总之，人口老龄化及金融危机对公共养老制度的冲击基本上通过积极老龄化政策得以化解。至此，欧盟社会保障制度进入了可持续发展轨道，那么它的下一站将是“社会可持续性”。

四　社会保障制度可持续性的延伸

《绿皮书》指出，适足性与可持续性是一个硬币的两个面。如果退休金缺乏适足性，则对其他年金计划造成很大压力，必然危及可持续性；同样，如果养老体系不可持续，则意味着养老金的长期运行是不适足的，体系将遭受巨大冲击。因此，应将两者统筹考虑；也就是说，在养老金改革时，一方面，既要考虑到社会适足性，避免弱势老年人陷入贫困境地，否则政府将面对巨大的政治压力，同时也要考虑到经济适足性，也让普通老年人享受合理的舒适生活。另一方面，政府还要顾及公共养老制度的可持续性（参见图 3 右侧）。

随着人口老龄化的加重，欧盟国家纷纷计划推迟退休年龄，这不仅减少了社会公共支出，而且实现基本的代内和代际共济。也就是说，相对年轻的

① 新四项驱动因素是：赡养比率 =（65 岁以上人口）/（20～64 岁以上人口）；享有退休金的比率（无变化）；待遇比率 = $\frac{\frac{\text{平均退休收入}}{\text{GDP}}}{\text{20～74 岁人口工时总量}}$；劳动力市场比率 =（20～64 岁人口/（20～74 岁人口工时总量）。

各代不用面对更高的缴费水平而享有类似的生活标准，从而实现了代际平衡及促进社会融合（参见图3左侧）。

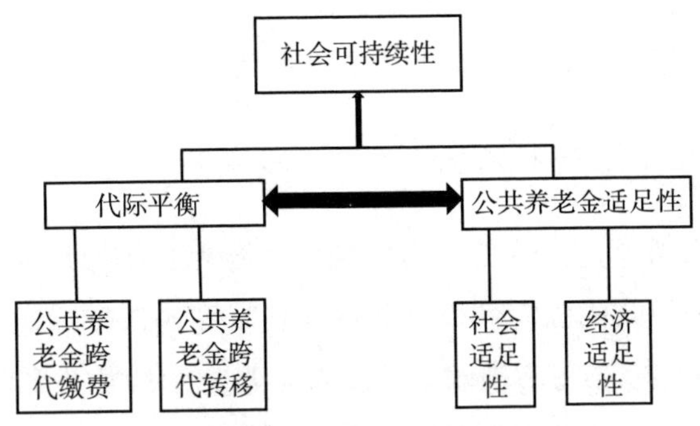

图3　社会可持续性

资料来源：Grech, A. G. 2013. "Assessing the sustainability of pension reforms in Europe," in *Journal of International and Comparative Social Policy*, Vol. 29, No. 2。

五　对我国的启示

党的十八届三中全会《中共中央关于全面深化改革若干重大问题的决定》提出了建立"更加公平、可持续的社会保障制度"的改革目标，标志着我国社会保障制度的可持续性建设进入一个新的重要时期。而欧盟社会保障制度可持续性的成功实践经验，对我国社会保障制度的可持续性建设提供有益的借鉴。

（一）应将未来公共养老金支出水平纳入可监测的体系下

公共养老制度"门槛"较低：根据国际劳工组织公约（第102号），制度覆盖面须达到全体国民的20%以上，并提供适足（至少不低于贫困线[①]）

① 发达经济体的贫困标准是，低于中位数收入的60%人员为贫困人群，这与发展中经济体的标准有所不同。详情请参见《国际人力资源社会保障动态研究》（人力资源和社会保障部国际劳动保障研究所内刊），《国际就业形势研讨会纪实（上）》，《中国就业》2016年第12期。

的养老保障水平。近年来，随着我国养老保障人群和保障水平的不断提高，“门槛”已转变为制度的长期稳定运行及可持续性。因此，应利用预算监控指标来测量长期性的挑战。同时，为削减支出而采取积极老龄化政策，从而实现在制度的长期稳定运行与养老金支出水平方面取得平衡。

（二）应在抵御贫困风险的基础上发展多层次养老制度

欧盟的一些国家，如波兰、匈牙利、立陶宛、保加利亚和罗马尼亚等国，因采用智利模式的强制性个人储蓄计划而受到2008年全球金融风暴的巨大冲击。这些国家不得不削弱第二层面养老金（参见上文）。这是因为在第二层面养老金计划被转变为定额缴费计划后，未来收入的保护措施没有及时跟进，这无疑将金融风险转嫁给参保人员；而且定额缴费计划的未来给付水平是无法预知的，因而被转变的DC计划无法为退休人员提供实实在在的收入保障。当前中国正处于工业化的进程中，养老保障体系尚待成熟，发展多层面养老保障体系的重心应放在抵御贫困风险的基础上。

（三）持续推进医疗制度改革

医疗保险制度门槛较高：根据国际劳工组织公约（第130号），制度覆盖面须达到全体国民75%，而且制度应提供国民负担得起的医疗服务。由于门槛过高，目前医疗保障制度仅局限于高收入国家。当前我国的医疗体制仍在不断完善当中，正如上文所分析的，公共卫生保健和长期护理支出水平不仅受到人口老龄化的影响，而且受到非人口因素的影响。因此，应持续推进医疗制度改革。

（四）充分发挥失业制度中的促进就业功能

欧盟成员国的失业保险计划包括一系列失业补贴项目，其主要目的之一是利用失业保险制度中的反周期作用。在经济不景气失业率升高时，现金补贴不仅为求职期间的失业人员提供收入保障，而且可通过延长领取失业金的期限与保留工作岗位计划相结合来促进其就业。在进入保留工作岗位计划后，失业保险计划或安置就业岗位或为他们提供再就业培训。在经济增长失业率下降时，失业保险计划不仅为失业人员提供适当的资金支持，而且为他们提供就业服务（空岗信息和中介服务）。因此，我国在完善失业保险制度时，应充分应用失业保险制度中促进就业的功能。

参考文献

[1] European Commission："Green Paper：Towards adequate，sustainable and safe European pension systems，" COM（2010）365 final（Brussels，July 2010）。

[2] European Commission："White Paper，An Agenda for Adequate，Safe and Sustainable Pensions，" COM（2012）55 final（Brussels，Feb. 2012）。

[3] Grech，A. G. 2013. "Assessing the sustainability of pension reforms in Europe，" in *Journal of International and Comparative Social Policy*，Vol. 29，No. 2。

[4] "The 2015 Ageing Report：Economic and Budgetary Projections for the 28 EU Member States（2013 - 2060），" *European Economy*，No. 3，2015。

[5] "The 2012 Ageing Report：Economic and Budgetary Projections for the 28 EU Member States（2010 - 2060），" *European Economy*，No. 3. 。

[6]《国际人力资源社会保障动态研究》（人社部国际劳动保障研究所内刊），《国际就业形势研讨会纪实（上）》，《中国就业》2016 年第 12 期。

B.27

国外公立医院医生薪酬制度状况及借鉴

——基于美国、德国、英国的现状

闫 蕊*

摘 要： 公立医院的医生薪酬制度改革的核心是在维持有竞争力的薪酬、吸引并保留优秀的医生人才队伍的同时，促进医生工作绩效的提升、促进医疗成果的改善。在美国、英国、德国公立医院薪酬制度的改革中，有很多经验值得我们借鉴。建立全国性医生职位评价体系，系统体现医生的知识和经验权重；出台公立医院的绩效工资制度的指导意见，规范医生绩效工资；改革医生的薪酬支付方式，减少医患冲突；重视医生薪酬水平的调整，体现医生人力资本的积累等我国公立医院医生薪酬制度改革中的重点。

关键词： 公立医院 医生薪酬制度 非营利性医院

世界卫生组织认为，好的卫生制度是能够在任何时候和任何地方，为所有人提供所需的高质量的卫生服务。这就要求一国的卫生制度具备坚实的财政基础、训练有素和满意薪金的卫生劳动力队伍、可靠的信息系统、良好的基础设施和后勤保障，并具备合格的药品和技术。公立医院及其医生是医改的重要一环，研究和借鉴国外公立医院医生薪酬制度对我国医改具有很强的借鉴意义。

---

* 闫蕊，人力资源和社会保障部国际劳动保障研究所助理研究员，主要研究方向为就业和社会保障。

一 公立医院发展状况及其人事制度

（一）美国公立医院及其人事制度

1. 美国公立医院的改革和发展

美国的公立医院可以追溯到18世纪。1860～1930年是美国公立医院的形成时期，科技的进步渐渐改变了公众对公立医院的态度，民众对医院的信任增加；[①] 1930～1965年，在经济危机中，公立医院发挥了巨大作用，但所获得的政府拨款却没有增加，从而面临重大的危机；[②] 20世纪70年代公立医院逐渐改革；1980年至今很多公立医院转变成营利性或私立非营利性医院。[③] 2009年，美国医院协会统计联邦政府有211家医院，州和郡县政府共有1092家医院。[④] 2016年，美国医院协会统计美国共有医院5627家，其中联邦政府医院213家；州与地方政府的社区医院1003家。公立医院的基本职责是为低收入人群提供保障性的医疗服务，为大量低收入无保险的贫困人口提供医疗服务，[⑤] 起到社会医疗安全阀的作用。

2. 公立医院的人事制度

美国地方政府公立医院的管理模式是采用公司管理体制的政府机构，既纳入政府机构的序列，又有董事会；董事会负责旗下公立医院的医疗质量、医疗可及性、医院系统战略决策、预算、重大投资及支出、重大人事问题等。[⑥] 美国

---

① https：//essentialhospitals. org/about-americas-essential-hospitals/history-of-public-hospitals-in-the-united-states/emergence-of-public-hospitals－1860－1930/。

② https：//essentialhospitals. org/about-americas-essential-hospitals/history-of-public-hospitals-in-the-united-states/challenges-in-a-changing-marketplace－1930－1965/。

③ 《美国公立医院改革与管理经验》，http：//www. docin. com/p－1804402624. html。

④ 赵强：《美国公立医院管理制度》，《中国医疗卫生发展报告 No. 6（2013～2014）》，社会科学文献出版社，2014，第297～306页。

⑤ 赵强：《美国公立医院管理制度》，《中国医疗卫生发展报告 No. 6（2013～2014）》，社会科学文献出版社，2014，第297～306页。

⑥ 赵强：《美国公立医院的管理制度》，公共医院改革与发展研讨会暨卫生政策上海论坛，2011。

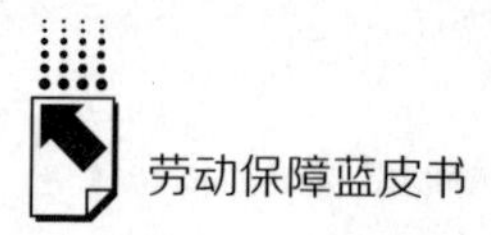

公立医院采取直接雇用的方式招聘医疗从业人员，采用签订雇佣合同的方式，雇用的公立医院的医生主要包括专科医生、全科医生、公共卫生医生和预防医生。

（二）英国公立医院的发展及人事制度

1. 英国公立医院的改革和发展

急诊和住院服务主要由公立医院提供。1948 年英国建立 NHS 体系时，将全国医院基本收归国有，公立医院约占全国医院总数的 95%。为了缓解医疗服务行业中政府资金短缺、效率低、就诊等待时间长等问题，英国在公私合作方面也十分积极。主要合作模式包括私人筹资模式和独立医疗中心模式。私人筹资模式是应用面最广、最具影响力的模式。2015 年英国共有 155 家医院信托机构和 56 家精神病医院信托机构，每个信托机构一般下设几个院址。

2. 公立医院的人事制度

英国 NHS 信托医院和基金信托医院直接雇用员工，包括医生、护士、助产士、药剂师、理疗师、影像科医生、职业治疗师和精神病医生等医疗、护理人员和医疗技术人员，也包括接待员、门童等非医务人员。在公立医院雇用的医生中，有 1/3 ~ 1/2 的医生为顾问医生。为了更好地管理顾问医生的工作时间，英国卫生部于 1991 年开始实施顾问医生工作计划制度。2003 版合同中引入了“标准时间段”概念。

（三）德国公立医院的发展及其人事制度

1. 德国公立医院的改革和发展

近几年，德国私立医院的数量呈增长趋势，公立医院和教会医院数量相应减少（见表 1）。截至 2015 年，德国共有 1956 家医院，包括 577 家公立医院，由地方政府、大学负责运营，床位数约占 45%，床位规模一般大于 500 张；679 家私立非营利性医院，由宗教团体或非营利组织运营，床位数占 35%；700 家私立营利性医院，由私人举办，床位数占 20% 左右，床位规模一般小于 100 张。总体床位使用率近十年来维持在 77% 左右。①

① http://www.dkgev.de/media/file/23877.2016-05-17_Foliensatz_KHstatistik_ENG_Finale.pdf.

表 1　德国各类型医院变化趋势

单位：家

医院类型	年份												
	1995	2000	2005	2006	2007	2008	2009	2010	2011	2012	2013	2014	2015
公立医院	—	—	751	717	677	665	648	630	621	601	596	589	577
非营利医院	—	—	818	803	790	781	769	755	746	719	706	696	679
私立医院	—	—	570	584	620	637	667	679	678	697	694	695	700
总　数	2325	2242	2139	2104	2087	2083	2084	2064	2045	2017	1996	1980	1956

资料来源：Table was compiled on 14 Nov 2016 11：29 under www. gbe - bund. de。

2. 公立医院的人事制度

德国公立医院的行政院长负责制定整个医院的人员编制等人事政策工作，但最终的人事权归属于医院的各个科室，科室负责人专门设置负责人力资源工作岗位的人员。公立医院医生有政府医生和医院自主聘用的医生。为使医生更好地平衡工作与家庭，自 2007 年开始，德国政府在医院推行了多种工作时间组合模式的合同，以使行医时间更为灵活。德国公立医院对多点执业采取规制的手段予以限制，比如医院向医生收取一部分补偿金。

通过对典型国家和地区公立医院改革发展和人事制度的深入分析，公立医院在各国都至少起着基础性的作用，其人事制度也逐渐向宽松化、多样化发展，但医生的公务员身份对公立医院雇员来说仍然意义重大。

二　公立医院的薪酬制度

（一）美国公立医院医生的薪酬构成及决定机制

公立医院的医生的收入由三部分构成：以职位评价方案为基础的基本工资、奖金和额外酬金。①

① Edward J. Schumacher，*Does Public or Not-for-Profit Status Affect the Earnings of Hospital Workers*? J Labor Res DOI 10. 1007/s 12122 - 008 - 9051 - 4.

1. 以联邦职位评价方案为基础的基本工资

美国公立医院医生的待遇按照联邦工资制度进行，知识、经验、培训等决定薪酬等级，薪酬支付方式由第三方付款（政府或医疗保险公司），不与业务收入挂钩，多数医院采用浮动制工资。[①] 在这一制度下，同一地区、同等工作条件下相同工作量的人员，工资水平相当；同一地区，某一岗位工资等级与其具有可比性的岗位的工资水平相当。[②] 自 2003 年起，美国劳工部实施新的职位评价系统，原九大薪酬评价因素被压缩为四个关键的报酬决定因素，即知识、工作控制能力、沟通交流能力和工作环境（见表 2），每个职位被划分为 15 个职位等级（见表 3）。[③]

表 2　与四个因素相关的点数分布情况

因素	因素点数分布								
知识	50	200	350	550	750	950	1250	1550	1850
工作控制能力	100	300	475	625	850	1175	1450	1950	X
沟通交流能力	30	75	110	180	280	X	X	X	X
工作环境	10	25	40	70	100	X	X	X	X

资料来源：NCS，Leveling Guide for Evaluating Your Firm's Job and Pay.

表 3　不同的职位等级的点数分布范围

职位等级	最低点数	最高点数
1	190	254
2	255	454
3	455	654
4	655	854
5	855	1104

① 史芮源、魏仁敏、张光鹏：《公立医院薪酬制度的国际经验及启示》，《中国医院》2016 年第 4 期，第 37 ~ 39 页。

② 姚瑶、李璐、方鹏骞：《美国医疗卫生人员联邦工资制的借鉴和思考——从美国经验看我国医疗机构绩效工资制》，《中国医院管理》2010 年第 10 期，第 69 ~ 72 页。

③ 姚瑶、李璐、方鹏骞：《美国医疗卫生人员联邦工资制的借鉴和思考——从美国经验看我国医疗机构绩效工资制》，《中国医院管理》2010 年第 10 期。

续表

职位等级	最低点数	最高点数
6	1105	1354
7	1355	1604
8	1605	1854
9	1855	2104
10	2105	2354
11	2355	2754
12	2755	3154
13	3155	3604
14	3605	4054
15	4055 及以上	

资料来源：NCS，Leveling Guide for Evaluating Your Firm's Job and Pay。

在这四个薪酬等级决定要素中，知识是最重要的先决条件。具体到医生职位，知识的点位设置总共有五个层级，包括750点位、950点位、1250点位、1550点位、1850点位，点位分值非常高，显示出知识这一要素在医生职位的评定中具有重要的作用和很高的要求。第二大决定报酬的因素为工作控制能力，被划分为8个等级，分布在100点到1950点。在对不同等级的工作控制的描述中，包含对工作程序中所需要遵守的指导细则、任务要求指导细则的复杂性，以及工作行为对同事、所在科室和医院的影响程度。第三大决定报酬的因素是工作中所需要的沟通交流能力。沟通交流的形式有多种，面对面交流、邮件、电话、视频会议等都属于在工作中发生，但又很难在工作指导中详尽体现的自我发挥的类型。沟通交流能力被划分为5个级别，分布在30～280点位。第四大决定报酬的因素是工作环境，涉及工作中有可能导致危险的因素，以及对体力的强度要求，分为5个级别，分布在10～100点位。

根据每位医生在这四个要素上所得的点数进行加总的总点数，决定了医生所在的职位等级，对应相应的基本工资（部分医生承担一定的管理职能，管理职能的点位也是要加进去考虑的）。

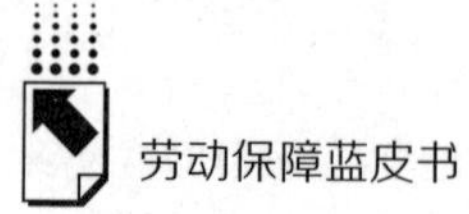

2. 绩效工资

美国医生除基础薪酬之外，医院还设有绩效工资，但绩效工资所占的比重比基础薪酬的比重要少得多。公立医院设立绩效工资，是为了解决工作中基本薪酬平均化、医生积极性不高的问题，也是为了促进医生提高服务质量、诊疗的安全性，以及医疗资源的使用效率。[①] 医院常用的考核指标包括医疗服务的性质、患者的治疗效果、患者的安全、患者满意度、服务数量和资源的利用效率等，同时，还要考虑不同科室医生的特殊性、科室任务的分配、整体人力资源状况等。[②]

3. 院外收入

公立医院的医生除按照合同完成医院内的工作任务之内，还可以在医院之外从事相关的有报酬的工作，如多点执业、临床教学等。

（二）英国公立医院医生的薪酬构成及决定机制

1. 院外决定因素

英国医生薪酬首先是在全国层面上确定的，通过各方集体协商谈判的方式确定全国统一的基本薪酬机制。2004 年，英国成立了 NHS 雇主委员会，来处理薪酬方面的相关事宜。NHS 雇主委员会是 NHS 联合会的组成部分，但拥有自己的治理架构。此外，保持全国性协议薪酬制度和条件是工会权力和影响力的最主要来源，因此工会对保持全国性的薪酬制度和条件有强烈的兴趣。在每年薪酬调整上，医生和牙医薪酬评估委员会发挥重要作用，对政府部门有建议权，最终由政府部门对医生薪资增长情况做出决策。

2. 院方决定因素

在 NHS 体系中，只有基金信托医院可以制定本单位的薪酬方案与条

---

① Steinwald B, "Compensation of hospital-based physicians," *Health Services Research*, 1983, 18 (1): 17－47.

② Bob Herman, "7 Trends in Hospital-Employed Physician Compensation," January 25, 2013. http://www.beckershospitalreview.com/compensation-issues/7-trends-in-hospital-employed-physician-compensation.html.

款，医院信托必须遵守全国协议，但医院信托可以设定高层人员的薪酬水平。基金信托医院在成立之初被要求接受全国性协议薪酬制度，老员工拥有依据国家合同条款和薪酬制度签署雇佣合同的权利。目前，仅有少数基金信托医院拥有自己成熟的薪酬架构。英国全国性薪酬制度的传统，意味着单个医院开发自己的薪酬制度和雇佣合同方面缺乏经验和物质储备。

3. 个体决定因素

除了院外因素外，每个专科医生的具体收入又取决于每个医生个人的情况。收入主要构成如下：一是基本薪水。按照员工的等级和年资设置。专科医生基本薪水的计算方法比较复杂，主要以“岗位权重”进行评估，包括工作所要求的知识和技能（包括交流能力，知识、培训和经验，分析技能，计划和组织技能等），身体条件，工作责任（包括照顾病人的责任，政策和服务的责任，财务的责任，人力资源的责任，信息资源的责任，研究发展的责任等），物质精神方面的付出（体力付出，精神付出，情感付出），工作环境的要求（法规范围内的自主权等）。二是额外项目津贴。主要指参与教学和研究等工作的津贴，根据医护人员的不同级别，按照基本薪水的一定比例发放额外项目津贴。三是即时服务津贴。即时服务是指医生在下班时间提供随叫随到的服务，分为电话服务和上门服务。根据不同服务类型和服务频率，即时服务津贴占基本薪水的1%～8%。四是伦敦地区津贴。这是专门为伦敦地区医生设置的，主要原因是伦敦地区消费水平较高。五是雇佣和附加保持金。这是根据医疗服务市场中医生的供求关系决定的，如果某专业供不应求，就会相应地提高该专业医生的雇佣和附加保持金来维持供需平衡。从2004年4月1日开始正式实施，分为12个等级，从2702英镑到69261英镑不等。六是绩效奖金。每年都要对公立医院医生进行绩效考核，根据考核结果给予不同级别的绩效奖金，大约有2/3的顾问医师可以获得绩效奖金。

（三）德国公立医院医生的薪酬构成及决定机制

在医院执业的专科医生薪酬是固定的，与医院的收入没有直接关系，具体以劳资协议为依据（见表4）。工资标准的主要依据是医生的专业级别和工作年限及经验。从表4中可见，市立医院各专业级别和不同工作年限的医生税前月工资参考值在市立医院、大学医院、私人医院之间的数值略有差异。参考标准由医院医师协会和雇主协会协商确定。级别高的医生，在诊疗使用私人保险患者时，也可按照服务收费。[①]

表4 集体劳资协议月工资（市立医院，自2015年12月1日起）

单位：欧元

薪酬组 \ 工作年限等级	一级	二级	三级	四级	五级	六级
主治医生（leitender Oberarzt）	8148	8730	—	—	—	—
高级医生（Oberarzt）	6926	7333	7916	—	—	—
专科医生（Facharzt）	5530	5993	6400	6638	6870	7102
助理医生（Assistenzarzt）	4190	4427	4597	4891	5241	5386

资料来源：http：//www. praktischarzt. de/blog/einstiegsgehalt-als-assistenzarzt/.

三 公立医院医生薪酬水平及比较

（一）美国公立医院医生的薪酬状况

美国的大多数医生收入良好。2014年，普通内科医生的平均年收入为187199美元，外科医生的平均年收入为190530美元，牙医的平均年收入为

① 《国内外医生职业收入的比较分析》，http：//wenku. baidu. com/link？url = C - H8reY3SO_ Gfp5TCXbjeoPu - QNakFg2D7wjBSjfK4OxGxhBjQrNKKGTdc2NT87gaDCypZW _ o7P0e27mTd GPyv8xn_ oIviXT1WsIFoz5Fs05Jpeb5TJ9cpbkoaVMg_ Zj。

166810美元，药剂师的平均年收入为118470美元。医生的收入和医生工作的地区有着一定的关系，就职于佛罗里达州、南加州、亚特兰大州、乔治亚州等城市中心区的医生收入最高，人均年收入高达236610美元。表5为2015年美国医生的收入情况。

表5　2015年美国医生收入情况

就业医生数量(人)	就业增加量(%)	平均时薪(美元)	平均年薪(美元)	涨幅(%)
322740	1.3	95.05	197700	0.9

资料来源：Bureau of Labor Statistics：Physicians and Surgeons.

医学博士在医疗保健专业人员中薪资最具有竞争力，领薪医生比自己执业的医生收入要少；医学博士专科医生的收入要比全科医生的收入高。高校教授的收入根据专业的不同，有较大的差异，但医学教授的收入要高于其他专业教授的收入。

（二）英国公立医院医生的薪酬现状

从各类医生收入水平来看，收入差距主要不是来自不同专业，而是来自不同职称之间。在所有职称序列中，顾问医师收入水平最高，2016年其基本工资达到89063英镑（见表6），总收入达到111863英镑（见表7）。

表6　2009～2016年英国不同职称医生的平均基本工资（截至每年3月）

单位：英镑

年份	2009	2010	2011	2012	2013	2014	2015	2016
所有医生平均	55451	56663	57475	57916	58555	59008	59342	59588
顾问医师(包括主管)	85337	86975	87089	87150	87211	88732	88982	89063
医院医生和诊所助理	61102	63265	64488	65256	66384	66972	67729	68943
其他实习医生	25870	25789	25943	25917	25997	26050	25957	25889
其他医疗和牙科职员	56845	59144	61568	62426	62835	64095	64205	64434
专科注册医师	36034	36545	36979	37059	37146	37383	37327	37335

资料来源：NHS Employers.

表 7　2009～2016 年英国不同职称医生的平均总工资（截至每年 3 月）

单位：英镑

年份	2009	2010	2011	2012	2013	2014	2015	2016
所有医生平均	72182	73520	73315	73008	73694	74470	75271	75704
顾问医师(包括主管)	111222	113394	111592	109962	109676	111354	112133	111863
医院医生和诊所助理	15685	15954	15726	15752	16405	17561	17915	19018
其他实习医生	36924	36329	36047	35793	36685	36067	36063	36119
其他医疗和牙科职员	58790	61064	62123	62296	63099	64529	65475	65984
专科注册医师	54751	54372	53638	53045	53173	52978	52958	53060

资料来源：NHS Employers.

和社会平均工资来比较，英国 NHS 雇员的年平均收入均高于社会平均工资，但不同人员差别较大。根据 2012 年数据，其中顾问医师年收入是社会平均工资的 4. 11 倍，年收入最低的卫生技术类人员也高于社会平均工资，是后者的 1. 12 倍（见表 8）。

表 8　2012 年英国 NHS 雇员年平均收入与社会平均工资情况

人员类型	年收入(英镑)	与社会平均工资的比值
顾问医师	109651	4. 11
专科注册医师	53365	2. 00
其他培训期医生	36655	1. 37
护士	30564	1. 15
助产士	30918	1. 16
经理	47702	1. 79
卫生技术类人员	29911	1. 12
英国社会平均工资	26664	1

资料来源：NHS Employers.

与其他公立机构员工薪酬相比，考虑到人力资本投入等各方面因素，英国 NHS 医院医生的薪酬水平也处于相对有利的地位（见表 9），总体水平要远高于教师收入。

表9 2012年英国NHS医院医生薪酬与其他公立机构员工薪酬情况

单位：英镑

人员类型	年收入	人员类型	年收入
顾问医师	74504～100446	地铁司机	45000～46000
专科医师	36807～68638	地铁售票员	26000
住院医师	23533～65392	地铁站管理员	40000
全科医生合伙人	103000	教师	不超过41500
全科医生	53781～81158	中学校长	60900
警察	21000～36500	小学校长	51800

资料来源：NHS Employers.

（三）德国公立医院医生的薪酬现状

在德国，医生在医院工作，意味着高强度的工作压力和相对较低的收入，因此，很多新医生选择其他类型的工作。[①] 德国的医院，按照运营方来划分，可分为社区医院、大学医院、私营医院和教会医院。在工作的第一年，医生薪水结构差异不大，月薪大概4000欧元；3～5年后税前收入可达到5000欧元；[②] 在大学医院工作的专家医生月薪为5600欧元，12年后月薪不超过7000欧元。[③] 德国所有专业人士的平均月薪税前为3500欧元，新医生在第一年的薪水低于全国平均水平的2倍，但工作时长要多得多。在德国，仅有主管医师能够展开薪水谈判，40%的主管医师年薪在125000～400000欧元。如果能够给私营保险患者诊疗的话，收入可以更高一些。[④]

① Gehälter von A bis Z. Gehalt Arzt. Available online：http：//www. gehaltsreporter. de/gehaelter-von-a-bis-z/89. html.

② Bester Ärzteverdienst Wer bezahlt wie viel? Available online：https：//www. allianzfueraerzte. de/magazin/wer-bezahlt-wie-viel. php.

③ Ärztegehälter im Krankenhaus imeuropäischen Vergleich. Available online：https：//www. i-med. ac. at/betriebsrat1/info/Aerztegehaelter_ im_ Krankenhaus_ im_ europaeischen-Vergleich_ Das-Krankenhaus_ 2011. pdf.

④ Yì Xiáng J. Wáng，Yáo T. Li Quant Imaging Med Surg. 2016 February；6（1）：84－102. doi：10. 3978/j. issn. 2223－4292. 2016. 02. 05 PMCID：PMC4775238，Article PubReader PDF－2. 5M.

2014年，德国的税前社平工资为41388欧元，各种税费将会扣除40%左右，行业间收入差距较大。根据联邦统计局的数据，德国全职人员的人均月薪1995年为2281欧元，2010年为3227欧元，2012年为3391欧元，2013年为3449欧元。[①] 收入最高的行业集中在金融、医药、汽车、化工等领域；收入最高的职业有医生、律师、工程师、计算机从业者。[②] 德国高校教师的年平均薪资为38974欧元，根据年资的不同，收入在17617欧元到59813欧元之间；科研人员的月均收入在3438.28～4962.10欧元；[③] 普通公务员的平均年薪为税后2300欧元左右。

四　经验和借鉴

公立医院的医生薪酬制度改革的核心是维持有竞争力的薪酬，吸引并保留优秀的医生人才队伍，促进医生工作绩效的提升，促进医疗成果的改善。在美国、英国、德国公立医院薪酬制度改革中，有很多经验值得我们借鉴。

（一）建立全国性医生职位评价体系，系统体现医生的知识和经验权重

美国公立医院的医生职位在评定时使用全国性的美国劳工部的四要素职位评价系统，其中知识要素占的比重最大；英国医生基本工资的认定也有全国统一的标准，这些标准中也体现了薪酬设定中知识的重要性。此外，无论是英国、德国，还是美国的医生薪酬对医生年资都是极为认可的，随着年资的增加，医生薪酬也随之增加。我国公立医院医生薪酬制度存在着严重的地域性差异，而不是基于知识和经验，因此，医生资源分布不均衡，从而造成医疗资源分布的进一步失衡。建立全国性医生职位评价体系，系统体现医生

① 德国联邦统计局（Statistisches Bundesamt）。

② 《2014德国人收入大起底　银行业高居榜首》，http://edu.sina.com.cn/a/2015-04-30/1144259559.shtml。

③ MEHDI KESHAVARZ HEDAYATI，Postdoc and PhD Salary in Germany，September 2015.

的知识和经验权重对平衡我国医疗资源的分布，促进卫生体系的整体效率，提高健康投入产出比具有非常重大的意义。

（二）出台公立医院的绩效工资制度的指导意见，规范医生绩效工资

无论是美国，还是英国的公立医院都非常重视绩效工资的设置，都有全国性绩效工资设置的指导性文件，以鼓励医生在医疗领域做出贡献。例如，英国的顾问医生临床卓越奖是终身制的，这种无上的荣誉激励着公立医院的医生忘我的工作。我国的公立医院现在权限比较大，各自都在进行医生的薪酬制度改革，绩效工资的设置也千差万别。因此，无论是从卫生人才的流动，还是医生的业绩鼓励来讲，都应该制定全国性的绩效工资指导意见，给不同层次的医生不同的进步阶梯。

（三）改革医生的薪酬支付方式，减少医患冲突

德国医生的薪酬是州医师协会与医保机构协商医生的报酬总额，继而在其成员医生中分配资金。医师的报酬由医师协会进行分配，以确保医师的医疗行为不会过度扩张。如果社会保险的目的在于提供安全和稳定，那么医疗服务的专业供给者应该有类似的就业环境，否则就容易形成恶性竞争，甚至畸形的医疗资源分布，降低医疗服务质量。同时，协会间的协商使得所有的利益谈判、协调、冲突与医患双方无关，这对于和谐医患关系的建立大有裨益。美国也是由第三方来支付医生的报酬，从而形成良好的医患关系。因此，我国改革医生的薪酬决定机制和支付方式具有重要的意义。

（四）重视医生薪酬水平的调整，体现医生人力资本的积累

美国、英国、德国的公立医院医生的薪酬水平与非营利性质的医院，甚至私立医院差别不大，这得益于这些国家都有专门的机构对医生薪酬进行调查，每年公布调查报告。在医生薪酬调查报告的基础上，对公立医院医生的薪酬给予及时的调整，并对不同地区、不同专业医生的薪酬制定相对性的调

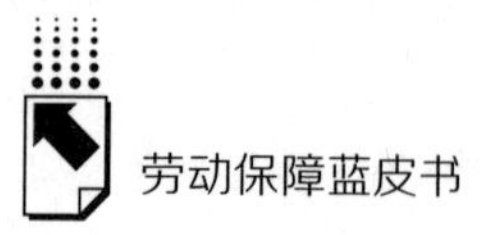

整系数，保证医生队伍的稳定性和医生资源分布的均衡性。因此，在我国私立医院渐渐兴起、公立医院薪酬改革混乱之机，制定全国性的薪酬调整指导意见和文件尤其显得重要。

参考文献

[1] 韩洪迅：《德国、英国、新加坡公立医院改革解读》，《中国医药指南》2007 年第 8 期。

[2] 侯建林：《公立医院薪酬制度的国际比较》，北京大学医学出版社，2016。

[3] 侯建林、王延中：《公立医院薪酬制度的国际经验及其启示》，《国外社会科学》2012 年第 1 期。

[4] 张佳慧：《英国公立医院人事管理、医生薪酬制度及对我国的启示》，《中国公立医院医生薪酬制度改革研究》，社会科学文献出版社，2016。

[5] Abouljoud, M., Whitehouse, S., Langnas, A., & Brown, K., "Compensating the transplant professional: time for a model change," *American Journal of Transplantation Official Journal of the American Society of Transplantation & the American Society of Transplant Surgeons*, 15 (3).

[6] Alyna T. Chien, Marshall H. Chin, G. Caleb Alexander, Hui Tang, Monica E. Peek, "Physician financial incentives and care for the underserved in the united states," *American Journal of Managed Care*, 20 (2).

[7] Armour, B. S., Pitts, M. M., Maclean, R., Cangialose, C., Kishel, M., & Imai, H., et al., "The effect of explicit financial incentives on physician behavior," *Archives of Internal Medicine*, 161 (10).

[8] Gaughan and Kobel; licensee Springer, "Coronary artery bypass grafts and diagnosis related groups: patient classification and hospital reimbursement in 10 European countries," *Health Economics Review*, April 2014.

Contents

Ⅰ General Report

Abstract: This paper has simply reviewed the substantial development and remarkable achievements that China has obtained since the 18th CPC National Congress in 2012 and have elaborated the new progress & breakthrough in 2016 in the field of labour and social security from the following four aspects, i. e. , employment and self – employment promotion, social security, labour relation, and corporate wage & income distribution.

Ever since the convening of the 18th CPC National Congress, the people – centered development philosophy has been adhered to labour and social security undertaking. Human resources and social security departments at all levels take initiatives to adapt to the new normal of economic development.

In terms of employment and self – employment promotion: Employment first strategy and a more active employment policy have been thoroughly implemented. The overall employment has witnessed a stable performance, with total employment remaining an on – going increasing tendency. Employment structure has been improved continuously. Employment quality keeps an increasingly improvement trend. The public employment service delivery system covering both urban and rural China has been developed. An integrated management mechanism on human resource market has been further improved. More efforts have been made on targeted vocational training. Occupational capacity building has been further pushed forward.

In terms of social security: The social security system reform has been further promoted. A social security system covering both urban and rural residents has been established in China. With the implementation of universal coverage plan, the factual coverage of social insurance system has been extended constantly. The income and expenditure of social insurance funds can basically keep balance. Social security benefits have been increased gradually and continuously. The capacity of social insurance administration agencies and staff has been constantly improved. Social insurance public services are increasingly and more easily accessible to the target people.

In terms of labour relation: Labour relation has witnessed a harmonious and stable performance as a whole. It has been explored in developing the labour relation coordination and labour disputes mediation & settlement mechanism which are compatible with the socialist market economic system. Labour contract system has been carried out comprehensively. Collective bargaining and collective contract system have been deeply pushed forward.

In terms of corporate wage & income distribution: Reform on corporate wage distribution system has been deepening continuously. Corporate wage determination and regularly increase mechanism have been developed gradually. Minimum wage regularly adjustment mechanism has been universally established across China.

In addition, labour and social security policy & institutional system has been improving constantly. In this paper, the key objectives and main missions of the China's labour and social security undertaking currently and in the near future have been expounded. And analysis has also been made on the opportunities and challenges faced by such undertaking in the same period. Ideas and policy proposals have been put forward on how to further facilitate the development of this undertaking in China.

Keywords: Employment and Self - employment; Social Security; Labour Relation; Income Distribution

Ⅱ Reports on Employment

B. 2 Current Situation and Future Prospects of the Employment *Zheng Dongliang, Chen Yun* / 038

Abstract: The current situation of employment in China is generally stable. Urban employment increased, unemployment remained low, the market supply and demand kept dynamic balance, enterprise employment remained stable, the employment college graduates and migrant workers was stable too. From the perspective the current and future, more attention need to pay on the labor market supply and demand weakened, the local unemployment, more difficulty for some people to seek job, more shortage of skilled workers , challenges from new employment forms and new technologies.

Keywords: Employment Situation; Employment Promotion with Business Startups; the Registered Urban Unemployment Rate; Employment Difficulty

B. 3 Income Inequality of Employees Working on Web-based Platform and Its Influencing Factors

He Qin, Wang Qi and Lai Desheng / 054

Abstract: This paper provides an empirical analysis on income inequality of employees working on web-based platform based on the data from the Weigong net. Quantile regression models and Bootstrap results show that the factors for income inequality are complicated. Human capital, material capital, social capital, family income, industry difference and huko, for example, all have significant influence on income inequality. In particular, people who received higher education, who are more unsatisfied with their current income, who afford more household expenses, and who assume managing roles in enterprises usually earn more part-time income. Boosting education is the best way to increase income for the low-level flexible people. Internet economy provides enormous jobs for the female, the youth and the migrant, which has unmatched advantages against traditional economy.

Keywords: Flexible Employment; Income Inequality; Quantile Regression; Platform Economics

B. 4 Employment Market Reform in the New Economy: Problems and Countermeasures of Flexible Employment Development

Meng Xuduo / 069

Abstract: This paper focused on the evolution of China's flexible employment in the current economic and social development, and analyzed the characteristics of various forms of flexible employment in the new economic model. It studied the shortcomings and limitations of the realistic flexible employment policy, and gave policy recommendations for the government to further encourage and support the development of flexible employment and new employment forms

Keywords: New Economy; Flexible Employment; New Employment Form; Platform Employment

B. 5 Situation of the Structural Unemployment in China

Cao Jia / 082

Abstract: In recent years, under the new normal economy, China's unemployment risk point increased, risk transmission mechanism gradually formed, overall level of the risk unemployment increased. Structural unemployment is priority among them, and concentrated in certain regions, industries, groups. In response to this kind of structural unemployment, we need to establish surveillance system of enterprise employee and job cuts, increase government support for special groups and special area, expand employment service channels, establish a system of education and skills training system based on market demand, improve the labor market system.

Keywords: Structural Unemployment; Unbalanced Development; Employment

Abstract: Reducing overcapacity is the first task of the structural reform of supply-side. Well solving the problem of influenced workers' reemployment is of great significance to completing the task of reducing overcapacity, exploring methods of expanding employment, and maintaining sustained, healthy and steady development of economy and society. This paper firstly studied and determined the present and future employment situation affected by reducing overcapacity, secondly described the present reemployment status of influenced workers, thirdly laid special stress on analyzing the key and difficult problems in their reemployment, and finally proposed the general ideas and policy suggestions of promoting influenced workers' reemployment.

Keywords: Reducing Overcapacity; Influenced Workers; Reemployment

Abstract: As one of the most important development form in E-commerce, Rural E-commerce play a important role in aspects of China's new rural construction, increasing farmers' income and promoting farmers' employment. Based on the concept and recent development of Rural E-commerce, this paper explored the influence of Rural E-commerce on farmers' employment and self-employment and precision for poverty alleviation, meanwhile provided guidance policy advice for the effective development of rural E-commerce in China.

Keywords: Rural E-commerce; Employment; Self-Employment

Ⅲ Reports on Social Security Development

Abstract: In 2016, in order to lessen enterprises' burden especially under the circumstances that economic development was facing pressure, China introduced the policy of temporary decrease on social insurance contribution rates. In general, social insurance system has run well, with more people covered, the scale of fund income and expenditure enlarged, and social insurance reforming policies implemented and great achievements made. Meanwhile, social insurance still has design and operational problems. In future, with social and economic development, and information technologies progress, social insurance is facing challenges as well as opportunities. It is suggested that according to the requirements of the "13th Five-year" Plan, continuous efforts should be made to deepen all-around reforming concerning social insurance items to promote more fair and sustainable development of social insurance system.

Keywords: Social Security; Social Insurance; Fund Management

Abstract: China has initially established a multi-level pension system with a large scale and a wide range of multi-stakeholder participation. But in general, China's pension system is still facing a series of challenges, especially in the context of increasing population ageing risk, It is facing long-term supply and demand contradictions. The most prominent challenge is the structural imbalance of the pension system: the pressure on the public pension system is dominant, the supplementary pension system is progressing slowly, so that the adequacy of pension benefits is limited. Besides, It is also facing a series of institutional management difficulties. In response to these challenges, we must fully learn from international experiences and improve the multi-pillar pension system in line with China's national conditions. At the same time, should also pay full attention to the timely delay in full payment of pension age, appropriate to improve the payment of pension years, make sure that the pension payment base is full and improve the pension investment system.

Keywords: Pension; Multi-pillar; Structural Reform; Parametric Reform

Abstract: Nowadays, the social insurance in China has been gradually covering all the people in law, but meanwhile, some enterprises, especially labor-intensive enterprises and most of the small and medium-sized enterprises, generally reflected that the level of social insurance contributions was high, which increased their labor costs. Based on the problem, firstly, this paper showed the fact that social insurance fee is only linked to wage income, which has been unable to accurately measure the contributing capacity and level of the employer and employee. Secondly, it analyzed the actual social insurance contribution level of some industries in China, and studied the problem of social insurance contribution level from the perspective of income distribution, then draws the following basic conclusions: a) in the national income distribution, the income level of the employees in China is generally low; b) the contribution level of social insurance depends on not only the rate, but also the base. 3) the cost increase of enterprises in China's mainly come from the high cost of financing, high cost of taxes, and the high cost of land, energy and transportation; d) China's social insurance burden level has a distinct difference in industries, regions, enterprise scale and ownership form. Finally, it gave the suggestions: the social insurance contribution base should be solidified, do not blindly reduce the social insurance rate; take the proper measures to reduce enterprises' costs with distinguishing different circumstances; strengthen social security, not easy to reduce social insurance.

Keywords: Income Distribution; Social Insurance; Social Insurance Contribution Level

B. 11 Risk Adjustment Mechanism in Province Basic Medical Insurance Risking Pool

Abstract: With the development of basic medical insurance and health care reform, raising the fund-pooling level is becoming urgent in China. Provincial risk adjustment mechanism is an important modified form for this issue. In practice, there are still many problems in it, which need to be further studied and perfected. Therefore, this paper took the provincial risk adjustment mechanism as the research object, summarized the relevant experience of the domestic provinces and cities, drew lessons from the international experience, and tried to put forward some recommendations.

Keywords: Basic Medical Insurance; Provincial Fund-pooling; Risk Adjustment Mechanism

B. 12 Research Report on Adjusting the Contribution Rate of Basic Old-age Insurance

Zhao Weiwei / 196

Abstract: Research on adjusting the contribution rate of basic old-age insurance is one of the important reform decisions put forward by the Third Plenary Session of the 18th National Congress of the Communist Party of China. In this paper, we research and explore the feasibility of reducing the contribution rate of basic old-age insurance, and put forward the basic idea of adjusting the basic old-age insurance contribution rate and supporting measures.

This paperconcludes that old-age insurance takes on responsibility of cope with old age risks and plays a function of protecting basic life, so it is necessary to maintain a certain contribution rate and the contribution rate can't be too low. At the same time, we should take into account the level of economic development, enterprise development and the affordability of all parties, so the rate can't be too high. We think the adjustment of the contribution rate should achieve three goals of the moderate contribution level, the appropriate secure level and the balance of the fund. Therefore, it is suggested that the government should properly reduce the contribution rate of basic old-age insurance on the basis of clear goal of secure level, and gradually explore the dynamic adjustment mechanism which is related to contribution rate and pension level. Meanwhile, it is recommended to improve the relevant supporting measures which play a "combination boxing" in order to create institutional conditions and financial security for reducing the contribution rate.

Keywords: Basic Old-age Insurance; Contribution Rate; Contribution Base

B. 13 Problems and Measures of the Merger Enforcement of Maternity Insurance and Medical Insurance

Wang Yanyan, *Yuan Tao* / 214

Abstract: There are lots of similarities in the concept of establishment, policy design and management between maternity insurance and medical insurance. Since the 18th National Congress of the Communist Party of China was held, under the guidance of "Four-Pronged Comprehensive Strategy" and "Five Development Concepts", maternity insurance is facing some new situations and reform requirements. In the year of 2016, The 13th Five Year Plan raised piloting the merger enforcement of maternity insurance and medical insurance. This thesis demonstrates the feasibility of the merger enforcement of two insurances, analyzes the main problems in the merger enforcement, and through mathematical calculation, puts forward some countermeasures to solve the problem of the insured participation of some special population.

Keywords: Maternity Insurance; Medical Insurance; Merger Enforcement; Flexible Employment

B. 14 Practice and Thinking on Construction of Long-term Care Insurance System in Sichuan Province

Rao Feng, *Tang Qing*, *Wang Hanpeng and Shen Xi* / 227

Abstract: Long-term care insurance provides arrangement system of continuous care service and financial compensation for the insured who has lose self-care ability. Currently, the establishment of the long-term care insurance system has already been in the pilot phase from the national level; Chengdu, the capital city of Sichuan province, is one of the national pilot district. This thesis explores the necessity and feasibility of establishing long-term care insurance in Sichuan province, on the basis of theoretical analysis and empirical research; it has significant reference value for the implementation of this system in the entire province scope.

Keywords: Long-term Insurance; System Construction; Financial Calculation

Abstract: The Party and government attaches great importance to the social security of land expropriated farmers, to ensure the implementation of social security funds and land expropriated farmers, governments at all levels to make a lot of effort, but in actual operation, there are still problems of land expropriated farmers in arrears of social security funds, government subsidies can not be implemented, to solve the social security of land expropriated farmers, the implementation of funds is not in place, it can not achieve a real sense of security, therefore, should set about from the top-level design, its clear from the national level, with the upper law constraints among departments and regions to better communication and cooperation. We will gradually unify the social security policies for the land expropriated farmers, and focus on solving the problems of social security for Landless Peasants

Keywords: Land Expropriated Farmers; Social Security; Financing Policy

Ⅳ Reports on Labor Relations

Abstract: Since the 21st century, the core issues of workplace labor relations management have gradually evolved into the combination and balance of person and organizations, new business formats and new employment forms under the new economy. At the same time, as China's economy has stepped into a "new normal" phase, labor relations also face a series of difficulties and challenges. Therefore, we need to iterate andsublate in theory, innovate and reshape in system, to establish the labor relations governance system with Chinese characteristics: its content includes micro-level enterprise labor relations management (LRM) and public management level labor relations governance (LRG); its basic value judgement is lawful, reasonable and fair; its strategic positioning is to pursue the highest state of enterprise labor relations management.

Keywords: Labor Relations Management; Labor Relations Governance; Human Resource Management

Abstract: China's current labor relations in the field of legislation and labor management, the large, medium, small and micro enterprises are no difference in the way of implementation, under the "Mass Entrepreneurship and Innovation" background, it is difficult to adapt to small and micro enterprise development. In 2016, thanks to the support of Shanghai Human Resources and Social Security Bureau, the research group to take information system data analysis, sample survey, face to face interviews, horizontal international comparison, etc. analysis of the status of small and micro enterprises in Shanghai. On the basis of the facts, it is pointed out that the micro-enterprise labor relations management service needs to give great attention; the development of micro-micro enterprise is confronted with the dilemma; its micro-labor relationship is different from the characteristics of large and medium-sized enterprises; the difference standard is the common practice of each country, and also provides reference for our country to improve labor legislation. Then, the thesis put forward to such recommendations as improve the small micro-enterprise labor relations management services; improve the legislation to enhance the flexibility of small and small enterprises labor and employment; improve the social security system to reduce the direct costs of small micro-enterprises etc.

Keywords: Mass Entrepreneurship and Innovation; Small Micro Enterprise; Labor Relations

Abstract: Along with the development of technologies like mobile network and big data, the O2O local daily service sector is expanding rapaidly in China, offering a great number of job opportunities. Due to the needs for efficiency, cost control and risk avoidance, platforms adopt diversified business models and labours models and workers face many social security problems. Through literature analysis, questionnaire investigation, case interview, panel discussion method, etc, this paper analyses labour models used by platforms and chanllenges posed to the protection of workers rights. At last, it also puts forward some ideas to protect workers rights.

Keywords: Platform; O2O; Local Daily Service Sector; Labour Employment

V Reports on Wage Distribution

Abstract: The CPC Central Committee and State Council attaches great importance to the distribution of wage income and introduces a series of policies to deepen the income distribution reform. But still faced with a series of urgent problems and contradictions. Paper gives the main task of China's wage income distribution reform in During the period of the 13th Five-Year Plan, and puts forward the basic path and strategy of deepening the reform of the wage income distribution system and the policy measures to narrow the wage income distribution gap.

Keywords: Wage Income Distribution; Peasant Workers Wage; Per Capita Disposable Income of Urban and Rural Residents

B. 20 Analysis of the Rde of Active Income Distribution Policy

Chang Fenglin / 333

Abstract: This report tires to explain that proactive income distribution policy is the key of shared development in the "new normal" of economic development in China. Firstly, the internal meaning of proactive income policy is to more effectively give the entire population an increased sense of shared gain, along with greater "expansionary" incentive oriented, higher levels of urban and rural residents' income growth targets, better focus on common prosperity. Secondly, The implementation of proactive income policy is extreme important to realize the development for all. Furthermore, China has the opportunity and conditions of implementing the proactive income policy. Finally, polices recommendations have been put forward on how to further implement the proactive income distribution policy and shared development in China.

Keywords: Proactive Income Distribution Policy; Shared Development; The "New Normal" of Economic Development

Abstract: There are some prominent problems in the assessment andevaluation mechanism of highly skilled talents, such as the poor quality of the evaluation results, the limited career development space, the low compensation and benefits, the under exploitation of the human capital. This report analyses the defects and deficiencies of the assessment and evaluation system, the future development trends of manufacturing and the particularity of the highly skilled talents. This report put forward solutions excluding expanding enterprise autonomy, better play to the industry association, improving welfare of highly skilled talents by policy guidance of government, etc.

Keywords: Highly Skilled Persornel; Excitation Mechanism; Manufacturing Industry

Abstract: This report presents a macro-guidance framework for minimum wage adjustment and uses this framework to conduct a preliminary assessment of the 2016 minimum wage adjustment. The results show that the minimum wage in most areas in 2016 is more coordinated with the local economic and social development indicators; the difference between the actual wage growth rate of the minimum wage and the per capita GDP growth in the same period has narrowed; but the minimum wage standard and the main relevant indicators of coordination There is a large degree of regional differentiation. On the basis of macro-evaluation, the macro-guidance proposal of 2017 minimum wage adjustment is put forward.

Keywords: Minimum Wage Standard; Macro Guidance; Evaluation

B. 23 The ESOP of Mixed Ownership Enterprises *Xu Yingjie* / 371

Abstract: For the sake of ESOP construction based on the China characteristics, a comprehensive study on the development process, existing problems is conducted. And the recommendations to further improve the policy and practice of mixed ownership ESOP in China are put forward. Based on what elaborated above, the ideas or exploration to construct the mixed ownership enterprise are put forward.

Keywords: Mixed Ownership Enterprises; ESOP; Stated-Owned Enterprises

Ⅵ Reports on International Labor and Social Security

B. 24 Global Employment and Social Pevelopment Trends in 2017

Mo Rong, *Meng Tong* / 385

Abstract: Economic growth continues to disappoint and deficits in decent work remain widespread. First, global unemployment is expected to rise by 3. 4 million in 2017. Second, vulnerable employment - at 1. 4 billion worldwide - remains pervasive. Third, reductions in working poverty are slowing, endangering the prospects for eradicating poverty as set out in the Sustainable Development Goals. Finally, inequalities in opportunities and social discontent persist. Policy efforts must focus on how to overcome structural impediments to growth, including inequality.

Keywords: Global Unemployment; Decent Work; Working Poverty; Social Discontent

Abstract: Structural unemployment is the core employment problem facing to any country in the world. In the past 10 years, the global economic development has been unreasonable allocation of resources due to unbalanced structural development, resulting in large-scale structural unemployment. On the basis of structural unemployment in countries with different characteristics, This paper will summarily analysis national policies and measures dealing with structural unemployment from the aspects of macro economic development, unemployment insurance, labor market equilibrium, and vocational training, while exploring the different types of foreign countries cope with the different characteristics of the structural unemployment measures.

Keywords: Structural Unemployment; Stabilization Allowance; Unemployment Insurance

Abstract: There remained concerns about the sustainability of social security system in advanced economies. The sustainability of social security system corresponds to a state which can be maintained to provide adequate social protection for people over the foreseeable decades. In addressing major challengers, EU clearly seeks to strike a balance between maintaining fiscal sustainability and maintaining social adequacy. After social security system has been put on a more sustainable development track, the social security policy have to focus more on social sustainability. Finally, some reflections can be given.

Keywords: Social Security; Ageing of Population; Public Pension System

B. 27 Doctors'Remuneration Mechanisms of Public Hospitals Abroad-Based on Experiences of the UK, Germany and the USA

Yan Rui / 422

Abstract: The essentials of public hospitals'doctor salary mechanism reform are to keep the competitive salary system, to absorb and keep excellent doctors, to improve doctors' performance, and to promote medical outcomes. Experiences in the development of public hospitals' doctor remuneration system in the UK, Germany and the USA give us some illustrations. The doctor remuneration mechanism reform can give more attention on the doctor post review system, guidelines on performance system, the payment method and the readjustment system of doctor remuneration.

Keywords: Public Hospital; Doctors' Remuneration; Non-profit Hospital

❖ 皮书起源 ❖

“皮书”起源于十七、十八世纪的英国，主要指官方或社会组织正式发表的重要文件或报告，多以“白皮书”命名。在中国，“皮书”这一概念被社会广泛接受，并被成功运作、发展成为一种全新的出版形态，则源于中国社会科学院社会科学文献出版社。

❖ 皮书定义 ❖

皮书是对中国与世界发展状况和热点问题进行年度监测，以专业的角度、专家的视野和实证研究方法，针对某一领域或区域现状与发展态势展开分析和预测，具备原创性、实证性、专业性、连续性、前沿性、时效性等特点的公开出版物，由一系列权威研究报告组成。

❖ 皮书作者 ❖

皮书系列的作者以中国社会科学院、著名高校、地方社会科学院的研究人员为主，多为国内一流研究机构的权威专家学者，他们的看法和观点代表了学界对中国与世界的现实和未来最高水平的解读与分析。

❖ 皮书荣誉 ❖

皮书系列已成为社会科学文献出版社的著名图书品牌和中国社会科学院的知名学术品牌。2016 年，皮书系列正式列入“十三五”国家重点出版规划项目；2012~2016 年，重点皮书列入中国社会科学院承担的国家哲学社会科学创新工程项目；2017 年，55 种院外皮书使用“中国社会科学院创新工程学术出版项目”标识。

中国皮书网

发布皮书研创资讯，传播皮书精彩内容
引领皮书出版潮流，打造皮书服务平台

栏目设置

关于皮书：何谓皮书、皮书分类、皮书大事记、皮书荣誉、
皮书出版第一人、皮书编辑部

最新资讯：通知公告、新闻动态、媒体聚焦、网站专题、视频直播、下载专区

皮书研创：皮书规范、皮书选题、皮书出版、皮书研究、研创团队

皮书评奖评价：指标体系、皮书评价、皮书评奖

互动专区：皮书说、皮书智库、皮书微博、数据库微博

所获荣誉

2008 年、2011 年，中国皮书网均在全国新闻出版业网站荣誉评选中获得“最具商业价值网站”称号；

2012 年，获得“出版业网站百强”称号。

网库合一

2014 年，中国皮书网与皮书数据库端口合一，实现资源共享。更多详情请登录 www.pishu.cn。

S 子库介绍
Sub-Database Introduction

中国经济发展数据库

涵盖宏观经济、农业经济、工业经济、产业经济、财政金融、交通旅游、商业贸易、劳动经济、企业经济、房地产经济、城市经济、区域经济等领域，为用户实时了解经济运行态势、 把握经济发展规律、 洞察经济形势、 做出经济决策提供参考和依据。

中国社会发展数据库

全面整合国内外有关中国社会发展的统计数据、 深度分析报告、 专家解读和热点资讯构建而成的专业学术数据库。涉及宗教、社会、人口、政治、外交、法律、文化、教育、体育、文学艺术、医药卫生、资源环境等多个领域。

中国行业发展数据库

以中国国民经济行业分类为依据，跟踪分析国民经济各行业市场运行状况和政策导向，提供行业发展最前沿的资讯，为用户投资、从业及各种经济决策提供理论基础和实践指导。内容涵盖农业，能源与矿产业，交通运输业，制造业，金融业，房地产业，租赁和商务服务业，科学研究，环境和公共设施管理，居民服务业，教育，卫生和社会保障，文化、体育和娱乐业等 100 余个行业。

中国区域发展数据库

对特定区域内的经济、社会、文化、法治、资源环境等领域的现状与发展情况进行分析和预测。涵盖中部、西部、东北、西北等地区，长三角、珠三角、黄三角、京津冀、环渤海、合肥经济圈、长株潭城市群、关中—天水经济区、海峡经济区等区域经济体和城市圈，北京、上海、浙江、河南、陕西等 34 个省份及中国台湾地区 。

中国文化传媒数据库

包括文化事业、文化产业、宗教、群众文化、图书馆事业、博物馆事业、档案事业、语言文字、文学、历史地理、新闻传播、广播电视、出版事业、艺术、电影、娱乐等多个子库。

世界经济与国际关系数据库

以皮书系列中涉及世界经济与国际关系的研究成果为基础，全面整合国内外有关世界经济与国际关系的统计数据、深度分析报告、专家解读和热点资讯构建而成的专业学术数据库。包括世界经济、国际政治、世界文化与科技、全球性问题、国际组织与国际法、区域研究等多个子库。

法律声明